POLIZEIRECHT
BADEN-WÜRTTEMBERG

Hemmer/Wüst/Kresser/Hein

KURSORTE IM ÜBERBLICK

![Vorbereitung auf das Zweite Staatsexamen]

ASSESSORKURSORTE IM ÜBERBLICK

BAYERN
WÜRZBURG/MÜNCHEN/NÜRNBERG/REGENSBURG/POSTVERSAND

I. Gold
Mergentheimer Str. 44
97082 Würzburg
Tel.: (0931) 79 78 2-50
Fax: (0931) 79 78 2-51
Mail: assessor@hemmer.de

BADEN-WÜRTTEMBERG
KONSTANZ/TÜBINGEN/POSTVERSAND

Rae F. Guldin/B. Kaiser
Hindenburgstr. 15
78467 Konstanz
Tel.: (07531) 69 63 63
Fax: (07531) 69 63 64
Mail: konstanz@hemmer.de

STUTTGART

Rae R. Rödl / A. Baier
Mergentheimerstr. 44
97082 Würzburg
Tel. 0931-7978230
Fax. 0931-7978234
Mail: stuttgart@hemmer.de

BERLIN/POTSDAM/BRANDENBURG
BERLIN

RA L. Gast
Schumannstr. 18
10117 Berlin
Tel.: (030) 24 04 57 38
Fax: (030) 24 04 76 71
Mail: mitte@hemmer-berlin.de

BREMEN/HAMBURG
HAMBURG/POSTVERSAND

M. Sperl/Clobes/Dr.Schlömer
Kirchhofgärten 22
74635 Kupferzell
Tel. (07944) 94 11 05
Fax: (07944) 94 11 08
Mail: assessor-nord@hemmer.de

HESSEN
FRANKFURT

RA A. Geron
Dreifaltigkeitsweg 49
53489 Sinzig
Tel.: (02642) 61 44
Fax: (02642) 61 44
Mail: frankfurt.main@hemmer.de

MECKLENBURG-VORPOMMERN
POSTVERSAND

Ludger Burke/Johannes Lück
Buchbinderstr. 17
18055 Rostock
Tel.: (0381) 37 77 40 0
Fax: (0381) 37 77 40 1
Mail: rostock@hemmer.de

RHEINLAND-PFALZ
POSTVERSAND

RA A. Geron
Dreifaltigkeitsweg 49
53489 Sinzig
Tel.: (02642) 61 44
Fax: (02642) 61 44
Mail: trier@hemmer.de

NIEDERSACHSEN
HANNOVER

M. Sperl/Dr. Schlömer
Hnhöft 5 - 7
59 Hamburg
Tel. (040) 317 669 17
Fax: (040) 317 669 20
Mail: assessor-nord@hemmer.de

HANNOVER POSTVERSAND

RAe M. Sperl/Clobes/Dr. Schlömer
Kirchhofgärten 22
74635 Kupferzell
Tel.: (07944) 94 11 05
Fax: (07944) 94 11 08
Mail: assessor-nord@hemmer.de

NORDRHEIN-WESTFALEN
KÖLN/BONN/DORTMUND/DÜSSELDORF/POSTVERSAND

Dr. A. Ronneberg
Meckenheimer Allee 148
53113 Bonn
Tel.: (0228) 91 14 125
Fax: (0228) 91 14 141
Mail: koeln@hemmer.de

SCHLESWIG-HOLSTEIN
POSTVERSAND

RAe M. Sperl/Clobes/Dr. Schlömer
Kirchhofgärten 22
74635 Kupferzell
Tel.: (07944) 94 11 05
Fax: (07944) 94 11 08
Mail: assessor-nord@hemmer.de

THÜRINGEN
POSTVERSAND

Stock, RA Hunger & Kollegen
Zweinaundorfer Str. 2
04318 Leipzig
Tel. (0341) 6 88 44 90 oder -93
Fax: (0341) 6 88 44 96
Mail: dresden@hemmer.de

SACHSEN
DRESDEN/LEIPZIG/POSTVERSAND

RA Stock, RA Hunger & Kollegen
Zweinaundorfer Str. 2
04318 Leipzig
Tel.: (0341) 6 88 44 90 oder -93
Fax; (0341) 6 88 44 96
Mail: dresden@hemmer.de

SACHSEN-ANHALT
POSTVERSAND

RA Stock, RA Hunger & Kollegen
Zweinaundorfer Str. 2
04318 Leipzig
Tel.: (0341) 6 88 44 90 oder -93
Fax: (0341) 6 88 44 96
Mail: dresden@hemmer.de

Polizeirecht Baden-Württemberg mit der hemmer-Methode

Wer in vier Jahren sein Studium abschließen will, kann sich einen Irrtum in Bezug auf Stoffauswahl und -aneignung nicht leisten. Hoffen Sie nicht auf leichte Rezepte und den einfachen Rechtsprechungsfall. Hüten Sie sich vor Übervereinfachung beim Lernen. Stellen Sie deswegen frühzeitig die Weichen richtig.

Dem **Polizeirecht** kommt eine große praktische Bedeutung zu. Dieser Umstand schlägt sich auch im Examen nieder. Vertiefte Kenntnisse in diesem Rechtsgebiet sind deshalb unverzichtbar. Dabei kommt es neben der Aneignung von Fakten auch und vor allem auf das Beherrschen der typischen öffentlich-rechtlichen Fallsystematik an: Problemstellungen dürfen nicht nur isoliert gelernt werden, vielmehr müssen sie im Kontext der examenstypischen Klausur richtig eingeordnet werden können. Um diesem Umstand gerecht zu werden, wurde dieses **Skript klausurspezifisch konzipiert**: Durch die Aufteilung in verschiedene Klagearten wird die richtige Einordnung polizeirechtlicher Fragestellungen in die Klausurlösung ermöglicht. Das Skript vermittelt am richtigen Ort sowohl für den Einsteiger als auch den Fortgeschrittenen vertiefendes Verständnis einzelner materiell-rechtlicher und prozessualer Probleme.

Die **hemmer-Methode** vermittelt Ihnen die **erste richtige Einordnung** und das **Problembewusstsein**, welches Sie brauchen, um an einer Klausur bzw. dem Ersteller nicht vorbeizuschreiben. Häufig ist dem Studenten nicht klar, warum er schlechte Klausuren schreibt. Wir geben Ihnen **gezielte Tipps**! Vertrauen Sie auf unsere **Expertenkniffe**.

Durch die ständige Diskussion mit unseren Kursteilnehmern ist uns als erfahrenen Repetitoren klar geworden, welche **Probleme** der Student hat, sein **Wissen anzuwenden**. Wir haben aber auch von unseren Kursteilnehmern profitiert und von ihnen erfahren, welche **Argumentationsketten** in der Prüfung zum Erfolg geführt haben.

Die **hemmer-Methode** gibt **jahrelange Erfahrung** weiter, erspart Ihnen viele schmerzliche Irrtümer, setzt richtungsweisende Maßstäbe und begleitet Sie als **Gebrauchsanweisung** in Ihrer Ausbildung:

1. Grundwissen:

Die **Grundwissenskripten** sind für den Studenten in den ersten Semestern gedacht. In den Theoriebänden Grundwissen werden leicht verständlich und kurz die wichtigsten Rechtsinstitute vorgestellt und das notwendige Grundwissen vermittelt. Die Skripten werden durch den jeweiligen Band unserer **Reihe „Die wichtigsten Fälle"** ergänzt.

2. Basics:

Das Grundwerk für Studium und Examen. Es schafft schnell **Einordnungswissen** und mittels der hemmer-Methode richtiges Problembewusstsein für Klausur und Hausarbeit. Wichtig ist, **wann und wie** Wissen in der Klausur angewendet wird.

3. Skriptenreihe:

Vertiefendes Prüfungswissen: Über 1.000 Klausuren wurden auf ihre „essentials" abgeklopft.

Anwendungsorientiert werden die für die Prüfung nötigen Zusammenhänge umfassend aufgezeigt und wiederkehrende Argumentationsketten eingeübt.

Gleichzeitig wird durch die **hemmer-Methode** auf **anspruchsvollem Niveau** vermittelt, nach welchen Kriterien Prüfungsfälle beurteilt werden. Mit dem Verstehen wächst die Zustimmung zu Ihrem Studium. Spaß und Motivation beim Lernen entstehen erst durch Verständnis.

Lernen Sie, durch Verstehen am juristischen Sprachspiel teilzunehmen. Wir schaffen den „background", mit dem Sie die innere Struktur von Klausur und Hausarbeit erkennen: **„Problem erkannt, Gefahr gebannt"**. Profitieren Sie von unserem **strategischen Wissen**. Wir werden Sie mit unserem know-how auf das Anforderungsprofil einstimmen, das Sie in Klausur und Hausarbeit erwartet. Die Theoriebände Grundwissen, die Basics, die Skriptenreihe und der Hauptkurs sind als **modernes, offenes und flexibles Lernsystem** aufeinander abgestimmt und ergänzen sich ideal. Die **studentenfreundliche Preisgestaltung** ermöglicht den **Erwerb als Gesamtwerk**.

4. Hauptkurs:

Schulung am examenstypischen Fall mit der Assoziationsmethode. Trainieren Sie unter professioneller Anleitung, was Sie im Examen erwartet und wie Sie bestmöglich mit dem Examensfall umgehen.

Nur wer die Dramaturgie eines Falles verstanden hat, ist in Klausur und Hausarbeit auf der sicheren Seite! Häufig hören wir von unseren Kursteilnehmern: **„Erst jetzt hat Jura richtig Spaß gemacht"**.

Die Ergebnisse unserer Kursteilnehmer geben uns Recht. Maßstab ist der Erfolg. Die Examensergebnisse zeigen, dass unsere Kursteilnehmer überdurchschnittlich abschneiden.

Die Examensergebnisse unserer Kursteilnehmer können auch Ansporn für Sie sein, intelligent zu lernen: Wer nur auf vier Punkte lernt, landet leicht bei drei.
Lassen Sie sich aber nicht von diesen Supernoten verschrecken, sehen Sie dieses Niveau als Ansporn für Ihre Ausbildung.

Wir hoffen, als Repetitoren mit unserem Gesamtangebot bei der Konkretisierung des Rechts mitzuwirken und wünschen Ihnen **viel Spaß beim Durcharbeiten** unserer Skripten.

Wir würden uns freuen, mit Ihnen als Hauptkursteilnehmer mit der **hemmer-Methode** gemeinsam Verständnis an der Juristerei zu trainieren. Nur wer erlernt, was ihn im Examen erwartet, lernt richtig!

So leicht ist es, uns kennenzulernen: Probehören ist jederzeit in den jeweiligen Kursorten möglich.

Karl-Edmund Hemmer & Achim Wüst

POLIZEIRECHT
BADEN-WÜRTTEMBERG

Hemmer/Wüst/Kresser/Hein

Hemmer/Wüst Verlagsgesellschaft
Hemmer/Wüst/Kresser/Hein, Polizeirecht/Baden-Württemberg

ISBN 978-3-86193-824-8

5. Auflage 2019

gedruckt auf chlorfrei gebleichtem Papier
von Schleunungdruck GmbH, Marktheidenfeld

Kommentare:

Belz/Mussmann/Kahlert/Sander	Polizeigesetz für Baden-Württemberg, 8. Auflage 2015
Dietel/Gintzel/Kniesel	Versammlungsgesetze: Kommentierung des Versammlungsgesetzes des Bundes und der Versammlungsgesetze der Länder, 17. Auflage 2016
Göhler	Gesetz über Ordnungswidrigkeiten 17. Auflage 2017
Jarass/Pieroth	Grundgesetz für die Bundesrepublik Deutschland 15. Auflage 2018
Kopp/Ramsauer	Verwaltungsverfahrensgesetz, 19. Auflage 2018
Kopp/Schenke	Verwaltungsgerichtsordnung, 24. Auflage 2018
Meyer-Goßner/Schmitt	Strafprozessordnung mit GVG und Nebengesetzen, 61. Auflage 2018
Stephan/Deger	Polizeigesetz für Baden-Württemberg, 7. Auflage 2014

Lehrbücher:

Ennuschat/Ibler/Remmert	Öffentliches Recht in Baden-Württemberg, 2. Auflage 2017
Götz/Geis	Allgemeines Polizei- und Ordnungsrecht, 16. Auflage 2017
Trurnit	Eingriffsrecht: Maßnahmen der Polizei nach der Strafprozessordnung und dem Polizeigesetz Baden-Württemberg, 4. Auflage 2017
Maurer/Waldhoff	Allgemeines Verwaltungsrecht, 19. Auflage 2017
Ruder	Polizeirecht Baden-Württemberg, 8. Auflage 2015
Schenke	Polizei- und Ordnungsrecht, 10. Auflage 2018
Schenke	Verwaltungsprozessrecht, 15. Auflage 2017
Sodan/Ziekow	Grundkurs Öffentliches Recht 8. Auflage 2018
Zeitler/Trurnit	Polizeirecht für Baden-Württemberg, 3. Auflage 2014
Würtenberger/Heckmann/Tanneberger	Polizeirecht in Baden-Württemberg, 7. Auflage 2017

Weiterführende Literatur in den Fußnoten

1. KAPITEL: EINFÜHRUNG

A. Bedeutung des Polizeirechts für die Klausur

Bedeutung der Polizeirechtsklausur

Das Polizeirecht hat eine nicht unerhebliche Examensrelevanz. Etwa jede dritte Klausur der Ersten juristischen Staatsprüfung in Baden-Württemberg im Pflichtfach Öffentliches Recht hat polizeirechtliche Probleme zum Prüfungsgegenstand. Noch größere Bedeutung kommt diesem Rechtsgebiet im Assessorexamen zu.   *1*

Gerade Studierende in den mittleren Semestern werden regelmäßig spätestens in der Übung für Fortgeschrittene mit zumindest einer Klausur aus diesem Bereich konfrontiert.

Dieses Skript ist durch seinen besonderen, von Lehrbüchern und anderweitigen Lehrmaterialien abweichenden Aufbau sowohl für den Einsteiger in diese Materie als auch für Kandidaten des Referendarexamens geeignet. Darüber hinaus ist es auch für Referendare zur Vorbereitung auf die Zweite juristische Staatsprüfung konzipiert.   *2*

Methode des Skripts

Die Methode dieses Skripts liegt darin, dass - anders als bei herkömmlichen Lehrmaterialien - der relevante Stoff in die klausurtypischen Klagearten eingearbeitet ist.

Zum einen ist gerade das Verwaltungsprozessrecht ein (häufig unterschätzter) Bestandteil von Polizeirechtsklausuren. Zum anderen ist durch die korrekte Verortung von Problemkreisen in einer Klausur eine verständlichere und somit effizientere Stoffvermittlung möglich.

für Einsteiger v.a. Grundstrukturen von Bedeutung

Der Einsteiger erhält durch das Erarbeiten der übersichtlichen Grundstrukturen, die ihm das Skript darlegt, einen ersten Überblick über das Rechtsgebiet. Er kann daher zunächst einmal die an den Grundaufbau anschließenden Fallvarianten beim ersten Durchgang guten Gewissens übergehen.

Der Grundstoff inklusive der vertiefenden Varianten und der Exkurse soll Studierende auf seinen ersten Kontakt mit dem Landesjustizprüfungsamt vorbereiten. Ihnen soll hierdurch eine für das vorliegende Rechtsgebiet größtmögliche Examenssicherheit vermittelt werden.

Bedeutung im Assessorexamen

Dem *Referendar* dient dieses Skript sowohl zur Wiederholung als auch zur Vertiefung des Stoffgebietes. Hierzu sind insbesondere die in den Exkursen für Fortgeschrittene und in den Fußnoten näher ausgeführten Sonderproblemkreise gedacht. Diese sollten gegebenenfalls durch die angegebenen Literatur- und Rechtsprechungshinweise vertieft werden.

B. Grundbegriffe

Grundbegriffe des Polizeirechts

Die verschiedenen Polizeibegriffe sowie deren historische Entwicklung sind für das Systemverständnis unerlässlich. Darüber hinaus ist eine Darstellung der wichtigsten einschlägigen Gesetze und des Verhältnisses von Polizeivollzugsdienst und allgemeinen Polizeibehörden für den ersten Einstieg in die Materie äußerst hilfreich.   *3*

I.   Historische Entwicklung des Polizeibegriffs

hemmer-Methode: Das Wissen um die geschichtliche Entstehung des heutigen Polizeibegriffs dient lediglich dem besseren Verständnis der Materie. Bei entsprechender „Vorliebe" des Prüfers kann dieses Thema aber auch im Rahmen einer mündlichen Prüfung zur Sprache kommen.

Ursprung: griechisch „politeia"

Der Ursprung der Bezeichnung Polizei liegt in der griechischen Vokabel „politeia", die in den griechischen Stadtstaaten gleichbedeutend mit der Verfassung des Stadtstaates und dem Status der in ihm lebenden Menschen war. „Politeia" umschrieb somit die gesamte Staatsverwaltung.[1]

Der Begriff wurde später von den Römern ins Lateinische („politia") übernommen. Schon im 14./15. Jahrhundert war er in Frankreich gebräuchlich.

Deutschland, 15. Jahrhundert: „Polizey"

Erst im 15. Jahrhundert tauchte in Deutschland die Bezeichnung „Polizey" auf. Zu dieser Zeit wurde dies als der gesamte Bereich einer „guten Ordnung des Gemeinwesens" verstanden.[2]

Reduzierung auf „innere Verwaltung"

Während des 17./18. Jahrhunderts trat eine Veränderung des Polizeibegriffs ein. Aus dem globalen Begriff wurden die äußeren Staatsgeschäfte, das Finanzwesen, das Militärwesen und die Justiz ausgegrenzt. Übrig blieb der Bereich, der bisweilen als „innere Verwaltung" bezeichnet wird.

Bis zur Mitte des 19. Jahrhunderts umfasste die Bezeichnung Polizei nun beinahe die gesamte innere Verwaltung, nämlich die Gefahrenabwehr und die sog. Wohlfahrtspflege (Daseinsvorsorge).

Begriffsverengung auf Gefahrenabwehr

Unter dem Einfluss der Aufklärung fand schließlich eine Begriffsverengung auf die Aufgabe der Gefahrenabwehr statt.[3] Den Polizeibehörden verblieben dennoch umfangreiche Eingriffsbefugnisse.

Die Polizeibehörden wurden intern weitestgehend in die Fachpolizeien als sog. „Verwaltungspolizeien" und in die „Vollzugspolizei" für Eilfälle untergliedert. So entstand das Polizeibehördensystem, das im preußischen PolizeiVwG vom 1. Juni 1931 normiert wurde.

NS-Regime

Während des Nationalsozialismus wurde der auf die Gefahrenabwehr verengte Polizeibegriff erneut auf die Wohlfahrtspflege ausgeweitet. Die Polizeibehörden wurden zum Instrument der zentralistisch organisierten NS-Diktatur und hatten die Kompetenz zur Betätigung auf allen Gebieten des öffentlichen Lebens.

Nachkriegszeit: Entpolizeilichung

Nach dem Zusammenbruch Deutschlands beschlossen die Alliierten im Februar 1945 auf der Konferenz von Jalta, dass im Zuge einer sog. Entpolizeilichung der Verwaltung zum einen die Polizei grundsätzlich wieder zur Länderangelegenheit werden sollte (Dezentralisierung des Deutschen Reichs). Darüber hinaus wurden die Kompetenzen auf die Gefahrenabwehr zurückgeführt.

---

1   Vgl. hierzu v. Unruh, DVBl. 1972, 469.

2   Zur Vertiefung: Knemeyer, AöR Band 92, 153 ff. Die Bezeichnung „Polizey" wurde erstmals in einer bischöflichen Verordnung von 1476 für die Stadt Würzburg kodifiziert. Ferner fand sie ihren Niederschlag in den Reichspolizeiordnungen von 1530, 1548 und 1577. „Gute Polizey" umfasste neben der Aufrechterhaltung einer „öffentlichen Sicherheit und Ordnung" eine Vielzahl von Handlungsanweisungen an die Bürger, z.B. Fragen der Berufsausübung, wirtschaftliche Organisation, Religion, auch zivilrechtliche Vorschriften wie z.B. das Vormundschaftsrecht.

3   Letztlich führte das „Kreuzbergurteil" des PreußOVG vom 14.6.1882 dazu, dass § 10 II ALR (Allgemeines Landrecht für preußische Staaten von 1794), der der Polizei in einer Generalklausel nur noch die Aufgabe der Gefahrenabwehr zuwies, nun erstmals beachtet wurde. Schon Jahrzehnte vorher hatten die süddeutschen Staaten die Kompetenzen der Polizei auf die Gefahrenabwehr beschränkt. Es wurden für einzelne Fälle der Gefahrenverursachung Übertretungstatbestände geschaffen (so im bayerischen „Polizeistrafgesetzbuch" von 1861).

Trennungssystem

Ausgehend hiervon wurde in der überwiegenden Zahl der Bundesländer eine behördenmäßige Trennung der sog. „inneren Verwaltung" (sog. Ordnungs- oder Gefahrenabwehrbehörden) von der Vollzugspolizei) herbeigeführt. Hierfür hat sich die Bezeichnung als sog. Trennungs- oder Ordnungsbehördensystem eingebürgert.[4]

8

Charakteristisch für das Trennungssystem ist regelmäßig eine Kodifizierung der materiellen und organisatorischen Regeln des allgemeinen Polizei- und Ordnungsrechts in einem eigenständigen Polizeigesetz und einem eigenständigen Ordnungsbehördengesetz (z.B. Bayern und NRW).[5] Ohne eine vergleichbare (klare) gesetzliche Trennung folgen auch Hessen und Rheinland-Pfalz dem Trennungssystem.

hemmer-Methode: Aus dem Umstand erklärt sich auch der Doppelname Polizei- und Ordnungsrecht, wenngleich sich ggü. der Bezeichnung als Polizeirecht keine sachlich-inhaltlichen Unterschiede ergeben.

*Einheitssystem/
Polizeibehördensystem*

Dagegen wurde in einigen Bundesländern eine einheitliche Polizeiverwaltung i.w.S. beibehalten bzw. später wieder eingeführt. Hier führen sowohl die Behörden der inneren Verwaltung als auch die Vollzugsdienstkräfte die Bezeichnung Polizei. Hierfür hat sich die Bezeichnung als sog. Einheitssystem bzw. Polizeibehördensystem eingebürgert.[6]

9

In diesem System sind die materiellen und organisatorischen Regeln des allgemeinen Polizei- und Ordnungsrechts sowohl für die Polizeibehörden als auch für den Polizeivollzugsdienst („Vollzugspolizei") in nur einem Polizeigesetz kodifiziert (z.B. Baden-Württemberg, Bremen, Saarland). Ihr gemeinsamer Auftrag ist der Schutz der öffentlichen Sicherheit oder Ordnung, wobei das Polizeigesetz ihnen unterschiedliche Funktionen, Aufgaben und Befugnisse zuweist.

Bezüglich der neuen Bundesländer muss in der Frage der Behördenorganisation differenziert werden: Brandenburg, Mecklenburg-Vorpommern, Sachsen-Anhalt und Thüringen haben sich dem Trennungssystem angeschlossen, während Sachsen das Einheitssystem eingeführt hat.[7]

II. Polizeibegriffe

1. Materieller Polizeibegriff

materieller Begriff: staatliche Gefahrenabwehrtätigkeit

Der materielle Polizeibegriff hat sich nach Herauslösung der Sorge für die Wohlfahrt[8] des Einzelnen aus den Polizeiaufgaben gebildet. Er umfasst nach heute h.M. jene (mit Befehls- und Zwangsgewalt verbundene) staatliche Tätigkeit, welche inhaltlich dadurch gekennzeichnet ist, dass sie der Abwehr von Gefahren oder der Beseitigung von Störungen dient.[9]

10

Der materielle Polizeibegriff umfasst dabei alle Verwaltungstätigkeiten in diesem Bereich und ist unabhängig von der jeweils handelnden Behörde und ihrer Organisation.[10] Von diesem Begriffsverständnis geht auch § 1 I PolG aus, wonach die Aufgabe der Gefahrenabwehr oder die Beseitigung von Störungen mit Polizei gleichgesetzt wird.

---

4 Ruder, Rn. 11; Schenke, Polizei- und Ordnungsrecht, Rn. 14; Kingreen/Poscher, Polizei- und Ordnungsrecht, § 2 Rn. 23 ff.
5 Hierzu zählen auch Berlin, Hamburg, Niedersachsen und Schleswig-Holstein.
6 Ruder, Rn. 12; Schenke, Polizei- und Ordnungsrecht, Rn. 15; Kingreen/Poscher, Polizei- und Ordnungsrecht, § 2 Rn. 23.
7 Schoch, JuS 1994, 395 ff.; Knemeyer/Müller, NVwZ 1993, 437 f.; Meterkord/Müller, DVBl. 1993, 985.
8 Die Wohlfahrtsaufgaben werden von den Sozialbehörden wahrgenommen.
9 Ruder, Rn. 27; Schenke, Polizei- und Ordnungsrecht, Rn. 2; Götz/Geis, § 2 Rn. 13.
10 Ennuschat/Ibler/Remmert, § 2 Rn. 19; Ruder, Rn. 27.

2. Institutioneller Polizeibegriff

institutioneller Polizeibegriff

Der institutionelle bzw. organisationsrechtliche Polizeibegriff wird von Bundesland zu Bundesland unterschiedlich verwendet. Während in einigen Bundesländern der Begriff Polizei auf die Vollzugspolizei beschränkt wird, verwendet Baden-Württemberg diesen als Oberbegriff:[11] Polizei im institutionellen Sinn sind neben dem Polizeivollzugsdienst auch die für Aufgaben der Gefahrenabwehr zuständigen Verwaltungsbehörden (Polizeibehörden). Dieser Polizeibegriff ist § 59 PolG zugrunde gelegt.

11

3. Formeller Polizeibegriff

formeller Begriff: Aufgaben-umschreibung

Der formelle Polizeibegriff umschreibt alle Aufgaben der Polizei im institutionellen Sinne.[12] Dies sind die Aufgaben der Gefahrenabwehr (Präventivbereich) sowie der Strafverfolgung und der Verfolgung von Ordnungswidrigkeiten (Repressivbereich). Letzteres zeigt insbesondere § 1 II PolG, wonach die Polizeibehörden auch die durch andere Rechtsvorschriften übertragenen Aufgaben wahrzunehmen haben.

12

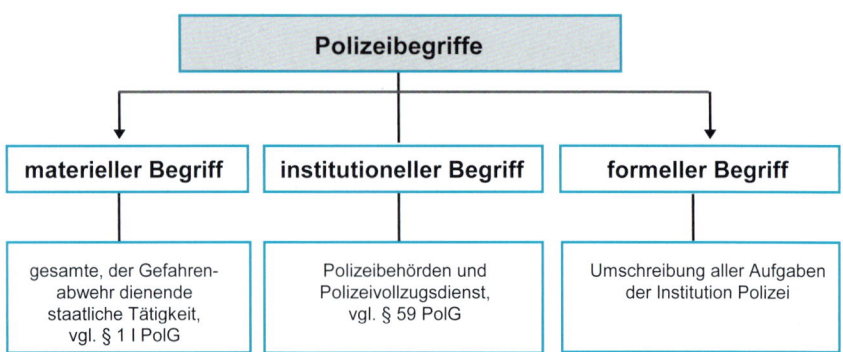

III. Rechtsvorschriften des Polizeirechts

hohe Klausurrelevanz von Spezial-gesetzen

In der Polizeirechtsklausur wird vom Klausurbearbeiter die Anwendung einer Vielzahl spezieller Gesetze des Landes- und Bundesrechts verlangt.

13

hemmer-Methode: Gerade der Anfänger ist zunächst von der Fülle der Rechtsnormen im Gefahrenabwehrrecht und ihrem Verhältnis zueinander verwirrt. Mit diesem Abschnitt soll ein sanfter Einstieg mittels einer Erläuterung der wichtigsten relevanten Gesetze ermöglicht werden.

1. Baden-Württembergisches Polizeigesetz (PolG)[13]

Regelungsinhalte

14

Regelungsinhalte des PolG:

⇨ Aufgaben der Polizei (§§ 1, 2 PolG)

⇨ Eingriffsbefugnisse (§§ 3, 1 I, §§ 19 ff., §§ 26 ff. PolG)

⇨ Verantwortlichkeit (§§ 6, 7, 9 PolG)

⇨ Polizeiliche Handlungsgrundsätze (insbes. § 5 PolG)

⇨ Vollstreckungsmaßnahmen (§§ 49 ff. PolG)

---

11   Ennuschat/Ibler/Remmert, § 2 Rn. 14; Ruder, Rn. 26; Belz/Mussmann/Kahlert/Sander, § 59 PolG, Rn. 1.

12   Ennuschat/Ibler/Remmert, § 2 Rn. 18; Ruder, Rn. 25; Götz/Geis, § 2 Rn. 14.

13   Dolde/Kirchhof/Stilz Nr. 40; Dürig, Nr. 65.

> ⇨ Entschädigungsansprüche (§§ 55 ff. PolG)
>
> ⇨ Organisation der Polizei (§§ 59 ff. PolG)

2. Durchführungsverordnung (DVO PolG)[14]

DVO PolG

Die DVO PolG bestimmt in §§ 1 - 3 weitere Einzelheiten zu den Standardmaßnahmen Gewahrsam (§ 28 PolG), Durchsuchung von Wohnungen (§ 31 II, III PolG) und zum Vorgehen bei sichergestellten und beschlagnahmten Sachen (§§ 32, 33 PolG).

15

§§ 4 - 7 DVO PolG enthalten Einzelheiten zur Datenerhebung und Datenverarbeitung. §§ 8 - 26 DVO PolG regeln Aufbau und Gliederung der Polizeidienststellen, §§ 27 - 30 DVO PolG die Übertragung von Zuständigkeiten, und §§ 31, 32 DVO PolG enthalten Vorschriften über die gemeindlichen Vollzugsbediensteten.

3. Strafprozessordnung (StPO)[15]

StPO

Die StPO regelt die Aufgabe des Polizeivollzugsdienstes zur Strafverfolgung (§ 163 StPO i.V.m. § 1 II PolG) und die Eingriffsbefugnisse für Strafverfolgungsmaßnahmen (Repressivmaßnahmen). Ihre Regelungen sind abschließend. Nur hinsichtlich der Art und Weise der Anwendung unmittelbaren Zwangs sind §§ 49 ff. PolG anzuwenden. Die StPO ist im Grunde keine polizeirechtliche Kodifikation, sondern begründet lediglich Aufgaben des Polizeivollzugsdienstes bei der Strafverfolgung, § 1 II PolG.

16

4. Ordnungswidrigkeitengesetz (OWiG)[16]

OWiG

Das OWiG enthält die Aufgabe des Polizeivollzugsdienstes zur Verfolgung von Ordnungswidrigkeiten (Repressivbereich, § 53 OWiG i.V.m. § 1 II PolG) sowie die hierfür erforderlichen Befugnisse. Ebenso wie die StPO zählt auch das OWiG nicht zum Polizeirecht im eigentlichen Sinne der Gefahrenabwehr (Prävention).

17

5. Sonstige Rechtsvorschriften

weitere Spezialgesetze

Weitere Spezialbefugnisse für Präventivmaßnahmen der Polizei sind außerhalb des PolG geregelt. Solche finden sich z.B. im Versammlungsgesetz (VersG),[17] Lebensmittel-, Bedarfsgegenstände- und Futtermittelgesetzbuch (LFGB).[18] Diese Regelungen sind leges speciales zu denen des (allgemeinen) PolG.

18

> **Das besondere Gefahrenabwehrrecht umfasst u.a.:**
>
> ⇨ Versammlungsrecht (VersG)
>
> ⇨ allgemeines Gewerberecht (GewO)
>
> ⇨ Gaststättenrecht als besonderes Gewerberecht (LGastG/GastG)
>
> ⇨ Immissionsschutzrecht (BImSchG)
>
> ⇨ Wasserrecht (WHG, WG)
>
> ⇨ Landesbauordnung (LBO)

---

14   Verordnung des Innenministeriums zur Durchführung des Polizeigesetzes vom 23. Juli 2013; Dolde/Kirchhof/Stilz Nr. 41; Dürig Nr. 65a.
15   Schönfelder, Nr. 90.
16   Schönfelder, Nr. 94.
17   Sartorius, Nr. 435.
18   Sartorius Ergänzungsband, Nr. 862.

> ⇨ Abfallrecht (KrWG, LAbfG)
>
> ⇨ Bodenschutzrecht (BBodSchG, LBodSchG)
>
> ⇨ Denkmalschutzrecht (DSchG)
>
> ⇨ Straßenverkehrsrecht (StVG, StVO, StVZO)
>
> ⇨ Vereinsrecht (VereinsG).

Vollstreckungsrecht

Für die Vollstreckung der Verwaltungsakte der Polizei gilt über § 49 I PolG das LVwVG,[19] soweit nicht unmittelbarer Zwang angewendet wird (§§ 49 II, 50 ff. PolG) oder ausnahmsweise das VwVG des Bundes[20] anzuwenden ist.

19

IV. Gesetzgebungskompetenzen und MEPolG

1. Gesetzgebungskompetenzen auf dem Gebiet des Polizeirechts

a) Grundsatz

Länderkompetenz

Gemäß Art. 30, 70 I GG ist das allgemeine Polizei- und Ordnungsrecht, das der präventiven Gefahrenabwehr dient, ein Teil der ausschließlichen Gesetzgebungskompetenz der Länder.[21]

20

b) Ausnahmen

Bundeskompetenz

Das Grundgesetz billigt nur partiell, für bestimmte, dem materiellen Polizeibegriff unterfallende Gebiete, dem Bundesgesetzgeber die Gesetzgebungsbefugnis zu.

21

ausschließliche Kompetenzen

aa) Im Polizeirecht hat der Bund gem. Art. 73 I Nr. 5 und Nr. 10 GG die ausschließliche Gesetzgebungskompetenz für die Bundespolizei (frühere Bezeichnung: Bundesgrenzschutz),[22] die Zusammenarbeit des Bundes und der Länder in der Kriminalpolizei, den Bereich des Verfassungsschutzes, die Errichtung eines Bundeskriminalamts sowie die internationale Verbrechensbekämpfung. Zur Bekämpfung der Gefahren des internationalen Terrorismus wurde Art. 73 I Nr. 9a GG aufgenommen (vgl. §§ 4a, 20a ff. BKAG).

Zudem steht dem Bund gem. Art. 73 I Nr. 3 GG die ausschließliche Gesetzgebungskompetenz für die Freizügigkeit, das Pass-, Melde- und Ausweiswesen, Ein- und Auswanderung sowie Auslieferung zu. Zu beachten ist auch das im Zuge der Föderalismusreform in Art. 73 I Nr. 12 GG aufgenommene Waffen- und Sprengstoffrecht. Weitere Materien der konkurrierenden Gesetzgebungskompetenzen findet man in u.a. Art. 74 I Nr. 3, 4, 19, 20, 22 und 24 GG.

konkurrierende Kompetenzen

bb) Darüber hinaus bestehen für den Bund auch konkurrierende Gesetzgebungskompetenzen, insbesondere im Wirtschaftsverwaltungsrecht (Art. 74 I Nr. 11 GG), Seuchenrecht (Art. 74 I Nr. 19 GG) und Immissionsschutzrecht (Art. 74 I Nr. 24 GG).

---

19 Dolde/Kirchhof/Stilz Nr. 22; Dürig Nr. 43. Als LVwVG wird in diesem Skript (wie allgemein üblich) das Landes-VwVG bezeichnet. Das VwVG des Bundes wird allgemein, wie auch in den Bundesgesetzen, ohne "B-" als Präfix abgekürzt; vergleiche exemplarisch § 73 III S. 2 VwGO.

20 Sartorius, Nr. 112.

21 Schenke, Polizei- und Ordnungsrecht, Rn. 23.

22 Gemäß Artikel 1 des Gesetzes vom 21. Juni 2005 (BGBl. I S. 1818) wurde der Bundesgrenzschutz (BGSG) am 1. Juli 2005 in Bundespolizei (BPolG, Sartorius, Nr. 90) umbenannt.

Versammlungsrecht

cc) Die Bundeskompetenz für das Versammlungsrecht aus Art. 74 I Nr. 3 GG a.F. wurde im Zuge der Föderalismusreform den Ländern zurückgegeben. Das VersG des Bundes bleibt in jedem Bundesland allerdings solange in Kraft, wie es für einzelne Bundesländer nicht durch ein Landesversammlungsgesetz ersetzt wird, vgl. Art. 125a I GG.[23]

22

> **hemmer-Methode: Baden-Württemberg hat (anders als z.B. Bayern, Niedersachsen, Sachsen und Sachsen-Anhalt)[24] von der Ermächtigung des Art. 125a I S. 2 GG bislang keinen Gebrauch gemacht, womit das Versammlungsgesetz des Bundes weiterhin maßgeblich ist.**

2. Musterentwurf eines einheitlichen Polizeigesetzes der Länder (MEPolG)

Zweck des MEPolG: Vereinheitlichung der Polizeisysteme

Auf der Sitzung der Innenministerkonferenz der Länder vom 25.11.1977 wurde der Musterentwurf für ein einheitliches Polizeigesetz verabschiedet. Dieser sollte die Grundlage für entsprechende Gesetze des Bundes und der Länder sein.

23

Grund für den MEPolG war, dass sich infolge der historischen Entwicklung in den Ländern, wie bereits oben aufgezeigt, verschiedene Polizeisysteme entwickelt hatten.[25] Dies erschwerte die „grenzüberschreitende Zusammenarbeit" der Polizeikräfte der verschiedenen Länder. Zur Harmonisierung wurde schließlich der MEPolG verabschiedet, welcher von den Bundesländern übernommen werden sollte.

Im Gefolge der Diskussion schufen die Bundesländer mit einer neuen Generation von Polizeigesetzen ein im Wesentlichen einheitliches deutsches Polizeirecht. Baden-Württemberg kam dem Musterentwurf durch das PolG vom 13.01.1992 nach.

> **hemmer-Methode: Einige Lehrbücher sind auf dem MEPolG aufgebaut und wollen hierdurch den examensrelevanten Stoff vermitteln.**
> **Gerade der Einsteiger ins Polizeirecht wird durch das ständige zeitraubende Nachschlagen der in seinem Bundesland dem MEPolG korrespondierenden Normen oftmals frustriert und abgeschreckt; zumal auch einige Rechtsfiguren landesspezifisch sind, wie es beispielsweise die unmittelbare Ausführung (§ 8 PolG BW) nicht in allen Landespolizeigesetzen gibt.**
> **Zur motivierenderen und erfolgreicheren Erarbeitung des Grundsystemverständnisses wurde dieses Skript bewusst nur auf baden-württembergisches Recht zugeschnitten.**

C. Organisation der Polizei nach dem PolG

§ 59 PolG: Einheitssystem

Gemäß dem in § 59 PolG niedergelegten Einheitssystem umfasst die Polizei die Polizeibehörden und den Polizeivollzugsdienst.

24

I. Polizeibehörden

Differenzierung in § 61 PolG

Die Polizeibehörden nach § 59 Nr. 1 PolG sind in allgemeine Polizeibehörden (§ 61 I PolG) und besondere Polizeibehörden (§ 61 II PolG) gegliedert. Verwendet das PolG den Begriff Polizeibehörde, sind stets beide Arten von Polizeibehörden gemeint.[26]

25

---

23 VGH Kassel, NVwZ-RR 2011, 519 (520) = DVBl. 2011, 707; Degenhart, NVwZ 2006, 1209.
24 Schenke, Polizei- und Ordnungsrecht, Rn. 360; Trurnit, Jura 2014, 486 (486).
25 Siehe oben, Rn. 8 ff.
26 Belz/Mussmann/Kahlert/Sander, § 61 PolG, Rn. 1; Ruder, Rn. 56.

1. Allgemeine Polizeibehörden

allgemeine Polizeibehörden

Allgemeine Polizeibehörden sind die in § 61 PolG genannten Behörden. Die Norm legt den grds. vierstufigen, beim Zusammenfallen der Zuständigkeit als Orts- und Kreispolizeibehörde lediglich dreistufigen[27] hierarchischen Aufbau der allgemeinen Polizeibehörden und deren Funktionsbezeichnungen fest. Diese dem allg. Verwaltungsaufbau entsprechende Regelung trägt dem Umstand Rechnung, dass auf allen Verwaltungsebenen polizeiliche Aufgaben wahrzunehmen sind.[28]

26

oberste Landespolizeibehörden

a) Oberste Landespolizeibehörden sind nach §§ 61 I Nr. 1, 62 I PolG die fachlich zuständigen Ministerien. Allgemeine Polizeibehörden auf oberster Stufe ist damit nicht nur das Innenministerium, sondern jedes Ministerium, in dessen Geschäftsbereich Gefahrenabwehraufgaben wahrzunehmen sind. Diese nehmen die Aufsicht über die allgemeinen Polizeibehörden (§§ 63 ff. PolG) und über den Polizeivollzugsdienst (§§ 72 ff. PolG) wahr. Ihnen obliegen mit dem Erlass von Polizeiverordnungen (§ 10 i.V.m. § 1 I PolG) auch erstinstanzliche Polizeiaufgaben.

27

Landespolizeibehörden

b) Landespolizeibehörden sind nach §§ 61 I Nr. 2, 62 II PolG die Regierungspräsidien. Nach § 11 I LVG[29] ist das Land Baden-Württemberg in vier Regierungsbezirke (Stuttgart, Karlsruhe, Freiburg und Tübingen) eingeteilt. Zu ihren Aufgaben gehören die allgemeinen polizeilichen Verwaltungsaufgaben (§ 13 LVG) sowie die Dienst- und Fachaufsicht über die Kreis- und Ortspolizeibehörden (§§ 63, 64 PolG). Nach Maßgabe des § 73 I S. 2 PolG obliegt ihnen zudem die Fachaufsicht über den Polizeivollzugsdienst, soweit dieser Aufgaben nach § 60 II oder IV PolG oder auf Weisung der Polizeibehörden wahrnimmt.

28

Kreispolizeibehörden

c) Kreispolizeibehörden sind nach §§ 61 I Nr. 3, 62 III PolG die unteren Verwaltungsbehörden. Dies sind in den Landkreisen die Landratsämter (§ 15 I LVG), die Großen Kreisstädte (§§ 15, 19 LVG), die Verwaltungsgemeinschaften (§§ 15, 17, 19 LVG) und in den Stadtkreisen die Gemeinden (Bürgermeisterämter). Nach § 18 LVG sind diese für alle ihnen durch Gesetz oder Rechtsverordnung zugewiesenen staatlichen Verwaltungsaufgaben zuständig. Kreispolizeibehörden sind je nach ihrer Organisation entweder staatliche oder kommunale Verwaltungsbehörden.

29

Die Aufgaben der unteren Verwaltungsbehörden werden nach § 15 II LVG von den Stadtkreisen, Großen Kreisstädten und Verwaltungsgemeinschaften durch den Bürgermeister (§ 44 III S. 1 GemO) als Pflichtaufgaben zur Erfüllung nach Weisung wahrgenommen. Innerhalb des Landkreises ist der Landrat als Leiter des LRA als untere Staatsbehörde zuständig, §§ 1 III, 42, 53 I LKrO.

Ortspolizeibehörde

d) Ortspolizeibehörde sind gem. §§ 61 I Nr. 4, 62 IV S. 1 PolG die Gemeinden (einschließlich der Stadtkreise und Großen Kreisstädte).[30] Diese sind nach §§ 60 I, 66 II PolG instanziell regelzuständig. Die Ortspolizeibehörden nehmen die ihnen durch das PolG übertragenen Aufgaben als Pflichtaufgaben zur Erfüllung nach Weisung wahr, § 62 IV S. 2 PolG i.V.m. § 3 III GemO. Zuständig ist insoweit der Bürgermeister (§ 44 III S. 1 GemO).

30

---

27 Bei den Stadtkreisen und den Großen Kreisstädten fällt die Zuständigkeit als Orts- und Kreispolizeibehörde zusammen. Gleiches gilt für die Verwaltungsgemeinschaften i.S.d. § 17 LVG, soweit diese auch die Aufgaben der Ortspolizeibehörden wahrnehmen.

28 Belz/Mussmann/Kahlert/Sander, § 61 PolG, Rn. 3.

29 Dolde/Kirchhof/Stilz Nr. 20; Dürig Nr. 40.

30 Nimmt eine Gemeinde auch die Aufgaben der unteren Verwaltungsbehörde wahr, ist sie Orts- und Kreispolizeibehörde.

2. Besondere Polizeibehörden

besondere Polizeibehörden

Besondere Polizeibehörden sind gem. § 61 II S. 1 PolG Verwaltungsbehörden, die aufgrund spezieller Rechtsvorschriften polizeiliche Aufgaben wahrnehmen. Sie sind negativ abzugrenzen zu den allgemeinen Polizeibehörden i.S.d. §§ 61 I, 62 I - IV PolG und den anderen Stellen nach § 2 I S. 1 PolG.[31] Zumal seit dem Jahr 2004 alle besonderen in die allgemeinen Polizeibehörden eingegliedert sind, hat diese Unterscheidung aber keine praktische Bedeutung mehr.[32]

31

> *Bspe.: Gewerbeaufsichtsämter; Landesamt für Geologie, Rohstoffe und Bergbau; Eichämter; der Landtagspräsident nimmt sowohl Aufgaben einer besonderen Polizeibehörde als auch Aufgaben des Polizeivollzugsdienstes wahr, vgl. Art. 32 II LV.*

3. Andere Stellen i.S.v. § 2 I PolG

nicht: andere Stellen i.S.v. § 2 I PolG

Von den Polizeibehörden sind andere Stellen i.S.v. § 2 I PolG zu unterscheiden. Andere Stellen sind Behörden, die zwar Aufgaben der Gefahrenabwehr wahrnehmen, jedoch institutionell von der Polizei getrennt sind.[33]

32

> *Bspe.: Gefahrenabwehrbehörden des Bundes;[34] Feuerwehr (§§ 1 I S. 2, 2 I FWG); Jugendämter (SGB VIII und JuSchG); Baurechtsbehörden (§ 46 LBO); Beliehene auf dem Gebiet der Gefahrenabwehr (§ 50 FischG; § 29 III LuftVG; §§ 29, 30 LJagdG) etc.*

hemmer-Methode: Um eine effektive Gefahrenabwehr nicht an Zuständigkeitsfragen scheitern zu lassen, statuiert § 2 I PolG eine Notzuständigkeit der Polizei (Polizeibehörden und Polizeivollzugsdienst) bei Gefahr im Verzug.

II. Polizeivollzugsdienst

Polizeivollzugsdienst

Gem. § 70 I, II PolG unterhält das Land Baden-Württemberg für den Polizeivollzugsdienst drei Polizeidienststellen und zwei Polizeieinrichtungen, wobei Letztere nicht in die polizeiliche Aufgabenerfüllung eingebunden sind.[35] Die nähere Ausgestaltung des Polizeivollzugsdienstes (Aufgaben und Gliederung) obliegt gem. § 71 PolG dem Innenministerium. Von dieser Verordnungsermächtigung wurde durch Erlass der DVO PolG Gebrauch gemacht.

33

⇨ In Baden-Württemberg bestehen zwölf regionale Polizeipräsidien, §§ 70 I Nr. 1, 76 PolG. Ihnen obliegen die Aufgaben des Polizeivollzugsdienstes, soweit nicht das Polizeipräsidium Einsatz oder das LKA zuständig ist, § 23 I DVO PolG.

⇨ Das Polizeipräsidium Einsatz unterstützt die übrigen Polizeidienststellen mit der Bereitschaftspolizei, den Spezialeinheiten und der Polizeihubschrauberstaffel bei der Aufgabenwahrnehmung, soweit dies für die operative Einsatzbewältigung erforderlich ist, § 70 I Nr. 2 PolG i.V.m. § 15 DVO PolG.

---

31   Ruder, Rn. 67; Stephan/Deger, § 61 PolG, Rn. 12.
32   Stephan/Deger, § 61 PolG, Rn. 12; Belz/Mussmann/Kahlert/Sander, § 61 PolG, Rn. 5; Ruder, Rn. 68.
33   Zeitler/Trurnit, Rn. 52; Belz/Mussmann/Kahlert/Sander, § 2 PolG, Rn. 4; Stephan/Deger, § 2 PolG, Rn. 5.
34   Hierzu ausführlich Stephan/Deger, § 59 PolG, Rn. 8; Würtenberger/Heckmann/Tanneberger, § 4 Rn. 23; Götz/Geis, § 20 Rn. 16.
35   Zeitler/Trurnit, Rn. 63; Belz/Mussmann/Kahlert/Sander, § 70 PolG, Rn. 10; Stephan/Deger, § 70 PolG, Rn. 12 und 14.

⇨ Dem LKA obliegt gem. § 70 I Nr. 3 PolG i.V.m. §§ 10 - 14 DVO PolG als zentrale Dienststelle der Kriminalpolizei insbesondere die fachliche Leitung und Beaufsichtigung der polizeilichen Kriminalitätsbekämpfung sowie der Kriminal- und Verkehrsunfallprävention.

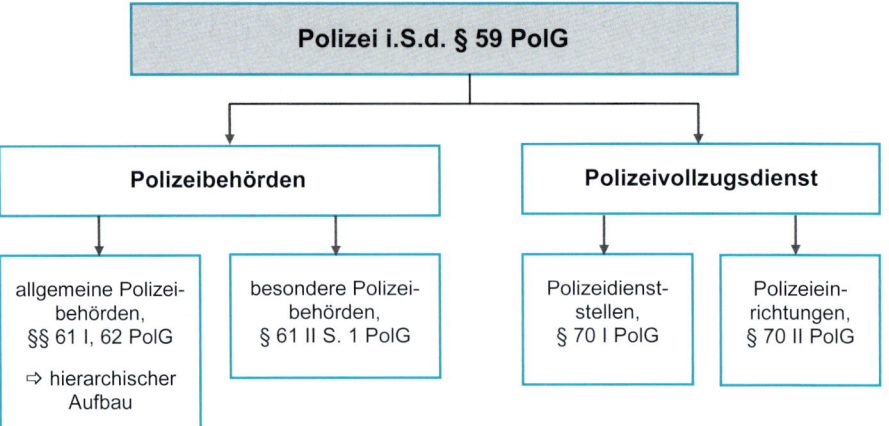

III. Verhältnis zwischen Polizeibehörden und Polizeivollzugsdienst

Die Aufgabenverteilung zwischen Polizeibehörden und Polizeivollzugsdienst ist eine Frage der sachlichen Zuständigkeit und wird daher unter Rn. 141 ff. dargestellt.   *34*

IV. Gemeindliche Vollzugsbedienstete

Recht zur Bestellung eigener Vollzugsbediensteter

§ 80 I PolG räumt (ausschließlich) den Ortspolizeibehörden das Recht zur Bestellung eigener Vollzugsbediensteter ein. Hierdurch wird der Gemeinde ermöglicht, örtliche Vollzugsaufgaben der Polizei, denen sich der Polizeivollzugsdienst wegen seiner vielfältigen sonstigen Aufgaben nicht oder nicht adäquat widmen kann, mit eigenen Vollzugskräften wahrzunehmen.[36]   *35*

Die Vollzugsbediensteten müssen in einem Dienstverhältnis zur Gemeinde stehen. Ihr Vorgesetzter ist der Bürgermeister nach § 44 IV GemO, der ihnen i.R.d. § 53 GemO regelmäßig durch eine Dienstanweisung Aufgaben zur Wahrnehmung überträgt. Nach § 80 II PolG habe sie bei Erledigung ihrer Aufgaben die Rechtsstellung von Polizeibeamten. Diese Gleichstellung gilt aber nur insoweit, als die Vollzugsbediensteten die ihnen nach § 31 I, II DVO PolG übertragenen Aufgaben wahrnehmen.

> *Bspe.: In der Praxis liegt der Schwerpunkt beim Vollzug der Vorschriften über das Halten und Parken nach der StVO (ruhender Verkehr), § 31 I S. 1 Nr. 2 DVO PolG. Eine Notzuständigkeit für die Regelung des fließenden Verkehrs durch Zeichen und Weisungen bei Nichterreichbarkeit des Polizeivollzugsdienstes begründet § 31 I S. 1 Nr. 2f DVO PolG.*

Übertragung weiterer Aufgaben

Hat die Gemeinde gemeindliche Vollzugsbedienstete bestellt, kann sie diesen neben polizeilichen Vollzugsaufgaben auch andere Verwaltungsaufgaben übertragen, insbesondere Aufgaben, die der Gemeinde als Ortspolizeibehörde obliegen. Die Wahrnehmung richtet sich dann nicht nach § 80 PolG und § 31 I PolG DVO, sondern den jeweils einschlägigen Vorschriften über die Zuständigkeit der Gemeinde als Ortspolizei-, Bußgeld- oder Vollstreckungsbehörde.[37]   *36*

---

36   Ruder, Rn. 107; Belz/Mussmann/Kahlert/Sander, § 80 PolG, Rn. 1; Stephan/Deger, § 80 PolG, Rn. 2.

37   Belz/Mussmann/Kahlert/Sander, § 80 PolG, Rn. 10; Stephan/Deger, § 80 PolG, Rn. 28.

V. Freiwilliger Polizeidienst

Teil des Polizeivollzugsdienstes

Der Freiwillige Polizeidienst ist nach § 1 II S. 1 FPolDG Teil des Polizeivollzugsdienstes.[38] Er umfasst Personen, die sich für die Mitwirkung bei der Wahrnehmung von Aufgaben des Polizeivollzugsdienstes im Rahmen eines besonderen öffentlich-rechtlichen Dienstverhältnisses zur Verfügung gestellt haben, ohne Polizeibeamte zu sein.[39]

37

Der Freiwillige Polizeidienst hat eine bloße Reservefunktion. Kann der Polizeivollzugsdienst die ihm nach § 1 PolG obliegenden Aufgaben mit den vorhandenen Beamten nicht erfüllen (§ 1 III, V S. 1 FPolDG), verstärkt dieser den örtlichen Polizeivollzugsdienst bei Aufruf.

> *Bspe.: Sicherung von Gebäuden und Anlagen; Überwachung des Straßenverkehrs; Verkehrsregelung bei Sportgroßveranstaltungen; Streifendienst; Kraftfahr- und Fernmeldedienst.*

Anwendbarkeit des PolG

Die Angehörigen des Freiwilligen Polizeidienstes haben nach § 6 I FPolDG bei der Erledigung ihrer polizeilichen Dienstverrichtungen Dritten ggü. die Rechtsstellung von Polizeibeamten i.S.d. PolG. Sie sind allerdings keine Ermittlungsbeamten der Staatsanwaltschaft. Soweit sich aus dem FPolDG nichts anderes ergibt, finden gem. § 1 IV FPolDG die Vorschriften des PolG auf den Freiwilligen Polizeidienst Anwendung.

38

D. Bundespolizei und private Sicherheitsdienste

I. Die Bundespolizei und weitere Polizeien des Bundes

Bundespolizei

Die Bundespolizei (ehemals Bundesgrenzschutz) ist Vollzugspolizei.[40] Der Aufgabenbereich ist in den §§ 2 - 13 BPolG normiert, die Eingriffsbefugnisse in §§ 14 - 50 BPolG (§ 14 I BPolG: bundespolizeiliche Generalklausel; §§ 21 ff. BPolG und §§ 38 ff. BPolG: Standardmaßnahmen). Insbesondere die Aufgaben, die früher von der Bahnpolizei wahrgenommen wurden, wurden mit Einführung des § 3 BPolG der Bundespolizei übertragen.

39

> *Bsp.: Im Stuttgarter Hauptbahnhof stoßen Beamte der Bahnpolizei auf den am Boden liegenden betrunkenen M. Da dieser nicht ansprechbar ist, nehmen sie ihn mit in die Dienststelle und legen ihn in eine Ausnüchterungszelle.*

> Zu den Aufgaben der Bundespolizei zählt nach § 3 I Nr. 1 BPolG, auf dem Gebiet der Bahnanlagen der Eisenbahnen des Bundes Gefahren für die öffentliche Sicherheit oder Ordnung abzuwehren, die den Benutzern, den Anlagen oder dem Betrieb der Bahn drohen. Rechtsgrundlage für den vorliegenden Schutzgewahrsam ist § 39 I Nr. 1 BPolG.

> *Abwandlung:[41] Wie vorheriges Bsp., allerdings stoßen die Beamten der Bahnpolizei nicht im Bahnhofsgebäude, sondern mitten auf dem Bahnhofsvorplatz auf den betrunkenen M.*

---

38   Ruder, Rn. 112; Stephan/Deger, § 59 PolG, Rn. 6; Belz/Mussmann/Kahlert/Sander, § 59 PolG, Rn. 8.

39   Ruder, Rn. 112; Belz/Mussmann/Kahlert/Sander, § 59 PolG, Rn. 8.

40   Lesenswert zur Bundespolizei Wagner, Jura 2009, 96 ff. und Schenke, Polizei- und Ordnungsrecht, Rn. 435 ff.; Fallbearbeitungen hierzu finden Sie bei Riegner/Schnitzer, JuS 2014, 1003 ff., und Meyer, JA 2013, 780 ff.

41   BVerwG, NVwZ 2015, 91; a.A. OVG Koblenz, JuS 2014, 191.

Die sachliche Zuständigkeit der Bundespolizei wird räumlich begrenzt auf das Gebiet der Bahnanlagen der Eisenbahnen des Bundes. Als Anlagen einer Eisenbahn, die das Be- und Entladen sowie den Zu- und Abgang ermöglichen oder fördern, sind nur solche Flächen im Vorfeld eines Bahnhofs einzustufen, bei denen objektive, äußerlich klar erkennbare, also räumlich präzise fixierbare Anhaltspunkte ihre überwiegende Zuordnung zum Bahnverkehr im Unterschied zum Allgemeinverkehr belegen. Hierzu zählt allerdings - jedenfalls bei größeren Plätzen - nicht der gesamte Bereich des Bahnhofsvorplatzes, sondern nur jener, der in unmittelbarer Nähe des Eingangs zur Bahnhofshalle liegt. Folglich ist vorliegend nicht die Bundespolizei, sondern die nach Landesrecht zu bestimmende Behörde zuständig.

weitere Polizeien des Bundes

Weiterhin sind das Bundesamt für Verfassungsschutz, das Bundeskriminalamt und die Strom- und Schifffahrtspolizei Polizeien des Bundes.   **40**

II. Private Sicherheitsdienste

Bewachungsgewerbe

Hier ist lediglich zu beachten, dass gem. § 34a GewO private Sicherheitsdienste ("Security") durch die zuständige Behörde genehmigt werden können.[42] Private Sicherheitsdienste werden vorwiegend durch Privatunternehmen, wegen des Rückzugs der staatlichen Polizei aus öffentlichen Bereichen aber zunehmend auch durch staatliche oder kommunale Stellen eingesetzt.   **41**

> *Bspe.:* Transportbewachung; Personenbegleitschutz; Überwachung von Sportgroßveranstaltungen, Asylbewerberheimen, Bahnhöfen und des öffentlichen Personennahverkehrs etc.

Ihnen stehen gem. § 34a V GewO aber lediglich die vom Auftraggeber vertraglich übertragenen Selbsthilferechte und die sog. Jedermannrechte zu (§ 227 BGB; § 32 StGB; §§ 228, 904 BGB; §§ 34, 35 StGB; §§ 229, 859 BGB).[43] Sie besitzen aber keine polizeilichen Eingriffsbefugnisse zur Aufrechterhaltung der öffentlichen Sicherheit oder Ordnung.   **42**

Zudem hat das BVerwG[44] entschieden, dass ein bewaffneter privater Sicherheitsdienst nicht an die Stelle der Polizei treten könne. Die Übertragung von hoheitlichen Aufgaben müsse angesichts des staatlichen Gewaltmonopols die Ausnahme darstellen.

hemmer-Methode: Die Organisation der Polizei sollten Sie kennen, falls Ihr Prüfer im mündlichen Examen für Fragen auf dem Gebiet des Polizeirechts bekannt ist.
Allerdings lässt sich das Wesentliche durch die Arbeit mit dem Gesetzestext vermitteln. Sie sollten die einschlägigen Gesetze aber zuvor bereits einmal gelesen haben.

---

42   Instruktiv zu den privaten Sicherheitsdiensten, Ruder, Rn. 117.
43   Belz/Mussmann/Kahlert/Sander, § 59 PolG, Rn. 13; Ruder, Rn. 117.
44   BVerwG, NVwZ 1989, 864.

2. KAPITEL: DIE POLIZEIRECHTSKLAUSUR

A. Grundproblematik

die typische Polizeirechtsklausur

Polizeirechtsklausuren weisen regelmäßig die Besonderheit auf, dass typische prozessuale Probleme immer wieder mit denselben materiellen Problemen verknüpft werden.

43

Besonders häufig ist im prozessualen Teil die Fortsetzungsfeststellungsklage gem. § 113 I S. 4 VwGO direkt oder analog einschlägig. Weitaus seltener sind andere Klagearten klausurrelevant.

Grundsätzlich ist es in Polizeirechtsklausuren Aufgabe des Bearbeiters, mehrere Klagen gegen eine Vielzahl verschiedenster polizeilicher Maßnahmen hinsichtlich ihrer Erfolgsaussichten zu prüfen.

In den meisten Fällen ist daher ein prozessuales Gutachten aus Sicht des Richters zu erstellen. Eine Fallfrage, die zunächst nur auf die Erörterung der materiellen Rechtslage abzielt, so z.B. bei Klausuren aus Sicht des Rechtsanwalts, ist die Ausnahme.

Methode des Skripts

Das vorliegende Skript berücksichtigt in seinem Aufbau daher das Vorgehen zur Erstellung der Lösung einer typischen Polizeirechtsklausur:

44

Erörterung der Grundsystematik

Das Kapitel „Die Klausur im Polizeirecht" erörtert i.R.d. verschiedenen Klagearten in der Reihenfolge ihrer Klausurhäufigkeit zunächst die Grundsystematik der Klausur in diesem Rechtsgebiet.

Varianten zur Stoffvertiefung

Anschließend an die jeweilige Grundsystematik werden in den Varianten vertiefende examensrelevante Sonderprobleme mit ihrer jeweiligen Einpassung in den Klausurkontext dargestellt.

B. Klausurbearbeitungsvorgang

Vorgehen bei der Klausurbearbeitung

Für die Bearbeitung der Klausur im Polizeirecht sollte zunächst in etwa folgender Arbeitsablauf eingehalten werden:

45

1. Nach dem Lesen der Fallfrage wird der Sachverhalt unter Berücksichtigung derselben studiert und analysiert.

2. Im darauf folgenden Gedankenablauf ist zu klären:

prozessuales oder materielles Gutachten?

a) Wird ein prozessuales Gutachten verlangt? Ist dies nicht der Fall, so wird die Prüfung der materiellen Rechtslage einfach vorgezogen und der prozessuale Teil je nach Fallfrage ggf. angehängt.

Herausarbeitung aller Einzelmaßnahmen

b) Welche polizeilichen Maßnahmen sollen überprüft werden? Aus dem Sachverhalt sind die einzelnen polizeilichen Handlungen herauszufiltern. Aufgabe des Bearbeiters ist es, jede einzelne Polizeimaßnahme zu ermitteln und die verschiedenen Maßnahmen voneinander zu differenzieren. Dieser Arbeitsschritt ist entscheidend für die Qualität der Klausur.

> ***Bsp.:*** *Jurastudent Blau befindet sich auf der Heimfahrt von einer feucht-fröhlichen Geburtstagsparty seines Studienkollegen Krumm. Da er ehrenhalber mehrere „Tequilarunden" absolvieren musste, fällt es seinem VW Käfer recht schwer, sich allein mit dem rechten Fahrbahnstreifen zufriedenzugeben.*

Plötzlich glaubt Blau, eine ihn herauswinkende Verkehrskelle erkannt zu haben. Vorsichtshalber hält er seinen Wagen am Fahrbahnrand an.

Ein freundlicher Herr in blauer Uniform klopft an die Seitenscheibe und fordert ihn auf, seinen Führerschein vorzuzeigen. Die aus dem Wagen dringende Alkoholwolke animiert den Herrn, sich eingehender mit Blau zu befassen. Er soll aussteigen und in ein kleines Tütchen blasen. Völlig entsetzt darüber, dass Blau, anstatt in das Tütchen zu blasen, eifrig am Kugelschreiber des Polizeihauptwachtmeisters nuckelt, den er diesem aus der Tasche zog, verlangt dieser von ihm, das Fahrzeug zu verschließen und mit ihm auf die Polizeiinspektion zu fahren. Dort wird durch einen herbeigerufenen Arzt eine Blutentnahme durchgeführt.

Anschließend fahren zwei nette Damen den einsichtigen Blau nach Hause.

Aufgabe: Sie müssen nun für den Fall, dass von Ihnen die Prüfung der Rechtmäßigkeit aller polizeilichen Maßnahmen verlangt wird, diese detailliert im Einzelnen herausarbeiten: 46

⇨ Herauswinken mit Verkehrskelle = Aufforderung, anzuhalten

⇨ Anordnung, den Führerschein vorzuzeigen

⇨ Verlangen, auszusteigen

⇨ Aufforderung zur Atemalkoholanalyse

⇨ Anweisung, den Pkw zu verschließen

⇨ Anordnung, auf das Revier mitzukommen

⇨ Durchführung der Blutentnahme

⇨ Heimfahrt

Oftmals wird von Ihnen in einer Zusatzaufgabe auch noch eine gutachtliche Stellungnahme zu der Frage verlangt, was ggf. von der Polizei bzw. deren Rechtsträger verlangt werden kann (z.B. Vornahme einer Maßnahme, häufig Schadensersatz etc.).

Häufig wird in polizeirechtlichen Aufgabenstellungen auch die Prüfung auf einzelne der tatsächlich ergriffenen Maßnahmen beschränkt. Die Prüfung auch der übrigen ergangenen, nicht prozessual angegriffenen Maßnahmen stellt prozessual einen Verstoß gegen den Grundsatz „ne ultra petita" dar, § 88 HS 1 VwGO.

Einordnung in die richtigen Klagearten

3. Danach muss jeweils hinsichtlich jedes einzelnen Begehrens die richtige Klageart (im Polizeirecht selten Widerspruchsverfahren, da Maßnahmen zum Zeitpunkt des Rechtsschutzes zumeist bereits erledigt sind) festgelegt werden. Dementsprechend sind im Folgenden die Zulässigkeit und die Begründetheit der verschiedenen Klagearten schriftlich zu skizzieren. Bei mehreren Klagen liegt i.d.R. eine objektive Klagehäufung gem. § 44 VwGO vor. 47

schriftliche Ausarbeitung

4. Zuletzt erfolgt die Reinschrift, bei der die Klausurprobleme je nach Gewichtung im Einzelnen ausgearbeitet werden.

hemmer-Methode: Die Polizeirechtsklausur ist der verwaltungsrechtliche Belastungstest. Der Bearbeiter muss eine Vielzahl von Problemen innerhalb von fünf Stunden bewältigen können.
Zum einen handelt es sich hierbei um einige Standardfragen, zum anderen um einen Test, ob die Gesetzessubsumtion beherrscht wird. Wichtig ist nicht das Auswendiglernen von Gerichtsentscheidungen, sondern die Fähigkeit, dem Korrektor in der Klausur einen selbstständig durchdachten und logischen Aufbau zu präsentieren.

§ 1 FORTSETZUNGSFESTSTELLUNGSKLAGE[45]

wichtigste Klage im Polizeirecht

Im Klageverfahren kommt dem Rechtsschutz gegenüber erledigten polizeilichen Maßnahmen eine große Rolle zu. Da nach Erledigung die Aufhebung eines Verwaltungsakts ausscheidet, kommt nur noch die Feststellung seiner Rechtswidrigkeit in Betracht.

48

A. Zulässigkeit der Fortsetzungsfeststellungsklage, § 113 I S. 4 VwGO analog / direkt

> **Übersicht zur Zulässigkeit der FFK (analog):**
>
> I.   Verwaltungsrechtsweg, § 40 I S. 1 VwGO
>
> II.   Statthaftigkeit der Fortsetzungsfeststellungsklage
>
> III. Klagebefugnis, § 42 II VwGO analog
>
> IV.   Vorverfahren, §§ 68 ff. VwGO (str.)
>
> V.   Klagefrist, § 74 I VwGO (str.)
>
> VI.   Besonderes Feststellungsinteresse
>
> VII. Klagegegner, § 78 I Nr. 1 VwGO analog
>
> VIII. Sonstige Sachurteilsvoraussetzungen

I. Eröffnung des Verwaltungsrechtswegs, § 40 I S. 1 VwGO

1. Öffentlich-rechtliche Streitigkeit

streitentscheidend sind öffentlich-rechtliche Rechtsvorschriften

1) ! auf Zweck des Besuchers abstellen!

2) auf Gebäude abstellen

An diesem Prüfungspunkt ergeben sich keine besonderen Probleme. Sofern die Polizei handelte, geschah dies entweder aufgrund des PolG oder sonstiger spezialgesetzlicher Gefahrenabwehrvorschriften. Ggf. handelte die Polizei zur Strafverfolgung aufgrund der StPO oder des OWiG. Diese Normen sind, für den Fall, dass sie streitentscheidend sind, allesamt öffentlich-rechtlicher Natur, sodass sich hier nähere Ausführungen erübrigen.[46]

49

Streitentscheidend sind diejenigen Normen, welche in der Begründetheit als Rechtsgrundlage zu prüfen sind.

2. Streitigkeit nichtverfassungsrechtlicher Art

grds. fehlt doppelte Verfassungsunmittelbarkeit

Auch eine Streitigkeit nichtverfassungsrechtlicher Art liegt regelmäßig vor, da es an einer doppelten Verfassungsunmittelbarkeit fehlt.[47] Schon der Bürger als Kläger ist kein Verfassungsorgan mit sich unmittelbar aus der Verfassung ergebenden Rechten und Pflichten.

50

hemmer-Methode: In einer Klausur sind diese Punkte grds. unproblematisch. Es empfiehlt sich insoweit die kurze Feststellung:
„Vorliegend hat die Polizei aufgrund des PolG (bzw. anderer Gesetze) gehandelt. Diese sind öffentlich-rechtliche Rechtsvorschriften. Somit liegt eine öffentlich-rechtliche Streitigkeit vor. Die Streitigkeit ist zudem nichtverfassungsrechtlicher Art, da es an einer doppelten Verfassungsunmittelbarkeit fehlt.“

---

45   Zur Fortsetzungsfeststellungsklage: Hemmer/Wüst, Verwaltungsrecht II, Rn. 99 ff.
46   Zur Vertiefung Hemmer/Wüst, Verwaltungsrecht I, Rn. 16 ff. sowie 22 ff.
47   Hemmer/Wüst, Verwaltungsrecht I, Rn. 44 ff.

3. Abdrängende Sonderzuweisung

Regelfall: § 40 I S. 1 VwGO

Die Verwaltungsgerichtsbarkeit ist zu einer Entscheidung nur dann nicht berufen, wenn eine bundesgesetzliche (§ 40 I S. 1 HS 2 VwGO) oder landesgesetzliche (§ 40 I S. 2 VwGO) abdrängende Sonderzuweisung besteht. Als derartige abdrängende Sonderzuweisung kommen die bundesgesetzlichen Vorschriften des § 23 I EGGVG und § 98 II S. 2 StPO (analog) in Betracht. Als landesgesetzliche Spezialvorschriften sind § 28 III S. 3 i.V.m. IV S. 1 PolG und § 31 V PolG zu beachten.[48]

51

Ausnahme: § 13 GVG

Im Hinblick auf die Rechtswegtrennung stellt sich in Klausuren damit die Frage, ob statt der Verwaltungsgerichtsbarkeit (§ 40 I S. 1 VwGO) ausnahmsweise die ordentliche Gerichtsbarkeit (§ 13 GVG) zur Entscheidung berufen ist.

hemmer-Methode: Eine weitere abdrängende Sonderzuweisung zu den Zivilgerichten findet sich in § 58 PolG betreffend Ansprüche auf Entschädigung (§§ 55, 57 PolG). Aus systematischen Erwägungen wird hierzu erst unter Rn. 641 Stellung genommen.

a) § 23 I EGGVG bzw. § 98 II S. 2 StPO bei Strafverfolgung

Abgrenzung

Gegen Maßnahmen des Polizeivollzugsdienstes (nicht der Polizeibehörden!) im Bereich der Strafverfolgung (sog. repressive Tätigkeit) wird Rechtsschutz durch die ordentlichen Gerichte gewährleistet.[49] Besondere Bedeutung hat dabei § 23 EGGVG. Nach der Subsidiaritätsklausel des § 23 III EGGVG kommt dieser aber nicht zur Anwendung, sofern die ordentlichen Gerichte bereits aufgrund anderer Vorschriften zur Entscheidung berufen sind. Derartige spezielle Normierungen finden sich u.a. in §§ 98 II S. 2, 111e II S. 3, 128, 161a III S. 1 und 163a III S. 3 StPO.

52

Wenngleich die neuere Rechtsprechung den Anwendungsbereich des § 23 EGGVG durch eine extensive analoge Anwendung des § 98 II S. 2 StPO stark zurückgedrängt hat, ändert dies nichts an den Sachproblemen. In beiden Fällen entscheiden die ordentlichen Gerichte über die Rechtmäßigkeit von polizeilichen Maßnahmen, die ihre Rechtsgrundlage in der StPO finden.

§ 98 II S. 2 StPO

Wird der Polizeivollzugsdienst i.R.d. Strafverfolgung in Eil- und Notfällen anstelle des eigentlich zuständigen Richters oder im Vorgriff auf dessen Entscheidung tätig, so ist gem. § 98 II S. 2 StPO der ordentliche Rechtsweg eröffnet. Zuständig ist dann das Amtsgericht, in dessen Bezirk die jeweilige Justiz- oder Verwaltungsbehörde (Polizeibehörde) ihren Sitz hat (vgl. § 162 I S. 1 StPO). Die Norm wird analog auf repressive Maßnahmen angewendet, welche keine Beschlagnahme darstellen.[50] § 98 II S. 2 StPO gilt auch analog bei erledigten Maßnahmen.

53

Bsp.: Beschlagnahme nach § 98 StPO (Wortlaut: „durch das Gericht, bei Gefahr im Verzug auch durch die Staatsanwaltschaft und ihre Ermittlungspersonen") oder die vorläufige Festnahme gem. § 127 II StPO (Wortlaut: „jedermann befugt, ihn auch ohne richterliche Anordnung vorläufig festzunehmen")

---

48   Für Referendare: Im Falle einer Klageerhebung zum Gericht des falschen Rechtswegs ist je nach Fallfrage die Anfertigung eines Verweisungsbeschlusses gem. § 17a II S. 1 GVG erforderlich.

49   Würtenberger/Heckmann/Tanneberger, § 4 Rn. 67; Ennuschat/Ibler/Remmert, § 2 Rn. 418; Belz/Mussmann/Kahlert/Sander, § 1 PolG, Rn. 55.

50   Meyer-Goßner/Schmitt, § 98 StPO, Rn 23; OLG Karlsruhe, NJW 2013, 3738; grundlegend BGH, NJW 1998, 3653.

§ 23 EGGVG: Justizverwaltungsakte

Handelt der Polizeivollzugsdienst in eigener Zuständigkeit i.R.d. Strafverfolgung, dann ist gem. § 23 EGGVG der ordentliche Rechtsweg eröffnet. Es handelt sich hierbei um sog. Justizverwaltungsakte. Instanziell zuständig ist gem. § 25 I EGGVG ein Strafsenat des OLG, in dessen Bezirk die jeweilige Justiz- oder Verwaltungsbehörde ihren Sitz hat.[51]

54

Justizverwaltungsakte sind alle Maßnahmen, die von Justizbehörden im funktionellen Sinne zur Wahrnehmung einer Aufgabe aus den in § 23 I S. 1 EGGVG genannten Gebieten getroffen werden.

> *Bsp.: Identitätsfeststellung nach § 163b StPO (Wortlaut: „Staatsanwaltschaft und die Beamten des Polizeidienstes")*

hemmer-Methode: Die Abgrenzung lässt sich mit dem Wortlaut der einzelnen StPO-Normen recht einfach vornehmen. Beachten Sie aber: Die Unterscheidung zwischen § 23 I EGGVG und § 98 II S. 2 StPO hat für die Erste Juristische Prüfung wenig Bedeutung, zumal in beiden Fällen eine abdrängende Zuweisung an die Zivilgerichte vorliegt. Referendare hingegen sollten diese Materie vertiefen, zumal in der Assessorklausur ein Verweisungsbeschluss gefasst werden muss, für den das dann zuständige Gericht (OLG oder AG) von Bedeutung ist.

Doppelfunktion des Polizeivollzugsdienstes

Es stellt sich somit die Frage, wann der Polizeivollzugsdienst repressiv handelt: Die Vollzugspolizei hat gem. § 163 StPO und § 53 OWiG die Aufgabe der Strafverfolgung. Sie hat demnach eine Doppelfunktion, da sie sowohl gem. § 1 I PolG zur Gefahrenabwehr (präventiv) als auch gem. § 1 II PolG i.V.m. § 163 StPO bzw. § 53 OWiG zur Strafverfolgung (repressiv) tätig wird.[52] Für die Abgrenzung, ob eine Maßnahme repressiver oder präventiver Natur ist, ist auf den Zweck abzustellen, den die Polizei mit der konkreten Maßnahme verfolgt.[53]

55

Gefahrenabwehr

aa) Handelt die Vollzugspolizei präventiv-polizeilich, so ist der Verwaltungsrechtsweg gem. § 40 I S. 1 VwGO eröffnet, soweit nicht weitere abdrängende Sonderzuweisungen eingreifen.

56

> *Bsp.: Polizeiobermeister Friedrich lässt den in einer Feuerwehrzufahrt geparkten Porsche des Peter Pech abschleppen.*

Das Abschleppen hat den Zweck, den andauernden Rechtsverstoß durch das Parken im Halteverbot zu beseitigen. Es dient nicht der Strafverfolgung, genauer: der Verfolgung der von P begangenen Ordnungswidrigkeit. Daher ist der Verwaltungsrechtsweg zu beschreiten.

Strafverfolgung

bb) Wird der Polizeivollzugsdienst dagegen im repressiven Bereich, d.h. strafverfolgend tätig, so ist der ordentliche Rechtsweg über § 23 I EGGVG oder § 98 II S. 2 StPO (analog) einschlägig.

57

> *Bsp.: Ein Polizeibeamter ordnet zur Feststellung der Blutalkoholwerte eine sofortige ärztliche Blutentnahme an.*

Hierbei verfolgt der Polizeivollzugsbeamte den Zweck der Verfolgung einer Straftat nach § 316 StGB bzw. Ordnungswidrigkeit nach § 24a StVG. Nach § 98 II S. 2 StPO analog ist der ordentliche Rechtsweg zu beschreiten.

---

51 Vgl. hierzu Rn. 750.

52 Der Begriff der „Strafverfolgung" im weiteren Sinne erfasst die Ermittlung, die Verfolgung im engeren Sinne und die Ahndung.
   Ermittlung ist die Erforschung der Tat und des Täters und die Vorlage der Ergebnisse an die Verfolgungsbehörde. Verfolgung im engeren Sinne ist die Entscheidung über die Eröffnung, die Führung und die Beendigung eines Straf- oder Bußgeldverfahrens. Ahndung ist die Verhängung der Strafe oder einer Geldbuße. Davon zu unterscheiden ist die Verwarnung im Ordnungswidrigkeitenrecht (§§ 56, 57 II OWiG, § 27 StVG). Nach § 163 StPO hat die Polizei alle keinen Aufschub gestattenden Anordnungen zu treffen, um die Verdunkelung der Sache zu verhüten. Danach ist die Polizeibehörde, sofern sie strafverfolgend tätig wird, nur zur Ermittlung zuständig.

53 Ennuschat/Ibler/Remmert, § 2 Rn. 131 und 419; Zeitler/Trurnit, Rn. 98.

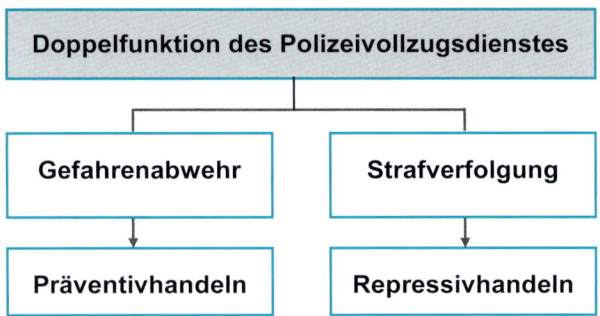

Ermittlungsbeamte der Staatsan-
waltschaft

In diesem Zusammenhang ist zu berücksichtigen, dass teilweise nur die Ermittlungsbeamten (früher: Hilfsbeamten) der Staatsanwaltschaft bestimmte Befugnisse aus der StPO haben, nicht aber alle Polizeivollzugsbeamten. Wer Ermittlungsbeamter der Staatsanwaltschaft ist, bestimmt § 152 II GVG i.V.m. der Verordnung über die Ermittlungsbeamten der Staatsanwaltschaft (StAHiBV BW).[54]

> **Bspe.:** *Anordnung einer Blutentnahme nach § 81a II StPO; Anordnung einer Beschlagnahme nach § 98 I StPO; Anordnung einer Hausdurchsuchung nach § 105 StPO.*

kein Einordnungsproblem bei trenn-
baren Einzelmaßnahmen

cc) Die Frage nach dem Rechtsweg bereitet in der Klausur kaum Probleme, wenn sich der Geschehensablauf aus objektiv trennbaren Einzelmaßnahmen zusammensetzt. Die einzelnen Handlungen sind dann jeweils gesondert hinsichtlich der Frage des Rechtswegs und ihrer materiellen Rechtmäßigkeit zu bewerten.[55]

58

> **Bsp.:** *Polizeibeamte führen beim Fahrer eines Pkw eine allgemeine Verkehrskontrolle durch. Da Anzeichen auf übermäßigen Alkoholkonsum bestehen, ordnen die Polizeibeamten eine BAK-Feststellung an.*

> Dieser Geschehensablauf lässt sich in eine präventiv-polizeiliche (allgemeine Verkehrskontrolle nach § 36 V StVO) und eine repressive Maßnahme (BAK-Feststellung nach § 81a I StPO) aufspalten. In diesem Fall ist § 17a II 1 GVG zu beachten, sofern nicht das Gericht nach § 17 II 1 GVG den Rechtsstreit unter allen in Betracht kommenden Gesichtspunkten entscheidet.[56]

Problem: doppelfunktionale
Maßnahmen

dd) Einordnungsprobleme entstehen hingegen, wenn eine oder mehrere Maßnahmen nach ihrem äußeren Erscheinungsbild nicht ohne Weiteres als eine solche der Gefahrenabwehr oder der Strafverfolgung eingeordnet werden können (sog. doppelfunktionale Maßnahmen oder Gemengelage).[57]

59

> **Bsp.:** *Ein Polizeibeamter (P) hat Insider-Information erhalten, dass bei der Brauerei Beckhaus vor einigen Stunden mehrere tote Ratten im Biersud gesichtet wurden. Trotzdem habe die Geschäftsführerin die Weiterverarbeitung des Suds angeordnet. Daraufhin begibt sich P zur Brauerei. Er verlangt Zutritt zu dem Gebäude, entnimmt dem Biersud eine tote Ratte und nimmt diese mit auf die Polizeiwache.*

> Nach ihrem äußeren Erscheinungsbild können die Maßnahmen des Polizeibeamten nicht ohne Weiteres als solche der Gefahrenabwehr oder der Strafverfolgung eingeordnet werden. P könnte hier einerseits zur Gefahrenabwehr tätig geworden sein, um Konsumenten vor dem verunreinigten Bier zu schützen. Er könnte aber genauso strafverfolgend gehandelt haben, da das Herstellen und der Versuch des Inverkehrbringens von verunreinigten Lebensmitteln eine Straftat darstellt (§ 58 I Nr. 1, 2 LFGB).[58]

---

54   Verordnung der Landesregierung über die Ermittlungspersonen der Staatsanwaltschaft vom 12.02.1996. Dürig, Nr. 67; nicht im Dolde/Kirchhof/Stilz abgedruckt.

55   Trurnit, Rn. 56; OVG Münster, NWVBl. 2012, 364. Zeitler/Trurnit, Rn. 106; Schoch, Jura 2001, 628 (631) und Jura 2013, 1115 (1116).

56   Die Durchentscheidung wird von der wohl h.M. abgelehnt, da unterschiedliche Streitgegenstände vorliegen, vgl. Graulich, NVwZ 2014, 685 (690); Schenke, NJW 2011, 2838 (2843); a.A. Würtenberger/Heckmann/Tanneberger, § 4 Rn. 73; Schoch, Jura 2013, 1115 (1122); OVG Lüneburg, NVwZ-RR 2014, 327.

57   Trurnit, Rn. 56; Würtenberger/Heckmann/Tanneberger, § 4 Rn. 68.

58   Lebensmittel-, Bedarfsgegenstände- und Futtermittelgesetzbuch, Sartorius Ergänzungsband Nr. 862.

entscheidend: Schwerpunkt der Maßnahme

Nicht durchgesetzt hat sich die Ansicht, wonach in Zweifelsfällen die Gefahrenabwehr Vorrang genieße, zumal diese wichtiger als die Strafverfolgung sei.[59] Mit der h.M. ist vielmehr darauf abzustellen, in welchem Aufgabenbereich (Gefahrenabwehr oder Strafverfolgung) der Schwerpunkt der polizeilichen Maßnahmen liegt.[60] Liegt der Schwerpunkt beim Präventivhandeln, so ist der Verwaltungsrechtsweg eröffnet; liegt er im repressiven Tätigwerden, sind die ordentlichen Gerichte anzurufen.[61]

Dabei ist umstritten, aus welcher Sicht der Schwerpunkt der Maßnahme zu bestimmen ist.

objektive Bestimmung

Nach einer Ansicht ist der Schwerpunkt bei doppelfunktionalen Maßnahmen objektiv zu bestimmen. Ausschlaggebend sei, welche Zwecksetzung die Polizeivollzugsbeamten nach dem Gesamteindruck mit der Maßnahme verfolgt haben.[62] Maßstab ist insoweit die Sicht eines objektiven, den Sachverhalt nachträglich beurteilenden Betrachters.

subjektive Bestimmung

Nach vorzugswürdiger h.M. kommt es darauf an, wie sich der konkrete Lebenssachverhalt einem verständigen Bürger in der Lage des Betroffenen bei natürlicher Betrachtungsweise darstellt.[63]

kein Wahlrecht bzgl. Rechtsweg

Ein Wahlrecht des Betroffenen hinsichtlich des Rechtswegs scheidet wegen der Gefahr widersprüchlicher Entscheidungen aus.[64]

hemmer-Methode: In der Klausur wird die Bestimmung der Rechtsnatur der Maßnahme häufig nicht allzu schwer fallen, denn eine bestimmte Handlung kann in der Regel sinnvollerweise nur der Gefahrenabwehr oder der Strafverfolgung dienen.
Klausurtaktisch (immerhin schreiben Sie ja eine Klausur im Öffentlichen Recht) sollten Sie im Zweifel vom Schwerpunkt im Bereich der Gefahrenabwehr ausgehen.

Daraus folgt für das oben genannte Beispiel:

Der Sachverhalt muss hier einheitlich betrachtet werden. Das Tätigwerden des Polizeibeamten umfasst zwar mehrere Einzelmaßnahmen. Diese bilden zusammen jedoch einen einheitlichen Lebenssachverhalt. Ein Auftrennen würde zu einer unnatürlichen Aufspaltung des Geschehens führen. Hier ist es folglich nicht möglich, jeden Einzelakt getrennt zu beurteilen.

Angesichts der Umstände, insbesondere des schnellen Handelns, ist sowohl über eine objektive als auch subjektive Bestimmung von präventiv-polizeilichen Maßnahmen auszugehen. Dafür spricht ferner, dass eine Beweissicherung zur Strafverfolgung, z.B. durch eine chemische Analyse des Bieres, auch bei bereits erfolgter Flaschenabfüllung noch möglich gewesen wäre.

60

61

59 Kingreen/Poscher, Polizei- und Ordnungsrecht, § 2 Rn. 14; OVG Münster, NWVBl. 2012, 364; kritisch bzgl. der vertretenen Ansätze Schoch, Jura 2013, 1115 (1117 ff.).

60 Würtenberger/Heckmann/Tanneberger, § 4 Rn. 69; Zeitler/Trurnit, Rn. 102; VGH Mannheim, VBlBW 1989, 16 (17); VBlBW 2005, 63; OVG Lüneburg, NVwZ-RR 2014, 327 = Life&Law 2014, 150; OVG Münster, NWVBl. 2012, 364; VGH München, BayVBl. 1986, 337 (338). Die Gegenansicht stellt allein auf die Zwecksetzung der Polizei ab, vgl. Kopp/Schenke, § 179 VwGO, Rn. 7; Schenke, Polizei- und Ordnungsrecht, Rn. 423; Schoch, Jura 2001, 628 (631).

61 Kingreen/Poscher, Polizei- und Ordnungsrecht, § 2 Rn. 14; grundlegend BVerwGE 47, 255 (265).

62 VGH München, BayVBl. 2010, 220; Götz/Geis, § 18 Rn. 19; Kingreen/Poscher, Polizei- und Ordnungsrecht, § 2 Rn. 15 halten die Sicht des verständigen Betroffenen auch für relevant.

63 VGH Mannheim, VBlBW 2005, 63 = NVwZ-RR 2005, 540; Lenk, NVwZ 2018, 38 (40; Trurnit, Rn. 56; Würtenberger/Heckmann/Tanneberger, § 4 Rn. 69; Stephan/Deger, § 1 PolG, Rn. 7; OVG Münster, NWVBl. 2015, 72; BVerwGE 47, 255 (264 f.); OVG Lüneburg, NVwZ-RR 2014, 327 = Life&Law 2014, 150.

64 Kopp/Schenke, § 179 VwGO, Rn. 7: beide Rechtswege sind zu beschreiten. Für ein Wahlrecht Danne, JuS 2018, 434 (437).

> **hemmer-Methode: Für die Klausur empfiehlt sich folgende Vorgehensweise:**
> 1. **Prüfung, ob der Sachverhalt einheitlich zu bewerten ist oder ob hinsichtlich der einzelnen Maßnahmen von vornherein getrennt werden kann.**
> 2. **Jeweils Feststellung des Schwerpunktes des polizeilichen Tätigwerdens.**
> 3. **Lässt sich bei einheitlichen Sachverhalten kein Schwerpunkt ermitteln, dann ist ebenfalls jede Einzelmaßnahme gesondert zu beurteilen.**
>
> **Da häufig eine Vielzahl polizeilicher Einzelmaßnahmen zu prüfen ist, brauchen Sie sich nicht zu scheuen, für einzelne Maßnahmen die Eröffnung des Verwaltungsrechtswegs abzulehnen, soweit hierdurch die Klausur nicht problementleert wird.**

b) Sonderkonstellation im materiellen Gutachten

Verortung in materiellem Gutachten

Sollte von Ihnen ein materielles Gutachten verlangt werden, so findet die Problematik, ob repressives oder präventives polizeiliches Handeln vorliegt, bei der Prüfung der Rechtsgrundlage (Anwendbarkeit der Eingriffsbefugnis) ihren Eingang. Zur Feststellung, welche Befugnisse die Polizei hat, gilt es auch hier, wie bereits oben erörtert, den Schwerpunkt des polizeilichen Tätigwerdens zu ermitteln.

62

Bei materiellen Gutachten aus der Sicht der Polizei wird teilweise darauf abgestellt, dass hier lediglich zu beachten ist, ob die Polizei ihre Befugnisse insgesamt nicht überschreitet. Soweit auch die Voraussetzungen der regelmäßig engeren Repressivbefugnisse vorliegen, besteht kein Anlass, sich hinsichtlich der Zweckrichtung der Maßnahme vorher verbindlich festzulegen.

> **hemmer-Methode: Anders ist dies natürlich bei einem Gutachten aus Anwaltssicht. Da dieses der Vorbereitung einer Klage dient und eine solche nach h.M. (vgl. Rn. 54) eine eindeutige Festlegung des Rechtswegs erfordert, bleibt es hier bei der Schwerpunktsetzung.**

Dies führt zu einem Wahlrecht zwischen Präventiv- und Repressivbefugnissen wegen der Doppelfunktionalität der Polizei.[65]

kumulative Zuständigkeit

Sollte daher die Zuständigkeit sowohl im Repressiv- als auch im Präventivbereich in Betracht kommen, so verdrängt insbesondere nicht die Aufgabe der Strafverfolgung die der Gefahrenabwehr. Vor allem beim Vorliegen einer Straftat kommt ein Fall der sog. Doppelfunktion der Polizei in Betracht. Hier treffen repressive Aufgaben mit solchen der Gefahrenabwehr zusammen.

63

In solchen Fällen kann eine kumulative Aufgabeneröffnung vorliegen.[66]

> **Voraussetzung für die kumulative Aufgabeneröffnung ist allerdings, dass**
>
> ⇨ die rechtswidrige Tat noch nicht beendet ist,
>
> ⇨ eine neue Tat droht oder
>
> ⇨ es um die Beseitigung der durch die Handlung verursachten Zustände geht.

65   Habermehl, Allg. Polizeirecht, Rn. 485 f.
66   Stephan/Deger, § 1 PolG, Rn. 7; Würtenberger/Heckmann/Tanneberger, § 4 Rn. 72.

beide Aufgabenbereiche eröffnet

Es sind dann beide Aufgabenbereiche eröffnet. In welchem die Polizei tatsächlich gehandelt hat, lässt sich erst bei den einzelnen Maßnahmen feststellen. Im Zweifelsfall hat die Polizei in dem Aufgabenbereich gehandelt, in dem sie rechtmäßigerweise handeln konnte.

64

> **hemmer-Methode: Sollte ein Fall kumulativer Aufgabeneröffnung vorliegen, so sind die Maßnahmen sowohl als Präventiv- als auch als Repressivmaßnahmen parallel zu prüfen.**
>
> **Dieser Aufbau ist jedoch nur in einem materiellen Gutachten aus der Sicht der Polizei möglich, da bei einer gerichtlichen Überprüfung eine eindeutige Zuordnung wegen verschiedener Rechtswegzuweisungen notwendig und auch möglich ist, weil sich dann genau bestimmen lässt, zu welchem Zweck ein bestimmter Betroffener in Anspruch genommen wurde.**

Exkurs für Fortgeschrittene

§ 81b Alt. 2 StPO: erkennungsdienstl. Maßnahmen

Eine Sonderstellung nimmt § 81b Alt. 2 StPO ein.[67] Er stellt eine Befugnisnorm für präventiv-polizeiliches Handeln in der StPO dar.

65

Nimmt die Polizei Lichtbilder oder Fingerabdrücke eines Beschuldigten für die Zwecke des Erkennungsdienstes auf, so ergeht kein Justizverwaltungsakt, da diese Tätigkeit der vorbeugenden Verbrechensbekämpfung (sog. Strafverfolgungsvorsorge) zuzuordnen ist. Hier ist über § 40 I S. 1 VwGO der Verwaltungsrechtsweg eröffnet.[68]

zudem: Aufbewahrung von Strafverfahrensakten

Anders ist dies bei § 81b Alt. 1 StPO, also bei Maßnahmen zur Strafverfolgung. Die Rspr. stützt auf die Regelung des § 81b Alt. 2 StPO allerdings auch die Befugnis der Polizei zur Aufbewahrung von den zum Zweck der Durchführung eines Strafverfahrens gewonnenen Unterlagen. Da die Aufbewahrung ebenfalls präventiver Natur ist, ist zu deren Überprüfung der Verwaltungsrechtsweg eröffnet, auch wenn die Anfertigung nach § 81b Alt. 1 StPO erfolgt ist.[69]

Exkurs Ende

> **hemmer-Methode: § 23 I EGGVG (bzw. § 98 II S. 2 StPO) ist in einer Klausur nur zu erwähnen, wenn der Polizeivollzugsdienst gehandelt hat. Polizeibehörden sind nicht nach § 163 StPO bzw. § 53 I OWiG für die Strafverfolgung zuständig!**
>
> **Ist das Handeln des Polizeivollzugsdienstes zwecks Gefahrenabwehr jedoch unproblematisch, so kann mit einem Satz dargelegt werden, dass mangels strafverfolgenden Handelns die abdrängende Sonderzuweisung nicht eingreift.**
>
> **Merken Sie sich also den Zusammenhang zwischen § 40 I S. 1 VwGO und § 23 I EGGVG bzw. § 98 II S. 2 StPO!**

c) Gewahrsam, § 28 III S. 3, IV S. 1 PolG

§ 28 III, IV PolG bei Freiheitsentziehungen

Eine abdrängende Sonderzuweisung findet sich auch in § 28 III S. 3 i.V.m. IV S. 1 PolG. Die Zulässigkeit einer landesrechtlichen Sonderzuweisung ergibt sich aus § 40 I S. 2 VwGO.

66

aa) § 28 IV S. 1 PolG weist die Entscheidung über den Gewahrsam dem Amtsgericht zu, in dessen Bezirk die Person von der Polizei festgehalten wird (vgl. §§ 415 ff. FamFG).

67

---

67   Instruktiv zu § 81b StPO in der Verwaltungsrechtsklausur ist der Aufsatz von Gerhold/Rakoschek, Jura 2008, 895 - 900.

68   BVerwG, NVwZ 2011, 710 = JA 2011, 959; OVG Münster, NJW 1999, 2689.

69   Vgl. Meyer-Goßner/Schmitt, § 81b StPO, Rn. 23 (Konstellation der Verpflichtungsklage).

verfassungsrechtlicher Hintergrund

Der Richtervorbehalt resultiert aus den verfassungsrechtlichen Vorgaben der Art. 2 II S. 2, 104 II GG (vgl. die strafprozessuale Umsetzung in §§ 112 - 130 StPO). Diese Zuweisung an den Amtsrichter ist zweckmäßig, da dieser auch über Freiheitsentziehungen nach anderen gesetzlichen Bestimmungen zu entscheiden hat und in der Regel auch ortsnäher ist.[70]

Abgrenzung zur Freiheits-
beschränkung

bb) § 28 IV S. 1 PolG erfasst den Gewahrsam als Freiheitsentziehung, nicht hingegen bloße Freiheitsbeschränkungen.[71] Freiheitsentziehung ist das Festhalten einer Person an einem bestimmten eng umgrenzten Ort, während sonstige Einschränkungen der körperlich-räumlichen Bewegungsfreiheit lediglich eine Freiheitsbeschränkung darstellen.[72] Für die Abgrenzung ist die Intensität der Maßnahme maßgeblich, wobei auch die Dauer einbezogen werden muss.

68

> *Bspe.: Freiheitsbeschränkung ist die Mitnahme zur Dienststelle zum Zweck der Identitätsfeststellung, § 26 II S. 3 PolG (sog. Sistierung) und die polizeiliche Vorführung, § 27 III PolG. Wird der Betroffene aber mehrere Stunden auf der Dienststelle festgehalten oder gar eingesperrt, geht die Maßnahme in eine Freiheitsentziehung über, welche nur unter den Voraussetzungen des § 28 PolG zulässig ist.*

hemmer-Methode: Freiheitsbeschränkungen unterliegen nicht dem Richtervorbehalt der Art. 2 II S. 2, 104 II GG.[73] Würde man (wie in § 28 IV S. 1 PolG normiert) die Einholung einer richterlichen Anordnung fordern, würde der Eingriff in die körperliche Bewegungsfreiheit unnötig verlängert.

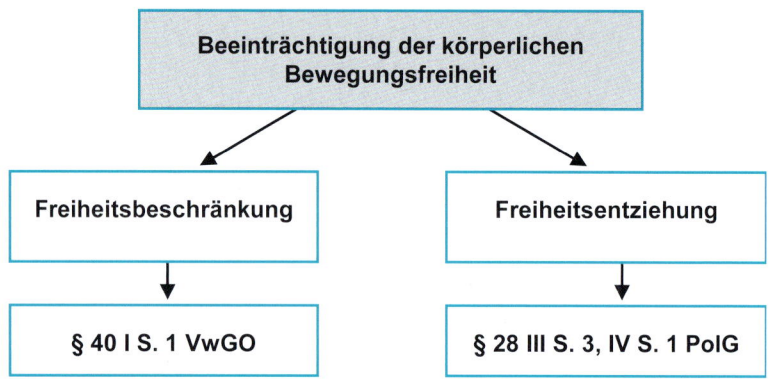

zeitliche Abgrenzung

cc) Wird eine Person in Gewahrsam genommen, so ist gem. § 28 III S. 3 PolG unverzüglich eine richterliche Entscheidung seitens der Polizei herbeizuführen. Für die gerichtliche Entscheidung ist gem. § 28 IV S. 1 PolG nicht das Verwaltungs-, sondern das Amtsgericht als ordentliches Gericht zuständig.

69

Das Gericht entscheidet durch Beschluss, § 38 FamFG. Über eine Beschwerde gegen diesen Beschluss (vgl. § 28 IV S. 7 PolG) entscheidet gem. § 429 i.V.m. §§ 58, 63 FamFG das zuständige Landgericht.[74]

Sonderfälle

Anders ist dies, wenn nach Beendigung der Freiheitsentziehung, d.h. nach Entlassung, eine gerichtliche Überprüfung der Maßnahme durch den Betroffenen (erstmalig) begehrt wird.

70

---

70 Stephan/Deger, § 28 PolG, Rn. 38.

71 Stephan/Deger, § 4 PolG, Rn. 12; BVerfGE 105, 239. Beachten Sie die gesetzliche Differenzierung in Art. 104 I, II GG.

72 Stephan/Deger, § 4 PolG, Rn. 12 und § 28 PolG, Rn. 1; Kingreen/Poscher, Polizei- und Ordnungsrecht, § 16 Rn. 8. Vgl. auch die Definition in § 415 II FamFG.

73 Stephan/Deger, § 26 PolG, Rn. 27; Würtenberger/Heckmann/Tanneberger, § 5 Rn. 188.

74 Stephan/Deger, § 28 PolG, Rn. 45; Belz/Mussmann/Kahlert/Sander, § 28 PolG, Rn. 18; Ruder, Rn. 693.

Hierfür ist nicht das Amtsgericht zuständig, da sich § 28 III S. 3, IV S. 1 PolG nur auf die gerichtliche Entscheidung während der Freiheitsentziehung bezieht.[75] Nachträglichen Rechtsschutz gewähren die Verwaltungsgerichte, statthaft ist die Feststellungs- oder Fortsetzungsfeststellungsklage analog.[76] Gleiches gilt für die Fälle, in denen das Amtsgericht entweder nicht angerufen wurde bzw. von dessen Anrufung nach § 28 III S. 4 PolG abgesehen wurde.[77]

Ist vor Beendigung der Freiheitsentziehung aber eine Entscheidung des Amtsgerichts nach § 28 III S. 3 PolG ergangen, so ist gem. § 28 IV S. 8 PolG verwaltungsgerichtlicher Rechtsschutz ausgeschlossen.[78] Dem Betroffenen steht in diesem Fall nach § 28 IV S. 7 PolG lediglich das Rechtsmittel der Beschwerde zum Landgericht zur Verfügung. Grund hierfür ist, dass über die Zulässigkeit des Gewahrsams nur ein einziges Gericht entscheiden soll, da andernfalls die Gefahr einander widersprechender Entscheidungen entstünde.

> **hemmer-Methode:** § 28 IV S. 1 PolG ist nur anzusprechen, soweit sich aus dem Sachverhalt das Klagebegehren auf Feststellung der Rechtswidrigkeit von Freiheitsentziehungen ergibt.
> Stellen Sie dann die Differenzierung zwischen Freiheitsentziehung und Freiheitsbeschränkung dar. Nur wenn eine Freiheitsentziehung in Betracht kommt, ist die abdrängende Sonderzuweisung des § 28 IV S. 1 PolG einschlägig. Ansonsten ist für die gerichtliche Kontrolle von Freiheitsbeschränkungen im Präventivbereich grds. der Verwaltungsrechtsweg eröffnet. Merken Sie sich also § 28 IV S. 1 PolG im Zusammenhang mit § 40 I S. 1 VwGO.

d) Wohnungsdurchsuchung, § 31 V S. 1 PolG

Entscheidung des AG

Die gerichtliche Anordnung einer Wohnungsdurchsuchung, welche nach Art. 13 II GG grundsätzlich erforderlich ist (Richtervorbehalt; vgl. auch die strafprozessuale Normierung in §§ 102 - 110 StPO), erfolgt nach vorherigem Antrag gem. § 31 V S. 1 PolG durch das Amtsgericht, in dessen Bezirk die Durchsuchung vorgenommen werden soll. Für das Verfahren gelten die Vorschriften des FamFG, § 31 V S. 2 PolG.[79]   71

Das Gericht entscheidet durch Beschluss, § 38 FamFG. Über eine Beschwerde gegen diesen Beschluss (vgl. § 31 V S. 3 PolG) entscheidet gem. § 429 i.V.m. §§ 58, 63 FamFG das zuständige Landgericht.[80] Ist vor Beendigung der Wohnungsdurchsuchung eine Entscheidung des Amtsgerichts nach § 31 V S. 1 PolG ergangen, so ist (obwohl eine dem § 28 IV S. 8 PolG vergleichbare Normierung bei § 31 PolG fehlt) verwaltungsgerichtlicher Rechtsschutz auch bei Erledigung ausgeschlossen.[81] Grund hierfür ist, dass über die Zulässigkeit der Wohnungsdurchsuchung nur ein einziges Gericht entscheiden soll, da andernfalls die Gefahr einander widersprechender Entscheidungen entstünde.

Sonderfall

Wurde die Wohnungsdurchsuchung wegen Gefahr im Verzug hingegen durch die Polizei angeordnet, gewähren die Verwaltungsgerichte Rechtsschutz. Wegen der Erledigung durch Zeitablauf ist die Feststellungs- oder Fortsetzungsfeststellungsklage analog statthaft.[82]   72

---

75 VGH Mannheim, VBLBW 2005, 63; BVerfG, DVBl. 2002, 688; Belz/Mussmann/Kahlert/Sander, § 38 PolG, Rn. 27.

76 Stephan/Deger, § 28 Rn. 46; Sodan/Ziekow, VwGO, § 40 Rn. 636 f., m.w.N.

77 Stephan/Deger, § 28 PolG, Rn. 46; Würtenberger/Heckmann/Tanneberger, § 5 Rn. 190. Hintergrund ist nicht zuletzt die Tatsache, dass die ordentliche Gerichtsbarkeit eine Fortsetzungsfeststellungsklage nicht kennt.

78 Stephan/Deger, § 28 Rn. 46; Belz/Mussmann/Kahlert/Sander, § 28 PolG, Rn. 28.

79 Gleiches gilt gem. §§ 27b III S. 4, 27c V 4 PolG für die im Dezember 2017 eingeführten Maßnahmen zur Verhinderung terroristischer Straftaten. Zu diesen Eingriffsgrundlagen unter Rn. 248a-248e.

80 Ruder, Rn. 730; Stephan/Deger, § 31 PolG, Rn. 25; OVG Münster, NJW 1992, 2172.

81 Stephan/Deger, § 31 PolG, Rn. 26; Ruder, Rn. 730.

82 Stephan/Deger, § 31 PolG, Rn. 27; Belz/Mussmann/Kahlert/Sander, § 31 PolG, Rn. 26; Ruder, Rn. 730.

II. Statthaftigkeit der Fortsetzungsfeststellungsklage, § 113 I S. 4 VwGO analog / direkt

Ausgangspunkt zur Festlegung der richtigen Klageart ist das Klagebegehren unter verständiger richterlicher Würdigung des Sachverhalts, §§ 88, 86 III VwGO.

Aufhebung erledigter VAe

Die Fortsetzungsfeststellungsklage (FFK) ist dann die richtige Klageart, wenn sich das Klagebegehren auf die Feststellung der Rechtswidrigkeit von Polizeimaßnahmen mit VA-Qualität richtet, die sich bereits erledigt haben.

Übersicht:

1. **Prüfung der VA-Eigenschaft der Maßnahme**
   Problembereiche: Datenerhebung; Zwangsmaßnahmen
2. **Erledigung des VA i.S.d. § 43 II VwVfG**
3. **Zeitpunkt der Erledigung**
   a) Erledigung **nach** Klageerhebung ⇨ § 113 I S. 4 VwGO direkt
   b) Erledigung **vor** Klageerhebung ⇨ § 113 I S. 4 VwGO analog

---

hemmer-Methode: In Polizeirechtsklausuren sind regelmäßig mehrere Klagebegehren auf die Feststellung der Rechtswidrigkeit behördlicher Handlungen mit VA-Qualität gerichtet. Die Fortsetzungsfeststellungsklage dominiert insoweit die Prüfungsaufgaben dieses Rechtsgebiets. Dies folgt daraus, dass sich behördliche VAe naturgemäß unmittelbar mit der Durchführung der Maßnahme erledigen.

Prüfungsaufbau im Gutachten:

Beim Prüfungspunkt „statthafte Klageart" sollte bei einer FFK im Gutachten nachfolgende Aufbaureihenfolge eingehalten werden:

1. Als Klageart kommt eine Anfechtungsklage gem. § 42 I Alt. 1 VwGO in Betracht, falls das Klagebegehren auf Aufhebung eines VA gerichtet ist (hier: Prüfung der VA-Qualität).
2. Sofern die angegriffene Maßnahme ein VA ist, folgt die Prüfung der Erledigung.
3. Bei Erledigung des VA kommt eine FFK gem. § 113 I S. 4 VwGO (direkt) in Betracht, sofern der VA sich nach Erhebung einer Anfechtungsklage erledigt hat.
4. Hat sich der VA hingegen bereits vor Klageerhebung erledigt, so könnte die FFK nach § 113 I S. 4 VwGO analog die richtige Klageart sein.

---

1. Vorliegen eines Verwaltungsakts

§ 35 S. 1 VwVfG: Maßnahme zur Regelung

Voraussetzung eines Verwaltungsakts ist, dass die Behörde gem. § 35 S. 1 VwVfG eine Maßnahme zur Regelung trifft. Wie andere Behörden auch, so nehmen Polizeibehörden sowohl Regelungen als auch tatsächliche Handlungen vor. Bei behördlichen Maßnahmen ist demnach häufig zweifelhaft, ob diese einen Verwaltungs- oder Realakt darstellen.

hemmer-Methode: Nach einer klarstellenden Entscheidung des BVerwG[83] aus dem Jahr 2011 muss hier § 35 (Bundes-)VwVfG zitiert werden, da der Bund für die VwGO die Definitionshoheit besitzt. Angesichts des identischen Wortlauts war der klassische Streit - zugegebenermaßen - schon früher müßig.

73

74

---

83   BVerwG, DVBl. 2012, 49: Der VA-Begriff gehört als Begriff des Prozessrechts der VwGO (§§ 42, 68, 70, 75, 79 VwGO) auch dem Bundesrecht an.

a) Ausgangspunkt: Regelung i.S.d. § 35 S. 1 VwVfG

auf Setzung einer Rechtsfolge gerichtet

Eine Maßnahme wird zur Regelung getroffen, wenn sie auf die Setzung einer Rechtsfolge gerichtet ist.[84] Rechtsfolgen werden durch Erklärungen gesetzt. Die erforderliche Erklärung kann schriftlich oder mündlich erfolgen, § 37 II VwVfG.

75

> **Bspe.:** *Die Aufforderung an eine Person, sich auf einer bestimmten Dienststelle einzufinden (Vorladung); die Anordnung der Beschlagnahme einer Sache; die Verpflichtung zu einer Geldleistung im Rahmen einer Zwangsgeldfestsetzung oder eines Kostenbescheids.*

Erklärungswert

Auf die Setzung einer Rechtsfolge kann auch ein Handeln gerichtet sein, das keine ausdrückliche Erklärung darstellt, aber einen entsprechenden, eindeutigen Erklärungswert aufweist. Maßgeblich für den Erklärungsinhalt behördlicher Maßnahmen ist das Verständnis eines objektiven Dritten (Empfängerhorizont). Voraussetzung für den erforderlichen Erklärungswert einer Handlung ohne ausdrückliche Äußerung ist demnach, dass dem Handeln nach allgemeiner Verkehrsauffassung ein entsprechender Erklärungswert beigelegt wird („in anderer Weise", § 37 II VwVfG).

76

> **Bspe.:** *Das Winken mit der Kelle; Zeichen des Polizeibeamten zur Verkehrsregelung an einer Kreuzung, auf der die Ampel ausgefallen ist; Verkehrszeichen; das Lichtsignal einer Ampel.*

hemmer-Methode: Weit verbreitet ist es, bei der Frage, ob eine Maßnahme „zur Regelung" i.S.v. § 35 S. 1 VwVfG getroffen wurde, mit der Rechtsgrundlage der Maßnahme zu argumentieren, um dann festzustellen, „die Befragung nach § 20 I PolG" oder „die Sicherstellung nach § 32 PolG" stellten eine Regelung dar oder nicht und seien demnach Verwaltungsakte oder nicht. Dies ist jedoch irreführend, und im Grunde nicht korrekt. Denn ob eine behördliche Maßnahme auf die Setzung einer Rechtsfolge gerichtet ist, richtet sich ausschließlich nach dem objektiven Erklärungswert und damit nach der von der Behörde getroffenen Maßnahme selbst. Die Identifikation von behördlicher Handlung und Gesetz ist nicht berechtigt, und die Gleichsetzung ist nicht zwingend. Die Rechtsgrundlagen beantworten (nur) die Frage, ob die Maßnahme rechtmäßig oder rechtswidrig ist. Deshalb sollten Sie bei der Frage nach einer Regelung nur auf die Maßnahme achten, welche die Behörde getroffen hat.

Regelung kontra Realakt

Zu unterscheiden sind Anordnungen von tatsächlichen Handlungen der Polizei. Wie bei Maßnahmen anderer Behörden sind die Realakte von den Regelungen zu unterscheiden. Tatsächliche Handlungen weisen grundsätzlich keinen Erklärungswert auf und sind deshalb keine Maßnahmen i.S.v. § 35 S. 1 VwVfG.

77

> **Bspe:** *Räumen einer Unfallstelle; Erstellen von Lichtbildaufnahmen etc.*

b) Maßnahmen auf Grundlage der Generalklausel (§§ 3, 1 I PolG) und Einzelmaßnahmen nach den §§ 26 - 36 PolG

regelmäßig Verwaltungsakte

Handelt die Behörde bei Grundrechtseingriffen auf der Grundlage der Generalklausel der §§ 3, 1 I PolG oder ergreift sie Einzelmaßnahmen nach den §§ 26 - 36 PolG, dann stellen diese Maßnahmen in der Regel Verwaltungsakte i.S.d. § 35 S. 1 VwVfG dar. Nur vereinzelt werden hier in der Literatur, teilweise wegen fehlenden Regelungscharakters, Realakte angenommen.

78

---

84   BVerwG, NVwZ 2010, 133 (134); VG Darmstadt, NVwZ 2013, 1300 (1301); Kopp/Ramsauer, § 35 VwVfG, Rn. 88.

Unstreitig liegt kein Verwaltungsakt vor, wenn der Betroffene einer Maßnahme überhaupt nicht anwesend oder nicht aufnahmefähig ist. In diesem Fall fehlt es an der Bekanntgabe i.S.v. § 41 VwVfG. Folglich fehlt die Außenwirkung und damit das Wirksamkeitserfordernis, §§ 35 S. 1, 43 I VwVfG.[85]

> **Bsp.:** *Wohnungsdurchsuchung in Abwesenheit des Wohnungsinhabers; Platzverweisung ggü. einem Bewusstlosen etc.*

Rechtsbefehl der Anordnung

Ist der Betroffene jedoch anwesend, so ist danach zu unterscheiden, ob die Behörde eine Anordnung trifft oder nicht. Versucht sie, eine Person durch eine (in der Regel mündliche) Anordnung zu verpflichten, so ist die Regelungswirkung i.S.d. § 35 S. 1 VwVfG zu bejahen.[86]

79

> **Bsp.:** *Der Polizeibeamte P sieht, dass D eine Ecstasy-Pille vor sich auf dem Tisch liegen hat. Er fordert D auf, ihm die Pille herauszugeben.*

> Hier ordnet die Polizei die Beschlagnahme der Tablette an. D wird verpflichtet, sie dem Polizeibeamten zu überlassen. Die Maßnahme ist auf die Setzung dieser Rechtsfolge gerichtet.

anders bei unmittelbarem Tätigwerden

Wird allerdings keine Anordnung getroffen, sondern rein tatsächlich gehandelt, so liegt keine Regelung vor.

80

> **Bsp.:** *Der Polizeibeamte fordert D nicht auf, ihm die Pille zu geben. Er nimmt sie wortlos an sich.*

> Eine Regelung liegt hier nicht vor, denn die Maßnahme der Polizei ist nicht darauf gerichtet, eine Rechtsfolge zu setzen. Sie ist darauf gerichtet, eigene Sachherrschaft an der Sache zu begründen.

hemmer-Methode: Seit der Anerkennung von Feststellungsklage und allgemeiner Leistungsklage ist die Konstruktion eines Verwaltungsakts entbehrlich. Der Verwaltungsakt hat wegen Art. 19 IV GG keine rechtswegeröffnende Funktion mehr.[87]

Eine andere Frage ist es, ob die Polizei dazu berechtigt ist, tatsächlich zu handeln und welche Vorschriften hierfür als Rechtsgrundlagen in Betracht kommen. Dass die Behörde möglicherweise grundsätzlich zunächst eine Anordnung aussprechen muss, bevor sie real vorgeht, hat aber für das Vorliegen einer Regelung i.S.d. § 35 VwVfG keine Bedeutung. Die Qualifikation einer behördlichen Maßnahme als Verwaltungs- oder Realakt hat mit der Frage der Rechtmäßigkeit grundsätzlich nichts zu tun.

81

> In dem zuletzt genannten Beispiel ist fraglich, ob der Polizist die Pille einfach so wegnehmen darf, oder ob nicht aus Verhältnismäßigkeitsgründen zunächst eine Anordnung gegenüber D zu treffen ist, der Polizei die Pille zu überlassen. Die Rechtswidrigkeit polizeilichen Handelns ohne vorherigen Erlass einer Verfügung bzw. die Notwendigkeit des Erlasses einer solchen von Rechts wegen indiziert nicht das tatsächliche Vorliegen einer Verfügung.

hemmer-Methode: Hat die Polizei aufgrund dieser Befugnisse gehandelt, so können Sie in der Regel die VA-Qualität einfach feststellen. Nur wenn im Sachverhalt die VA-Qualität bezweifelt wird, müssen Sie darauf näher eingehen.
Die Maßnahme ist dann sauber, mit besonders eingehender Prüfung des Regelungscharakters, unter § 35 VwVfG zu subsumieren.

---

85   Würtenberger/Heckmann/Tanneberger, § 5 Rn. 127; Ennuschat/Ibler/Remmert, Rn. 155.

86   Würtenberger/Heckmann/Tanneberger, § 5 Rn. 129; Ennuschat/Ibler/Remmert, Rn. 154; Möstl, Jura 2011, 840 (848); Götz/Geis, § 12 Rn. 11; Schoch, Jura 2001, 628 (632).

87   Ogorek, JuS 2013, 639 (644) und JuS 2013, 811 (812); Neumann, Jura 2013, 139 (141).

> **Die Regelung ist dann zu bejahen, wenn durch die Handlung ein Lebenssachverhalt einseitig verbindlich für den Betroffenen geordnet wird.**
> **Zum Teil wird in der Literatur ein VA bereits bei Maßnahmen, die in subjektiv-öffentliche Rechte des Adressaten eingreifen, bejaht, ohne dabei auf § 35 VwVfG abzustellen (vgl. dazu nachfolgend Rn. 84).**

c) Maßnahmen der modernen Datenerhebung und Datenverarbeitung

VA Charakter umstritten

Umstritten ist die VA-Qualität bei Maßnahmen der sog. modernen Datenerhebung nach den §§ 19 - 25 PolG und der Datenverarbeitung nach den §§ 37 - 48 PolG.

82

aa) Grundlegendes

grds. kein Regelungscharakter

Die Erhebung personenbezogener Daten und auch Datenverarbeitungsmaßnahmen stellen sich grds. als rein tatsächliches Handeln ohne Regelungscharakter dar.

83

> **Bsp.:** *Die Polizei legt eine Akte an, in die Namen, Vornamen, akademische Grade, Anschriften, Telefonnummern und Informationen über die Erreichbarkeit sämtlicher verantwortlicher Personen einer Chemiefabrik aufgenommen werden. Die Akte wird für den Fall der schnellen Erreichbarkeit der Verantwortlichen bei einem Störfall benötigt (vgl. § 20 IV S. 1 Nr. 3 PolG). Von der angelegten Akte wird im Anschluss durch die Polizei eine Kopie an die Stadt Smogburg übersandt (vgl. § 42 II PolG).*

Derartige Maßnahmen sind nicht darauf gerichtet, gegenüber irgendeiner Person eine Rechtsfolge zu setzen. Es mangelt damit an der Regelungswirkung. Selbstverständlich stünde der Annahme eines wirksamen Verwaltungsakts zudem auch entgegen, dass zumeist keine Bekanntgabe gem. §§ 41, 43 I VwVfG erfolgt.

Eine Mindermeinung[88] bejaht dennoch eine Regelung und damit einen VA, da sie hierfür einen Grundrechtseingriff genügen lässt. Im Fall der Datenerhebung und -verarbeitung liegt ein Eingriff in das Recht auf informationelle Selbstbestimmung (als Unterfall des allgemeinen Persönlichkeitsrechts aus Art. 1 I, 2 I GG) vor.

84

Dieser Ansatz, einen Grundrechtseingriff einer mit VA-Qualität begründenden Regelung gleichzusetzen, ist überholt. Er stammt aus der Zeit, in der das Vorliegen eines VA rechtswegeröffnend, effektiver Rechtsschutz i.S.d. Art. 19 IV GG also nur bei Vorliegen eines VA gewährleistet war. Da heute auch ein Rechtsschutz gegen Realakte anerkannt ist, spricht nichts mehr dagegen, Maßnahmen bei fehlender Regelungswirkung als Realakte zu behandeln.[89]

bb) Sonderproblem: Befragung, § 20 I PolG

Befragung, § 20 I PolG

Die Befragung nach § 20 I PolG nimmt im Kanon der Maßnahmen zur Datenerhebung und Datenverarbeitung eine Sonderstellung ein. Unter Befragung versteht man die offene Aufforderung der Polizei ggü. einer bestimmten Person, Angaben oder eine Aussage zu machen.[90] Vom Anwendungsbereich der Norm sind sachverhalts- und personenbezogene Daten erfasst.

85

> **Bsp.:** *Polizeibeamte werden zu einem Haus gerufen, da dort seit Tagen ein Hund bellt. Da auch auf das Klingeln der Beamten hin niemand reagiert, befragen sie zur weiteren Sachverhaltsaufklärung einen Nachbarn nach dem Verbleib des Hauseigentümers.*

88　Nachweise bei Erfmeyer, DÖV 1999, 719; vgl. zum Streitstand auch Knemeyer, Rn. 208 ff.
89　Statthafte Klageart wäre dann die allgemeine Leistungsklage oder die (subsidiäre) Feststellungsklage.
90　Ruder, Rn. 437; Zeitler/Trurnit, Rn. 588.

Der Bürger muss die Befragung als solche dulden, darf sich folglich nicht entfernen, bevor die Frage vollständig gestellt wurde. Aus § 20 I S. 1, 3 PolG folgt eine Anhörungspflicht. Zudem ist er nach § 20 I S. 2 PolG zumindest zur Angabe seiner Personalien verpflichtet. Diese Pflichten begründen eine Regelung i.S.d. § 35 S. 1 VwVfG, womit es sich bei der Befragung um einen VA handelt.[91]

cc) Sonderproblem: Löschung von Daten bzw. Vernichtung von Akten

„Aktenvernichtungsfälle"

Die Problematik des VA-Charakters stellt sich auch beim Anspruch auf Vernichtung erkennungsdienstlicher Unterlagen bzw. gespeicherter Daten (vgl. insbes. § 36 III PolG und § 46 I PolG).

86

Die Rechtsprechung und die h.M. in der Literatur sehen im Bescheid, der in der Regel auf einen Löschungsantrag eines Betroffenen hin ergeht, einen VA.[92] Die Löschung von Daten bzw. Vernichtung von Informationen ist ein zweistufiges Verfahren: Ihrem eigentlichen Vollzug gehen umfangreiche Erwägungen juristischer und kriminalistischer Art voraus. Die Behörde treffe deshalb auch eine Regelung gegenüber dem Betroffenen, indem sie rechtswirksam über das „Ob" der Vernichtung entscheide. Insofern wird ein VA begehrt, welcher durch die Löschung anschließend nur noch vollzogen wird.[93]

Nach anderer Ansicht liegen auch in diesem Bereich behördliche Realakte vor.[94] Da über den Antrag des Bürgers oftmals durch ablehnenden Bescheid entschieden wird, ist das Begehren (nach erfolglosem Widerspruch) dennoch mittels einer Verpflichtungsklage zu verfolgen.

hemmer-Methode: Im Ergebnis stellt sich damit ein Abgrenzungsproblem zwischen der Verpflichtungsklage und der allgemeinen Leistungsklage. Ausführlich hierzu unter Rn. 588 ff.

d) Zwangsmaßnahmen

Auch bei Zwangsmaßnahmen ist die VA-Qualität fraglich. Hierbei ist insbesondere zwischen der Androhung von Zwangsmitteln und deren Anwendung zu differenzieren.

87

hemmer-Methode: Das frühere dreistufige Vollstreckungsverfahren (Androhung ⇨ Festsetzung ⇨ Durchführung) ist seit der Reform des Vollstreckungsrechts auf zwei Stufen (Androhung ⇨ Durchführung) gestrafft worden, wobei die frühere Festsetzung (des Zwangsmittels) in die Androhung übernommen wurde. Eigenständige Bedeutung hat die Festsetzung nur noch beim Zwangsgeld (§ 23 LVwVG)[95] und der Zwangshaft (§ 24 II LVwVG).

aa) Androhung von Zwangsmitteln

Bsp.: Polizeimeister Faust fordert den auf offener Straße zwischen zahlreichen Passanten mit einem Butterflymesser herumwirbelnden Mike auf, ihm dieses auszuhändigen (vgl. § 33 I Nr. 1 PolG). Mike macht sich hierüber nur lustig und ignoriert die Aufforderung. Daraufhin droht Faust ihm an, dass er ihm das Messer mit Gewalt abnehmen werde, falls dieser es nicht freiwillig herausgibt.

88

91   Belz/Mussmann/Kahlert/Sander, § 20 PolG, Rn. 4; Stephan/Deger, § 20 PolG, Rn. 9; Ruder, Rn. 437; Zeitler/Trurnit, Rn. 588.

92   VGH Mannheim, NVwZ-RR 2000, 287; VG Sigmaringen, Urt. vom 24.02.2005 - 8 K 1829/03; Zeitler/Trurnit, Rn. 892 und 1125; Ruder, Rn. 602 und 612; Würtenberger/Heckmann/Tanneberger, Rn. 350.

93   Zeitler/Trurnit, Rn. 1125; Würtenberger/Heckmann/Tanneberger, § 5 Rn. 2; Ruder, Rn. 602; BVerwGE 31, 301 (306 f.); VGH Mannheim, DÖV 1973, 464.

94   Belz/Mussmann/Kahlert/Sander, § 36 PolG, Rn. 19; Schoch, Jura 2001, 628 (633).

95   Auf die Festsetzung des Zwangsgeldes wird i.R.d Anfechtungsklage eingegangen, vgl. Rn. 462.

Androhung ist VA

Zwangsmittel sind gem. § 49 I PolG i.V.m. § 20 I S. 1 LVwVG bzw. § 49 II PolG i.V.m. § 52 II PolG vor ihrer Anwendung grds. anzudrohen. Die Androhung von Zwangsmitteln hat nach h.M. VA-Qualität.[96] Die regelnde Wirkung ergibt sich nach h.M. aus der durch die Androhung erfolgenden verbindlichen Festlegung des jeweiligen bestimmenden Zwangsmittels und damit der Art und Weise der Vollstreckung. Die Androhung ist als VA auch selbstständig gerichtlich nachprüfbar.[97] Das gilt auch, wenn die Androhung nach § 20 II LVwVG mit dem Grundverwaltungsakt verbunden wird.

hemmer-Methode: Demgegenüber ist die Androhung oder Ankündigung anderer behördlicher Maßnahmen (Androhung einer polizeilichen Vorladung; Ankündigung weiterer Ermittlungen) keine Regelung, sondern ein Hinweis und wird damit als sonstige, nicht regelnde Erklärung gesehen.[98]

bb) Die Anwendung von Zwangsmitteln

Bei der Anwendung von Zwangsmitteln ist die VA-Qualität ebenfalls fraglich. Hier ist zwischen den möglichen Zwangsmitteln Ersatzvornahme, Zwangsgeld (§ 49 PolG i.V.m. § 19 I LVwVG) und unmittelbarem Zwang (§§ 49 II, 50 ff. PolG) zu differenzieren.

89

Zwangsgeld

(1) Die Festsetzung (§ 49 I PolG i.V.m. §§ 19 I Nr. 1, 23 LVwVG) und Beitreibung eines Zwangsgeldes nach den §§ 13 ff. LVwVG haben unstreitig VA-Charakter.[99]

Zwangshaft

(2) Die Zwangshaft (§ 49 I PolG i.V.m. §§ 19 I Nr. 1, 24 LVwVG) ist ein Ersatzzwangsmittel für den Fall, dass das Zwangsgeld uneinbringlich ist.[100] Auch ihr kommt VA-Charakter zu.

Ersatzvornahme und unmittelbarer Zwang

= kein VA

u.A = kein VA

(3) Umstritten ist die VA-Qualität allerdings bei der Ersatzvornahme (§ 49 I PolG i.V.m. §§ 19 I Nr. 2, 25 LVwVG) und dem unmittelbaren Zwang (§ 49 II PolG i.V.m. §§ 50 ff. PolG).

90

> **Bsp.:** *PM Faust entreißt im obigen Beispiel (Rn. 88) dem Mike, nachdem dieser weiterhin der Anordnung nicht Folge leistet, das Messer mit einer gezielten Jiu-Jitsu-Technik (= unmittelbarer Zwang).*

Die Anwendung von unmittelbarem Zwang oder die Durchführung einer Ersatzvornahme stellt sich nach h.M.[101] als rein tatsächliches Handeln dar. Diese Vollstreckungsmaßnahmen sind nach ihrem Erklärungsgehalt nicht darauf gerichtet, eine Rechtsfolge zu setzen.

Gegen die Einordnung lässt sich nicht einwenden, dass durch die Anwendung des Zwangsmittels in Grundrechte eingegriffen wird. Auch der von der Mindermeinung[102] verfolgte Begründungsansatz, wonach in der Anwendung von Zwangsmitteln zugleich eine konkludente Duldungsverfügung (i.S.v. „Dulde dieses Zwangsmittel!") enthalten sei, begegnet als Fiktion rechtlichen Bedenken.[103]

> **Bsp.:**[104] *Die Polizei spricht gegenüber Demonstranten einen Platzverweis aus. Da dieser nicht befolgt wird, werden Gummiknüppel eingesetzt.*

---

96   Ruder, Rn. 820 und 861; Belz/Mussmann/Kahlert/Sander, § 49 PolG, Rn. 59; Ennuschat/Ibler/Remmert, § 2 Rn. 450.

97   Kopp/Schenke, Anh. zu § 42 VwGO, Rn. 32.

98   Kopp/Schenke, Anh. zu § 42 VwGO, Rn. 32; Kopp/Ramsauer, § 35 VwVfG, Rn. 91.

99   Schmitt/Ruder, Rn. 671 und 673; Belz/Mussmann/Kahlert/Sander, § 49 PolG, Rn. 40; Kingreen/Poscher, Polizei- und Ordnungsrecht, § 27 Rn. 42.

100   Trurnit, Rn. 512; Belz/Mussmann/Kahlert/Sander, § 49 PolG, Rn. 43.

101   Belz/Mussmann/Kahlert/Sander, § 49 PolG, Rn. 60; Schmitt/Ruder, Rn. 673; Kingreen/Poscher, Polizei- und Ordnungsrecht, § 27 Rn. 42; Schenke Rn. 553 und 558.

102   BVerwGE 26, 161; VGH München, BayVBl. 1988, 562 (563).

103   Zur Kritik vgl. Finger, JuS 2005, 116 (117); Kingreen/Poscher, Polizei- und Ordnungsrecht, § 27 Rn. 43; Pietzner, VerwArch 1993, 261 (275).

104   Fall nach BVerwGE 26, 161 („Schwabinger Kessel").

Die Annahme einer konkludenten Duldungsverfügung, die Schläge zu dulden, ist hier widersprüchlich: Obliegt es den Betroffenen wegzugehen, um den Platzverweis zu befolgen, oder zu bleiben, um die Schläge zu dulden? Versteht man unter Dulden die Pflicht, das Handeln eines anderen nicht zu behindern oder abzuwehren, hätten die Betroffenen nicht versuchen dürfen, den Schlägen durch das Verlassen des Platzes auszuweichen.

hemmer-Methode: In der Klausur sollte hier der h.M. gefolgt werden und die Anwendung der Ersatzvornahme und des unmittelbaren Zwangs als Realakte qualifiziert werden. Dies hat aber zur Folge, dass Sie bei der Prüfung mehrerer behördlicher Maßnahmen eine doppelte Zulässigkeitsprüfung, die in eine FFK analog (betreffend die erledigten VAe) und einer FK (betreffend die erledigten Realakte) aufgesplittet werden muss.

e) Unmittelbare Ausführung, § 8 I PolG

Äußerst umstritten ist auch die VA-Qualität der unmittelbaren Ausführung einer Maßnahme nach § 8 I PolG.
91

> **Bsp.:** *Polizeihauptmeister G lässt einen direkt vor einer Notarztwagenausfahrt geparkten BMW Z3, nachdem er den Fahrer nicht ermitteln konnte, vom Abschleppdienst auf den nächstgelegenen öffentlichen Parkplatz transportieren.*

h.M.: bloßer Realakt mangels Bekanntgabe

aa) Überwiegend wird für die unmittelbare Ausführung die VA-Qualität verneint.[105] Hier wird v.a. auf die fehlende Bekanntgabe gem. §§ 41, 43 I VwVfG abgestellt. Es handelt sich nach dieser Auffassung daher um einen bloßen Realakt. Ohne Bekanntgabe fehlt es an der Wirksamkeit eines Verwaltungsakts. Statthafter Rechtsbehelf ist in diesem Fall die Feststellungsklage nach § 43 I VwGO.
92

a.A.: Bekanntgabe wird durch besondere Regelung ersetzt

bb) Andererseits ist festzustellen, dass grds. alle VA-Merkmale bis auf die Bekanntgabe zunächst einmal erfüllt sind. Die unmittelbare Ausführung ist daher im Zeitpunkt ihrer Vornahme zunächst ein „adressatenloser Verwaltungsakt".[106] Es liegt aber gerade in der Natur polizeilicher Aufgaben, dass je nach Lage des Falles die Ermittlung eines möglicherweise Verantwortlichen nicht abgewartet werden kann.
93

§ 35 S. 1 VwVfG setzt zwar einen Adressaten voraus. Die Wirksamkeitsvoraussetzung der Bekanntgabe kann und muss aber im Recht der Gefahrenabwehr durch spezielle anderweitige Regelungen ersetzt werden; welche einen VA wirksam sein lassen, auch wenn ein von ihm Betroffener erst nach seinem Vollzug festgestellt werden kann. Das PolG lässt daher zu, den oder die Verantwortlichen nach § 6 oder § 7 PolG unter bestimmten Voraussetzungen erst nach Beseitigung der Gefahr zu ermitteln und durch die in § 8 I S. 2 PolG vorgeschriebene unverzügliche Unterrichtung die vorübergehende Unkenntnis des Adressaten auszugleichen.

Die unmittelbare Ausführung ist daher gegenüber einem Verantwortlichen von Anfang an wirksam, auch wenn er erst später ermittelt und die Maßnahme ihm danach bekannt gegeben wird. Eine unmittelbare Ausführung ist nach dieser Ansicht somit als Verwaltungsakt i.S.d. § 35 S. 1 VwVfG zu qualifizieren.

---

105   Ruder, Rn. 327 und 337; Belz/Mussmann/Kahlert/Sander, § 8 PolG, Rn. 22; Stephan/Deger, § 8 PolG, Rn. 2.
106   BVerwGE 26, 161; Köhler, BayVBl. 1999, 582. Umfassend hierzu Schenke, Polizei- und Ordnungsrecht, Rn. 566 f.

hemmer-Methode: Lassen Sie sich durch diese Ausführungen nicht erschrecken! Sie müssen diese nicht auswendig „herunterbeten". Der Korrektor will grds. erst einmal sehen, dass Ihnen das Problem der fehlenden Bekanntgabe geläufig ist.

Dieser Meinungsstreit verliert ohnehin an Klausurrelevanz, zumal die unmittelbare Ausführung ihren maßgeblichen Anwendungsbereich i.R.d. Abschleppfälle hat. Klagegegenstand ist dann zumeist ein Kostenbescheid, welchem unumstritten VA-Charakter zukommt (dazu sogleich).

f) Verpflichtung zu einer Geldleistung

Regelung (+)

Die Anordnung einer Geldleistung enthält die Verpflichtung zur Zahlung. Dies kann die Festsetzung eines Zwangsgeldes, der Ersatz von Kosten von Vollstreckungsmaßnahmen oder sonstiger Kosten sein. In allen diesen Fällen wird eine Leistungspflicht statuiert.[107]

94

nicht aber bei bloßer Zahlungsaufforderung

Abzugrenzen ist die Anordnung einer Geldleistung (sog. Kostenbescheid) von einer bloßen Zahlungsaufforderung. Eine Zahlungsaufforderung liegt vor, wenn die Behörde auf eine bereits bestehende Leistungspflicht hinweisen oder an deren Erfüllung erinnern möchte. Dieser behördlichen Maßnahme kommt keine Regelungswirkung zu, sie ist allenfalls als wiederholende Verfügung zu qualifizieren.

Die behördliche Erklärung muss vielmehr darauf gerichtet sein, durch diese eine eigenständige Regelung zu treffen, die den Betroffenen zur Leistung verpflichtet, unabhängig davon, ob er bereits aus anderen Rechtsgründen zur Leistung verpflichtet ist (gegebenenfalls Zweitbescheid).

hemmer-Methode: Da trotz Bezahlung der Kosten polizeilicher Maßnahmen keine Erledigung eintritt, wird die Problematik der Kostenbescheide i.R.d. Anfechtungsklage dargestellt, vgl. Rn. 415 und 465 ff.

g) Einzelfallregelung und Allgemeinverfügung

Allgemeinverfügung gem. § 35 S. 2 VwVfG

Polizeiliche Maßnahmen können auch Allgemeinverfügungen i.S.v. § 35 S. 2 VwVfG und somit besondere Verwaltungsakte sein.

95

> *Bsp. 1:*[108] *In der Stadt S und in der näheren Umgebung ist eine Typhusepidemie ausgebrochen, deren wahrscheinliche Ursache Endiviensalat ist. Daher gibt das Innenministerium über Rundfunk Folgendes bekannt: „Ab sofort ist der Verkauf von Endiviensalat durch Groß- und Einzelhändler in allen von Typhus betroffenen Städten und Gemeinden des Landes untersagt."*

> *Bsp. 2:*[109] *Verbot des Verkaufs sowie des Mitführens von Glasflaschen im Straßenkarneval.*

hemmer-Methode: Die Qualifizierung dieser Maßnahmen als VA entspricht vor allen Dingen praktischen Bedürfnissen. Nur wenn ein VA bejaht wird, ist eine Vollstreckung ohne Weiteres möglich: „Verwaltungsakte ...", § 18 LVwVG. Wird die Regelung dagegen nicht als VA qualifiziert (sondern als Gefahrenabwehrverordnung, § 10 I i.V.m. § 1 I PolG), so sind Vollstreckungsmaßnahmen erst zulässig, wenn eine konkretisierende Regelung in einem VA erfolgt.

---

107 VGH Mannheim, NVwZ-RR 2007, 296; VBlBW 2008, 305; Ennuschat/Ibler/Remmert, § 2 Rn. 455; Belz/Mussmann/Kahlert/Sander, § 8 PolG, Rn. 15; Stephan/Deger, § 8 PolG, Rn. 38.

108 Vgl. Hemmer/Wüst, Classics Ö-Recht, Entscheidung 28 („Endiviensalatfall" nach BVerwGE 12, 87).

109 OVG Münster, NVwZ-RR 2012, 431. Eine instruktive Fallbearbeitung zu dieser Thematik finden Sie bei Scharpf, JuS 2011, 528.

> ## Übersicht zu den Allgemeinverfügungen:
>
> ⇨ adressatenbezogene AV, § 35 S. 2 Fall 1 VwVfG
> = Adressatenkreis ist nach allg. Merkmalen bestimmt oder bestimmbar
>
> *Bspe.: Versammlungsauflösung, § 15 III VersG; Platzverweis im Zusammenhang mit einem Bombenfund.*
>
> ⇨ dingliche (bzw. sachbezogene) AV, § 35 S. 2 Fall 2 VwVfG
> = durch hoheitliche Anordnung werden einer Sache öffentl.-rechtl. Eigenschaften verliehen, entzogen oder geändert
>
> *Bspe: straßenrechtliche Widmung, § 5 StrG; Eintragung in das Denkmalbuch, § 12 DSchG*
>
> ⇨ benutzungsregelnde AV, § 35 S. 2 Fall 3 VwVfG
> = Regelung der Benutzung einer bestimmten Sache
>
> *Bspe.: Verkehrszeichen, sofern diese Ge- oder Verbote enthalten;[110] Parkuhren;[111] Benutzungsordnung einer Bibliothek*

---

2. Erledigung des VA, § 43 II VwVfG

Voraussetzung für FFK

Die Erledigung des VA ist in Polizeirechtsklausuren der Regelfall. Dies eröffnet grds. den Weg für die Fortsetzungsfeststellungsklage.

     96

> *Bsp.: Polizeihauptwachtmeister Norbert befragt die an einem öffentlichen Platz, an dem bekanntermaßen häufig Drogen konsumiert werden, stehende Christiane (C) nach ihren Personalien und verlangt die Aushändigung des Personalausweises (vgl. § 26 I Nr. 2, II S. 2 PolG). C kommt den Anordnungen zwangsnotwendig nach.*

Wegfall der rechtlichen oder tatsächlichen Beschwer

Erledigung[112] tritt ein, wenn die mit dem VA verbundene rechtliche oder sachliche Beschwer nachträglich, d.h. nachdem der angefochtene VA ergangen ist, wegfällt, von dem VA also keine Rechtswirkungen mehr ausgehen. Anhaltspunkt ist hier § 43 II VwVfG.

Aufhebung dient Kläger nicht (mehr)

Die Beschwer darf jedenfalls im Zeitpunkt der Entscheidung des Gerichts nicht mehr bestehen oder sonst aktuell sein. Erledigung liegt auch dann vor, wenn aus anderen Gründen eine Aufhebung des VA nicht mehr begehrt werden kann oder dem Kläger mit der Aufhebung nicht mehr gedient wäre.

> Im obigen Beispiel haben sich die VAe „Personalienbefragung" und „Personalausweisaushändigung" mit der Auskunft sowie der Aushändigung durch Vollziehung erledigt, da eine Rückgängigmachung nicht mehr möglich ist.

hemmer-Methode: Die Prüfung der Erledigung dient der Abgrenzung zwischen Fortsetzungsfeststellungs- und Anfechtungsklage. Insoweit wird auch auf die Ausführungen unter Rn. 408 ff. verwiesen.

---

110   Die Deutung von Verkehrszeichen als Allgemeinverfügung hat sich nach langem Streit in der Rspr. mit der Entscheidung BVerwGE 27, 181 (= NJW 1967, 1627) endgültig durchgesetzt. Diese schwierige Abgrenzungsfrage wurde Ihnen also bereits „abgenommen"; sie ist lange geklärt und deshalb ist auch eine ausufernde Problematisierung in der Klausur nicht angebracht.

111   Die Parkuhr wird von der Rechtsprechung als modifiziertes Halteverbot angesehen; es gilt das Gleiche wie für die Verkehrszeichen (vgl. BVerwG, DÖV 1988, 694). Zu den Verkehrszeichen ausführlich bei den Abschleppfällen unter Rn. 580 ff.

112   Vgl. Kopp/Schenke, § 113 VwGO, Rn. 102 f.

     (1) Keine Erledigung liegt bei Vollziehung des VA bzw. freiwilliger Befolgung durch den Adressaten dann vor, wenn eine Rückgängigmachung der Vollziehung in Betracht kommt und diese objektiv sinnvoll ist (vgl. § 113 I S. 2 u. 3 VwGO).

     (2) Auch dann, wenn zwar keine Rückgängigmachung mehr möglich ist, aber sonstige unmittelbare Auswirkungen des VA fortwirken und der Kläger insoweit noch beschwert ist, fehlt es an einer Erledigung (Kopp/Schenke, § 113 VwGO, Rn. 104).

     (3) Polizeiverwaltungsakte hingegen erledigen sich regelmäßig mit deren Vollzug, da eine Rückgängigmachung grds. unmöglich oder zumindest objektiv sinnlos ist. Es handelt sich hierbei um eine faktische, keine rechtliche Erledigung (wie durch Rücknahme, Widerruf oder anderweitige Aufhebung i.S.d. § 43 II VwVfG); vgl. Hemmer/Wüst, Verwaltungsrecht I, Rn. 112.

a) Erledigung des VA nach Klageerhebung

§ 113 I S. 4 VwGO direkt

Gem. § 113 I S. 4 VwGO ist die Fortsetzungsfeststellungsklage statthaft, wenn die Erledigung des Verwaltungsakts nach Klageerhebung eintritt.

97

In diesem Fall muss der Klageantrag, der ursprünglich auf die Aufhebung des VA gerichtet war, auf die „Feststellung der Rechtswidrigkeit" des VA umgestellt werden. Es handelt sich bei dieser Umstellung um eine nach §§ 91, 173 VwGO, § 264 Nr. 2 ZPO immer zulässige Klageänderung.[113]

hemmer-Methode: Da es sich bei der FFK gem. § 113 I S. 4 VwGO (direkt) um eine „umgestellte Anfechtungsklage" handelt,[114] hat deren Zulässigkeit das Vorliegen der besonderen Sachentscheidungsvoraussetzungen der Anfechtungsklage zur Voraussetzung. Die Klagebefugnis, die erfolglose Durchführung eines Vorverfahrens und die fristgerechte Erhebung der Anfechtungsklage müssen zum Zeitpunkt der Erledigung des VA vorliegen.

b) Erledigung des VA vor Klageerhebung

bei Erledigung vor Klageerhebung: § 113 I S. 4 VwGO analog

Bei Verwaltungsakten der Polizeibehörden tritt die Erledigung jedoch in den meisten Fällen in unmittelbarer zeitlicher Nähe ein. Sie erfolgt also regelmäßig vor dem Zeitpunkt der Klageerhebung. In diesen Fällen ist nach h.M. die Fortsetzungsfeststellungsklage analog § 113 I S. 4 VwGO heranzuziehen.

98

Sonderproblem

Diese Analogie ist nicht unumstritten. Zum Teil wurde aufgrund eines obiter dictum (= beiläufige Bemerkung) des BVerwG[115] angenommen, dass die analoge Anwendung der Fortsetzungsfeststellungsklage nicht mehr nötig sei und stattdessen eine Feststellungsklage nach § 43 VwGO zu erheben wäre. Dies hat sich allerdings in der Gerichtspraxis nicht durchgesetzt.[116]

hemmer-Methode: Das BVerwG hat in einer Entscheidung aus dem Jahr 2000 in der hier angesprochenen Konstellation der Erledigung eines VA vor Klageerhebung eine allgemeine Feststellungsklage nach § 43 VwGO in Betracht gezogen, die Frage der statthaften Klageart aber letztlich offen gelassen.[117]
In der Klausur ist diese Ansicht kurz anzusprechen, aber der h.M. folgend die FFK analog § 113 I S. 4 VwGO heranzuziehen.
Unterschiedliche Ergebnisse ergeben sich aber auch bei der Annahme einer allgemeinen Feststellungsklage nicht, wenn mit der mittlerweile h.M. die FFK analog § 113 I S. 4 VwGO als nicht fristgebunden angesehen und ein Vorverfahren für entbehrlich gehalten wird.

Als maßgebliche Argumente gegen eine Annahme der Feststellungsklage werden vorgebracht:

99

⇨ Bei der Fortsetzungsfeststellungsklage gem. § 113 I S. 4 VwGO analog handelt es sich quasi um eine „nachträgliche Anfechtungsklage".[118] Sie ist ein Unterfall der Anfechtungsklage[119] und daher nur materiell, nicht aber prozessual eine Feststellungsklage.

113   Kopp/Schenke, § 91 VwGO, Rn. 6.
114   Schenke, Verwaltungsprozessrecht, Rn. 309.
115   BVerwG, NVwZ 2000, 63; hierzu auch Wehr, DVBl. 2001, 785.
116   Kopp/Schenke, § 113 VwGO, Rn. 99 f. auch zu den möglichen Gegenargumenten einer Minderansicht, die vor Klageerhebung nur die allgemeine Feststellungsklage zulassen will; die Analogie resultiert aus der verfassungsrechtlichen Garantie des Art. 19 IV GG auf effektiven und umfassenden Rechtsschutz, vgl. Schenke, Verwaltungsprozessrecht, Rn. 325.
117   BVerwG, NVwZ 2000, 63 = BayVBl. 2000, 439 = Life&Law 2000, 197.
118   BVerwGE 62, 317 ff. (323); Kopp/Schenke, § 113 VwGO, Rn. 97.
119   Kopp/Schenke, § 113 VwGO, Rn. 97.

Dies folge aus der Sachnähe zum (erledigten) Verwaltungsakt sowie aus dem Umstand, dass mit § 43 VwGO gerade kein Verwaltungsakt überprüft werden könne, sondern nur ein ihm zugrundeliegendes Rechtsverhältnis.

⇨ Außerdem hänge es nur vom Zufall ab, ob sich der Verwaltungsakt kurz vor oder kurz nach Klageerhebung erledige. Diese Zufälligkeit kann aber nicht klageartbestimmend sein.

Dieser Ansicht ist zu folgen. Bei der Fortsetzungsfeststellungsklage analog § 113 I S. 4 VwGO handelt es sich damit quasi um eine „nachträgliche Anfechtungsklage".[120] Sie ist ein Unterfall der Anfechtungsklage.

III. Klagebefugnis analog § 42 II VwGO

Klagebefugnis erforderlich

Nach allgemeiner Meinung ist auch bei der Fortsetzungsfeststellungsklage eine Klagebefugnis analog § 42 II VwGO erforderlich.

100

Die Klagebefugnis ergibt sich in Polizeirechtsklausuren grds. zumindest aus der Adressatenstellung des Betroffenen und somit der Möglichkeit, in seiner allgemeinen Handlungsfreiheit aus Art. 2 I GG verletzt zu sein.[121]

IV. Widerspruchsverfahren

---

1. Erledigung des VA nach Ablauf der Widerspruchsfrist (aber vor Klageerhebung!)

Erledigung nach Ablauf der Widerspruchsfrist: Vorverfahren notwendig

Für den Fall, dass sich der VA erst nach Ablauf der entsprechenden Widerspruchsfrist erledigt, besteht nach allen Auffassungen Einigkeit, dass ein Vorverfahren durchzuführen ist.[122] Bis zur Erledigung gilt somit die Widerspruchsfrist des § 70 VwGO bzw. § 58 II VwGO.

101

Ist die Erhebung des Widerspruchs nicht erfolgt, so ist eine Klage unzulässig, denn der VA war bereits im Zeitpunkt der Erledigung bestandskräftig. Die ursprünglich unzulässige Anfechtungsklage kann nicht durch die Tatsache der Erledigung plötzlich als FFK zulässig werden.

---

2. Erledigung des VA vor Ablauf der Widerspruchsfrist (aber vor Klageerhebung!)

Erledigung vor Ablauf der Widerspruchsfrist: umstritten

Problematisch und umstritten ist dagegen das Erfordernis der erfolglosen Durchführung eines Vorverfahrens gem. §§ 68 ff. VwGO bei einer Erledigung vor Ablauf der Widerspruchsfrist.

102

M.M.: Vorverfahren erforderlich

a) Zum Teil wird die Durchführung eines Vorverfahrens für sinnvoll erachtet.[123] Begründet wird diese Auffassung zum einen damit, dass es sich schließlich um eine verlängerte Anfechtungsklage handelt. Zum anderen wird mit den drei Zwecken des Vorverfahrens (Selbstkontrolle der Verwaltung, Entlastung der Gerichte, verbesserter Rechtsschutz für den Bürger) argumentiert.

103

---

120 BVerwGE 62, 317 ff. (323); Schenke, Verwaltungsprozessrecht, Rn. 325.

121 Hemmer/Wüst, Verwaltungsrecht I, Rn. 115.

122 Das Vorverfahren kann als Sachentscheidungsvoraussetzung bis zum Schluss der letzten mündlichen Verhandlung nachgeholt werden, soweit dies nicht, insbesondere wegen Fristversäumnis, unmöglich ist (Schenke, Verwaltungsprozessrecht, Rn. 642).

123 Kopp/Schenke, § 68 VwGO, Rn. 34; Schenke, Verwaltungsprozessrecht, Rn. 666.

Das Widerspruchsverfahren sei wegen des damit verbundenen Rechtsschutzes für den Betroffenen unabdingbar.[124] Nur im Widerspruchsverfahren besteht gem. § 68 I S. 1 VwGO die Möglichkeit, neben der Rechtmäßigkeit auch die Zweckmäßigkeit des VA zu überprüfen. Die Zweckmäßigkeitskontrolle dürfe dem Bürger nicht durch die Ausschließung des Vorverfahrens genommen werden. Da alle drei Zwecke des Widerspruchsverfahrens noch erreichbar wären, könne auf dessen Durchführung nicht verzichtet werden.

h.M.: Vorverfahren entbehrlich

b) Nach wohl h.M. ist die Durchführung eines Vorverfahrens jedoch entbehrlich. Zum einen wird diese Ansicht damit begründet, dass die FFK schon mehr der Feststellungsklage angenähert ist als der Anfechtungsklage.

104

Aber auch dann, wenn man die Ähnlichkeit mit der Anfechtungsklage bejaht, lässt sich die Entbehrlichkeit des Vorverfahrens mit dem Sinn und dem Zweck des Vorverfahrens begründen. Dieser besteht nämlich insbesondere darin, einen rechtswidrigen VA gegebenenfalls aufzuheben. Ein erledigter VA kann jedoch nicht mehr aufgehoben werden. Das Widerspruchsverfahren geht folglich ins Leere.

Darüber hinaus käme einer Feststellung seitens der Verwaltung, dass der VA rechtswidrig gewesen sei, auch keine Bindungswirkung zu, wie etwa einem gerichtlichen Feststellungsurteil (§ 121 VwGO), sodass dem Bürger hinsichtlich des Rechtsschutzes mit einem richterlichen Spruch mehr gedient werde.[125]

Für die Entbehrlichkeit des Vorverfahrens spricht letztlich auch § 80 VwVfG, der den erledigten Widerspruch nicht benennt.

c) Aufgrund der überzeugenderen Argumente ist mit der h.M. die Notwendigkeit eines Widerspruchsverfahrens abzulehnen.

105

V. Klagefrist

1. Erledigung des VA nach Ablauf der Klagefrist

bei Erledigung nach Ablauf der Klagefrist ist diese einzuhalten

Für den (im Polizeirecht seltenen) Fall, dass sich der VA erst nach Ablauf der entsprechenden Klagefrist erledigt, besteht nach allen Auffassungen Einigkeit, dass eine bereits wegen Verfristung unzulässige Anfechtungsklage nicht durch das Ereignis der Erledigung zulässig werden kann.[126]

106

hemmer-Methode: Auch hier greift wieder der Merksatz ein, wonach die Erledigung niemals zu einer Erweiterung des Rechtsschutzes führt. Mit anderen Worten: Eine unzulässige Anfechtungsklage kann nicht im Gewand der FFK wieder zulässig werden.

2. Erledigung des VA vor Ablauf der Klagefrist

str.: Klagefrist, wenn Erledigung vor Ablauf der Klagefrist eintritt

Dagegen ist die Frage nach dem Erfordernis der Einhaltung einer Klagefrist bei Erledigung vor Ablauf der Klagefrist sehr umstritten.

107

---

124 Schenke, Verwaltungsprozessrecht, Rn. 666.

125 BVerwGE 26, 161 (165 ff.); Ehlers, Jura 2001, 415 (420).

126 Schenke, Verwaltungsprozessrecht, Rn. 703; Hemmer/Wüst, Verwaltungsrecht II, Rn. 144; Schenke, JuS 2007, 697 (698); VGH München, BayVBl. 1992, 51 (52).

a) Mindermeinung

M.M.: Klagefrist nach § 74 I S. 2 VwGO analog

Eine weitverbreitete Auffassung geht dahin, dass die Fortsetzungsfeststellungsklage ihrem Wesen nach eine verlängerte Anfechtungsklage bzw. Verpflichtungsklage sei und daher aufgrund der Ähnlichkeit auch bei der Fortsetzungsfeststellungsklage die Einhaltung einer Klagefrist notwendig sei.[127]

108

Man wendet hier § 74 I S. 2 VwGO analog an und stellt für den Beginn der Monatsfrist überwiegend auf den Zeitpunkt der Erledigung ab. Nach anderer Auffassung orientiert sich der Fristbeginn dagegen am Erlass des VA. Als weitere Begründung wird angeführt, dass eine Klagefrist im Interesse des Rechtsfriedens geboten sei.[128]

b) Herrschende Meinung

h.M.: Klagefrist entbehrlich

Die h.M. stellt demgegenüber auf die Ähnlichkeit zur Feststellungsklage ab und verneint dementsprechend das Erfordernis der Klagefrist.[129] Darüber hinaus wird darauf hingewiesen, dass es gerade Sinn und Zweck einer Frist sei, die Bestandskraft eines VA und somit Rechtssicherheit herbeizuführen. Bei Erledigung eines VA könne eine Bestandskraft aber gar nicht mehr eintreten.

109

Der Gesichtspunkt der materiellen Gerechtigkeit könne daher voll zum Tragen kommen.

Gegen eine Analogie zu § 74 I S. 2 VwGO spräche zudem die unzulässige Verkürzung des Rechtsschutzes im grundrechtsrelevanten Bereich. Auch die Verwaltung sei durch das immer noch bestehende Erfordernis eines berechtigten Interesses und das Institut der Verwirkung ausreichend geschützt.

hemmer-Methode: Beachten Sie an dieser Stelle aber, dass der Streit über die Klagefrist im Ergebnis oftmals keine Rolle spielt.
Bei Polizeiverwaltungsakten fehlt es regelmäßig an einer Rechtsbehelfsbelehrung, sodass die eventuelle Klagefrist analog § 58 II VwGO ein Jahr ab Erledigung beträgt.
Berücksichtigen Sie ferner, dass auch für den Fall, dass eine Klagefrist nicht als erforderlich angesehen wird, nicht zeitlich unbegrenzt geklagt werden kann. Es gelten dann die Grundsätze der Verwirkung.

VI. Besonderes Feststellungsinteresse

besonderes Feststellungsinteresse

Die Fortsetzungsfeststellungsklage fordert sowohl für die direkte als auch für die analoge Form gem. § 113 I S. 4 VwGO ein besonderes Interesse an der Feststellung der Rechtswidrigkeit. Dieses ist vom Kläger substanziiert darzulegen.[130]

110

Für ein berechtigtes Interesse i.S.d. § 43 I VwGO genügt jedes nach vernünftigen Erwägungen je nach Lage des Falles anzuerkennende Interesse rechtlicher, wirtschaftlicher oder auch ideeller Art.[131]

---

127 Schenke, Verwaltungsprozessrecht, Rn. 703; Kopp/Schenke, § 74 VwGO, Rn. 2 und § 113 VwGO, Rn. 128.
128 BVerwGE 26, 161 (165).
129 VGH München, BayVBl. 1992, 51 ff.; BVerwG, NVwZ 2000, 63 = BayVBl. 2000, 439 = Life&Law 2000, 197; Ehlers, Jura 2001, 415 (422).
130 Kopp/Schenke, § 113 VwGO, Rn. 129 ff.: Es handelt sich hierbei um eine Sachentscheidungsvoraussetzung, die im Zeitpunkt der Entscheidung des Gerichts vorliegen muss (Kopp/Schenke, § 43 VwGO, Rn. 23). Durch das Erfordernis des berechtigten Interesses soll verhindert werden, dass die Verwaltungsgerichte auch dann noch über die Rechtswidrigkeit erledigter VAe entscheiden müssen, wenn diese für den Rechtsschutz der Beteiligten unerheblich geworden sind. Allein das beeinträchtigte Rechtsgefühl bildet daher kein ausreichendes Interesse i.S.d. § 113 I S. 4 VwGO. Nicht erforderlich ist aber, im Gegensatz zu § 43 I VwGO, ein berechtigtes Interesse an baldiger Feststellung.
131 Kopp/Schenke, § 113 VwGO, Rn. 129.

vier Fallgruppen

§ 113 I S.4 VwGO verlangt demgegenüber die Darlegung eines gegenwärtigen Rechtsschutzinteresses für ein erledigtes Rechtsverhältnis. Anerkannt sind im Wesentlichen vier Fallgruppen:

111

---

1. Konkrete Wiederholungsgefahr

2. Rehabilitationsinteresse

3. Vorbereitung eines Amtshaftungsprozesses (allgemeiner: Präjudizialität)

4. Schwerwiegender (umstr.) oder sich typischerweise schnell erledigender Grundrechtseingriff

---

1. Konkrete Wiederholungsgefahr[132]

konkrete Wiederholungsgefahr

Für ein berechtigtes Interesse genügt eine Wiederholungsgefahr, sofern diese hinreichend konkret ist.

112

> *Bsp.: Gary Grünspieß, ein engagierter Gegner der Umweltverschmutzung, wird durch Anhalten und Weiterfahrverbot gehindert, rechtzeitig bei einer Versammlung einzutreffen.*

Die Wiederholungsgefahr für solche Maßnahmen ist zu bejahen, wenn Gary plant, auch in nächster Zeit an anderweitigen Versammlungen teilzunehmen.[133] Eine Wiederholung erscheint in absehbarer Zeit als möglich.

2. Rehabilitationsinteresse[134]

diskriminierende Wirkung der Maßnahme

Ein Rehabilitationsinteresse kommt in Betracht, wenn die Feststellung der Rechtswidrigkeit als Genugtuung und/oder Rehabilitierung (der Persönlichkeit des Polizeipflichtigen) erforderlich ist, insbesondere, weil andere Möglichkeiten effektiven Rechtsschutzes nicht zur Verfügung stehen.

113

Dies ist in erster Linie bei einer diskriminierenden Wirkung der Maßnahme der Fall.[135]

> *Bsp.: Der Gemeindepfarrer wird von der Polizei in Gewahrsam genommen. Er will sich von der Negativbeurteilung, etwas „verbrochen" zu haben, befreien.*

hemmer-Methode: Eine diskriminierende Wirkung und demzufolge ein Rehabilitationsinteresse wird immer bei Öffentlichkeitsbezug relevant. Ein solcher ist zu bejahen, wenn z.B. Maßnahmen unter den Augen von Passanten oder Schaulustigen ergehen. Ein Rehabilitationsinteresse liegt aber nicht schon bei jedem Grundrechtseingriff vor, da andernfalls die Frage der Klagebefugnis und des besonderen Feststellungsinteresses vermengt würde.

---

132 Kopp/Schenke, § 113 VwGO, Rn. 141.

133 An einer Wiederholungsgefahr fehlt es, wenn es ungewiss ist, ob in Zukunft nochmals ähnliche Verhältnisse eintreten könnten. Sehr restriktiv hierzu OVG Münster, NJW 1999, 2202. Sehr strenge Voraussetzungen stellt hier der VGH München auf, indem er verlangt, dass die Wiederholung tatsächlich bevorstehen, in absehbarer Zeit möglich erscheinen oder sich konkret abzeichnen müsse (VGH München, BayVBl. 1973, 383).
Als Faustregel gilt: Wiederholungsgefahr besteht, wenn in naher Zukunft ein Sachverhalt entscheidungsbedürftig wird, der durch die Entscheidung des vorliegenden Rechtsstreites größtenteils vorweg geklärt werden kann, indem die Prozessergebnisse im Wesentlichen übertragbar sind.

134 Kopp/Schenke, § 113 VwGO, Rn. 142 ff.

135 Eine solche diskriminierende Wirkung muss noch fortwirken, und der Kläger muss ein schutzwürdiges Interesse an seiner Rehabilitierung haben, weil die Wirkung gegenwärtig andauert und eine objektive Beeinträchtigung des Persönlichkeitsrechts vorliegt.
Die diskriminierende Wirkung kann sich außer aus der Art des ergangenen VA auch aus dessen Begründung ergeben oder aus den damit im Zusammenhang stehenden Umständen (Kopp/Schenke, § 113 VwGO, Rn. 143).
Sie kann sich auch aus der Art und Weise des Erlasses oder des Vollzuges eines VA ergeben.

3. Präjudizialität für Ersatzansprüche[136]

Präjudizialität für Ersatzansprüche

Bei dieser Fallgruppe ist zwischen der Erledigung des Verwaltungsakts nach und vor Klageerhebung zu differenzieren.

114

unstr. bei Erledigung nach Klageerhebung

a) Bei der Erledigung des Verwaltungsakts nach Klageerhebung besteht ein berechtigtes Interesse, wenn die Feststellung der Rechtswidrigkeit für die Geltendmachung von Ansprüchen aus Amtshaftung nach Art. 34 GG i.V.m. § 839 BGB oder sonstigen Ersatzansprüchen erheblich ist.

115

Voraussetzung dafür ist, dass ein Zivilprozess mit hinreichender Sicherheit zu erwarten ist, welcher nicht offenbar aussichtslos erscheinen darf. Offenbare Aussichtslosigkeit besteht, wenn ohne eine ins Einzelne gehende Prüfung erkennbar ist, dass der behauptete Anspruch unter keinem rechtlichen Gesichtspunkt bestehen kann.[137]

Für die Vorbereitung eines Amtshaftungsprozesses ist somit grds. ein berechtigtes Interesse zu bejahen. Die Begründung liegt v.a. in der damit verbundenen Prozessökonomie, da in dieser Konstellation das Verwaltungsgericht bereits mit der Sache befasst ist.[138]

nicht bei Erledigung vor Klageerhebung (h.M.)

b) Ob dies ebenso auf die Erledigung des Verwaltungsakts vor Klageerhebung übertragen werden kann, ist umstritten.

116

Während nach einer Auffassung auch hier ein berechtigtes Interesse mit einem Anspruch des Klägers auf Entscheidung durch das Verwaltungsgericht als dem sachnäheren Gericht bejaht wird,[139] lehnt die Rechtsprechung ein berechtigtes Interesse in diesem Fall ab.[140] Begründet wird die Ablehnung damit, dass zum einen gerade kein Recht auf Klärung verwaltungsrechtlicher Vorfragen für den Amtshaftungsanspruch durch den sachnäheren Verwaltungsrichter besteht. Das nach § 40 II VwGO, Art. 34 S. 3 GG rechtswegzuständige Zivilgericht kann gem. § 17 II S. 1 GVG im Rahmen seiner Vorfragenkompetenz verwaltungsrechtliche Probleme klären.

Darüber hinaus wäre es nicht gerade i.S.d. Prozessökonomie, erst einmal Klage zum Verwaltungsgericht zu erheben und daraufhin einen Amtshaftungsprozess vor dem Landgericht (vgl. § 71 II Nr. 2 GVG) einzuleiten. Der ordentliche Rechtsweg ist für die Durchsetzung des Ersatzanspruchs damit zwingend.

hemmer-Methode: Im Rahmen einer typischen Polizeirechtsklausur, die i.d.R. (u.a.) prozessual auf einer FFK gem. § 113 I S. 4 VwGO analog aufbaut, ist daher regelmäßig ein berechtigtes Interesse wegen der Vorbereitung eines Amtshaftungsprozesses abzulehnen.

---

136   Kopp/Schenke, § 113 VwGO, Rn. 136.

137   Kopp/Schenke, § 113 VwGO, Rn. 136.

138   Weitergehend forderte der VGH Mannheim, NVwZ 1997, 198 (zust. Göpfert, NVwZ 1997, 143), dass der Prozess bereits bestimmte Ergebnisse, insbes. Beweise, hervorgebracht haben muss. Diese Ansicht ist mit dem BVerwG (BayVBl. 1998, 666 = Life&Law 1998, 725) als zu weitgehende und zu unbestimmte Einschränkung des Rechtsschutzes abzulehnen.

139   Kopp, JZ 1992, 1079.

140   Grundlegend BVerwGE, 226 (228); VGH Kassel, DÖV 2012, 819 = LKRZ 2012, 472; BVerwGE 81, 226; VGH München, BayVBl. 1996, 599.

4. Schwerwiegender oder sich typischerweise schnell erledigender Grundrechtseingriff[141]

a) Schwerwiegender Grundrechtseingriff

Rspr. des BVerfG

Ein besonderes Feststellungsinteresse liegt nach der Rspr. des BVerfG[142] auch vor, wenn durch die Maßnahme ein schwerwiegender (synonym: tiefgreifender) Grundrechtseingriff bewirkt wurde. Irrelevant ist insoweit, ob an dem Betroffenen ein Exempel statuiert oder sein Ansehen in der Öffentlichkeit herabgesetzt wird. Auch staatliche Maßnahmen, die einen schwerwiegenden Grundrechtseingriff darstellen, müssen trotz zwischenzeitlicher Erledigung fachgerichtlich überprüfbar sein. Dies fordern das Rechtsstaatsprinzip und das Gebot effektiven Rechtsschutzes aus Art. 19 IV GG.

117

> **Bspe.:** *Wasserwerfereinsatz gegen Teilnehmer einer aufgelösten Versammlung;[143] verdeckter Ermittler dringt zur Datenerhebung in Privatsphäre ein;[144] vorläufige Unterbringung in einem psychiatrischen Krankenhaus.[145]*

a.A. BVerwG

Nach einer neueren Entscheidung des BVerwG[146] genügen schwerwiegende Grundrechtseingriffe noch nicht, um das besondere Feststellungsinteresse zu begründen. Eine Ausdehnung des Anwendungsbereichs des Feststellungsinteresses, die ein solches allein wegen der Schwere des erledigten Eingriffs in Grundrechte oder Grundfreiheiten annimmt, sei weder aus Art. 19 IV GG noch aus Art. 47 GRCh in Verbindung mit dem unionsrechtlichen Effektivitätsgebot herzuleiten.

118

b) Sich typischerweise schnell erledigender Grundrechtseingriff

Klagemöglichkeit wegen Art. 19 IV GG zwingend

Erledigt sich der Grundrechtseingriff typischerweise so schnell, dass fachgerichtlicher Rechtsschutz nicht in Betracht kommen kann, liegt nach h.M. ein besonderes Feststellungsinteresse vor.[147] Begründet wird dies mit Art. 19 IV GG, zumal die Rechtmäßigkeit derartiger Maßnahmen andernfalls keiner gerichtlichen Klärung zugeführt werden könnte. Maßgebend ist dabei, ob die kurzfristige, eine Anfechtungs- oder Verpflichtungsklage ausschließende Erledigung sich aus der Eigenart des Verwaltungsakts selbst ergibt.

119

> **Bspe.:** *Auflösung einer Versammlung; kurzzeitiges Betreten einer Wohnung; Wohnungsdurchsuchungen.[148]*

VII. Klagegegner

Klagegegner

In Baden-Württemberg gilt uneingeschränkt das sog. Rechtsträgerprinzip. Bei Anfechtungs- und Verpflichtungsklagen ist die Klage gegen den Rechtsträger der Behörde zu richten, die den angefochtenen VA erlassen bzw. den begehrten VA unterlassen hat, § 78 I Nr. 1 VwGO. Dies gilt im Übrigen analog auch für Fortsetzungsfeststellungsklagen wegen ihrer Bezüge zu diesen Klagen.

120

---

141 Kopp/Schenke, § 113 VwGO, Rn. 145 f.

142 BVerfG, NVwZ 1999, 290 (292). Zustimmend Lindner, NVwZ 2014, 180 (184).

143 BVerfG, NVwZ 1999, 290.

144 BVerwG, NJW 1997, 2534.

145 BVerfG, NJW 1998, 2432.

146 BVerwG, NVwZ 2013, 1481 (1483); zustimmend Kopp/Schenke, § 113 VwGO, Rn. 146; Bühler/Brönnecke, Jura 2017, 34 (38); kritisch Kramer, BayVBl. 2016, 65 (67); Lindner, NVwZ 2014, 180 ff; Pünder/Mattig, JA 2016, 115 (117).

147 Schenke, Verwaltungsprozessrecht, Rn. 583; BVerwG, NVwZ 2013, 1481 (1483).

148 BVerfG, NJW 2005, 1855; grundlegend BVerfG, NJW 1997, 2163.

hemmer-Methode: Wenn Sie (wie hier) § 78 I Nr. 1 VwGO als Zulässigkeitsvoraussetzung (passive Prozessführungsbefugnis) begreifen, stellen Sie hier fest, dass Klagegegner gem. § 78 I Nr. 1 VwGO der Rechtsträger der handelnden Behörde ist. Andernfalls prüfen Sie dies zu Anfang der Begründetheitsprüfung im Rahmen der Passivlegitimation.

Differenzierung

In der Klausur ist im Hinblick auf § 59 PolG wie folgt zu differenzieren: 121

⇨ Bei Maßnahmen des Polizeivollzugsdienstes ist das Land Baden-Württemberg nach § 78 I Nr. 1 VwGO analog als Rechtsträger der Polizei (vgl. § 70 I PolG) Klagegegner.

⇨ Gleiches gilt auch bei Handeln des Polizeivollzugsdienstes auf Weisung einer Polizeibehörde (§§ 74 I, 73 PolG) sowie bei Amtshilfe (§§ 4 ff. LVwVfG) und Vollzugshilfe (§ 60 V PolG).

⇨ Erfolgt die Gefahrenabwehr durch das Landratsamt als untere Verwaltungsbehörde (§§ 61 Nr. 3, 62 III PolG i.V.m. § 15 I Nr. 1 LVG) und damit als Staatsbehörde (§ 1 III LKrO), ist das Land und nicht der Landkreis Rechtsträger. Die Klage ist daher gem. § 78 I Nr. 1 VwGO analog gegen das Land zu richten.[149]

⇨ Beim Handeln der Ortspolizeibehörde (Regelfall nach § 66 II PolG) ist die Klage nach § 78 I Nr. 1 VwGO analog gegen die Gemeinde zu richten. Gemeinden sind immer ihr eigener Rechtsträger, auch beim Vollzug von Weisungsaufgaben.

VIII. Sonstige Sachurteilsvoraussetzungen

Sonstiges

Hinsichtlich der übrigen Sachurteilsvoraussetzungen gibt es in der Polizeirechtsklausur keine Besonderheiten. Arbeiten Sie hierzu nochmals das Skript Hemmer/Wüst, Verwaltungsrecht I, Rn. 211 ff. nach.   122

B. Objektive Klagehäufung, § 44 VwGO

regelmäßig objektive Klagehäufung

Bei prozessual aufgebauten Polizeirechtsklausuren ergibt sich regelmäßig die Situation der objektiven Klagehäufung, § 44 VwGO.   123

Häufig werden mehrere Klagebegehren miteinander verbunden.

Bsp.: Ein Polizist hält Anton auf einer Straße im Rotlichtbezirk an. Er verlangt von ihm die Aushändigung seines Personalausweises. Weil sich darin kein Passbild mehr befindet, nimmt der Polizist A mit auf die Polizeistation. Dort werden ihm Fingerabdrücke abgenommen. A erhebt Klage auf Feststellung der Rechtswidrigkeit aller polizeilichen Maßnahmen.

Anton begehrt die Feststellung der Rechtswidrigkeit mehrerer polizeilicher Maßnahmen: (1) Anhalten, (2) Aushändigungsanordnung, (3) Anordnung, auf die Polizeidienststelle zu folgen, (4) Abnahme der Fingerabdrücke.

Im Beispiel sind vier Klagen zu erheben. Diese können unter den Voraussetzungen des § 44 VwGO in einem Verfahren verbunden werden.

Voraussetzungen des § 44 VwGO

Voraussetzungen der objektiven Klagehäufung, § 44 VwGO:[150]

⇨ mehrere Klagebegehren,

⇨ gegen denselben Beklagten gerichtet,

⇨ müssen im Zusammenhang stehen,

⇨ und es muss dasselbe Gericht (§§ 45, 52 VwGO i.V.m. § 1 II AGVwGO) zuständig sein.

Liegen diese Voraussetzungen vor, so können sämtliche Klagebegehren in einer einzigen Klage verfolgt werden. Es wird also nur ein Prozess, der aber mehrere Klagen zum Inhalt hat, geführt.

124

keine Zulässigkeitsvoraussetzung

Fehlen die Voraussetzungen, so werden die Verfahren nach § 93 VwGO getrennt. Die Klage wird dadurch nicht unzulässig, sodass § 44 VwGO keine Zulässigkeitsvoraussetzung darstellt (ebenso wenig wie §§ 64, 65 VwGO).

hemmer-Methode: Es handelt sich bei der objektiven Klagehäufung nicht um eine Zulässigkeitsvoraussetzung. § 44 VwGO stellt eine Verfahrensvorschrift dar. Im Prüfungsaufbau ist diese Norm nach der Prüfung der Zulässigkeit sämtlicher Klagen zu prüfen (also nicht im Rahmen der Aufzählung der Sachentscheidungsvoraussetzungen zu nummerieren), bevor mit der Begründetheitsprüfung begonnen wird.

C. Begründetheit der Fortsetzungsfeststellungsklage

Obersatzbildung!

Die Begründetheitsprüfung ist grds. mit nachfolgendem Obersatz einzuleiten:

125

Rechtswidrigkeit und Rechtsverletzung

> Die Fortsetzungsfeststellungsklage ist begründet, soweit der Verwaltungsakt rechtswidrig war und der Kläger hierdurch in seinen Rechten verletzt ist, § 113 I S. 4 VwGO (direkt oder analog).

hemmer-Methode: Formulieren Sie immer einen den Prüfungsaufbau vorgebenden eindeutigen Obersatz!
Bei der FFK ist im Unterschied zur Anfechtungsklage aufgrund der Erledigung des VA das Rechtsverhältnis in der Vergangenheit zu formulieren. Das Rechtsschutzbedürfnis ist gegenwartsorientiert.

welche Art von Maßnahme soll geprüft werden?

Bei der Rechtmäßigkeitsprüfung eines jeden einzelnen polizeilichen Verwaltungsakts ist zunächst einmal festzustellen, ob es sich um einen Grundverwaltungsakt oder eine Zwangsmaßnahme handelt. Dies ist deshalb vorab zu klären, da hieran jeweils verschiedene Voraussetzungen für die Rechtmäßigkeit anknüpfen.

Das Polizeirecht basiert auf folgender Grundsystematik:

126

drei Handlungsebenen

Drei Handlungsebenen:

⇨ Auf der ersten Ebene ergehen die polizeilichen Grundmaßnahmen (Primärmaßnahmen).

⇨ Die zweite Ebene betrifft den Zwang (Sekundärmaßnahmen).

⇨ Auf der dritten Ebene sind die Folgen polizeilichen Handelns wie Entschädigungs- und Schadensersatzansprüche zu beachten (Tertiärebene).

---

150   Dazu im Einzelnen Hemmer/Wüst, Verwaltungsrecht I, Rn. 248 ff.

Primärmaßnahmen

Polizeiliche Grundverwaltungsakte ergehen aufgrund der Eingriffs-befugnisse in Spezialgesetzen, auf Grundlage der §§ 26 - 36 PolG (sog. Einzelmaßnahmen) oder der §§ 3, 1 I PolG (sog. General-klausel). Man bezeichnet sie auch als Primärmaßnahmen.

Sekundärmaßnahmen

Zwangsmaßnahmen sind in den § 49 I PolG i.V.m. §§ 18 ff. LVwVG oder § 49 II PolG i.V.m. §§ 50 ff. PolG normiert. Diese Sekundär-maßnahmen dienen der Durchsetzung von Grundverwaltungsakten.

Tertiärebene

Die dritte Ebene des polizeilichen Handelns (§§ 55 - 58 PolG) ist kein Gegenstand der verwaltungsgerichtlichen Klage, zumal § 58 PolG eine (deklaratorische) Sonderzuweisung an die ordentlichen Gerichte normiert.

hemmer-Methode: Im Folgenden beschäftigt sich dieses Skript mit der Rechtmäßigkeit von Primärmaßnahmen. Sekundärmaßnahmen wer-den i.R.d. Anfechtungsklage (Rn. 462 ff.) und Feststellungsklage (Rn. 548 ff.) besprochen, Tertiärmaßnahmen erst unter § 7 des Skriptes (Rn. 625 ff.) erörtert.

Prüfungsschema für polizeiliche Primärmaßnahmen:

I. **Rechtsgrundlage**

　1. **Vorrangiges Spezialgesetz, § 1 II PolG**

　2. **Standardbefugnis mit VA-Charakter, insbes. §§ 26 - 36 PolG**

　3. **Generalklausel, §§ 3, 1 I PolG**

II. **Formelle Rechtmäßigkeit**

　1. **Zuständigkeit**

　　a) Die Polizeibehörden sind gem. § 1 I PolG zur Gefahren-abwehr zuständig

　　b) Abgrenzung zwischen der Zuständigkeit des Polizeivollzugs-dienstes und der Polizeibehörden: insbes. §§ 60, 51 PolG

　　c) Örtliche Zuständigkeit, §§ 68, 75 PolG

　2. **Übrige formelle Rechtmäßigkeitsvoraussetzungen (Anhö-rung, Begründung etc.)**

III. **Materielle Rechtmäßigkeit**

　1. **Subsumtion unter die Rechtsgrundlage**

　2. **Verantwortlichkeit (insbes. §§ 6, 7 und 9 PolG)**

　3. **Polizeiliche Handlungsgrundsätze**

　　a) Bestimmtheit, § 37 I LVwVfG

　　b) Verhältnismäßigkeit, § 5 PolG

　　c) Ermessen, § 40 LVwVfG bzw. § 114 S. 1 VwGO

I. Rechtsgrundlage für Primärmaßnahmen

1. Allgemeines

Maßnahmen bedürfen einer Rechtsgrundlage

Das PolG differenziert zwischen den Aufgaben der Polizei (sachli-che Zuständigkeit, vgl. §§ 1, 2 PolG) und Eingriffsermächtigungen (§§ 3, 1 I PolG und insbes. §§ 26 - 36 PolG).

Der (in der Klausur überwiegend einschlägige) § 1 I PolG bestimmt allerdings nur den Aufgabenkreis der Polizei. Soll durch eine Maß-nahme in Grundrechte des Betroffenen eingegriffen werden, so ist aufgrund des Art. 20 III GG eine gesetzliche Eingriffsbefugnis erfor-derlich.[151]

127

151　Ruder, Rn. 277; Würtenberger/Heckmann/Tanneberger, § 5 Rn. 1; Belz/Mussmann/Kahlert/Sander, § 1 PolG, Rn. 2.

Auf die Aufgabeneröffnung des § 1 I PolG lassen sich lediglich behördliche Tätigkeiten ohne Grundrechtsrelevanz (insbesondere Maßnahmen der Gefahrenvorsorge) stützen.[152]

Bsp.: Belehrungen; Beobachtungen des Verkehrs; (bloße) Anwesenheit von Polizeibeamten in Fußballstadien; Streifenfahrten und -gänge; Verkehrskindergarten; Löschen brennender Papierkörbe etc.

hemmer-Methode: § 1 I PolG entspricht nicht den Anforderungen des Gesetzesvorbehalts, da diese Norm zu unbestimmt ist. Voraussetzung für eine Eingriffsbefugnis ist nämlich, dass der Gesetzgeber selbst entscheidet, unter welchen Voraussetzungen die Verwaltung welche belastenden Maßnahmen vornehmen darf. Damit wird auch für den Bürger aus dem Gesetz zumindest das ungefähre Ausmaß der möglichen Belastungen sichtbar.[153]

Sonderproblem: Gefährderanschreiben

Umstritten ist in diesem Zusammenhang das Erfordernis einer Rechtsgrundlage für die sog. Gefährderanschreiben (hierzu ausführlich unter Rn. 513).

128

hemmer-Methode: Das Gefährderanschreiben beinhaltet eine Reihe von Klausurproblemen und wurde in verschiedenen Bundesländern in der Ersten Juristischen Prüfung bereits abgeprüft. Mangels Regelungswirkung ist hier ein VA abzulehnen und damit die Feststellungsklage nach § 43 VwGO statthaft:
Das Anschreiben betrifft einen hinreichend bestimmten überschaubaren Sachverhalt und ist daher der Feststellung zugänglich, ob mit ihm in Grundrechte des Antragstellers eingegriffen worden ist. Das für ein vergangenes Rechtsverhältnis erforderliche berechtigte Feststellungsinteresse folgt aus einer konkreten Wiederholungsgefahr und einem Rehabilitierungsbedürfnis. Als Eingriffsbefugnis kommt allein die polizeirechtliche Generalklausel in Betracht; es fehlt jedoch oftmals eine gerade vom Adressaten ausgehende konkrete Gefahr.

Befugnis bei Bitte um Polizeihandeln entbehrlich

Eine Rechtsgrundlage ist weiterhin nicht erforderlich, wenn der Betroffene um polizeiliches Handeln bittet. Ein Handeln auf Verlangen stellt keine grundrechtseingreifende Maßnahme dar.

129

Bsp.: Schiedsrichter Robert bittet die Polizei, ihn zum Schutz vor den wütenden Fußballfans des VfB in Gewahrsam zu nehmen.

Grundvoraussetzung für Rechtmäßigkeit

Allerdings muss die Behörde, auch wenn nicht in Grundrechte eingegriffen wird, für das Handeln zuständig sein. Ist dies nicht der Fall, so sind polizeiliche Handlungen (formell) rechtswidrig.

2. Systematik der Rechtsgrundlagen

Rechtsgrundlagen für Polizeiverfügungen finden sich außerhalb des PolG in den Gesetzen des besonderen Gefahrenabwehrrechts sowie auch im PolG selbst.[154]

130

⇨ Spezialgesetzliche Befugnisse, § 1 II PolG i.V.m. Spezialgesetz

⇨ Standardbefugnisnormen, insbes. §§ 26 - 36 PolG

⇨ Generalklausel, §§ 3, 1 I PolG

---

152   Würtenberger/Heckmann/Tanneberger, § 4 Rn. 47; Ruder, Rn. 170; Belz/Mussmann/Kahlert/Sander, § 1 PolG, Rn. 2.
153   Vgl. m.w.N. Hemmer/Wüst, Staatsrecht II, Rn. 140 f.
154   Ruder, Rn. 279.

Befugnisse außerhalb des PolG
leges speciales

Soweit der Polizei Befugnisse außerhalb des PolG zustehen, gehen diese als leges speciales den im PolG geregelten Rechtsgrundlagen vor (sog. Subsidiaritätsgrundsatz). Insoweit ergibt sich die Rechtsgrundlage für eine Maßnahme über § 1 II PolG i.V.m. der außerhalb des PolG stehenden Befugnisnorm.[155]

Standardbefugnisse

Ist außerhalb des PolG keine Regelung einschlägig, so ist zunächst auf die Standardbefugnisse (insbesondere die Einzelmaßnahmen der §§ 26 - 36 PolG) abzustellen.

Generalklausel

Nur dann, wenn sich auch hier keine passende Normierung finden lässt, darf eine Maßnahme auf die Generalklausel der §§ 3, 1 I PolG gestützt werden.

15 I VersG

Qust.: eigentlich Ländersache, zuhat keine nach 125a GG gilt Bundes- recht fort

a)   Spezialgesetzliche Befugnisse, § 1 II PolG

§ 1 II PolG ist „Brückennorm"

Im Falle des § 1 II PolG hat die Polizei die im entsprechenden Spezialgesetz normierten Befugnisse. § 1 II PolG stellt damit lediglich eine Brückennorm vom PolG in das Spezialgesetz dar.

131

Spezialgesetze

Spezialgesetze sind etwa das VersG,[156] LFGB,[157] GastG,[158] LGastG,[159] DSchG, IfSG,[160] die StVO und das Ausländerrecht. Dem Polizeivollzugsdienst wird zudem die Verfolgung von Straftaten und Ordnungswidrigkeiten zugewiesen (§ 163 StPO bzw. § 53 OWiG).

Soweit Eingriffsbefugnisse in Spezialgesetzen enthalten sind, gehen diese in ihrem Anwendungsbereich den Vorschriften des allgemeinen Polizeirechts im PolG vor. Voraussetzung ist jedoch, dass das Gesetz für eine bestimmte Maßnahme auch tatsächlich anwendbar ist. Es ist daher stets zunächst die Anwendbarkeit des in Betracht gezogenen Gesetzes zu prüfen. So findet das (klausurrelevante) VersG nur dann Anwendung, wenn eine öffentliche Versammlung vorliegt.

Rückgriff auf das PolG

Das Spezialgesetz ist allerdings nur insoweit vorrangig und abschließend, als es auch tatsächlich Regelungen über polizeiliche Maßnahmen enthält. Soweit dies nicht der Fall ist, darf und muss auf die allgemeinen Regelungen im PolG zurückgegriffen werden.[161]

132

> **Bsp.:** Für die Befugnisnormen aus § 15 VersG ist etwa für die Verantwortlichkeit auf die Vorschriften der §§ 6, 7 und 9 PolG direkt oder entsprechend zurückzugreifen;[162] abschließend sind hingegen die Befugnisnormen der StPO (vgl. Art. 6 EGStPO), womit ein Rückgriff ausscheidet; keine Eingriffsermächtigungen enthalten z.B. das Ladenöffnungs- und das Feiertagsgesetz, womit bei Zuwiderhandlungen auf die Rechtsgrundlagen des PolG zurückgegriffen werden muss (sog. unselbstständige bzw. konkretisierende Verfügungen).

b)   Standardbefugnisnormen

aa)   Grundlegendes

Standardmaßnahmen

Soweit außerhalb des PolG keine Spezialbefugnisse bestehen, ist zunächst der Katalog der Einzelmaßnahmen der §§ 26 - 36 PolG zu beachten.

133

---

155   Belz/Mussmann/Kahlert/Sander, § 1 PolG, Rn. 52.

156   Zum VersG ausführlich unter Rn. 357 ff.

157   Lebensmittel-, Bedarfsgegenstände- und Futtermittelgesetzbuch, Sartorius Ergänzungsband Nr. 862.

158   Gaststättengesetz, Sartorius Nr. 810.

159   Landesgaststättengesetz, Dürig Nr. 195; nicht im Dolde/Kirchhof/Stilz abgedruckt.

160   Gesetz zur Verhütung und Bekämpfung von Infektionskrankheiten beim Menschen, Sartorius Ergänzungsband Nr. 285.

161   Poscher/Rusteberg, JuS 2012, 888 (890); Schoch, JuS 1994, 479 (485); Kingreen/Poscher, Polizei- und Ordnungsrecht, § 3 Rn. 27.

162   Würtenberger/Heckmann/Tanneberger, § 5 Rn. 40; Belz/Mussmann/Kahlert/Sander, § 6 PolG, Rn. 3.

Für häufig vorkommende, insbesondere schwerwiegende Eingriffe in die Freiheitsrechte des Bürgers enthält das Gesetz insofern Spezialvorschriften.

Schutz des Bürgers

Hierbei ist zu beachten, dass ein auch nur ergänzender Rückgriff auf die Generalklausel unzulässig ist. Damit bezweckt dieses System die Begrenzung der Befugnisse und dient dem Schutz des Bürgers vor einer Maßnahme der Polizei. Dem Bürger ist es insoweit möglich abzuschätzen, wann und unter welchen Umständen er mit einer staatlichen Intervention zu rechnen hat.

Zudem ist es Sinn und Zweck der Standardbefugnisse, spezielle Rechtsfolgeanordnungen (Eingriffsbefugnisse) einer differenzierten tatbestandlichen Regelung zu unterwerfen. Bei eingriffsintensiven Befugnissen geht es meist darum, die tatbestandlichen Voraussetzungen des Zugriffs zu erhöhen oder besondere verfahrensrechtliche Sicherungen in das Gesetz einzubauen. *134*

> *Bsp.: Die Wohnungsdurchsuchung nach § 31 PolG ist nur unter restriktiven Voraussetzungen möglich (vgl. die Auflistung in § 31 II Nr. 1 - 2 PolG), womit die niedrigen Anforderungen der Generalklausel erheblich überstiegen werden. Verfahrensrechtliche Sicherungsmechanismen enthält § 31 V S. 1 PolG, wonach grds. eine richterliche Durchsuchungsanordnung erforderlich ist.*

bb) Sonderproblem: Durchsetzung von Standardmaßnahmen

Durchsetzung von Standardmaßnahmen

Fraglich ist, auf welcher Rechtsgrundlage es im Zusammenhang mit Standardmaßnahmen zur Anwendung von Gewalt kommt. *135*

> *Bspe.: Aufbrechen einer Tür, um die Wohnung zu betreten; gewaltsames Öffnen der Hand zur Sicherstellung eines Smartphones; gewaltsames Abführen einer Person zur Ingewahrsamnahme.*

Teilweise wird vertreten, jede Standardmaßnahme enthalte das Recht, Gewalt anzuwenden. Standardmaßnahmen stehen nach dieser Auffassung außerhalb des mehraktigen Vollstreckungsverfahrens.[163] Dagegen lässt sich allerdings einwenden, dass dann die Regeln über die Anwendung von Gewalt i.R.d. Vollstreckung (zweite Ebene des Handelns) überwiegend leerlaufen würden.

> Bezogen auf die oben angeführten Beispiele bedeutet das Folgendes: Alle mit der Standardmaßnahme typischerweise verbundenen Zwangsmaßnahmen werden noch von dieser Rechtsgrundlage erfasst, z.B. das Öffnen einer Tür durch Herunterdrücken der Klinke oder das Anfassen am Arm bei der Ingewahrsamnahme.
>
> Alle weitergehenden Maßnahmen (z.B. Aufbrechen der Tür oder Anwendung des Polizeigriffs) müssen mit den Regeln des Verwaltungszwangs übereinstimmen.

Zusammenfassend lässt sich sagen: Geht die Behörde zum Zweck der Willensbeugung vor oder wird eine Sache in ihrer Funktionsfähigkeit oder Substanz nachhaltig beeinträchtigt, ist auf das Vollstreckungsrecht abzustellen.

---

163   Finger, JuS 2005, 116 (118) m.w.N.

c) Generalklausel

aa) Grundlegendes

Generalklausel subsidiär

Soweit keine Spezialbefugnisse außerhalb des PolG bestehen und auch keine der Standardbefugnisse des PolG einschlägig sind, können in Grundrechte eingreifende Maßnahmen der Polizei auf die Generalklausel der §§ 3, 1 I PolG gestützt werden.[164]

136

Generalklausel für atypische Maßnahmen

Die Behörde kann danach sog. atypische Maßnahmen treffen, um eine konkrete Gefahr für die öffentliche Sicherheit oder Ordnung abzuwehren.[165] Der Aufgabenbereich nach § 1 I PolG ist hingegen auch schon bei einer abstrakten Gefahr eröffnet.[166]

Vorsicht bei Rückgriff auf Generalklausel

Wichtig ist, nur dann auf die Generalklausel zurückzugreifen, wenn begrifflich keine „Standardmaßnahme" vorliegt, deren Rechtmäßigkeit insbesondere nach den §§ 26 - 36 PolG zu beurteilen ist. Liegt begrifflich eine Standardmaßnahme vor, sind aber die rechtlichen Anforderungen der Befugnisnorm nicht erfüllt, so ist die Maßnahme rechtswidrig. Als Rechtsgrundlage kommt dann die Generalklausel nicht in Betracht (sog. Sperrwirkung).

137

> **Bsp.:** *Polizist P beschlagnahmt den Einkaufskorb des D, in dem sich Eier und Tomaten befinden. D hat in der Vergangenheit mehrmals bei Versammlungen Polizisten mit Eiern und Tomaten beworfen und ist hierfür auch schon (wegen Körperverletzung, Beleidigung und Sachbeschädigung) verurteilt worden. In vier Stunden soll an anderer Stelle in der Stadt eine Versammlung stattfinden, an der D teilnehmen möchte.*
>
> Die Polizei hat hier eigene Sachherrschaft an einer Sache begründet. Die Rechtmäßigkeit einer solchen Maßnahme richtet sich nach § 31 I Nr. 1 PolG. Da hier keine unmittelbar bevorstehende Störung besteht, liegen die Voraussetzungen der Norm nicht vor. Damit steht die Rechtswidrigkeit der Maßnahme fest.
>
> Die Generalklausel der §§ 3, 1 I PolG kann nicht Rechtsgrundlage für die Maßnahme sein. Denn die Rechtmäßigkeit polizeilicher Maßnahmen, welche die tatsächliche Sachherrschaft ohne Einverständnis des bisherigen Gewahrsaminhabers begründen, sind ausschließlich nach §§ 32, 33 PolG zu beurteilen.

hemmer-Methode: Ist eine spezielle Befugnisnorm einschlägig, scheitert sie aber an der Subsumtion, so wäre es daher ein grober Fehler, die entsprechende Maßnahme auf die Generalklausel zu stützen (Verkennung des Prinzips der Spezialität). Die Generalklausel kann nur dann als Rechtsgrundlage in Betracht kommen, wenn eine spezielle Norm gar nicht existiert, nicht jedoch, wenn sie an ihren Voraussetzungen scheitert. Die Maßnahme ist dann rechtswidrig.

bb) Sonderproblem: Wesentlichkeitstheorie

Wesentlichkeitstheorie bzw. Parlamentsvorbehalt

Es ist allgemein anerkannt, dass die Generalklausel der §§ 3, 1 I PolG im Interesse einer effektiven Gefahrenabwehr unverzichtbar ist: Dem Gesetzgeber ist es nicht möglich, jegliche Gefährdungslagen zu antizipieren und einer entsprechenden Standardermächtigung zuzuführen.[167] Gleichermaßen unumstritten ist, dass die Standardbefugnisnormen restriktive Eingriffsvoraussetzungen statuieren, womit der Gesetzgeber selbst die Voraussetzungen und Grenzen besonders grundrechtsrelevanter Maßnahmen festlegen muss (sog. Wesentlichkeitstheorie bzw. Parlamentsvorbehalt).

138

---

164   Belz/Mussmann/Kahlert/Sander, § 3 PolG, Rn. 2; Ruder Schmitt, Rn. 297; VGH Mannheim, VBlBW 1982, 405 (406).

165   Vgl. zu den Begriffsdefinitionen („Gefahrbegriffe") Rn. 175 ff.

166   Hierzu unter Rn. 179.

167   Poscher/Rusteberg, JuS 2012, 888 (890); Ruder, Rn. 285; Belz/Mussmann/Kahlert/Sander, § 3 PolG, Rn. 2b.

Nicht leicht zu beantworten ist allerdings die Frage, wann es einer neu zu schaffenden Rechtsgrundlage bedarf.

Bsp.:[168] *Die Polizei verhängt ggü. dem Demonstranten (D) eine Melde-auflage, wonach er sich an einem bestimmten Tag um 16.00 Uhr auf der Polizeiwache einzufinden hat. Es soll verhindert werden, dass D, der in jüngerer Vergangenheit mehrfach bei Versammlungen gewalttä-tig wurde, an einer bestimmten Versammlung teilnehmen kann.*

§ 27 PolG scheidet als Rechtsgrundlage aus: Eine Vorladung dient der Informationsbeschaffung, was hier nicht der Fall ist. Die Maßnahme kann nach der Rspr. aber auf die Generalklausel der §§ 3, 1 I PolG ge-stützt werden.[169] Die polizeiliche Maßnahme ziele nicht darauf ab, das Grundrecht des Art. 8 I GG über die in diesem selbst angelegten Gren-zen hinaus einzuschränken. Da unfriedliche Demonstranten nicht dem Schutz des Versammlungsgrundrechts unterfallen, sei die Einschrän-kung des Art. 8 I GG von vorneherein nicht beabsichtigt.

Gegenbeispiel:[170] *Sexualstraftäter A wurde im Januar 2013 aus der Strafhaft entlassen. Da er aber nach wie vor als gefährlich und rückfall-gefährdet eingeschätzt wurde, ist zum Schutz der Bevölkerung eine Dauerobservation durch Polizeibeamte angeordnet worden. Die zu-nächst auf vier Wochen befristeten Anordnungen wurden 14 Mal ver-längert und Kontakt- oder Begleitperson durch Gefährderansprachen seitens der Beamten auf die Gefährdungslage hingewiesen.*

§ 22 I Nr.1, III PolG scheidet als Rechtsgrundlage aus:[171] Die Observa-tion setzt eine Datenerhebung voraus, woran es hier mangelt. Die dau-erhafte Beobachtung bezweckt vorrangig die Gefahrenabwehr durch eine fortwährende Beeinflussung des Verhaltens des Betroffenen. Die Rspr. lässt wegen des massiven Eingriffs in das allgemeine Persönlich-keitsrecht in neuartigen Gefährdungslagen allerdings für einen Über-gangszeitraum einen Rückgriff auf die Generalklausel zu.

Insofern wird dem Gesetzgeber die Möglichkeit eingeräumt, die Rege-lungslücke durch hinreichend bereichsspezifische, präzise und den An-forderungen der Normklarheit genügende Regelungen zu schließen. Mit der Einräumung eines derartigen „Übergangsbonus" treten die Gerichte nicht an die Stelle des Gesetzgebers, sondern erkennen die Notwen-digkeit einer mit Zeitaufwand verbundenen Gesetzgebung an. Eine Ob-servation über Monate oder gar Jahre hinweg kann damit nicht (mehr) auf §§ 3, 1 I PolG gestützt werden.

Konsens besteht insoweit, als besonders schwerwiegende Grund-rechtseingriffe nicht auf die Generalklausel gestützt werden können. Insofern bedarf es für Aufenthaltsvorgaben und Kotaktverbote (§ 27b PolG; hierzu unter Rn. 248a) oder eine elektronische Auf-enthaltsüberwachung (elektronische Fußfessel, § 27c PolG; hierzu unter Rn. 248e) zur Verhütung terroristischer Gefahren spezifischer Eingriffsgrundlagen.[172]

II. Formelle Rechtmäßigkeit

1. Grundlegendes

Zuständigkeit der Polizei

Zuständigkeiten der Polizei ergeben sich aus dem PolG und ande-ren Gesetzen der Gefahrenabwehr, vgl. § 1 PolG.

139

---

168 BVerwGE 129, 142 (149 ff.) = NVwZ 2007, 1439 (1441).

169 VGH Mannheim, VBIBW 2017, 425 (431).

170 BVerfG, DÖV 2013, 198; OVG Münster NWVBl. 2013, 492 = DVBl. 2013, 1267 = Life&Law 2014, 526.

171 VGH Mannheim, VBIBW 2014, 167 lässt offen, ob die Dauerobservation für einen Übergangszeitraum auf § 22 I Nr. 1, III PolG oder die General-klausel gestützt werden kann.

172 Schenke, Polizei- und Ordnungsrecht, Rn. 50 und 140; Lindner/Bast, DVBl. 2017, 290 (292).

Wenn eine Rechtsgrundlage aus einem Spezialgesetz zu prüfen ist, folgt die Zuständigkeit der Behörde aus diesem Gesetz, § 1 II PolG.[173] Für die Rechtsgrundlagen aus dem PolG ist die Polizei gem. § 1 I PolG zuständig.

Außer der Polizei sind auch andere (nichtpolizeiliche) Behörden mit der Gefahrenabwehr betraut. Deren Zuständigkeit schließt ein Handeln der Polizei grundsätzlich aus.

> *Bsp.:[174] Bundespolizei; Baurechtsbehörden; Immissionsschutzbehörden, Gewerbebehörden; Gaststättenbehörden; Straßenbehörden; Feuerwehr; Jugendämter; Landesamt für Verfassungsschutz etc.*

Sonderfall: Eilzuständigkeit des § 2 I PolG

Erscheint jedoch deren Tätigwerden bei „Gefahr im Verzug" nicht erreichbar, so hat nach der Subsidiaritätsklausel des § 2 I PolG die Polizei die notwendigen vorläufigen Maßnahmen auf Grundlage des PolG zu treffen. **140**

2. Sachliche Zuständigkeit („Aufgabeneröffnung")

Aufgabeneröffnung

Unter sachlicher Zuständigkeit versteht man die Berechtigung oder Verpflichtung, bestimmte Aufgaben dem Gegenstande nach wahrnehmen zu dürfen und damit die Frage nach den einer Behörde zugewiesenen Sachaufgaben. Im Polizeirecht hat sich hierfür der Begriff Aufgabeneröffnung bzw. Aufgabenzuweisung eingebürgert. **141**

Die eigentliche Aufgabe der Polizei ist die Gefahrenabwehr. Nach der Aufgabenzuweisungsnorm des § 1 I PolG obliegt diesen Behörden die Aufgabe, (allgemeine) Gefahren für die öffentliche Sicherheit oder Ordnung abzuwehren.

hemmer-Methode: Auf eine Subsumtion unter die Begriffe (Gefahr, öffentliche Sicherheit/Ordnung) sollte in der Klausur an dieser Stelle noch nicht näher eingegangen werden. Damit vermeidet man eine Kopflastigkeit der Klausur und unnötige Wiederholungen, zumal diese Begriffe i.R.d. materiellen Rechtmäßigkeit detailliert zu erörtern sind.

Da die Gefahrenabwehr mittels zweier, voneinander streng zu unterscheidender Verwaltungsstränge (vgl. § 59 PolG) ausgeführt wird, muss in Klausuren eine Zuständigkeitsabgrenzung erfolgen (hierzu bereits unter Rn. 24 ff.). **142**

a) Zuständigkeitsabgrenzung zwischen Polizeivollzugsdienst und Polizeibehörden

Zuständigkeitsabgrenzung

Für die in Betracht gezogene Rechtsgrundlage ist zu prüfen, ob diejenige Behörde gehandelt hat, die hierfür zuständig ist. Gem. § 59 PolG umfasst die Organisation der Polizei die Polizeibehörden und den Polizeivollzugsdienst. Die Zuständigkeit zwischen diesen Behörden ist im PolG unterschiedlich aufgeteilt.[175] **143**

Grundsatz: § 60 I PolG

Nach § 60 I PolG obliegt die Wahrnehmung der polizeilichen Aufgaben grds. den Polizeibehörden. Dies gilt allerdings nur, „soweit dieses Gesetz nichts anderes bestimmt". Abweichende gesetzliche Bestimmungen sind in diversen Rechtsgrundlagen und in § 60 II - V PolG enthalten.

---

173   Hierzu bereits unter Rn. 139.

174   Weitere Beispiele bei Stephan/Deger, § 2 PolG, Rn. 4; Belz/Mussmann/Kahlert/Sander, § 2 PolG, Rn. 4 f.

175   Zeitler/Trurnit, Rn. 130; Ruder, Rn. 91.

besondere Zuständigkeitsregelungen in Rechtsgrundlagen	**aa)** In bestimmten Rechtsgrundlagen des PolG ist normiert, dass für diese Maßnahmen nur der Polizeivollzugsdienst oder nur die Polizeibehörden zuständig sind.[176]

144

⇨ Exklusive Zuständigkeiten des Polizeivollzugsdienstes finden sich z.B. in § 20 III PolG, §§ 21 I, II, IV PolG, §§ 22 - 23 PolG, § 25 PolG, § 33 II S. 1 PolG, § 36 PolG, §§ 38 - 40 PolG, § 45 PolG und § 46 PolG.

⇨ Nur an die Polizeibehörden wenden sich hingegen z.B. § 10 I i.V.m. § 1 I PolG und § 34 PolG.

In dieser Konsequenz stellen sich Abgrenzungsproblem nur bei den Normierungen, die in gleicher Weise für beide Zweige der Polizei gelten.[177]

§ 60 III PolG: Parallelzuständigkeit

bb) Gem. § 60 III PolG sind für die dort aufgeführten Maßnahmen sowohl der Polizeivollzugsdienst als auch die Polizeibehörden gleichwertig konkurrierend zuständig (sog. Parallelzuständigkeit).[178] In dieser Konstellation ist folglich ein Einschreiten des Polizeivollzugsdienstes (anders als im Fall des § 60 II PolG) nicht vom Erfordernis eines sofortigen Tätigwerdens abhängig.[179] Die Norm umfasst insbesondere die Einzelmaßnahmen der §§ 26, 27, 27a I, 28 - 33 PolG und verschiedene Befugnisse zur Datenerhebung und Datenübermittlung.

145

Für alle anderen Maßnahmen aufgrund des PolG bleibt es bei der grundsätzlichen Zuständigkeit der Polizeibehörde, § 60 I PolG.

> *Bspe.: Maßnahmen auf Grundlage der Generalklausel (§§ 3, 1 I PolG); unmittelbare Ausführung (§ 8 I PolG); Aufenthaltsverbot und Wohnungsverweis (§ 27a II, III PolG); Vernehmung (§ 35 PolG) etc.*

§ 60 IV PolG: Sonderfall der Parallelzuständigkeit

cc) Eine besondere Parallelzuständigkeit enthält § 60 IV PolG. Diese kaum klausurrelevante Normierung statuiert die Zuständigkeit des Polizeivollzugsdienstes neben den Gesundheitsämtern (als andere Stellen i.S.d. § 2 I PolG) für bestimmte Maßnahmen nach dem IfSG.[180]

146

§ 60 V PolG: Vollzugshilfe

dd) Nach § 60 V PolG leistet (allein) der Polizeivollzugsdienst auf Ersuchen von Gerichten und Verwaltungsbehörden Vollzugshilfe.

147

Vollzugshilfe stellt als solche eine gesteigerte Form der Amtshilfe dar.[181] Inhaltlich ist die Vollzugshilfe gegenüber anderen Behörden insbesondere bezogen auf die Anwendung unmittelbaren Zwangs, §§ 49 II, 50 ff. PolG. Sie hat immer nur ergänzenden Charakter und darf nicht zu einer Dauereinrichtung werden.

> *Bsp.: zwangsweise Umsetzung von Obdachlosen; Einlieferung und Rückführung psychisch Kranker in ein Krankenhaus; Transport eines Gefangenen von der JVA zu Gericht*

§ 60 II PolG: Eilzuständigkeit

ee) Gem. § 60 II PolG ist der Polizeivollzugsdienst nur zuständig, wenn (und soweit) ein sofortiges Tätigwerden erforderlich erscheint. Ein Einschreiten des Polizeivollzugsdienstes anstelle der Polizeibehörde ist daher zulässig, sofern Letztere in Eil- und Notfällen nicht sofort tätig werden kann,[182] d.h. ein Handeln der grds. zuständigen Polizeibehörde möglicherweise zu spät käme.[183]

148

---

176 Ruder, Rn. 94; Belz/Mussmann/Kahlert/Sander, § 60 PolG, Rn. 8; Zeitler/Trurnit, Rn. 128.
177 Diese sind z.B. §§ 3, 1 I PolG, § 8 PolG, § 20 I, II, IV, V PolG, § 21 III PolG, §§ 26 - 33 I PolG, § 35 PolG, § 37 PolG, §§ 43, 44 PolG und 49 I PolG.
178 Zeitler/Trurnit, Rn. 130; Ruder, Rn. 95.
179 Belz/Mussmann/Kahlert/Sander, § 60 PolG, Rn. 7.
180 Ausführlich hierzu Zeitler/Trurnit, Rn. 141 - 147; Ruder, Rn. 96; Nachbaur, VBIBW 2018, 45 (53 f.).
181 Ruder, Rn. 102; Belz/Mussmann/Kahlert/Sander, § 60 PolG, Rn. 14..
182 Ruder, Rn. 97; Zeitler/Trurnit, Rn. 134; Trurnit, Die Polizei 2009, 96 ff.
183 Die Auslegung des unbestimmten Rechtsbegriffs „sofortiges Tätigwerden notwendig erscheint" erfolgt in Parallele zum Begriff der „Gefahr im Verzug", vgl. Ruder, Rn. 97; VGH Mannheim, VBIBW 2005, 431 (435); BVerfG, NJW 2001, 1121.

> **hemmer-Methode: Zuständige Polizeibehörde ist grds. die Ortspolizeibehörde (§ 66 II i.V.m. § 62 IV PolG), wobei intern das Ordnungsamt tätig wird. Die Bediensteten des Ordnungsamts sind ganz überwiegend am Schreibtisch zu den üblichen Dienstzeiten tätig. Kurzfristiges Handeln ist hier nicht zu erwarten. Daraus wird deutlich, dass außerhalb dieser Zeiten und generell beim Handeln „vor Ort" nur der Polizeivollzugsdienst in der Lage ist, effektiv Gefahren abzuwehren.**
> **In der Praxis wie in den Klausurfällen ist Gefahr im Verzug insbesondere anzunehmen an Arbeitstagen vor Dienstbeginn und nach Dienstschluss der allgemeinen Polizeibehörde, sowie an Wochenenden und an Feiertagen.**

Der Polizeivollzugsdienst hat hierbei einen Einschätzungsspielraum, wie aus der gesetzlichen Formulierung „erscheint" deutlich wird.[184] Maßgeblich für das Vorliegen eines Eilfalls ist die ex-ante-Sicht der handelnden Polizeibeamten. Es genügt, wenn diese nach pflichtgemäßem Ermessen und vernünftiger Einschätzung der Lage davon ausgehen durften, dass ein sofortiges Handeln geboten ist. Ist dies der Fall, tritt der Polizeivollzugsdienst vollständig in die Rechtsstellung der eigentlich zuständigen Polizeibehörde ein.

---

b) Schutz privater Rechte, § 2 II PolG

Schutz privater Rechte, § 2 II PolG

Gem. § 2 II PolG wird die Polizei grundsätzlich nicht zum Schutz privater Rechte tätig. Hierzu können die betroffenen Privaten sich selbst behelfen und ggf. den Rechtsweg zu den Zivilgerichten beschreiten.[185] Dies kann in eiligen Fällen auch durch einen Antrag auf einstweilige Verfügung nach §§ 935 ff. ZPO geschehen. Zu beachten sind auch die Vorschriften über die Selbsthilfe, wie z.B. nach den §§ 229, 230 BGB.[186]   **149**

Straftat oder Ordnungswidrigkeit

Nicht lediglich private Rechte sind betroffen, wenn zugleich die Verwirklichung eines Straftatbestandes droht. Straftatbestände dienen vielfach dem Schutz privater Rechtsgüter, weisen jedoch auch einen ausreichenden Bezug zu den öffentlichen Interessen auf, sodass in diesem Fall § 2 II PolG nicht eingreift.[187] Gleiches gilt für Ordnungswidrigkeiten.

> **Bsp.:** *Durch ein rechtswidriges Parken auf einem Privatgrundstück wird die Nutzung eines dort abgestellten Pkw vorsätzlich ausgeschlossen. Wegen § 240 StGB und § 858 BGB ist kein bloß privates Recht betroffen.[188]*

Sind aber ausschließlich private Rechtsgüter, Rechte oder Ansprüche betroffen, darf die Polizei nur unter den in § 2 II PolG genannten Voraussetzungen tätig werden: Der Betroffene muss demnach einen formlosen Antrag stellen (ungeschriebene Voraussetzung), gerichtlicher Schutz muss nicht rechtzeitig zu erlangen sein und die Verwirklichung des Rechts muss vereitelt oder wesentlich erschwert werden.[189]   **150**

nur vorläufige Maßnahmen

Auch wenn diese Voraussetzungen vorliegen, hat sich die Polizei auf vorläufige Maßnahmen zu beschränken (z.B. eine Personenfeststellung nach § 26 PolG), um dem Betroffenen die spätere effektive Durchsetzung seiner Rechte zu ermöglichen. Keinesfalls entscheidet die Behörde privatrechtliche Streitigkeiten vor Ort.[190] Dies ist Sache der Zivilgerichte.   **151**

184　VGH Mannheim, VBlBW 1990, 300 (301); 1984, 20 (21); Zeitler/Trurnit, Rn. 134.

185　Ruder, Rn. 126; Belz/Mussmann/Kahlert/Sander, § 60 PolG, Rn. 1. Instruktiv zum Schutz privater Rechte, Schoch, Jura 2013, 468.

186　Weitere Selbsthilferechte enthalten im BGB z.B. § 561 für Vermieter, §§ 581 II, 561 für Verpächter, § 704 (Gastwirt), § 859 (Besitzer), § 910 (Überhang) und ähnliche Privaten zustehende Befugnisse.

187　VGH Mannheim, NJW 2011, 2532 (2534); Würtenberger/Heckmann/Tanneberger, § 4 Rn. 61; Kingreen/Poscher, Polizei- und Ordnungsrecht, § 3 Rn. 42; Schoch, Jura 2013, 468 (470).

188　BGH, NJW 2009, 2530.

189　Ruder, Rn. 127 - 130; Würtenberger/Heckmann/Tanneberger, § 4 Rn. 61.

190　Ruder, Rn. 131; Würtenberger/Heckmann/Tanneberger, § 4 Rn. 61; Belz/Mussmann/Kahlert/Sander, § 2 PolG, Rn. 17.

Bsp.:[191] Der für eine große Boulevardzeitung tätige Pressefotograf F fertigt trotz ausdrücklicher Ablehnung von S in der Öffentlichkeit Bilder an, als S zu einer polizeilichen Vernehmung abgeführt wird. Ein Polizeibeamter fordert F auf, den Film herauszugeben.

Gerichtlicher Schutz ist hier für S nicht rechtzeitig zu erlangen, da mit einer Veröffentlichung am nächsten Tag zu rechnen ist. S hat auch keine andere Möglichkeit, sein Recht am eigenen Bild (§ 823 I BGB) zu verwirklichen, wenn F im Besitz des Films bleibt.

Bei einer heute üblichen Digitalkamera könnte von dem Fotografen verlangt werden, den Speicher zu löschen. Da hier eine Irreführung des handelnden Polizisten oder eine Wiederherstellung von Bildern relativ einfach möglich ist, und andererseits von der Polizei nicht verlangt werden kann, dass sie sich mit der Bedienung aller handelsüblichen Kameramodelle auskennt, wird auch die Beschlagnahme (§ 33 I Nr. 1 PolG) der Kamera verhältnismäßig sein, um den Schadenseintritt (Veröffentlichung der Fotos) zuverlässig zu verhindern.

Häufig wird es sich um die Sicherung von Ersatzansprüchen bei Sach- und Körperschäden handeln.

152

hemmer-Methode: Liegen die Voraussetzungen des § 2 II PolG nicht vor, so ist eine dennoch erfolgte Maßnahme der Behörde rechtswidrig. Von Bedeutung ist die Norm jedoch vor allem bei der Frage nach einem **Anspruch auf behördliches Einschreiten.**[192] Geht es nur um den **Schutz privater Rechte,** und droht nicht auch die Verwirklichung einer Straftat oder Ordnungswidrigkeit, ist ein Anspruch ausgeschlossen, wenn und soweit nicht § 2 II PolG einschlägig ist.

3. Instanzielle und örtliche Zuständigkeit

a) Maßnahmen einer Polizeibehörde

Polizeibehörde

Instanziell zuständig sind gem. § 66 II PolG grundsätzlich die Ortspolizeibehörden. Dies sind gem. § 62 IV S. 1 PolG die Gemeinden.

153

Betreffend die örtliche Zuständigkeit enthält § 68 I S. 1 PolG eine spezielle, ggü. § 3 I HVwVfG vorrangige Sonderregel. Danach sind die Polizeibehörden auf ihren Dienstbezirk beschränkt. Bei den Gemeinden ist dies das Gemeindegebiet, § 7 GemO.[193] Ausnahmen hierzu statuiert § 68 I S. 2 a.E., II PolG.

b) Maßnahmen des Polizeivollzugsdienstes

Polizeivollzugsdienst

Der Polizeivollzugsdienst besteht aus den Polizeidienststellen, die in § 70 I PolG genannt sind. Diese sind gem. § 75 S. 1 PolG im gesamten Gebiet des Landes Baden-Württemberg zuständig (sog. örtliche Allzuständigkeit des Polizeivollzugsdienstes). Die Einschränkung des § 75 S. 2 PolG, wonach sich die Tätigkeit auf den eigenen Dienstbezirk (§ 76 PolG) beschränken soll, berührt die Rechtmäßigkeit von Maßnahmen nicht.[194]

154

4. Verfahren

Anhörung

aa) Soweit Verfahrensvorschriften überhaupt relevant werden sollten, ist an die Anhörung gem. § 28 LVwVfG zu denken. Gefahr im Verzug i.S.d. § 28 II Nr. 1 LVwVfG ist nicht gleichbedeutend mit den §§ 2 I, 60 II PolG, welche ebenfalls Gefahr im Verzug voraussetzen.

155

---

191 Ähnlich VGH Mannheim, VBlBW 2001, 102.
192 Hierzu unter Rn. 588 und 593 ff.
193 Ruder, Rn. 138; Belz/Mussmann/Kahlert/Sander, § 68 PolG, Rn. 1.
194 Ruder, Rn. 140; Belz/Mussmann/Kahlert/Sander, § 75 PolG, Rn. 4.

§ 28 II Nr. 1 LVwVfG

Während die §§ 2 I, 60 II PolG davon ausgehen, dass das Abwarten des Einschreitens der originär zuständigen Behörde zur Gefahrenrealisierung führen wird (Zuständigkeitsverzug), geht § 28 II Nr. 1 LVwVfG davon aus, dass die Gefahrenrealisierung bereits dann eintreten wird, wenn dem Adressaten einer Verfügung zuvor die Möglichkeit rechtlichen Gehörs gegeben wird (Anhörungs- bzw. Verfahrensverzug). Diese Fallgruppe ist wesentlich seltener und wird in der Regel nur in Fällen des notwendigen sofortigen Schusswaffengebrauchs vorliegen.

§ 28 II Nr. 4 LVwVfG

Häufiger wird ein Fall des § 28 II Nr. 4 LVwVfG vorliegen, wenn Allgemeinverfügungen erlassen werden, vor allem i.R.v. Platzverweisen und Aufenthaltsverboten nach § 27a I, II PolG sowie nach § 15 III VersG gegenüber Versammlungsteilnehmern.   *156*

hemmer-Methode: Übertragen Sie nicht unreflektiert bekannte Begriffe auf andere Kodifikationszusammenhänge, sondern versuchen Sie, den Gesetzeszweck (lateinisch: ratio legis; griechisch: telos) zu ermitteln. Im Baurecht ist der Begriff der baulichen Anlage nach § 29 I BauGB auch nicht gleichbedeutend mit demjenigen (wortlautidentischen) nach § 2 I LBO oder § 9 I, II, Va FStrG.

besondere Verfahrensvorschriften

bb) Ausgehend von der jeweiligen Rechtsgrundlage in Standardbefugnisnormen sind des Öfteren besondere Verfahrensvorschriften zu beachten.[195] Dabei wird zwischen drei Arten von Verfahrensvorschriften unterschieden: *157*

⇨ Zum einen statuieren manche Befugnisnormen Beteiligungsrechte anderer Behörden und Organe (z.B. Behördenleiter- oder Richtervorbehalt).

⇨ Zum anderen werden verschiedentlich Beteiligungsrechte des von polizeilichen Maßnahmen Betroffen aufgestellt (z.B. Hinweis-, Unterrichtungs- und Belehrungspflichten; Ausstellung von Bescheinigungen; Anwesenheitsrechte etc.).

⇨ Schließlich sind auch bestimmte Modalitäten polizeilichen Handelns zu beachten (Durchsuchung nur von Personen gleichen Geschlechts; Vernichtungs- und Löschungspflichten etc.)

Bspe.: Unterrichtungspflicht des § 8 I S. 2 PolG; durchsuchungsberechtigte Personen, § 26 II S. 4 und § 29 III PolG; Unterrichtungspflichten und richterliche Entscheidung bei der Ingewahrsamnahme, § 28 II, III S. 2, IV S. 1 PolG; Niederschrift bei der Durchsuchung von Wohnungen, § 2 DVO PolG; Ausstellung einer Bescheinigung im Falle der Beschlagnahme, § 33 III S. 2 PolG etc.

5. Sonstige formelle Voraussetzungen

Begründung, § 39 LVwVfG

Wird ein VA mündlich erlassen, was insbesondere bei Handeln des Polizeivollzugsdiensts häufig der Fall ist, bedarf es keiner Begründung, da § 39 I LVwVfG nur schriftliche oder schriftlich bestätigte Verwaltungsakte betrifft. Der Betroffene hat aber unter den Voraussetzungen des § 37 II S. 2 LVwVfG einen Anspruch auf schriftliche Bestätigung und damit (mittelbar) auch auf eine Begründung.   *158*

Bestimmtheit, § 37 I LVwVfG

Die Prüfung der Bestimmtheit von Verfügungen erfolgt im Polizeirecht nach allgemeiner Meinung erst i.R.d. Begründetheit.[196] Insofern wird auf die Ausführungen unter Rn. 337 verwiesen.

---

195   Diese zusätzlichen formellen Anforderungen werden zur besseren Übersichtlichkeit i.R.d. jeweiligen Standardbefugnisnorm erörtert.
196   Vgl. Belz/Mussmann/Kahlert/Sander, § 3 PolG, Rn. 12; Ruder, Rn. 299; Kingreen/Poscher, Polizei- und Ordnungsrecht, § 10 Rn. 32.

III. Materielle Rechtmäßigkeit

hemmer-Methode: Achtung! I.R.d. materiellen Rechtmäßigkeit von Verwaltungsakten liegt in der Regel der Schwerpunkt einer Polizeirechtsklausur. Hier ist Ihre Aufgabe, jeweils die Rechtmäßigkeit der angegriffenen Maßnahmen zu prüfen.

1. Subsumtion unter § 1 II PolG i.V.m. Spezialgesetz

Voraussetzungen der Rechtsgrundlage

Sofern die Rechtsgrundlage in einem Spezialgesetz normiert ist, sind dessen Voraussetzungen zu prüfen. Die außerhalb des PolG geregelten Befugnisse können hier nicht näher dargestellt werden. In einer Klausur werden von Ihnen an dieser Stelle regelmäßig keine Sonderkenntnisse erwartet. Es kommt allein auf eine saubere Subsumtionsarbeit an.

159

Wegen der besonderen Klausurrelevanz findet sich aber zum Ende der FFK ein eigener Abschnitt über das Versammlungsgesetz (vgl. Rn. 357 ff.). Näher eingegangen werden soll dagegen im Rahmen dieses Skriptes auf die klausurrelevantesten Standardbefugnisse.

2. Allgemeine Ausführungen zur Subsumtion unter die Standardbefugnisse und die Generalklausel

Gemeinsame Voraussetzung der Subsumtion unter die Standardbefugnisse (insbes. §§ 26 - 36 PolG) und die Generalklausel (§§ 3, 1 I PolG) ist grundsätzlich[197] das Vorliegen einer im einzelnen Fall bestehenden Gefahr (sog. konkrete Gefahr) für die öffentliche Sicherheit oder Ordnung.

160

tatsächliches Bestehen einer Gefahr

Während es bei der sachlichen Zuständigkeit der Polizei nach § 1 I PolG nur darauf ankam, dass das Vorliegen einer Gefahr zumindest denkbar war, muss jetzt i.R.d. materiellen Rechtmäßigkeit geklärt werden, ob tatsächlich eine Gefahr für die öffentliche Sicherheit oder Ordnung bestand.

hemmer-Methode: An dieser Stelle wird von Ihnen erwartet, dass Sie die maßgeblichen Begriffe „Gefahr" bzw. „öffentliche Sicherheit" definieren und exakt subsumieren.

a) Öffentliche Sicherheit

drei Teilbereiche

Der Begriff der öffentlichen Sicherheit ist (anders als z.B. in § 2 Nr. 2 BremPolG oder § 3 Nr. 1 SOG LSA) nicht im PolG definiert. Rechtsprechung und Literatur haben aber eine allgemein anerkannte Definition entwickelt, wonach der Begriff drei Teilbereiche umfasst:[198]

161

⇨ Die Unversehrtheit der geschriebenen Rechtsordnung,

⇨ die Unversehrtheit der Individualrechtsgüter sowie

⇨ den Bestand des Staates und seiner grundlegenden Einrichtungen.

---

197   Ruder, Rn. 181; Belz/Mussmann/Kahlert/Sander, § 3 PolG, Rn. 12. Zu den teilweise verminderten Eingriffsvoraussetzungen ausführlich unter Rn. 180 ff.

198   BVerwG, NJW 2012, 2676 (2677); VGH Mannheim, NVwZ 2001, 1299; Zeitler/Trurnit, Rn. 170; Stephan/Deger, § 1 Rn. 41.

aa) Unversehrtheit der Rechtsordnung

Rechtsordnung

Unter Rechtsordnung ist das gesamte geschriebene Recht zu verstehen.[199] Darunter fallen jedoch auch die Individualrechtsgüter. Relevant sind daher Strafvorschriften des StGB[200] oder öffentlich-rechtlicher Gesetze, Ordnungswidrigkeitenvorschriften sowie sonstige Vorschriften, welche den Einzelnen zu einem Tun, Dulden oder Unterlassen verpflichten.

162

Verwaltungsrechtliche Kodifikationen enthalten in einem ersten Teil zunächst Ge- und Verbote, welche in einem zweiten Teil straf- oder ordnungsrechtlich bewehrt werden, z.B. § 84a PolG, §§ 21 ff. VersG, § 76 HBO, §§ 21 ff. StVG, § 49 StVO, § 24 StVG, § 62 BImSchG, § 213 BauGB, § 103 WHG, §§ 69 ff. BNatSchG, § 26 BBodSchG, §§ 43 f. BDSG (das Nebengebietsstrafrecht als die Fortsetzung des Verwaltungsrechts mit anderen Mitteln).

> *Bsp.:* § 1 HeilpraktikerG untersagt die Ausübung der „Heilkunde" ohne behördliche Erlaubnis.[201] In §§ 5, 5a HeilpraktikerG finden sich Straf- und Ordnungswidrigkeitentatbestände.

Polizeiverordnung

Teil der Rechtsordnung sind auch Polizeiverordnungen gem. §§ 10 ff. PolG, zumal diese Ge- und Verbote enthalten.[202] Besteht die Gefahr eines Verstoßes gegen eine solche Verordnung, so stellt dies eine Gefahr für die öffentliche Sicherheit dar. An dieser Stelle ist dann zu prüfen, ob die Gefahrenabwehrverordnung wirksam oder fehlerhaft und aus diesem Grund ungültig ist.

163

> *Bsp.: Polizeiverordnungen verbieten üblicherweise aggressives Betteln, Taubenfüttern, wildes Plakatieren, Graffiti, Ausführen von Hunden ohne Leine etc.*

Abgrenzung

Ge- oder Verbote in einer (abstrakten) Polizeiverordnung oder in anderen Rechtsvorschriften verpflichten die Betroffenen zu einem Tun oder Unterlassen. Davon zu unterscheiden ist jedoch die Frage, ob eine Behörde im Einzelfall eine Anordnung erlassen darf, die dem Betroffenen gegenüber das Ge- oder Verbot konkretisierend (nochmals) regelt.

164

Eine Vorschrift, die ein Ge- oder Verbot enthält, ist nicht zugleich auch Rechtsgrundlage für ein nochmaliges behördliches Verbot im Einzelfall.[203] Hierfür bedarf es einer gesonderten Befugnis der Verwaltung, die allerdings auch in Form der Generalklausel nach §§ 3, 1 I PolG vorliegt. Das Ge- oder Verbot richtet sich dagegen nicht an die Verwaltung und ermächtigt sie zu einer Regelung, sondern es ist an den Einzelnen gerichtet und erlegt diesem eine bestimmte Verhaltenspflicht auf.

> **hemmer-Methode:** Die abstrakte Rechtsvorschrift, wie sie grds. in einem Gesetz zu finden ist, verpflichtet die Betroffenen zu einem Tun oder Unterlassen. Dieselbe Verpflichtung wird durch einen VA begründet, der die Verpflichtung aus der abstrakten Rechtsnorm auf einen Einzelfall konkretisiert.
> Durch diesen VA wird keine neue Verpflichtung begründet, sondern lediglich die bereits aufgrund der Rechtsvorschrift bestehende Verpflichtung nochmals regelnd wiedergegeben. Der Sinn besteht darin, Vollstreckungsmaßnahmen zu ermöglichen: Denn diese sind gesetzlich nur dann zulässig, wenn die Verpflichtung durch Verwaltungsakt geregelt ist.

---

199   Ruder, Rn. 207; Zeitler/Trurnit, Rn. 176; Götz, § 4 Rn. 7; partiell einschränkend Stephan/Deger, § 1 PolG; Rn. 60.
200   Beachten Sie, dass es insoweit auf Vorsatz oder Fahrlässigkeit nicht ankommt, entscheidend ist die Rechtswidrigkeit des Erfolges, vgl. Belz/Mussmann/Kahlert/Sander, § 1 PolG, Rn. 26; Götz/Geis, § 4 Rn. 11.
201   Fall nach BVerwG, NJW 1994, 3024.
202   Ausführlich zu den Polizeiverordnungen i.R.d. Normenkontrolle unter Rn. 654 ff.
203   Schenke, Polizei- und Ordnungsrecht, Rn. 59; instruktiv Belz/Mussmann/Kahlert/Sander, § 3 PolG, Rn. 4.

> **Eine durch Gesetz (im materiellen Sinne) bestimmte (und damit abstrakte) Pflicht darf die Verwaltung dagegen grundsätzlich nicht mittels Vollstreckungsmaßnahmen durchsetzen. Dies ändert aber nichts an der Wirksamkeit der Verpflichtung aus dieser Rechtsvorschrift: Unterscheiden Sie die Wirksamkeit von der Befugnis zu Vollstreckungsmaßnahmen!**

Die Nichtbefolgung einer solchen Verpflichtung ist zugleich ein Verstoß gegen die Rechtsordnung und damit eine Störung der öffentlichen Sicherheit. § 3, 1 I PolG ist die Ermächtigung, welche die Verwaltung befugt, das in einer Rechtsvorschrift bestimmte Ge- oder Verbot nochmals im Einzelfall regelnd wiederzugeben (sog. unselbstständige Verfügung).

165

bb) Unversehrtheit der Individualrechtsgüter

bei Individualrechtsgütern muss öffentliches Interesse an Sicherung bestehen

Zu den polizeirechtlich relevanten Individualrechtsgütern zählen u.a. die Menschenwürde, Leben, Gesundheit, Freiheit, Eigentum, Ehre und Besitz[204], aber etwa auch das allgemeine Persönlichkeitsrecht in der besonderen Ausprägung des Rechts am eigenen Bild.[205] Bei Individualrechtsgütern ist im Umkehrschluss zu § 2 II PolG Voraussetzung für ein Einschreiten, dass ein öffentliches Interesse an deren Sicherung besteht.[206] Der Schutz privater Rechte obliegt der Behörde danach nur, wenn gerichtlicher Rechtsschutz nicht (rechtzeitig) zu erlangen ist, oder die Verwirklichung des Rechts anders vereitelt würde.

166

Problem: Selbstgefährdung

Fraglich ist das öffentliche Interesse bei einer Selbstgefährdung individueller Rechte und Rechtsgüter. Grundsätzlich stellt die eigenverantwortliche Selbstgefährdung keine relevante Gefahr für Individualrechtsgüter dar, die zu Eingriffsmaßnahmen befugt.[207] Das ergibt sich bereits aus der allgemeinen Handlungsfreiheit des Art. 2 I GG.

167

> **Bspe.:** *Bungee-Jumping;[208] übermäßiger Alkoholkonsum; Arbeit als Dompteur etc.*

Eine erlaubte Selbstgefährdung liegt jedoch bereits dann nicht vor, wenn das Handeln andere gefährdet[209] oder die selbstgefährdende Handlung zur Nachahmung ermutigt.

> **Bspe.:** *Tauchen an einer gefährlichen Stelle;[210] Autorennen auf öffentlichen Straßen;*

Hauptfrage in diesem Zusammenhang ist häufig, ob die Selbstgefährdung tatsächlich eigenverantwortlich ist. Grundsätzlich ausgeschlossen ist dies bei Minderjährigen, die die Tragweite ihres Handelns nicht absehen können.

Problem: drohender Selbstmord

Ferner ist dies richtigerweise auch stets zu verneinen bei einem Selbstmordversuch. Hierbei kann eine psychische Ausnahmesituation angenommen werden, die vollständige Eigenverantwortlichkeit ausschließt.[211] Dass der drohende Selbstmord eine Gefahr für die öffentliche Sicherheit darstellt, folgt im Übrigen schon aus Art. 2 II S. 1 GG, zumal der Schutz menschlichen Lebens oberste Aufgabe des Staates ist.[212]

168

---

204 VGH Mannheim, DVBl. 2013, 119 = Life&Law 2013, 291; BVerwG, NJW 2012, 2676 (2677); Ruder, Rn. 210; Zeitler/Trurnit, Rn. 178; Würtenberger/Heckmann/Tanneberger, § 5 Rn. 260; Belz/Mussmann/Kahlert/Sander, § 3 PolG, Rn. 19.

205 VGH Mannheim, VBlBW 2001, 102.

206 Hierzu bereits unter Rn. 149; Götz/Geis, § 4 Rn. 19. Ein öffentliches Interesse wird immer dann bejaht, wenn die Verletzung der Individualrechtsgüter mit Strafe oder Geldbuße bedroht ist.

207 Zeitler/Trurnit, Rn. 45; Würtenberger/Heckmann/Tanneberger, § 5 Rn. 262; Belz/Mussmann/Kahlert/Sander, § 1 PolG, Rn. 51.

208 VGH Mannheim, VBlBW 1995, 24.

209 Dies gilt nach VGH Mannheim, DVBl. 2013, 119 = Life&Law 2013, 291 auch für die Gefährdung von Rettungskräften.

210 VGH Mannheim, NJW 1998, 2235.

211 Eingehend hierzu Schoch, Jura 2013, 468 (474); Götz/Geis, § 4 Rn. 32; Schenke, Polizei- und Ordnungsrecht, Rn. 57.

212 Vgl. auch die gesetzliche Wertung in § 28 I Nr. 2c PolG. So Zeitler/Trurnit, Rn. 45; Belz/Mussmann/Kahlert/Sander, § 1 PolG, Rn. 51.

Zudem lässt sich die Zurechnungsfähigkeit des Suizidenten ex ante in der Regel nicht zuverlässig bestimmen, weshalb es auf die Unterscheidung zwischen Appell- und Bilanzsuizid im Polizeirecht nicht ankommt.

EXKURS: Ingewahrsamnahme des Suizidgefährdeten

Suizidgefahr

Polizei muss handeln

§ 28 I Nr. 2c PolG erlaubt der Polizei die Ingewahrsamnahme einer Person, die Selbstmord begehen will, wenn dies zu ihrem eigenen Schutz gegen drohende Gefahr für Leib oder Leben erforderlich ist (sog. Schutzgewahrsam). Mit dieser Befugnis ist entschieden, dass die Polizei handeln darf, um eine unmittelbar bevorstehende Selbsttötung (bzw. deren Versuch) zu verhindern. Gem. § 31 II Nr. 1a und § 30 Nr. 2a PolG ist damit auch die Befugnis zur Durchsuchung von Wohnungen und Sachen verbunden.

§ 28 I Nr. 2c PolG beantwortet aber nicht die Frage, ob der Selbsttötungsversuch eine Gefahr für die öffentliche Sicherheit ist und die Polizei aufgrund z.B. §§ 3, 1 I PolG zu anderen Maßnahmen ermächtigt ist.

> *Bsp.: S steht auf dem Balkongeländer im 14. Stock und hat angekündigt zu springen. Der Polizeibeamte T kann die Wohnungstür nicht aufbrechen, und seine Dienstwaffe hat Ladehemmung. Er fordert den anwesenden Wohnungsnachbarn auf, ihm sein Brecheisen zu geben.*

Die Aufforderung ist rechtmäßig, wenn T zu einer Beschlagnahmeanordnung aufgrund § 33 I Nr. 1 PolG ermächtigt ist.[213] Hierbei kommt es darauf an, ob die drohende Selbsttötung des S eine unmittelbar bevorstehende Störung der öffentlichen Sicherheit darstellt.

Der Selbstmord stellt eine Verletzung des Individualrechtsguts körperliche Unversehrtheit und Leben des S dar. Zwar gefährdet S dieses Rechtsgut selbst. Aus dem Begriff der öffentlichen Sicherheit ist eine Selbstgefährdung jedoch nur dann auszuscheiden, wenn die Selbstgefährdung eigenverantwortlich ist.

Bei einem Selbsttötungsversuch ist dies aufgrund der anzunehmenden psychischen Ausnahmesituation stets zu verneinen.

Auch ist die Inanspruchnahme des Wohnungsnachbarn nach § 9 I PolG zulässig.

Exkurs Ende

Problem: Obdachlosigkeit

In den Obdachlosenfällen ist zu klären, ob die Obdachlosigkeit eine Gefahr für die öffentliche Sicherheit darstellt. Ohne feste Unterkunft besteht die Gefahr von Gesundheitsbeeinträchtigungen, da die Person ungünstiger Witterung ausgesetzt ist. Zudem ist sie gegenüber Angriffen Dritter schutzlos. Es ist daher das Individualrechtsgut der körperlichen Unversehrtheit nach Art. 2 II S. 1 GG betroffen.[214]

unfreiwillige Obdachlosigkeit

Eine drohende unfreiwillige Obdachlosigkeit stellt daher eine Gefahr für die öffentliche Sicherheit dar, welche grundsätzlich zu einem Einschreiten durch die Polizei befugt.[215] Sie kann Maßnahmen gegenüber dem Vermieter treffen, der die Wohnung räumen lassen will, wenn der Mieter keine andere Unterkunft zu finden in der Lage ist.

169

170

---

213   Vertretbar ist es auch, die Maßnahme so zu verstehen, dass sie nicht auf die Erlangung der tatsächlichen Sachherrschaft gerichtet ist, da T das Brecheisen dem Wohnungsnachbarn sofort zurückgeben wird. Dann handelt es sich nicht um eine Beschlagnahmeanordnung, deren Rechtmäßigkeit nach § 33 PolG zu beurteilen ist, sondern um eine atypische Maßnahme. Die Frage nach einer Gefahr für die öffentliche Sicherheit stellt sich dann ebenso im Rahmen der §§ 3, 1 I PolG.

214   Ruder, Rn. 212 und 309; Würtenberger/Heckmann/Tanneberger, § 5 Rn. 333; Zeitler/Trurnit, Rn. 170; Belz/Mussmann/Kahlert/Sander, § 1 PolG, Rn. 38. Eine Fallbearbeitung zu dieser Thematik finden Sie bei Detterbeck, Jura 1990, 38.

215   VGH Mannheim, VBlBW 1996, 233; Ruder, VBlBW 2017, 1 (4); Belz/Mussmann/Kahlert/Sander, § 1 PolG, Rn. 38.

freiwillige Obdachlosigkeit

Dagegen ist die freiwillige Obdachlosigkeit nicht als Gefahr für die öffentliche Sicherheit anzusehen. Insoweit liegt eine eigenverantwortliche Selbstgefährdung vor, die nach dem oben Gesagten durch die allgemeine Handlungsfreiheit des Art. 2 I GG geschützt ist. Die Behörden dürfen daher in diesen Fällen nicht einschreiten.[216]

171

cc) Grundlegende Einrichtungen/Veranstaltungen des Staates

Einrichtungen des Staates

Unter den Begriff „grundlegende Einrichtungen und Veranstaltungen des Staates" werden zum einen Einrichtungen in einem gegenständlichen Sinn wie Gebäude, in denen staatliche Stellen untergebracht sind, gefasst. Zum anderen zählen hierzu auch Wasserwerke, Bibliotheken, Theater, Museen und Bahnhöfe. Umfasst ist auch deren Funktionsfähigkeit.[217]

172

Zu den Einrichtungen im institutionellen Sinn zählen ferner staatliche Veranstaltungen und Tätigkeiten außerhalb dieses räumlichen Bereichs. Hierzu zählen Staatsbesuche, der Große Zapfenstreich und die Tätigkeit von Verfassungsorganen und der Polizeibehörden selbst.[218]

> **Bsp.:** *M postiert sich in 200 m Entfernung vor einer Radarkontrolle und warnt mittels eines Schildes die heranfahrenden Verkehrsteilnehmer.*

Nach der Rspr.[219] behindert er damit die Durchführung einer staatlichen Veranstaltung, womit ein Platzverweis ausgesprochen werden darf. Er kann dem nicht entgegenhalten, die Verkehrsteilnehmer zu rechtmäßigem Verhalten auffordern zu wollen, da er de facto rechtswidriges Verhalten vor einer staatlichen Sanktionierung schützt.

In Klausuren hat dieser dritte Teilbereich der öffentlichen Sicherheit regelmäßig nur eine untergeordnete Bedeutung. Hintergrund dürfte nicht zuletzt sein, dass vielfach zugleich die Unversehrtheit der objektiven Rechtsordnung tangiert ist.

173

```
                    ┌─────────────────────────┐
                    │  Öffentliche Sicherheit  │
                    └─────────────────────────┘
               ↓                ↓                ↓
   ┌──────────────┐   ┌──────────────────┐   ┌────────────────────┐
   │ Rechtsordnung│   │Individualrechtsgüter│ │ Bestand des Staates│
   │              │   │                  │   │ und seiner grund-  │
   │              │   │                  │   │ legenden Einrich-  │
   │              │   │                  │   │ tungen             │
   └──────────────┘   └──────────────────┘   └────────────────────┘
```

hemmer-Methode: Teilweise wird die Definition um das vierte Merkmal des Schutzes kollektiver Rechtsgüter erweitert, beispielsweise bei öffentlicher Wasserversorgung[220] sowie bei Natur und Landschaft.[221] Nach h.M. bedarf es allerdings keines eigenständigen Merkmals der öffentlichen Sicherheit, zumal diese ausreichend durch straf- und verwaltungsrechtliche Verbotsgesetze (als Teil der objektiven Rechtsordnung) geschützt sind.[222]

---

216 VGH Mannheim, BWGZ 1999, 115; Ruder, VBlBW 2017, 1 (4); Belz/Mussmann/Kahlert/Sander, § 1 PolG, Rn. 38.

217 Ruder, Rn. 198; Kingreen/Poscher, Polizei- und Ordnungsrecht, § 7 Rn. 30 und 37; Stephan/Deger, § 1 PolG, Rn. 42.

218 Weiter Beispiele bei Kingreen/Poscher, Polizei- und Ordnungsrecht, § 7 Rn. 31; Zeitler/Trurnit, Rn. 172; Stephan/Deger, § 1 PolG, Rn. 46.

219 OVG Münster, NJW 1997, 1596; kritisch Belz/Mussmann/Kahlert/Sander, § 1 PolG, Rn. 16 und Zeitler/Trurnit, Rn. 174. Eine Fallbearbeitung zu dieser Thematik finden Sie bei Hartmann, JuS 2008, 984.

220 Belz/Mussmann/Kahlert/Sander, § 1 PolG, Rn. 18; BVerwG, DVBl. 1974, 297 ff.

221 Schenke, Polizei- und Ordnungsrecht, Rn. 53; VGH Mannheim, NVwZ 1988, 166.

222 Götz/Geis, § 4 Rn. 46; Belz/Mussmann/Kahlert/Sander, § 1 PolG, Rn. 18.

b) Öffentliche Ordnung

öffentliche Ordnung

Unter öffentlicher Ordnung versteht man die Gesamtheit der ungeschriebenen Regeln für das Verhalten des Einzelnen in der Öffentlichkeit, deren Beachtung nach den jeweils herrschenden Anschauungen als unerlässliche Voraussetzung eines geordneten staatsbürgerlichen Zusammenlebens innerhalb eines bestimmten Gebiets betrachtet wird.[223]

174

Der Begriff der öffentlichen Ordnung ist schwer fassbar und daher sehr umstritten. Die Verfassungsmäßigkeit wird trotz einiger Bedenken, insbesondere wegen möglicher Unvereinbarkeit mit dem Rechtsstaatsprinzip, von der h.M. bejaht.[224] Wegen der relativen Unbestimmtheit ist grundsätzlich ein enges Begriffsverständnis geboten. Dies kommt insbesondere darin zum Ausdruck, dass nicht jede ungeschriebene Regel, welche die Mehrheit befürwortet, Teil der öffentlichen Ordnung ist, sondern nur diejenigen, die für das geordnete Zusammenleben unerlässlich sind.[225]

Bspe.: Exhibitionismus, der nicht zugleich unter § 183 StGB fällt (dann öffentliche Sicherheit, beachte hierbei auch § 118 OWiG);[226] Ausführen eines Kleinkindes im Nietenhalsband mit eiserner Kette;[227] Verharmlosen der Verbrechen des NS-Regimes (soweit dies nicht unter § 130 III StGB fällt).[228] Kein Verstoß gegen die öffentliche Ordnung soll dagegen das „stille" (d.h. nicht aggressive) Betteln darstellen.[229] Gleiches gilt nach überwiegender Meinung für den Free Fight („Mixed Martial Arts").[230]

Weiteres Bsp.: Betrieb eines sog. „Laserdromes" (Spiel mit simulierten Tötungshandlungen).

Der Betrieb eines Laserdrome verstößt nach Auffassung des OVG Münster[231] und des BVerwG[232] gegen die öffentliche Ordnung und kann daher untersagt werden. Das BVerwG[233] führt einen Verstoß gegen die Menschenwürde an, der i.R.d. öffentlichen Sicherheit relevant wird.

Das Verbot eines gewerblichen Angebots für Spiele mit simulierten Tötungshandlungen ist auch mit der europarechtlichen Dienstleistungsfreiheit nach Art. 56 AEUV vereinbar, da Beschränkungen dieser Grundfreiheit zum Schutz der Menschenwürde zulässig sind (ordre public-Vorbehalt, Art. 62, 52 I AEUV).[234]

Zum ähnlichen Problem sog. Paintball-Spiele hat der VGH Mannheim die Zulässigkeit eines Verbots aufgrund der Generalklausel offen gelassen.[235] Der VGH München sieht hierin keinen Verstoß gegen die öffentliche Ordnung.[236]

---

223   BVerwG, NVwZ 2014, 883 (884); VGH München, DVBl. 2013, 526 (527) = Life&Law 2013, 364; BVerfG, NVwZ 2004, 90 (91); Kingreen/Poscher, Polizei- und Ordnungsrecht, § 7 Rn. 42; Zeitler/Trurnit, Rn. 180.
224   Vgl. BVerfG, NJW 2004, 2814 (2815); Kingreen/Poscher, Polizei- und Ordnungsrecht, § 7 Rn. 49.
225   Zeitler/Trurnit, Rn. 179; Schenke, Polizei- und Ordnungsrecht, Rn. 65; Belz/Mussmann/Kahlert/Sander, § 1 PolG, Rn. 33.
226   OVG Münster, DÖV 1996, 1052.
227   Erbel, DVBl. 2001, 1714 (1716).
228   VGH München, BayVBl. 1993, 658.
229   VGH Mannheim, DVBl. 1998, 1015 ff. = Life&Law 1999, 46.
230   BVerwG, NVwZ 2015, 1384; VG Gießen, LKRZ 2011, 238; Jacob, NVwZ 2013, 1131 (1133 m.w.N.) vergleicht diese Sportart mit anderen Kampfsportarten und verneint infolge des bestehenden Regelwerks für diesen Sport die Gefahrenlage.
231   OVG Münster, NWVBl. 2001, 94 f.; eine Fallbearbeitung zu dieser Thematik finden Sie bei Groh/Kaplonek, Jura 2006, 304 ff.
232   BVerwG, NVwZ 2002, 598 (602 f.).
233   BVerwG, NVwZ 2002, 598 (602 f.).
234   EuGH, NVwZ 2004, 1471 = DVBl. 2004, 1476.
235   VGH Mannheim, VBlBW 2004, 378.
236   VGH München, DVBl. 2013, 526 (527) = Life&Law 2013, 364.

c) Gefahrbegriff

Beim Gefahrbegriff, der einen der zentralen Begriffe des Polizeirechts darstellt, ist zunächst zwischen den verschiedenen Unterarten zu differenzieren. Hintergrund ist, dass das PolG keinen einheitlichen Gefahrbegriff kennt.[237]

175

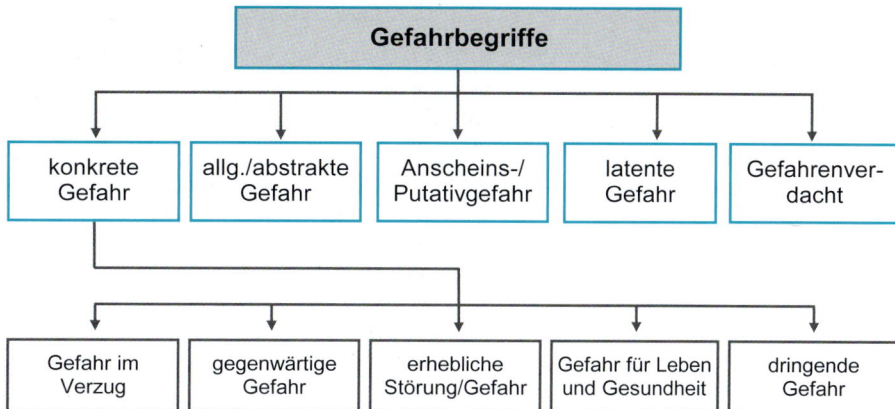

---

hemmer-Methode: In der materiellen Rechtmäßigkeit ist regelmäßig eine Gefahr für die öffentliche Sicherheit oder Ordnung bzw. eine qualifizierte Gefahr (erhebliche/dringende/unmittelbar bevorstehende Gefahr usw.) zu prüfen. Sprechen Sie zunächst die öffentliche Sicherheit oder öffentliche Ordnung an und erst im Anschluss das Vorliegen einer Gefahr für diese. Denn die Subsumtion unter den Gefahrbegriff setzt voraus, dass Sie zuvor den betroffenen Teilbereich der öffentlichen Sicherheit (oder Ordnung) präzisiert haben. Nur wenn Sie etwa die Strafvorschrift oder das konkrete Individualrechtsgut, deren Verletzung droht, bezeichnet haben, können Sie überhaupt beurteilen, ob insoweit eine relevante Gefahr besteht: Der im Polizeirecht maßgebliche Gefahrbegriff ist rechtsgutbezogen!

---

aa) Grundlegende Definition

grundlegende Definition

Gefahr ist eine Sachlage, die bei ungehindertem Geschehensablauf in absehbarer Zeit mit ausreichender Wahrscheinlichkeit den Eintritt eines (nicht bloß unerheblichen) Schadens für die öffentliche Sicherheit oder Ordnung erwarten lässt.[238]

176

Prognose

Der Gefahrbegriff ist demnach auf ein zukünftiges, mögliches Geschehen bezogen. Er erfordert eine Prognose, welche denknotwendig stets mit einem gewissen Unsicherheitsfaktor belastet ist.[239] Gleichwohl ist der Polizei kein Beurteilungsspielraum eröffnet.

Dabei sind die beiden Unsicherheitsfaktoren, die Wahrscheinlichkeit und der absehbare Zeitraum, auch im Hinblick auf den konkreten Teilbereich der öffentlichen Sicherheit zu verstehen. Je höherwertiger das Schutzgut und je größer der mögliche Schaden, desto geringer sind die Anforderungen an die Wahrscheinlichkeit und den zeitlichen Rahmen eines Schadenseintritts („Je-desto-Formel" bzw. „Grundsatz der umgekehrten Proportionalität").[240]

---

237 Ruder, Rn. 174; Belz/Mussmann/Kahlert/Sander, § 1 PolG, Rn. 48.

238 VGH Mannheim, VBlBW 2010, 290; OVG Münster, DVBl. 2013, 127 (129); Zeitler/Trurnit, Rn. 188; Kingreen/Poscher, Polizei- und Ordnungsrecht, § 8 Rn. 9.

239 VGH Mannheim, VBlBW 2010, 29 (31); Ruder, Rn. 178; Zeitler/Trurnit, Rn. 188; Würtenberger/Heckmann/Tanneberger, § 5 Rn. 274 und 277; Stephan/Deger, § 1 PolG, Rn. 21.

240 VGH Mannheim, DVBl. 2013, 119 = Life&Law 2013, 291; Belz/Mussmann/Kahlert/Sander, § 1 PolG, Rn. 42;Ruder, Rn. 178; Götz/Geis, § 6 Rn. 7; Würtenberger/Heckmann/Tanneberger, § 5 Rn. 276.

hemmer-Methode: Eine Störung liegt vor,[241] wenn ein Schaden bereits eingetreten ist und fortwirkt. Die Störung wird durch repressive Maßnahmen beseitigt, d.h. deren Fortdauer unterbunden. Da die Polizei nach dem PolG aber nur zu präventivem Handeln befugt ist, können nur solche StörG relevant sein, aus der die Entstehung eines weiteren Schadens zu befürchten ist.[242] Der Begriff Störung ist damit i.S.v. Gefahr auszulegen.

bb) Konkrete und abstrakte Gefahr

grds. konkrete Gefahr erforderlich

Die Generalklausel der §§ 3, 1 I PolG und die Einzelmaßnahmen gem. den §§ 26 ff. PolG, die an eine Gefahrenlage anknüpfen, erfordern grds. eine sog. konkrete Gefahr, weil sie zum Erlass einer konkretisierten Verhaltenspflicht (Verwaltungsakt) berechtigen. Dies bedeutet, dass in dem einzelnen Fall, auf den die Maßnahme bezogen ist, mit einem Schadenseintritt zu rechnen ist. **177**

in bestimmtem Einzelfall bestehende Gefahr

Eine konkrete Gefahr liegt vor, wenn aufgrund eines nach Ort und Zeit bestimmten oder bestimmbaren Sachverhalts mit einem Schadenseintritt zu rechnen ist.[243]

Die konkrete Gefahr erfordert nicht, dass sie unmittelbar bevorsteht. Erforderlich ist allein die hinreichende Wahrscheinlichkeit des Eintritts eines Schadens im konkreten Einzelfall.

Bsp.: Am Strand eines Baggersees, der wegen seiner gefährlichen Strömungen bekannt ist, tummeln sich mehrere Menschen.

Polizeiverordnung: abstrakte Gefahr ausreichend

Als begrifflicher Gegensatz zur konkreten Gefahr wird die abstrakte Gefahr (synonym: allgemeine Gefahr) verstanden. Für das Vorliegen einer abstrakten Gefahr genügt es, wenn bestimmte Verhaltensweisen nach allgemeiner Erfahrung üblicherweise zu einem Schaden für die öffentliche Sicherheit oder Ordnung führen.[244] **178**

Insbesondere im Hinblick auf die Wahrscheinlichkeit und die zeitliche Nähe des Schadenseintritts bestehen für eine abstrakte Gefahr geringere Anforderungen als für eine konkrete Gefahr. Für Polizeiverordnungen nach § 10 I i.V.m. § 1 I PolG genügt das Vorliegen einer abstrakten Gefahr.[245]

Bsp.: Gesetzliche Ge- und Verbotsnormen sind daher abstrakte Polizeipflichten, z.B. § 3 LBO, § 1 II StVO.

Situationen, bei denen Gefahren im Einzelfall typischerweise entstehen

Im Unterschied zur konkreten Gefahr ist bei der abstrakten Gefahr nicht auf einen „konkreten" Einzelfall, sondern auf einen „typischen Fall" abzustellen. **179**

Eine abstrakte Gefahr liegt vor, wenn eine generelle Betrachtung für bestimmte Arten von Verhaltensweisen oder Zuständen zu dem Ergebnis führt, dass mit hinreichender Wahrscheinlichkeit ein Schaden eintritt und daher Anlass besteht, diese Gefahr mit generell abstrakten Mitteln, also Rechtssätzen (polizeirechtlichen Verordnungen, § 10 I i.V.m. § 1 I PolG), zu bekämpfen.[246]

Bsp.: An dem gefährlichen Baggersee befinden sich momentan keine Personen. Allerdings ist bekannt, dass in diesem Baggersee v.a. immer wieder ortsunkundige Feriengäste schwimmen gehen.

---

241 Stephan/Deger, § 1 PolG, Rn. 20; Götz/Geis, § 7 Rn. 15.

242 Belz/Mussmann/Kahlert/Sander, § 1 PolG, Rn. 50.

243 VGH München, BayVBl. 2013, 90; Ruder, Rn. 181; Zeitler/Trurnit, Rn. 207; Würtenberger/Heckmann/Tanneberger, § 5 Rn. 269.

244 VGH Mannheim, NVwZ-RR 2010, 55 (56); Ruder, Rn. 183; Zeitler/Trurnit, Rn. 210; Würtenberger/Heckmann/Tanneberger, § 7 Rn. 22.

245 VGH Mannheim, NVwZ-RR 2010, 55 (56); Ennuschat/Ibler/Remmert, § 2 Rn. 103; Würtenberger/Heckmann/Tanneberger, § 7 Rn. 22.

246 VGH Mannheim, NVwZ-RR 2010, 55 (56); Kingreen/Poscher, Polizei- und Ordnungsrecht, § 8 Rn. 19; Würtenberger/Heckmann/Tanneberger, § 7 Rn. 22.

hemmer-Methode: Für die Aufgabeneröffnung nach § 1 I PolG genügt im Gegensatz zu den Rechtsgrundlagen bereits das Vorliegen einer abstrakten Gefahr. Geht es nicht um einen Grundrechtseingriff, kann die Polizei ihr Handeln allein auf § 1 I PolG stützen, z.B. bei Streifenfahrten. Grundrechtseingriffe dürfen dagegen nur aufgrund einer Rechtsgrundlage erfolgen. Diese setzen im Gegensatz zu § 1 I PolG grundsätzlich das Vorliegen einer konkreten Gefahr voraus.

cc) Verminderte Eingriffsvoraussetzungen

Bereich der vorbeugenden Bekämpfung von Straftaten

Zu beachten ist allerdings, dass nicht alle Befugnisnormen an das Erfordernis einer konkreten Gefahr anknüpfen. Hintergrund hierfür sind neue Formen der Bedrohung und ein erhöhtes Bedrohungspotential (z.B. grenzüberschreitende organisierte Kriminalität; Terrorismus), welche Eingriffsbefugnisse im Bereich der vorbeugenden Bekämpfung von Straftaten[247] erforderlich machen.[248] Obwohl dies in § 1 I PolG nicht ausdrücklich erwähnt ist, wird auch in Baden-Württemberg die polizeiliche Zuständigkeit in das Vorfeld der Gefahr ausgedehnt. 180

Die vorbeugende Bekämpfung von Straftaten umfasst neben der Verhütung von Straftaten (antizipierte Gefahrenabwehr) auch die Vorsorge betreffend die Verfolgung künftiger Straftaten (antizipierte Strafverfolgung)[249] und erfolgt mittels vorsorgender Datenerhebung und Datenverarbeitung. Die hierfür einschlägigen Rechtsgrundlagen setzten zwar keine im Einzelfall bestehende Gefahr voraus, bezwecken aber dennoch die Aufdeckung von Gefahren (welche ohne den Eingriff nicht erkannt würden) und dienen damit primär der Gefahrenabwehr.

tatsächliche Anhaltspunkte

⇨ Verminderte Eingriffsvoraussetzungen statuieren zum einen Befugnisnormen, die ein Einschreiten bereits aufgrund „tatsächlicher Anhaltspunkte" erlauben. 181

Um tatsächliche Anhaltspunkte bejahen zu können, muss kein bestimmter Sachverhalt nachgewiesen sein, der ein polizeiliches Einschreiten erfordert. Es genügt vielmehr, dass auf Grundlage behördlicher Erfahrungen es als möglich erscheint, dass dieser Sachverhalt vorliegen könnte und dies durch Indizien untermauert wird.[250]

> *Bspe.: Datenerhebung, § 20 III Nr. 1 und 3 PolG; Wohnraumüberwachung, § 23 II PolG; Datenverarbeitung, §§ 37 V, 38 II, III PolG etc.*

Tatsachen müssen die Annahme rechtfertigen

⇨ Zudem sehen mehrere Befugnisnormen als Eingriffsvoraussetzung vor, dass „Tatsachen die Annahme rechtfertigen", dass Personen Straftaten begehen werden etc. 182

Mit der Formulierung „Tatsachen die Annahme rechtfertigen" werden ggü. der Formulierung „tatsächliche Anhaltspunkte die Annahme rechtfertigen" engere tatbestandliche Voraussetzungen aufgestellt.[251] Ein substanzieller Unterschied besteht insoweit, als hier beweisbare Fakten unter Einbeziehung des behördlichen Erfahrungswissens den Schluss zulassen, dass dieser Sachverhalt vorliegen könnte.[252]

---

247 Stephan/Deger, § 1 PolG, Rn. 4 und § 20 PolG, Rn. 18; Zeitler/Trurnit, Rn. 570; zu diversen Beispielen vgl. Götz/Geis, § 17 Rn. 41 ff.

248 Würtenberger/Heckmann/Tanneberger, § 4 Rn. 74; Belz/Mussmann/Kahlert/Sander, § 20 PolG, Rn. 41; VGH Mannheim, NJW 1987, 3022; BVerwG, NJW 1990, 2765.

249 Zeitler/Trurnit, Rn. 571; Belz/Mussmann/Kahlert/Sander, § 20 PolG, Rn. 41. Zumal der Bundesgesetzgeber in der StPO keine abschließende Regelung getroffen hat, tritt keine Sperrwirkung ein und die Aufgabenzuweisung begegnet keinen verfassungsrechtlichen Bedenken, vgl. BVerwG, NVwZ 2012, 757.

250 Belz/Mussmann/Kahlert/Sander, § 20 PolG, Rn. 46; Stephan/Deger, § 20 PolG, Rn. 24; Zeitler/Trurnit, Rn. 61. Vereinfacht gesagt: Tatsächliche Anhaltspunkte sind einerseits nicht bloße Vermutungen, für ihr Vorliegen ist andererseits keine gesicherte Erkenntnis erforderlich.

251 Stephan/Deger, § 20 PolG, Rn. 24; a.A. Belz/Mussmann/Kahlert/Sander, § 20 PolG, Rn. 45.

252 Stephan/Deger, § 27a PolG, Rn. 11; Belz/Mussmann/Kahlert/Sander, § 27a PolG, Rn. 10; Ruder, Rn. 655; VG Stuttgart, VBlBW 2007, 67.

> *Bspe.: Videoüberwachung von Versorgungseinrichtungen, § 21 II PolG; Ausschreibung, § 25 I S. 1 Nr. 2 PolG; Personenfeststellung, § 26 I Nr. 3 PolG; Vorladung, § 27 I Nr. 1 PolG; Aufenthaltsverbot, § 27a II PolG; Durchsuchung von Personen, § 29 I Nr. 2 und 4 PolG; Durchsuchung von Sachen, § 30 Nr. 2, 3 und 5 PolG; Betreten und Durchsuchen von Wohnungen, § 31 I - III PolG etc.*

dd) Gefahrqualifikationen

konkrete Gefahren besonderer Intensität

Die nachfolgenden Gefahrenbegriffe, die in manchen Rechtsgrundlagen verwendet werden, kennzeichnen jeweils konkrete Gefahren besonderer Intensität (Qualifikationstatbestände). **183**

⇨ Gefahr im Verzug **184**

sofortiges Eingreifen zur Schadensabwendung erforderlich

Gefahr im Verzug liegt vor, wenn die grundsätzlich vorgeschriebene Einschaltung der an sich zuständigen Behörde nicht rechtzeitig vor Eintritt des zu erwartenden Schadens möglich ist. Sie ist folglich gegeben, wenn ohne das sofortige Eingreifen der Polizei der drohende Schaden mit hinreichender Wahrscheinlichkeit eintreten würde.[253] Eine Gefahr im Verzug führt regelmäßig zu einer Zuständigkeitsverlagerung.

> *Bspe.: Eine Gefahr im Verzug setzt z.B. die technische Wohnraumüberwachung (§ 23 III S. 8 PolG), die Einrichtung von Kontrollbereichen (§ 26 I Nr. 5 PolG), die Wohnungsdurchsuchung (§ 31 V S. 1 PolG) voraus, sofern (jeweils) ohne richterliche bzw. behördliche Anordnung gehandelt werden soll. Vorausgesetzt wird diese auch für das Tätigwerden der Polizei für andere Stellen (§ 2 I PolG) oder die Zuständigkeitsverlagerungen nach den §§ 67 I, 68 II und § 77 III S. 1 PolG.*

⇨ unmittelbar bevorstehende Störung bzw. Gefahr **185**

erhöhte Wahrscheinlichkeit und zeitliche Nähe

Eine unmittelbar bevorstehende Störung bzw. Gefahr liegt vor, wenn der Eintritt eines Schadens in nächster Zeit und mit an Sicherheit grenzender Wahrscheinlichkeit zu erwarten ist.[254] Sie ist gekennzeichnet durch eine Steigerung der Schadenswahrscheinlichkeit und eine besondere zeitliche Nähe.

> *Bspe.: Eine derartige Gefahr wird z.B. für die Inanspruchnahme Nichtverantwortlicher (§ 9 I PolG), die technische Wohnraumüberwachung (§ 23 I PolG), die Wohnungsverweisung (§ 27a III PolG), den Präventivgewahrsam (§ 28 I Nr. 1 PolG) und die Beschlagnahme (§ 33 I Nr. 1 PolG) gefordert.*

⇨ gegenwärtige Gefahr **186**

Die unmittelbar bevorstehende Störung bzw. Gefahr ist nahezu gleichbedeutend mit (dem im PolG weniger gebräuchlichen Begriff) der gegenwärtigen Gefahr.[255] Eine gegenwärtige Gefahr ist eine Sachlage, bei der ein Schadenseintritt unmittelbar bevorsteht oder bei der die Einwirkung auf ein geschütztes Rechtsgut bereits begonnen hat.

> *Bspe.: Eine gegenwärtige Gefahr fordern der Schusswaffeneinsatz (§ 53 II PolG) und der finale Rettungsschuss (§ 54 II PolG).*

---

253   Ruder, Rn. 188; Zeitler/Trurnit, Rn. 215; Stephan/Deger, § 1 PolG, Rn. 27; Belz/Mussmann/Kahlert/Sander, § 2 PolG, Rn. 7.
254   VGH Mannheim, NJW 2006, 635; Zeitler/Trurnit, Rn. 206; Würtenberger/Heckmann/Tanneberger, § 5 Rn. 273; Stephan/Deger, § 1 PolG, Rn. 22.
255   Ruder, Rn. 185; Zeitler/Trurnit, Rn. 206; Stephan/Deger, § 1 PolG, Rn. 22.

⇨ erhebliche Störung bzw. Gefahr

187

qualitativ gesteigerte Gefahr

Die erhebliche Störung bzw. Gefahr ist eine qualitativ gesteigerte Gefahr. Sie setzt voraus, dass entweder bedeutsame Rechtsgüter gefährdet werden oder der Umfang des Schadens bzw. die Intensität der Störung erheblich ist.[256] Ausreichen soll jedoch, dass die Verwirklichung einer Strafrechtsnorm droht, da der Gesetzgeber mit der Strafbewehrung die besondere Bedeutung des geschützten Rechtsguts zum Ausdruck bringt.[257]

> **Bspe.:** *Eine erhebliche Störung bzw. Gefahr setzen z.B. die Datenerhebung in Vorbereitung auf die Gefahrenabwehr (§ 20 IV S. 1 Nr. 3 PolG), der Einsatz besonderer Mittel der Datenerhebung (§ 22 II, III PolG), der Wohnungsverweis sowie das Rückkehr- und Annäherungsverbot (§ 27a III PolG) und der Präventivgewahrsam (§ 28 I Nr. 1 PolG) voraus.*

⇨ Gefahr für Leben und Gesundheit

188

Leib und Gesundheit

Eine Gefahr für Leben und Gesundheit (synonym: Leib oder Leben) ist eine Sachlage, bei der eine nicht nur leichte Körperverletzung droht bzw. unter Umständen sogar der Tod eintreten kann.[258] Ausreichend ist jede nicht unerhebliche Beeinträchtigung der menschlichen Gesundheit.

> **Bspe.:** *Eine derartige Gefahr setzt z.B. der Einsatz besonderer Mittel der Datenerhebung (§ 22 III Nr. 1 PolG), die Vorführung, § 27 III Nr. 1 PolG, der Schutzgewahrsam (§ 28 I Nr. 2 PolG), die Durchsuchung von Sachen (§ 30 Nr. 2c PolG) oder Wohnungen (§ 31 II Nr. 1c PolG) voraus.*

⇨ dringende Gefahr

189

Problem: zeitliche Nähe erforderlich?

Die dringende Gefahr ist eine Gefahr für ein bedeutsames Rechtsgut. Umstritten ist, ob darüber hinaus eine besondere zeitliche Nähe erforderlich ist, d.h. ob diese Gefahr bereits eingetreten sein oder unmittelbar bevorstehen muss (Steigerung in zeitlicher Hinsicht).[259] Dies wird teilweise verneint, womit die dringende Gefahr der erheblichen Gefahr entspricht.[260]

> **Bsp.:** *Eine dringende Gefahr setzt allein das Betreten von Wohnungen (§ 31 I S. 1 PolG) voraus.*

⇨ gemeine Gefahr

190

Gefährdung einer Vielzahl von Personen oder Sachen

Die gemeine Gefahr, welche nur in § 23a I S. 1, IX S. 2 und § 31 I S. 2 PolG verwendet wird, liegt vor, wenn die Gefährdung in ihrer Ausdehnung unbestimmt ist, d.h. für eine Vielzahl von Personen oder Sachgütern besteht.[261]

> **Bspe.:** *Explosionen, Brände, Überschwemmungen, Erdbeben, giftige Gaswolken; Verseuchungen, Bombenfunde.*

ee) Anscheinsgefahr und Putativgefahr[262]

objektiv keine Gefahr

Besondere Probleme ergeben sich, wenn die Polizei Maßnahmen getroffen hat, ohne dass objektiv eine Gefahr für die öffentliche Sicherheit oder Ordnung bestand.

191

---

256 Ruder, Rn. 184; Belz/Mussmann/Kahlert/Sander, § 31 PolG, Rn. 8; Stephan/Deger, § 1 PolG, Rn. 23.
257 Belz/Mussmann/Kahlert/Sander, § 28 PolG, Rn. 6; Stephan/Deger, § 1 Rn. 23.
258 VGH Mannheim, VBlBW 2004, 376; Ruder, Rn. 193; Stephan/Deger, § 1 PolG, Rn. 25 und § 28 PolG, Rn. 19; Belz/Mussmann/Kahlert/Sander, § 31 PolG, Rn. 8.
259 Kingreen/Poscher, Polizei- und Ordnungsrecht, § 8 Rn. 21 unter Berufung auf die h.L.; ebenso Ruder, Rn. 186; Stephan/Deger, § 1 PolG, Rn. 26; Belz/Mussmann/Kahlert/Sander, § 31 PolG, Rn. 7
260 BVerwGE 47, 31 (40); offen gelassen von Götz/Geis, § 6 Rn. 29.
261 Ruder, Rn. 187; Belz/Mussmann/Kahlert/Sander, § 28 PolG, Rn. 6; Stephan/Deger, § 1 PolG, Rn. 23.
262 Hierzu auch Entscheidung Nr. 66 in Hemmer/Wüst/Triebel/Hein, Classics Ö-Recht.

Bsp. 1: *Polizeibeamter P wird von Nachbarn des Rentners R gerufen, die befürchten, R wolle Selbstmord begehen. Entgegen seiner Gewohnheit habe er sich seit Tagen nicht mehr aus seiner Wohnung begeben. Aus der Wohnung des R ertönt ein schussähnlicher Knall. P bricht die Wohnungstür auf. Tatsächlich ist R bester Laune, hatte nur den Fernseher etwas lauter gestellt.*

Hier geht P davon aus, dass R gerade mit einer Schusswaffe versucht hat, sich umzubringen und deshalb schwer verletzt ist, oder erneut auf sich schießen will. Er geht somit von der Gefahr des Todes des R aus.

Bsp. 2: *Ein Polizeibeamter greift ein, als eine Frau F einen Mann M auf offener Straße niederschlägt und mit Fußtritten malträtiert. Dabei konnte er nicht erkennen, dass es sich lediglich um Filmaufnahmen handelte.*

In diesem Fall geht der Polizeibeamte davon aus, dass F den M weiter verletzen wird und M nicht damit einverstanden ist, F also Straftaten verwirklichen wird.

Bsp. 3: *Der Mitarbeiter des Ordnungsamts O sieht eine Pfütze neben einem Auto an der Stelle, an der sich die Tanköffnung befindet. Er nimmt einen Benzingeruch wahr und verbietet deshalb einer danebenstehenden Gruppe von Personen die Benutzung von Feuerzeugen und Streichhölzern. Die Flüssigkeit ist allerdings Wasser, woher der Benzingeruch kam, lässt sich nicht mehr aufklären.*

Hier nimmt O an, dass die Benutzung eines Feuerzeugs oder eines Streichholzes eine Explosion auslösen kann.

tatsächlich bestehende Sachlage maßgeblich	Für die Beurteilung der Rechtmäßigkeit behördlicher Maßnahmen ist üblicherweise die objektive, tatsächlich bestehende Sachlage maßgeblich, nicht aber die irrig angenommene. Ausgehend davon besteht in den Beispielsfällen keine Gefahr für die öffentliche Sicherheit oder Ordnung. Es ist angesichts der wirklichen Tatsachenlage hierbei nämlich nicht mit einem Schaden zu rechnen. Objektiv liegt keine Gefahr vor. `192`

Anscheinsgefahr ist echte Gefahr	Der polizeirechtliche Gefahrenbegriff wird jedoch anders verstanden. Er wird aus der Situation ex ante heraus subjektiviert:[263] Liegt objektiv keine Gefahr vor, ging der handelnde Polizeibeamte jedoch bei verständiger Würdigung der erkennbaren Umstände zum Zeitpunkt des Einschreitens von dem Vorliegen einer Gefahr aus, so liegt eine Gefahr im Rechtssinne vor, sodass die getroffenen Maßnahmen rechtmäßig sind. Es genügt demnach der Anschein einer Gefahr. Die Anscheinsgefahr stellt eine Gefahr i.S.d. Polizeirechts dar.[264] `193`

Exkurs für Fortgeschrittene

Dauerverwaltungsakte	Es ist jedoch zu beachten: Liegt bei Maßnahmen, für deren Rechtmäßigkeit eine andauernde Gefahr vorliegen muss (Dauerverwaltungsakte), eine Anscheinsgefahr vor, so kann diese die Maßnahme nur solange rechtfertigen, als der Tatsachenirrtum der Polizei unverschuldet ist. `194`

Bsp.: *Polizeibeamte beschlagnahmen bei einem Fußballspiel ein Plakat nach § 33 I Nr. 1 PolG, das der Besitzer gerade entrollen will, da sich anhand der Umstände der Anschein abzeichnet, das Plakat enthalte beleidigende Äußerungen ggü. dem FIFA-Präsidenten. Als sie das sichergestellte Plakat entrollen, stellen die Beamten fest, dass dieses lediglich das Logo eines Fanclubs enthält.*

---

263 Sog. subjektiver Gefahrbegriff, vgl. Schoch, Jura 2003, 472 (474); Belz/Mussmann/Kahlert/Sander, § 1 PolG, Rn. 43; Kingreen/Poscher, Polizei- und Ordnungsrecht, § 8 Rn. 48.

264 Ruder, Rn. 191; Zeitler/Trurnit, Rn. 196; Kingreen/Poscher, Polizei- und Ordnungsrecht, § 8 Rn. 49; Stephan/Deger, § 1 PolG, Rn. 34.

In diesem Fall ist das Plakat unverzüglich zurückzugeben, da eine Gefahr nicht (mehr) vorliegt, auch wenn zunächst eine Anscheinsgefahr bestand.

Exkurs Ende

Irrtum des Beamten

Ansatzpunkt der Anscheinsgefahr sind die tatsächlichen Umstände, von denen der handelnde Polizeibeamte ausgeht. Er unterliegt einem Tatsachenirrtum, der jedoch unvorhersehbar und damit unverschuldet ist.

195

Beurteilungsmaßstab

Ob der Tatsachenirrtum unverschuldet ist, entscheidet eine objektive und auf die ex-ante-Perspektive eines „fähigen, besonnenen und sachkundigen Polizeibeamten" in der Situation des handelnden Polizeibeamten abstellende Beurteilung zum Zeitpunkt des Einschreitens.[265]

Verschuldet ist der Tatsachenirrtum, wenn ein „idealtypischer Durchschnittsbeamter" nicht von der irrigen Tatsachenlage ausgegangen wäre, die der Handelnde annahm.

> **zu Bsp. 2 oben:** Befindet sich nur wenige Meter neben M und F das Kamerateam, so wird auch angesichts der zeitweiligen Beliebtheit von „Dokutainment" ein Polizeibeamter erkennen, dass M zu der Körperverletzung (§ 223 StGB) eingewilligt hat beziehungsweise diese nur simuliert wird, und daher keine Gefahr vorliegt.

> **zu Bsp. 3 oben:** Befindet sich die Pfütze nicht neben einem Auto und sind auch keine sonstigen Anhaltspunkte ersichtlich, dass es sich um eine brennbare Flüssigkeit handelt und der Benzingeruch hiervon ausgeht, so ist die Annahme der Tatsachenlage, die Flüssigkeit sei Benzin, verschuldet. Ein idealtypischer Durchschnittsbeamter geht nicht bei jeder Pfütze von Benzin aus, wenn er von irgendwoher einen Benzingeruch wahrnimmt.

Putativgefahr: keine Gefahr im Rechtssinne

Hält die Polizei eine Gefahr für gegeben, ohne dass die ihr bekannten Tatsachen aufgrund einer ex-ante-Betrachtung aus der Sicht eines idealtypischen Durchschnittsbeamten diese Annahme ausreichend stützen, so sind die Maßnahmen rechtswidrig, weil der Irrtum vorhersehbar war und damit verschuldet ist. Dann handelt es sich um eine sog. Putativgefahr oder Scheingefahr. Es liegt ein Fall der schuldhaften Fehleinschätzung vor und in einer solchen Situation ergriffene behördliche Maßnahmen sind rechtswidrig.[266]

196

Ermittlungsdefizit

Verschuldet ist der Irrtum auch, wenn ein Ermittlungsdefizit der vor Ort handelnden Polizeibeamten vorliegt. Diese müssen die verfügbaren Erkenntnis- und Informationsquellen ausschöpfen, sofern hierfür Gelegenheit ist. Dazu zählt insbesondere, vor Ort anwesende oder leicht hinzuzuziehende Zeugen zu befragen.

> **zu Bsp. 1 oben:** Wird P telefonisch zu der Wohnung des R gerufen, da dieser angeblich Selbstmordabsichten habe, so darf er nicht ohne Weiteres die Tür aufbrechen. Er muss zunächst bei R klingeln. Meldet sich niemand, muss er weitere Bewohner des Hauses fragen (soweit anwesend). Stimmen diese überein, dass sich R vermutlich etwas angetan habe, so darf P auch ohne schussähnlichen Knall davon ohne Verschulden ausgehen, dass R einen Selbstmordversuch begangen hat oder begehen wird.

hemmer-Methode: Beachten Sie im Zusammenhang mit der Anscheinsgefahr auch immer die Frage, ob dem Betroffenen Entschädigungsansprüche zustehen; vgl. hierzu die Ausführungen zu § 55 PolG PolG unter Rn. 625 ff. (631).

---

265   VGH Mannheim, VBlBW 2005, 231 (232) = Life&Law 2005, 783; BVerwGE 45, 51 (58); Ruder, Rn. 191; Stephan/Deger, § 1 PolG, Rn. 34.
266   Ruder, Rn. 190; Zeitler/Trurnit, Rn. 199; Stephan/Deger, § 1 PolG, Rn. 35.

ff) Gefahrenverdacht und Gefahrerforschungsmaßnahmen

(1) Gefahrenverdacht

Unsicherheit über Sachlage oder Prognose des Kausalverlaufs

Eine weitere Besonderheit des polizeirechtlichen Gefahrbegriffs stellt die Situation des sog. Gefahrenverdachts dar. Dieser ist dadurch gekennzeichnet, dass die Behörde über gefahrbegründende Umstände im Unklaren ist oder in der Prognose des Kausalverlaufs Unsicherheiten bestehen,[267] sodass der Schadenseintritt nicht hinreichend wahrscheinlich ist. Die Behörde verfügt über tatsächliche Anhaltspunkte, die den Verdacht einer Gefahr begründen, ist sich aber bewusst, „dass sie nicht alles weiß". 197

> *Bsp.: Auf dem Grundstück des E steht ein großer, in die Jahre gekommener Baum, der äußerliche Anzeichen dafür zeigt, nicht gesund zu sein. Würde der Baum bei einem Unwetter in eine bestimmte Richtung umstürzen, fiele er auf eine Straße. Auf Nachfrage der Polizeibehörde erklärt E, er könne nicht beurteilen, ob der Baum morsch sei. In Wirklichkeit ist der Baum aber völlig standfest.*

Die Anwendung des Grundsatzes, dass behördliche Maßnahmen aufgrund der objektiven, wirklichen Sachlage zu beurteilen sind, würde dazu führen, dass behördliche Maßnahmen häufig rechtswidrig wären (ex-ante-Situation). Denn eine Gefahr liegt tatsächlich nicht vor. Eine solche wäre nur dann gegeben, wenn die Umstände, deren Vorliegen die Polizei für möglich hält, tatsächlich gegeben wären.[268] 198

> *Im Beispielsfall liegt keine Sachlage vor, die bei ungehindertem Fortgang in absehbarer Zeit mit ausreichender Wahrscheinlichkeit zu einem nicht unerheblichen Schaden für die öffentliche Sicherheit oder Ordnung führen würde (konkrete Gefahr). Denn hierfür ist - grundsätzlich - auf die wirkliche Sachlage abzustellen. Hinreichende Wahrscheinlichkeit besteht nicht, da die Polizeibehörde selbst Zweifel am Zustand des Baumes hat.*

Abgrenzung zur Anscheinsgefahr

Zu unterscheiden ist die Situation des Gefahrenverdachts von der Anscheinsgefahr. Bei der Anscheinsgefahr nimmt der handelnde Beamte irrig Umstände an, bei deren wirklichem Vorliegen eine Gefahr bestehen würde. Beim Gefahrenverdacht ist dagegen der handelnde Beamte nicht davon überzeugt, sondern hält es lediglich für möglich, dass eine gefahrenbegründende Sachlage vorliegt. 199

Die handelnde Behörde ist in einer Unsicherheit über eine bestimmte Tatsachenlage oder den Kausalverlauf.[269] Wäre sie dagegen von dem Vorliegen bestimmter Umstände - fälschlicherweise - überzeugt, so handelte es sich um den Fall einer Anscheins- oder einer Putativgefahr.

Charakteristikum des Gefahrenverdachts ist ein Zweifel (Unsicherheit). Charakteristikum der Anscheins- wie der Putativgefahr ist ein Irrtum (Überzeugung). Bei der Anscheinsgefahr ist der Irrtum ex ante unvorhersehbar, bei der Putativgefahr dagegen vorhersehbar.

> Wäre der mit der Angelegenheit befasste Bedienstete der Polizeibehörde davon überzeugt, dass der Baum morsch ist, etwa weil er davon ausgeht, dass dies bei jedem Baum dieses Alters der Fall ist, so liegt keine Situation eines Gefahrenverdachts vor. Da die Annahme der mangelnden Standfestigkeit auf einem Ermittlungsdefizit beruht (es ist sicher nicht ausreichend, dass der handelnde Beamte allein aufgrund eigener Einschätzung und „Erfahrung" entscheidet), liegt keine Anscheins-, sondern eine Putativgefahr vor. Eine behördliche Anordnung, den Baum zu fällen, wäre dann rechtswidrig.

267 VGH Mannheim, DVBl. 2013, 119 = Life&Law 2013, 291; Ruder, Rn. 194; Zeitler/Trurnit, Rn. 200; Stephan/Deger, § 1 PolG, Rn. 28.
268 Götz/Geis, § 6 Rn. 30; Schenke, Polizei- und Ordnungsrecht, Rn. 83.
269 BVerwG, DVBl. 2002, 1562; VGH Mannheim, DVBl. 2013, 119 = Life&Law 2013, 291; Ruder, Rn. 194.

Unsicherheiten bei Sachverhalts-diagnose oder Kausalverlaufsprog-nose

Ein Gefahrenverdacht ist daher anzunehmen, wenn der Polizei, anders als bei der Anscheinsgefahr, bestimmte Unsicherheiten bei der Diagnose des Sachverhalts oder bei der Prognose des Kausalverlaufs bewusst sind und ihr gerade deshalb die Beurteilung der Wahrscheinlichkeit eines Schadenseintritts erschwert wird.

200

Im Fall des Gefahrenverdachts ist sich der Handelnde bewusst, dass sein momentanes Wissen nicht ausreicht, um einen Schaden mit dem erforderlichen Grad an Wahrscheinlichkeit zu prognostizieren.[270] Gerade deshalb kann er aber die Situation auch nicht auf sich beruhen lassen, weil dies die Möglichkeit eines späteren Schadenseintritts impliziert. Dies stünde im Gegensatz zum polizeirechtlichen Grundsatz der Effektivität der Gefahrenabwehr.

(2) Gefahrerforschungsmaßnahmen

Gefahrerforschungsmaßnahmen

Angesichts der bestehenden Unsicherheit über die Sachlage wird die Polizei in der Regel versuchen, diese Unsicherheit auszuräumen. Solche Maßnahmen zur Aufklärung des Sachverhalts werden als Gefahrerforschungsmaßnahmen bezeichnet.[271]

201

> Der Gefahrerforschung dient z.B. eine behördliche Anordnung ggü. E, den Zustand des Baums fachkundig begutachten zu lassen, oder zu dulden, dass die Behörde und von ihr beauftragte Personen das Grundstück betreten, um den Zustand des Baums zu ermitteln.

Amtsermittlung, § 24 LVwVfG

Ist die Behörde über die Sachlage im Unklaren, so hat sie diese gem. § 24 LVwVfG aufzuklären. Es gilt der Amtsermittlungsgrundsatz. Daher sind Aufklärungsmaßnahmen grundsätzlich zulässig und i.d.R. geboten. Zu Maßnahmen, die in Rechte Einzelner eingreifen, ist die Behörde jedoch grundsätzlich nicht berechtigt, wie sich aus § 26 II LVwVfG ableiten lässt.[272]

202

> Die Polizeibehörde ist demnach auf Grundlage des § 24 LVwVfG nicht berechtigt, E aufzutragen, den Zustand des Baums fachkundig begutachten zu lassen oder ihn hinsichtlich behördlicher Maßnahmen zur Duldung zu verpflichten.

Bedürfnis in der Praxis

In Literatur und Rspr. besteht jedoch Einigkeit darüber, dass die Polizeibehörde auf den Gefahrenverdacht durch notwendige Anordnungen reagieren kann und erforderlichenfalls muss.[273] Sie muss sich Klarheit darüber verschaffen können, ob überhaupt eine Gefahr vorliegt, was deren Ursache ist, welches Ausmaß diese hat und wer der Verursacher ist. Einigkeit besteht auch insoweit, dass aufgrund des Vorbehalts des Gesetzes (Art. 20 III GG) und der grundrechtlichen Gesetzesvorbehalte eine Rechtsgrundlage für Gefahrerforschungsmaßnahmen erforderlich ist.

203

> So stellt die Verpflichtung des E zur Einholung eines Gutachtens einen Eingriff in die allgemeine Handlungsfreiheit nach Art. 2 I GG dar. Die Anordnung, er habe die Begutachtung durch die Behörde oder einen von dieser Beauftragten zu dulden, greift in sein Recht aus Art. 14 I GG ein, da dies das Betreten des Grundstücks voraussetzt.

unstreitig: (+), sofern spezialgesetzliche Normierungen vorhanden

In diversen besonderen Gesetzen der Gefahrenabwehr hat der Gesetzgeber sachbezogen darüber entschieden, ob und wie auf Gefahrenverdachtsfälle reagiert werden kann.

204

---

270 Der Gefahrenverdacht ist daher eine Gefahr geringeren Wahrscheinlichkeitsgrades, vgl. Schenke, Polizei- und Ordnungsrecht, Rn. 83; Kingreen/Poscher, Polizei- und Ordnungsrecht, § 8 Rn. 51; Ruder, Rn. 194.

271 Ruder, Rn. 195; Zeitler/Trurnit, Rn. 200; Stephan/Deger, § 1 PolG, Rn. 28.

272 BVerwG, NVwZ 2003, 95 (96); Schenke, Polizei- und Ordnungsrecht, Rn. 86 ff. (90); Ruder, Rn. 195; Ennuschat/Ibler/Remmert, § 2 Rn. 111; Kopp/Ramsauer, § 26 VwVfG, Rn. 40; a.A. Breuer, NVwZ 1987, 751 (755).

273 Götz/Geis, § 6 Rn. 31; Schoch, JuS 1993, 724 (725).

Maßnahmen zur Gefahrerforschung sind z.B. in § 16 I IfSG,[274] §§ 42 II, 43 LFGB,[275] § 13 S. 1 Nr. 2a FeV[276] und § 9 II BBodSchG[277] ausdrücklich geregelt. Soweit derartige Rechtsgrundlagen vorhanden sind, lassen sich Gefahrerforschungsmaßnahmen auf diese stützen.

Problem: fehlende Normierungen im PolG

Das PolG enthält (mit Ausnahme der unter Rn. 180 dargestellten Befugnisse zur Gefahrenvorsorge) keine derartigen Rechtsgrundlagen. Ob und inwieweit auch ohne spezialgesetzliche Normierung Gefahrerforschungsmaßnahmen zulässig sind, ist äußerst umstritten:

205

a.A.: analoge Anwendung der Generalklausel

(a) In Literatur und Rspr. wird häufig eine entsprechende Anwendung der Generalklausel (§§ 3, 1 I PolG) befürwortet, weil der Gefahrenverdacht zumindest wie eine konkrete Gefahr zu handhaben sei.[278] Eingriffe auf dieser Grundlage würden aber voraussetzen, dass ein durch Tatsachen erhärteter (sog. begründeter) Gefahrenverdacht vorliegt und das behördliche Vorgehen der weiteren Sachverhaltsaufklärung dient. Unter strikter Beachtung des Verhältnismäßigkeitsgrundsatzes dürfen dann vorläufige Anordnungen (z.B. Aufklärungs- und Sicherungsmaßnahmen) getroffen werden. Endgültige Maßnahmen sind ausnahmsweise zulässig, sofern sie die einzige Möglichkeit zum Schutz besonders wichtiger Rechtsgüter darstellen.

206

Diese Ansicht sieht die Gefahrerforschung als notwendige Vorstufe bzw. ersten notwendigen Schritt zur Gefahrenabwehr als von der Generalklausel mitumfasst an. Nur auf diese Weise könnten die Polizeibehörden in die Lage versetzt werden, ihre Aufgabe der effektiven Gefahrenabwehr zu erfüllen.

> Im Fallbeispiel ist nach dieser Auffassung die Anordnung von Gefahrerforschungsmaßnahmen zulässig. Zur Vorbereitung der endgültigen Gefahrbeseitigungsmaßnahme kann der Eigentümer zumindest zur Duldung behördlicher Untersuchungsmaßnahmen verpflichtet werden, sodass die Polizeibehörde die ihr obliegende Sachverhaltsaufklärung rechtmäßigerweise vornehmen kann. Die Anordnung von Ermittlungsmaßnahmen (z.B. Einholung eines Gutachtens durch E) wäre im vorliegenden Fall allerdings unverhältnismäßig.

h.M.: keine Eingriffsbefugnisse beim Gefahrenverdacht

(b) Der VGH Mannheim,[279] das BVerwG[280] und die h.L.[281] verneinen jegliche Eingriffsbefugnisse beim Vorliegen eines Gefahrenverdachts. Schadensmöglichkeiten, die nach behördlichem Wissensstand weder bejaht noch verneint werden können, begründen allenfalls ein Besorgnispotential. Die Generalklausel, die eine konkrete Gefahr voraussetze, böte insofern keine Handhabe, auf den Gefahrenverdacht zu reagieren. Der von der a.A. vertretene Ansatz führe zu einer problematischen Ausweitung des Anwendungsbereichs der polizeilichen Generalklausel[282] und begegne auch hinsichtlich des Vorbehalts des Gesetzes Bedenken. Zudem stehe es dem Landesgesetzgeber frei, sachbezogen darüber zu entscheiden, ob, mit welchem Schutzniveau und auf welche Weise Schadensmöglichkeiten vorsorgend entgegengewirkt werden soll.

207

---

274 Gesetz zur Verhütung und Bekämpfung von Infektionskrankheiten beim Menschen, Sartorius Ergänzungsband Nr. 285.

275 Lebensmittel-, Bedarfsgegenstände- und Futtermittelgesetzbuch, Sartorius Ergänzungsband Nr. 862.

276 Fahrerlaubnis-Verordnung, Schönfelder Nr. 35d.

277 Bundes-Bodenschutzgesetz, Sartorius Nr. 299.

278 Götz/Geis, § 6 Rn. 31; Kingreen/Poscher, Polizei- und Ordnungsrecht, § 8 Rn. 59; Kötter, JuS 2011, 1016 (1019); Ehlers DVBl. 2003, 336 (337); OVG Lüneburg, NVwZ 2013, 1498; OVG Münster, NVwZ 2001, 1341; so auch die frühere Rspr. in Baden-Württemberg, vgl. VGH Mannheim, NVwZ 1990, 784; 1991, 491; VBlBW 1990, 469.

279 VGH Mannheim, VBlBW 2013, 178 (180); VBlBW 2013, 31 (32).

280 BVerwG, NVwZ 2003, 95 (96); BVerwGE 72, 300 (315).

281 So einhellig die (Kommentar-)Literatur in Baden-Württemberg, vgl. Ruder, Rn. 195; Ennuschat/Ibler/Remmert, § 2 Rn. 112 ff.; Stephan/Deger, § 1 PolG, Rn. 32; Belz/Mussmann/Kahlert/Sander, § 1 PolG, Rn. 44. Ebenso Wapler, DVBl. 2012, 86 (88); Möstl, DVBl. 2007, 581 (589); Gromitsaris, DVBl. 2005, 535 (541).

282 Ennuschat/Ibler/Remmert, § 2 Rn. 114; Schenke, Polizei- und Ordnungsrecht, Rn. 88a („paragesetzliche Ermächtigung"); Wapler, DVBl. 2012, 86 (87).

Kann eine ernsthafte und zeitnahe Bedrohung wichtiger Schutzgüter des Polizeirechts nicht ausgeschlossen werden (z.B. anonyme Bombendrohung), so ist der „qualifizierte Gefahrenverdacht" über die Jedesto-Formel (vgl. hierzu Rn. 176) als konkrete Gefahr i.S.d. Generalklausel anzusehen.[283] Besteht eine entsprechende Qualifizierung hingegen nicht, so obliegt den Behörden wegen des Amtsermittlungsgrundsatzes (§ 24 LVwVfG) die weitere Sachverhaltsaufklärung und die Tragung der Kostenlast.

> Für das Fallbeispiel hat dies folgende Konsequenzen: Es liegt kein qualifizierter Gefahrenverdacht vor, vielmehr ist eine weitere Aufklärung des Sachverhalts notwendig, um den Gefahrenverdacht erhärten oder widerlegen zu können. Diese Ermittlungen zur Sachverhaltsaufklärung fallen in den Verantwortungsbereich der Behörde (§ 24 LVwVfG). Zu einer Duldung oder Mitwirkung ist der E nicht verpflichtet.

3. Subsumtion unter die Standardbefugnisse insbes. der §§ 26 - 36 PolG

Ist in der Klausur keine Befugnisnorm außerhalb des PolG einschlägig (§ 1 II PolG i.V.m. Spezialgesetz), gilt es auf die ggü. der Generalklausel vorrangigen Standardbefugnisse abzustellen. Von besonderer Klausurrelevanz sind bei der FFK insbesondere Maßnahmen aufgrund der Standardbefugnisse gem. §§ 26 - 36 PolG. Beachten Sie aber folgende Ausnahmen:

208

⇨ Bei den Dauerverwaltungsakten Sicherstellung und Beschlagnahme ist häufig noch keine Erledigung eingetreten, womit diese bei der Anfechtungsklage dargestellt werden.[284] Gleiches gilt für die Einziehung nach § 34 I PolG.

⇨ Die Befragung ist die Grundform der Datenerhebung und daher außerhalb der Einzelmaßnahmen normiert. Dennoch handelt es sich um einen Verwaltungsakt (vgl. hierzu Rn. 85), der sich mit Abschluss der Maßnahme erledigt. Insofern erfolgt eine Darstellung an dieser Stelle.

Nach einer Erörterung der jeder Rechtsgrundlage immanenten Tatbestandsvoraussetzungen (konkrete Begriffe Gefahr; öffentliche Sicherheit oder Ordnung) ist in der Klausur unter die in der einschlägigen Befugnisnorm statuierten Voraussetzungen zu subsumieren. Zu beachten sind zudem (gegenüber der konkreten Gefahr) möglicherweise normierte Gefahrqualifikationen.

209

Nachfolgend soll ein Überblick mit einer Erörterung der für die FFK klausurrelevantesten Standardbefugnisnormen gegeben werden.

> **hemmer-Methode: I.R.d. Standardbefugnisse des PolG sollten Ihnen einige immer wieder in Klausuren auftauchende Sonderprobleme bekannt sein. Diese werden anschließend im Einzelnen erörtert.**
> **Ansonsten muss Ihnen die Systematik vertraut sein. Darauf aufbauend wird im Übrigen allein eine juristisch exakte Subsumtion unter die einschlägige Befugnisnorm erwartet.**
> **Für den Anfänger: Beim ersten Durcharbeiten dieses Skriptes ohne tiefer gehende Vorkenntnisse genügt es, sich die Standardbefugnisse im Gesetz durchzulesen. Ein intensiveres Studium dieser Normen sollte erst erfolgen, wenn die Gesamtsystematik der materiellen Rechtmäßigkeitsprüfung erfasst ist. Der „rote Faden" geht bei der folgenden umfangreichen Darstellung sonst leicht verloren.**

---

283 VGH Mannheim, VBlBW 2013, 178 (180); VBlBW 2013, 31 (32); Ennuschat/Ibler/Remmert, § 2 Rn. 115; Belz/Mussmann/Kahlert/Sander, § 1 PolG, Rn. 44; Stephan/Deger, § 1 PolG, Rn. 32.
284 Hierzu unter Rn. 427 ff.

a) Befragung, § 20 I PolG

Regelungsgehalt

§ 20 I PolG regelt die Fragebefugnis der Polizei ggü. einer Person, die sachdienliche Angaben zur Gefahrenabwehr machen kann. Vom Anwendungsbereich der Norm sind sachverhalts- und personenbezogene Daten erfasst.[285] Die unübersichtlich aufgebaute Norm trifft folgende Regelungen:

⇨ Satz 1: Voraussetzungen und Adressaten der Befragung

⇨ Sätze 2 und 3: Aussage- und Auskunftspflichten des Befragten

⇨ Sätze 4 bis 7: Schranken der Auskunftspflicht

⇨ Satz 8: besonderes Zweckbindungsgebot

⇨ Sätze 9 und 10: zwangsweise Durchsetzung der Aussage- und Auskunftspflichten

⇨ Satz 11: Anhaltebefugnis

210

spezielle Adressatenregelung

Eines Rückgriffs auf die Adressatenregelungen der §§ 6, 7 und 9 PolG bedarf es i.R.d. § 20 I PolG nicht, zumal die Polizei unter den genannten Voraussetzungen jede Person befragen kann.[286]

§ 20 I S. 1 PolG: Fragebefugnis

aa) Die Befragung nach § 20 I S. 1 PolG ist zulässig, wenn anzunehmen ist, dass die befragte Person sachdienliche Angaben zur Wahrnehmung einer polizeilichen Aufgabe (i.S.v. Gefahrenabwehr oder Gefahrenvorsorge) machen kann. Es muss insoweit ein Grund für diese Annahme bestehen, d.h. es bedarf auf Grundlage einer objektiven Betrachtungsweise konkreter Anhaltspunkte.[287] Eine Befragung „ins Blaue hinein" oder eine allgemeine Informationserhebung ist damit unzulässig.[288]

211

> *Bsp.: Der Polizeibeamte F trifft bei Ermittlungen auf den Augenzeugen P. Da von diesem sachdienliche Angaben zu erwarten sind, befragt er ihn zum Tathergang und zu seinen Personalien.*

§ 20 I S. 1, 2 PolG: Auskunftspflichten

bb) Auf Befragen der Polizei ist eine Person grds. nur verpflichtet, die in § 20 I S. 2 PolG genannten Personalien anzugeben. Ein Verstoß gegen diese Auskunftspflicht ist eine Ordnungswidrigkeit nach § 111 OWiG.[289]

212

Eine weitergehende („gesteigerte") Auskunftspflicht besteht gem. § 20 I S. 3 PolG nur im Falle einer Befragung zur Abwehr einer konkreten Gefahr für Leben, Gesundheit oder Freiheit einer Person oder für bedeutende fremde Sach- oder Vermögenswerte.

> *Bsp.: Bombendrohung, Aufenthaltsort einer entführten Person; Zusammensetzung eines Lebensmittels etc.*

§ 20 I S. 4 - 7 PolG: Schranken der Auskunftspflicht

cc) Zum Schutz des Betroffenen sehen § 20 I S. 4 bis 6 PolG mehrere Ausnahmen von der gesteigerten Auskunftspflicht vor, was durch eine Belehrungspflicht in § 20 I S. 7 PolG abgesichert wird. Diese Normierungen tragen dem Grundsatz der Selbstbelastungsfreiheit Rechnung.[290]

213

285　Belz/Mussmann/Kahlert/Sander, § 20 PolG, Rn. 5; Stephan/Deger, § 20 PolG, Rn. 2; Ruder, Rn. 437; Zeitler/Trurnit, Rn. 589.

286　Belz/Mussmann/Kahlert/Sander, § 20 PolG, Rn. 6; Stephan/Deger, § 20 PolG, Rn. 8; Ruder, Rn. 438; Zeitler/Trurnit, Rn. 589.

287　Ruder, Rn. 438; Belz/Mussmann/Kahlert/Sander, § 20 PolG, Rn. 7; a.A. Stephan/Deger, § 20 PolG, Rn. 6: Es genügt das nachvollziehbare polizeiliche Erfahrungswissen.

288　Zeitler/Trurnit, Rn. 590; Ruder, Rn. 438; Stephan/Deger, § 20 PolG, Rn. 11.

289　§ 20 I PolG eröffnet nicht die Möglichkeit, den Wahrheitsgehalt der Angaben zu überprüfen. Ein Verstoß gegen § 111 OWiG ist eine konkrete Gefahr für die öffentliche Sicherheit und berechtigt zu einer Personenfeststellung nach § 26 PolG.

290　Zeitler/Trurnit, Rn. 597; Ruder, Rn. 442.

§ 20 I S. 8 PolG: Zweckbindungsgebot

dd) § 20 I S. 8 PolG enthält eine im Verhältnis zu § 37 II S. 1 PolG speziellere Zweckbindungsregelung. Sofern die Polizei nach § 20 I S. 6 PolG Daten erhebt,[291] dürfen die gewonnenen Erkenntnisse nur zur Abwehr einer unmittelbar bevorstehenden Gefahr für Leben, Gesundheit oder Freiheit einer Person weiterverarbeitet werden.

214

§ 20 I S. 9, 10 PolG: zwangsweise Durchsetzung

ee) Kommt der Betroffene einer bestehenden Auskunftspflicht nicht nach, so ist die Polizei nach vorheriger Androhung zur Festsetzung eines Zwangsgeldes befugt, § 20 I S. 9, 10 PolG. Eine Ersatzvornahme scheitert an der Unvertretbarkeit der Handlung, unmittelbarer Zwang ist nach § 35 PolG ausgeschlossen.[292]

215

> *Bsp.:* M hat ein Kind entführt. Die Polizei nimmt M fest und möchte wissen, wo sich das Kind befindet, das schon vor zehn Tagen entführt worden war. Polizist P entschließt sich daher, M unter Schmerzzufügung zur Aussage zu bewegen.[293]

Der Schmerzzufügung mit dem Ziel, von dem Opfer eine bestimmte Willensäußerung zu erlangen, steht im Bereich der StPO bereits § 136a StPO (bzw. für den Zeugen § 163a V StPO i.V.m. § 136a StPO) entgegen. Hinzu kommt, dass eine Vernehmung aufgrund der StPO nur für den Regelungsbereich der StPO zulässig sein kann. Im vorliegenden Fall soll M jedoch nicht vernommen werden, um ihn einer Straftat überführen zu können. Ziel der Befragung ist die bloße Gefahrenabwehr. Die StPO kann damit keine Handlungsgrundlage für die Maßnahme bilden.

Eine Aussagepflicht des M könnte sich aus § 20 I S. 3 PolG ergeben. Allerdings steht einer entsprechenden Verpflichtung § 35 II PolG i.V.m. §§ 69 III, 136a StPO entgegen,[294] weil M sich der Gefahr aussetzen würde, wegen einer Straftat verfolgt zu werden. Nach h.M. kann sich der folternde Polizeibeamte auch nicht auf § 32 StGB berufen, da er die Menschenwürde des Gefolterten verletzt. Er macht sich deshalb wegen einer Nötigung im Amt (und ggf. einer Körperverletzung im Amt) strafbar.[295]

§ 35 PolG stellt im System der Einzelmaßnahmen einen Fremdkörper dar.[296] Es handelt sich nicht um eine Rechtsgrundlage, sondern um eine Verbotsnorm im Zusammenhang mit § 20 I und § 27 PolG. Das Verbot der Erzwingung von Aussagen ist Ausfluss der Menschenwürde des Art. 1 I GG und dient der freien Willensentschließung und Willensbetätigung bei polizeilichen Vernehmungen.

216

§ 20 I S. 11 PolG: Anhaltebefugnis

ff) Eine Befugnis zum Anhalten des Betroffenen für die Befragung normiert § 20 I S. 11 PolG. Zumal es sich um eine bloße Freiheitsbeschränkung i.S.v. Art. 104 I S. 1 GG (und damit keine Freiheitsentziehung) handelt,[297] steht die Norm nicht unter einem Richtervorbehalt. Weitergehende Maßnahmen, z.B. eine Mitnahme zur Dienststelle, sind hingegen nur unter den erschwerten Voraussetzungen des § 26 II S. 3 PolG zulässig.

217

b) Personenfeststellung, § 26 I, II PolG

aa) Begriff

Identitätsmerkmale

§ 26 I, II PolG ermächtigt die Polizei, die Identität einer Person förmlich festzustellen.[298] Mittels dieser Befugnisnorm soll sich die Behörde Klarheit über Personen verschaffen können, gegen die möglicherweise Maßnahmen zu ergreifen sind.

218

---

291 Belz/Mussmann/Kahlert/Sander, § 20 PolG, Rn. 23; Ruder, Rn. 443; Zeitler/Trurnit, Rn. 599.
292 Belz/Mussmann/Kahlert/Sander, § 20 PolG, Rn. 24 Ruder, Rn. 439; Zeitler/Trurnit, Rn. 599.
293 Angelehnt an BVerfG, NJW 2005, 246 = Life&Law 2005, 246 (Fall Daschner).
294 Zur entsprechenden Anwendbarkeit der Norm vgl. Zeitler/Trurnit, Rn. 601; Stephan/Deger, § 20 PolG, Rn. 13.
295 LG Frankfurt, NJW 2005, 692 = Life&Law 2005, 238; BVerfG, NJW 2005, 246 = Life&Law 2005, 246.
296 Ruder, Rn. 775; Belz/Mussmann/Kahlert/Sander, § 36 PolG, Rn. 1.
297 Zeitler/Trurnit, Rn. 591; Stephan/Deger, § 20 PolG, Rn. 12; Belz/Mussmann/Kahlert/Sander, § 20 PolG, Rn. 29.
298 Dies ist ein wesentlicher Unterschied zu § 20 I S. 1 PolG, der nur ein Fragerecht statuiert. Zu § 20 PolG im Detail unter Rn. 210 ff.

Die Identitätsfeststellung ist eine der häufigsten Standardmaßnahmen und erfolgt zumeist im Zusammenhang mit weiteren Maßnahmen (z.B. Durchsuchung von Personen oder Sachen).[299]

Identitätsfeststellung bedeutet die Vergewisserung, welche Personalien eine bestimmte Person hat. Der Begriff der Personalien ergibt sich aus § 111 I OWiG. Darunter fallen insbesondere Vor- und Familienname (ggf. der Geburtsname), Ort und Tag der Geburt, Familienstand, Beruf, Wohnanschrift (Ort und Straße) sowie die Staatsangehörigkeit.[300] Zu den Personalien gehört allerdings nicht die Konfessionszugehörigkeit.

hemmer-Methode: Die Personenfeststellung umfasst die Angabe der Personalien Familienstand und Beruf,[301] welche in § 20 I S. 2 PolG nicht genannt sind. Gem. § 20 I S. 3 PolG kann der Befragte jedoch ausnahmsweise verpflichtet sein, weitergehende Angaben zu machen. Dies können nicht nur Angaben zur Sache, sondern auch zu seiner Person sein.[302]

Wird eine unrichtige Angabe gemacht oder die Angabe verweigert, so stellt dies nach § 111 OWiG eine Ordnungswidrigkeit dar.

219

hemmer-Methode: Von der Identitätsfeststellung im präventiv-polizeilichen Rahmen ist die Identitätsfeststellung nach §§ 111, 163b, 163c StPO etc., die i.R.d. Strafverfolgung (repressives Handeln) gilt, zu unterscheiden.

bb) Regelungsinhalt

Differenzierung zw. Regelung der Voraussetzungen und der Mittel

Bei Standardbefugnisnormen ist grundsätzlich zwischen der Regelung der Voraussetzung und der Regelung der zulässigen Mittel zu differenzieren. So enthält § 26 I PolG die Voraussetzungen der Identitätsfeststellung, § 26 II PolG die zulässigen Mittel.

220

Die Maßnahmen zur Identitätsfeststellung sind zulässig, wenn einer der in § 26 I Nr. 1 - 6 PolG aufgeführten Gründe vorliegt.

§ 26 I Nr. 1 PolG: Grundtatbestand

(1) Nach dem Grundtatbestand des § 26 I Nr. 1 PolG ist eine Identitätsfeststellung zur Abwehr einer konkreten Gefahr oder Beseitigung einer Störung für die öffentliche Sicherheit oder Ordnung zulässig.

221

Zwar verhindert die Feststellung der Personalien einer Person i.d.R. nicht unmittelbar den Eintritt eines Schadens. Sie kann jedoch geeignet sein, weitere Maßnahmen der Polizei vorzubereiten und zu unterstützen. Zudem ist auch anzunehmen, dass eine erkannte Person von einer weiteren Gefahrverursachung Abstand nimmt.[303]

> *Bsp.: Eine vorbeifahrende Polizeistreife bemerkt eine Person, die sich an der Fahrertür eines Mercedes SL 500 zu schaffen macht.*

Eine Identitätsfeststellung ist hier zulässig, auch wenn sich im Nachhinein herausstellt, dass es sich bei der kontrollierten Person um den Eigentümer handelt, der seine Schlüssel im Wagen vergessen hat (sog. Anscheinsgefahr).

zudem: Schutz privater Rechte

Nach diesem Grundtatbestand ist auch eine Identitätsfeststellung zum Schutz privater Rechte zulässig. Dabei sind allerdings die restriktiven Voraussetzungen des § 2 II PolG zu beachten.[304]

---

299   Zeitler/Trurnit, Rn. 362; Stephan/Deger, § 26 PolG, Rn. 1 und 2.

300   Ruder, Rn. 626; Belz/Mussmann/Kahlert/Sander, § 26 PolG, Rn. 3; Stephan/Deger, § 26 PolG, Rn. 4.

301   Stephan/Deger, § 26 PolG, Rn. 4; Belz/Mussmann/Kahlert/Sander, § 26 PolG, Rn. 3.

302   Stephan/Deger, § 20 PolG, Rn. 13.

303   VGH Mannheim, VBlBW 2011, 155; Zeitler/Trurnit, Rn. 363.

304   Ruder, Rn. 629; Zeitler/Trurnit, Rn. 364; Belz/Mussmann/Kahlert/Sander, § 26 PolG, Rn. 4.

übrige Fälle: Ortshaftung

(2) § 26 I Nr. 2 - 6 PolG ermächtigt die Polizei, in bestimmten Fällen unter geringeren Anforderungen Identitätsfeststellungen durchzuführen. Nicht erforderlich ist, dass eine polizeilich relevante Gefahr besteht oder die kontrollierte Person in irgendeiner Weise verantwortlich ist.[305] Da § 26 I Nr. 2 - 6 PolG schon beim Aufenthalt an einem dieser gefahrgeneigten Orte zur Identitätsfeststellung berechtigt, lässt sich von einer „Ortshaftung" sprechen.[306]

222

§ 26 I Nr. 2 PolG: gefährliche oder verrufene Orte

⇨ § 26 I Nr. 2 PolG regelt die Identitätsfeststellung an gefährlichen oder verrufenen Orten. Die Örtlichkeit muss typischerweise geeignet sein, strafbare Handlungen zu verüben oder deren Verabredung zu fördern. Ob dies der Fall ist, ist aufgrund polizeilicher Erfahrungen zu beurteilen.[307] Einer konkreten Gefahr bedarf es hingegen nicht.

> *Bspe.: Parkanlagen; Bahnhöfe; bestimmte Straßen oder Lokale; Passagen etc.*

Exkurs: Razzia (Sammelkontrolle

besonderer Fall der Identitätsfeststellung

Eine Razzia ist eine planmäßig durchgeführte Aktion zur Identitätsprüfung eines größeren Personenkreises, der sich an einem von der Polizei abgesperrten Ort aufhält.[308] Sowohl nach Sinn und Zweck als auch nach der weiten Fassung der einzelnen Voraussetzungen ist § 26 PolG die Befugnisnorm sowohl für Einzel- wie für Sammelkontrollen, worunter auch Razzien fallen.

223

Befugnis aus § 26 I Nr. 2 PolG

Die Befugnis zu derartigen Razzien ergibt sich grds. aus § 26 I Nr. 2, II PolG, da sich eine Razzia vom Normalfall der Festhaltung zum Zweck der Identitätsfeststellung nur durch die Zahl der betroffenen Personen unterscheidet.[309]

Exkurs Ende

§ 26 I Nr. 3 PolG: Objektsicherung

⇨ In § 26 I Nr. 3 PolG ist die Identitätsfeststellung zum Zweck der Objektsicherung normiert. Einschränkend verlangt § 26 I Nr. 3 PolG zum einen, dass die zu kontrollierende Person in unmittelbarer Nähe angetroffen wird. Zum anderen müssen Tatsachen die Annahme rechtfertigen, dass in oder an diesen Objekten Straftaten begangen werden.[310]

224

> *Bsp.: Die Polizei wird an einem Samstag zum Stuttgarter Hauptbahnhof gerufen. Im Vorfeld des an diesem Tag stattfindenden Bundesligaspiels zwischen dem VfB und dem SC Freiburg („Fußballspiel von überregionaler Bedeutung") haben militante Fans mehrere Züge demoliert. Die Polizei ist in einem solchen Fall befugt, die Identität auch der vor Ort anwesenden Fans zu kontrollieren, die sich friedlich verhalten.*

§ 26 I Nr. 4 PolG: polizeiliche Kontrollstelle

⇨ Eine Befugnis zur Identitätsfeststellung an polizeilichen Kontrollstellen, die zum Zweck der Fahndung nach Straftätern eingerichtet worden sind, beinhaltet § 26 I Nr. 4 PolG. In Abgrenzung zu § 111 StPO dienen diese Kontrollstellen ausschließlich der Gefahrenabwehr einschließlich der Verhütung von Straftaten.[311]

225

---

305   Ruder, Rn. 628; Stephan/Deger, § 26 PolG, Rn. 12, 14, 20, 22a; Belz/Mussmann/Kahlert/Sander, § 26 PolG, Rn. 5, 8, 11, 12, 18, 27.

306   Zeitler/Trurnit, Rn. 388.

307   Ruder, Rn. 630; Belz/Mussmann/Kahlert/Sander, § 26 PolG, Rn. 6; Würtenberger/Heckmann/Tanneberger, § 5 Rn. 146.

308   Ruder, Rn. 632; Stephan/Deger, § 26 PolG, Rn. 13.

309   Ruder, Rn. 632; Stephan/Deger, § 26 PolG, Rn. 13; Schenke, Polizei- und Ordnungsrecht, Rn. 119; vgl. dazu auch Meyer-Goßner/Schmitt, § 163 StPO, Rn. 33.

310   Zu diesem Begriff bereits unter Rn. 182.

311   Ruder, Rn. 635; Stephan/Deger, § 26 PolG, Rn. 17; Zeitler/Trurnit, Rn. 377.

Bsp.: Die Polizei richtet an einer Zufahrtsstraße zu einer öffentlichen Versammlung eine Kontrollstelle ein, da zuverlässige Informanten die Behörde über eine geplante militante Gegendemonstration unterrichtet haben. Hierzu sollen Waffen und gefährliche Gegenstände i.S.v. § 27 VersG mitgeführt werden.

§ 26 I Nr. 5 PolG: Kontrollbereiche

⇨ § 26 I Nr. 5 PolG regelt die Befugnis zur Identitätsfeststellung in polizeilichen Kontrollbereichen, welche zum Zwecke der Fahndung nach Personen, die als Täter oder Teilnehmer einer der in § 100a StPO genannten Straftaten verdächtig sind, eingerichtet wurden. Im Unterschied zu § 26 I Nr. 4 PolG dient die Einrichtung eines Kontrollbereichs der Absperrung eines Gebiets (z.B. Straßenzug, Stadtviertel, Platz).[312]

226

§ 26 I Nr. 6 PolG: Schleierfahndung

⇨ Die sog. Schleierfahndung ist in § 26 I Nr. 6 PolG normiert.[313] Darunter versteht man eine von konkreten Verdachtsmomenten unabhängige, auf polizeiliche Lageerkenntnisse und Erfahrungen gestützte Befugnis, Personen an besonders gefahrträchtigen Orten zu kontrollieren. Die Norm ermöglicht der Polizei somit, auf sich verlagernde Routen der grenzüberschreitenden Kriminalität zu reagieren, und steht im Zusammenhang mit der vorbeugenden Gefahrenabwehr.

227

Die im Jahr 1996 in das PolG aufgenommene anlassunabhängige Kontrollbefugnis an den im Gesetz abschließend genannten Orten soll die mit dem Schengener Abkommen entfallene „Filterfunktion der Grenzkontrollen" an den Binnengrenzen der EU zumindest zum Teil kompensieren.

Bsp.: Identitätskontrollen an Bahnhöfen, Flughäfen, Tank- und Raststätten, Häfen und Durchgangsstraßen

Exkurs: § 36 V StVO

Von § 26 I Nr. 6 PolG strikt zu unterscheiden sind die allgemeinen Verkehrskontrollen gem. § 36 V StVO. Nach dieser Norm dürfen Polizeibeamte Verkehrsteilnehmer zur Verkehrskontrolle ein-schließlich der Kontrolle der Verkehrstüchtigkeit und zu Verkehrserhebungen an jedem Ort anhalten. Diese Verkehrskontrollen sind ohne konkreten Anlass zulässig und nicht auf gefahrträchtige Orte beschränkt,[314] zumal sie der Sicherheit oder Ordnung des Straßenverkehrs dienen. Überprüft werden können:

228

⇨ Fahrtüchtigkeit der Fahrzeugführer

⇨ mitzuführende Papiere

⇨ Zustand, Ausrüstung und Beladung der Fahrzeuge

Exkurs Ende

§ 26 II PolG: Maßnahmen zur Identitätsfeststellung

(3) Ist nach § 26 I PolG eine Identitätsfeststellung zulässig, kann die Polizei die hierfür erforderlichen Maßnahmen treffen.[315] § 26 II S. 1 PolG enthält dabei eine generalklauselartige Ermächtigung, die durch § 26 II S. 2 PolG beispielhaft („insbesondere") ergänzt wird.[316] Zur Identifizierung einer Person anhand mitgeführter Ausweispapiere ist das Anhalten (i.S.v. Unterbrechung der Fortbewegung auch von Fahrzeugen) und die Aufforderung, diese vorzuzeigen und zur Prüfung auszuhändigen, möglich.

229

---

312 Zu den kompetenzrechtlichen Bedenken im Hinblick auf § 111 StPO vgl. Ruder, Rn. 636; Stephan/Deger, § 26 PolG, Rn. 22; Meyer-Goßner/ Schmitt, § 111 StPO, Rn. 1.

313 Zu den verfassungsrechtlichen Bedenken im Hinblick auf § 26 I Nr. 6 PolG vgl. Ruder, Rn. 638; Stephan/Deger, § 26 PolG, Rn. 22a.

314 Hentschel/König/Dauer, § 36 StVO Rn. 24; Ruder, Rn. 435; Stephan/Deger, § 26 PolG, Rn. 24.

315 Beachten Sie: § 26 PolG räumt auf der Rechtsfolgenseite weitergehende Befugnisse als § 20 I PolG ein.

316 Ruder, Rn. 639; Stephan/Deger, § 26 PolG, Rn. 23; Belz/Mussmann/Kahlert/Sander, § 26 PolG, Rn. 29.

Nach § 26 II S. 3 PolG ist auch ein Festhalten und die Durchsuchung der Person oder der mitgeführten Sachen zulässig.

Sistierung

Zudem ist unter restriktiven Voraussetzungen auch eine Verbringung zur Dienststelle erlaubt (sog. Sistierung). Die gesetzlichen Voraussetzungen des § 26 II S. 3 a.E. PolG stellen eine Konkretisierung des Verhältnismäßigkeitsgrundsatzes dar.[317] Auf diese Weise wird sichergestellt, dass die Sistierung nur in Fällen erfolgt, in denen dies zur Feststellung der Identität unerlässlich ist.

grds. keine Freiheitsentziehung

(4) Die Sistierung ist keine Freiheitsentziehung i.S.d. Art. 104 II GG, über die ein Richter zu entscheiden hätte. Wird der Betroffene allerdings länger eine Stunde festgehalten, so schlägt diese in einen Identitätsgewahrsam um, der nur unter den Voraussetzungen des § 28 I Nr. 3 PolG und unter Beachtung der hierfür geltenden Verfahrensvorschriften zulässig ist.[318]

230

c) Prüfung von Berechtigungsscheinen, § 26 III PolG

Befugnis zur Aushändigungsanordnung

§ 26 III PolG räumt der Polizei die Befugnis ein, sich Berechtigungsscheine vorzeigen und zur Prüfung aushändigen zu lassen, wenn der Betroffene aufgrund einer Rechtsvorschrift verpflichtet ist, diese mitzuführen. Eine konkrete Gefahr oder auch nur ein Gefahrenverdacht ist nicht erforderlich.

231

durch Rechtsvorschrift zur Mitführung verpflichtet

Eine solche Pflicht muss sich aus Rechtsvorschriften außerhalb des PolG ergeben. Die wichtigsten Normen sind:[319]

⇨ § 4 II FeV[320] (Führerschein)

⇨ § 15 I BJagdG (Jagdschein)

⇨ § 38 WaffG (Waffenbesitzkarte bzw. Waffenschein)

⇨ § 60c I S. 1 GewO (Reisegewerbekarte)

⇨ § 31 I FischG[321] (Fischereischein)

Abgrenzung

Hierbei ist zu beachten, dass diese Berechtigungsscheine von Ausweispapieren, die der Identitätsfeststellung dienen, zu unterscheiden sind, welche bereits unter § 26 II S. 2 PolG fallen. Ansonsten bedürfte es nicht der Sonderregelung in § 26 III PolG.

232

§ 26 III PolG ergänzt Spezialgesetz

Die Vorschrift dient vor allem der Ergänzung der Spezialgesetze. So berechtigt z.B. § 60c GewO lediglich dazu, sich Reisegewerbekarten vorzeigen zu lassen. § 60c I S. 1 GewO enthält auch keine Berechtigung zum Anhalten. Eine solche ergibt sich nur aus § 26 III PolG.

d) Vorladung, § 27 PolG

aa) Begriff

Gebot des Erscheinens

§ 27 PolG regelt, unter welchen Voraussetzungen eine Vorladung durch die Polizei erfolgen kann, definiert aber den Begriff Vorladung nicht.

233

---

317 Zeitler/Trurnit, Rn. 403 und 406; Stephan/Deger, § 26 PolG, Rn. 26.
318 Stephan/Deger, § 26 PolG, Rn. 27; Belz/Mussmann/Kahlert/Sander, § 26 PolG, Rn. 31.
319 Ruder, Rn. 643; Trurnit/Zeitler, Rn. 410; Belz/Mussmann/Kahlert/Sander, § 26 PolG, Rn. 32.
320 Verordnung über die Zulassung von Personen zum Straßenverkehr, Schönfelder Nr. 112.
321 Fischereigesetz für Baden-Württemberg, Dürig Nr. 182; nicht im Dolde/Kirchhof/Stilz abgedruckt.

Eine Vorladung ist nach gängiger Definition das Gebot an eine Person, zu einer bestimmten Zeit an einem bestimmten Ort zu erscheinen und dort bis zur Erledigung der in der Vorladung bezeichneten Angelegenheit zu verweilen.[322]

bb) Regelungsinhalt

§ 27 I PolG: Voraussetzungen

(1) Nach § 27 I PolG kann die Polizei unter zwei alternativen Voraussetzungen eine Person schriftlich oder mündlich vorladen:

234

zur Erzielung von Angaben für Aufgabenerfüllung

⇨ Nach § 27 I Nr. 1 PolG ist die Vorladung möglich, wenn Tatsachen die Annahme rechtfertigen, dass die Person sachdienliche Angaben machen kann, die für die Erfüllung einer bestimmten polizeilichen Aufgabe erforderlich sind.[323]

zur Durchführung erkennungsdienstlicher Maßnahmen

⇨ Nach § 27 I Nr. 2 PolG ist Voraussetzung, dass die Vorladung zur Durchführung erkennungsdienstlicher Maßnahmen i.S.v. § 36 I, II PolG erforderlich ist.

hemmer-Methode: Beachten Sie wiederum, dass durch § 27 I Nr. 2 PolG die Überprüfung der Rechtmäßigkeit einer erkennungsdienstlichen Maßnahme nach § 36 PolG „inkorporiert" wird.

§ 27 II S. 1 PolG: formelle Voraussetzungen

(2) § 27 II S. 1 PolG enthält mit dem Gebot, den Grund der Vorladung anzugeben, eine besondere formelle Voraussetzung für die Vorladung. Der Betroffene soll über die Angelegenheit, den Gegenstand der Vorladung informiert werden, sodass er sich darauf vorbereiten kann.[324] Zudem wird der Einschüchterung und Verunsicherung des Betroffenen vorgebeugt.

235

Anders als § 39 I S. 1 LVwVfG gilt § 27 II S. 1 PolG auch für den (unüblichen) Fall einer mündlichen Vorladung. Im Übrigen bleibt § 39 LVwVfG unberührt, sodass eine schriftliche Vorladung einer Begründung bedarf, d.h. Ausführungen darüber erforderlich sind, aus welchem Grund die Polizei davon ausgeht, dass der Vorgeladene sachdienliche Angaben machen kann (§ 27 I Nr. 1 PolG) bzw. erkennungsdienstliche Maßnahmen erforderlich sind (§ 27 I Nr. 1 PolG).

Wie in anderen Fällen auch, bedeutet „soll" eine grundsätzliche Verpflichtung (sog. intendiertes Ermessen).[325] Ein Absehen von der Angabe des Grundes ist nur in atypischen Fällen (z.B. Geheimhaltungsbedürfnis) zulässig. Liegt kein solcher Fall vor, verstößt die Vorladung ohne Angabe des Grundes gegen § 27 II S. 1 PolG und ist rechtswidrig. Es kommt jedoch eine Heilung nach § 45 I Nr. 3 LVwVfG in Betracht, da § 27 II S. 1 PolG als spezielle Begründungspflicht anzusehen ist. Zudem würde eine verwaltungsgerichtliche Klage trotz eines Verstoßes wegen § 46 LVwVfG erfolglos bleiben.[326]

§ 27 II S. 2 PolG: Sonderfall der Verhältnismäßigkeit

(3) § 27 II S. 2 PolG enthält eine spezielle Ausgestaltung des Verhältnismäßigkeitsgrundsatzes. Danach soll bei der Festsetzung des Zeitpunkts der Vorladung auf den Beruf und die sonstigen Lebensverhältnisse des Betroffenen Rücksicht genommen werden. Die Nichtbeachtung der Norm führt ebenfalls zur Rechtswidrigkeit der polizeilichen Maßnahme.

236

---

322   Ruder, Rn. 644; Götz/Geis, § 8 Rn. 22; Stephan/Deger, § 26 PolG, Rn. 1.

323   Hier besteht eine Parallele zu den Voraussetzungen einer Befragung nach § 20 I S. 1 PolG.

324   Ruder, Rn. 647; Turnit/Zeitler, Rn. 440; Stephan/Deger, § 27 PolG, Rn. 9.

325   Merkformel: „Soll ist ein Muss mit Abweichungsmöglichkeit". Belz/Mussmann/Kahlert/Sander, § 27 PolG, Rn. 14; Maurer/Waldhoff, § 7 Rn. 11.

326   Stephan/Deger, § 27 Rn. 9; offen gelassen von Würtenberger/Heckmann/Tanneberger, § 5 Rn. 163.

§ 27 III PolG: zusätzliche Anforderungen an den Zwang

(4) Die zwangsweise Durchsetzung der Vorladung mittels unmittelbaren Zwangs nennt man Vorführung. Dabei handelt es sich um eine Maßnahme auf der zweiten Handlungsebene (Zwangsmaßnahme), die in den §§ 49 I, 50 ff. PolG geregelt ist (hierzu im Detail unter Rn. 495 ff.). [237]

§ 27 III PolG enthält jedoch eine Besonderheit: Hier sind ausnahmsweise besondere materielle Voraussetzungen der zwangsweisen Durchsetzung einer Vorladung statuiert.[327] Nur wenn auch diese Voraussetzungen erfüllt sind, kann die Vorladung vollstreckt werden.

Als weiteres Zwangsmittel kommt hier nur das Zwangsgeld in Betracht. Daraus, dass auch bei der Wahl des Zwangsmittels der Grundsatz der Verhältnismäßigkeit zu berücksichtigen ist, folgt, dass das Zwangsgeld das grundsätzlich vorrangige Zwangsmittel ist. Dies wird insbesondere bei der Vorladung zur Durchführung erkennungsdienstlicher Maßnahmen der Fall sein, § 27 I Nr. 2 PolG.

Besonderheit: § 35 PolG

Die Erzwingung der Vorladung mag in der Praxis der Erbringung einer Auskunft dienen bzw. als Zwang zum Reden empfunden werden, ist aber gerade keine Erzwingung der Auskunft selbst. Dies zeigt schon der Verweis von § 35 II PolG auf § 136a StPO. Mit anderen Worten: Die Vorladung im Wege der Vorführung (also unter Anwendung von Zwang) durchzusetzen, hat nichts damit zu tun, eine Aussage zu erzwingen.

§ 27 IV PolG: Entschädigung

(5) Nach § 27 IV PolG gilt für die Entschädigung eines auf Vorladung erschienenen Zeugen (i.S.v. unbeteiligter Auskunftsperson), Übersetzers oder Sachverständigen das JVEG entsprechend. Über den Anspruch entscheidet die Behörde durch Verwaltungsakt, der mit Rechtsbehelfen der VwGO angegriffen werden kann.[328] [238]

e) Platzverweis, Wohnungsverweis sowie Rückkehr- und Annäherungsverbot, § 27a PolG

aa) Grundlegendes

Abgrenzung zw. Platzverweisung und Aufenthaltsverbot

§ 27a PolG enthält in Abs. 1 eine Spezialregelung über den Platzverweis und in Abs. 2 das Aufenthaltsverbot. Hierbei ist zu beachten, dass § 27a I PolG nur für kurzfristige (höchstens einzelne Tage) und vergleichsweise räumlich begrenzte (ein Straßenzug oder ein Gebäude) Verweisungen gilt, während das Aufenthaltsverbot des § 27a II PolG grundsätzlich längerfristig (meist länger als ein Monat) und großräumig (Straßenzüge oder ganze Stadtteile) ist.[329] [239]

Wohnungsverweis, Rückkehr- und Annäherungsverbot

Der Wohnungsverweis ist in § 27a III S. 1 PolG geregelt. Diese Normierung ergänzt das Gewaltschutzgesetz des Bundes[330] um die behördliche Befugnis, die gewalttätige Person zeitlich befristet aus der auch vom Opfer bewohnten Wohnung zu verweisen und ihre Rückkehr zu untersagen.[331] Ergänzt wird diese Normierung um das Rückkehr- und Annäherungsverbot des § 27a III S. 2 PolG sowie die Befristung und Mitteilungspflicht in § 27a IV, V PolG.

327 Ruder, Rn. 648; Zeitler/Trurnit, Rn. 441; Stephan/Deger, § 27 PolG, Rn. 11; Belz/Mussmann/Kahlert/Sander, § 27 PolG, Rn. 16.
328 Zeitler/Trurnit, Rn. 443; Stephan/Deger, § 27 PolG, Rn. 13.
329 Ruder, Rn. 654; Zeitler/Trurnit, Rn. 465; Belz/Mussmann/Kahlert/Sander, § 27a PolG, Rn. 3; Froese, JuS 2017, 50 (53).
330 Gesetz zum zivilrechtlichen Schutz vor Gewalttaten und Nachstellungen (GewSchG), Schönfelder Ergänzungsband Nr. 49.
331 Fallbearbeitungen zu dieser Thematik finden Sie bei Heyen/Collin, JA 2013, 359, Proppe, JA 2012, 458 und Traulsen, JuS 2004, 414.

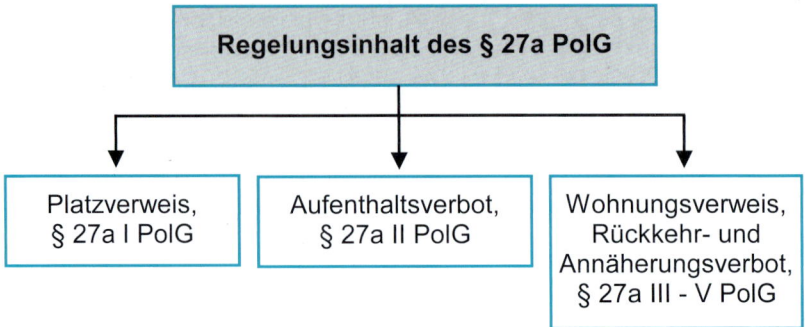

Regelungsinhalt des § 27a PolG

| Platzverweis, § 27a I PolG | Aufenthaltsverbot, § 27a II PolG | Wohnungsverweis, Rückkehr- und Annäherungsverbot, § 27a III - V PolG |

bb) Regelungsinhalt des § 27a I PolG (Platzverweis)

Wegverweisung und Betretungsverbot

§ 27a I PolG erlaubt der Polizei, zur Abwehr einer konkreten Gefahr oder zur Beseitigung einer Störung eine Wegverweisung oder ein Betretungsverbot auszusprechen. Die Platzverweisung ist dabei auf eine vorübergehende Maßnahme hinsichtlich eines begrenzten Ortes beschränkt. **240**

> *Bspe.: Absperrung eines Unfallortes; ungestörter Einsatz von Polizei, Feuerwehr und Rettungsdiensten; Räumung einer Gaststätte bzw. eines Hauses wegen einer Bombendrohung; Wegverweisung von Alkoholkonsumenten und Nichtsesshaften vom Bahnhof, Fußgängerzonen etc., sofern weitere Umstände hinzutreten, etwa aggressives Betteln oder illegaler Drogenkonsum. Hintergrund ist, dass freiwillige Obdachlosigkeit und öffentlicher Alkoholkonsum nicht per se eine Gefahr für die öffentliche Sicherheit oder Ordnung bilden.*

„Ort" ist dabei als eng umgrenzter räumlicher Bereich zu verstehen, etwa eine Straße, ein Park, ein Gebäude oder ein Grundstück. Nicht durch die höchstrichterliche Rechtsprechung geklärt ist allerdings die Auslegung des unbestimmten Rechtsbegriffs „vorübergehend". **241**

Überwiegend[332] wird die rechtliche Zulässigkeit der Platzverweisung grds. auf maximal 24 Stunden eingeengt. Nur bei besonderen Gefahrenlagen (z.B. Großbrand oder Überschwemmung) soll einzelfallbezogen auch ein mehrtägiger Platzverweis zulässig sein.[333]

hemmer-Methode: Beachten Sie insbesondere die Konkurrenz von § 27a I PolG zu anderen Vorschriften, vgl. § 44 II S. 2 StVO, § 8 I S. 2 Nr. 1 JuSchG und denen des VersG.
Der Platzverweis darf nur dann ausgesprochen werden, wenn die Versammlung bereits nach § 13 I VersG oder § 15 III VersG aufgelöst wurde (sog. Polizeifestigkeit der Versammlung).[334] Vergleichbares gilt für einzelne Teilnehmer einer Versammlung: Nur wenn diese (z.B. nach § 18 III VersG) rechtmäßig von der Versammlung ausgeschlossen wurden und ihrer Entfernungspflicht nicht nachkommen (vgl. § 18 I VersG i.V.m. § 13 II VersG), kann gegen sie ein Platzverweis nach § 27a I PolG ausgesprochen werden.

cc) Regelungsinhalt des § 27a II PolG (Aufenthaltsverbot)

Aufenthaltsverbot

Für die Verfügung eines Aufenthaltsverbots durch die Polizei nach § 27a II PolG müssen Tatsachen die Annahme rechtfertigen, dass eine Person innerhalb einer Gemeinde oder eines Gemeindegebiets (sog. örtlicher Bezug) eine Straftat begehen bzw. dazu beitragen wird. **242**

---

332   Ruder, Rn. 651; Nachbaur, VBlBW 2018, 45 (49); Stephan/Deger, § 27a PolG, Rn. 7; Belz/Mussmann/Kahlert/Sander, § 27a PolG, Rn. 5. Enger Zeitler/Trurnit, Rn. 465 und Schenke, Polizei- und Ordnungsrecht, Rn. 132 (max. 24 Stunden um eine klare Trennung zu § 27a II PolG zu gewährleisten).

333   Gusy, Polizei- und Ordnungsrecht, Rn. 277. Kritisch hierzu Nachbaur, VBlBW 2018, 45 (49).

334   Hierzu ausführlich unter Rn. 366 ff. Instruktiv hierzu Meßmann, JuS 2007, 524 ff. und Neumann, Jura 2013, 139 (143).

Die hierfür anzustellende Gefahrenprognose muss sich daher auf nachprüfbare Tatsachen beziehen,[335] tatsächliche Anhaltspunkte oder bloße Vermutungen sind nicht ausreichend.[336]

> *Bsp.: Bekämpfung der offenen Drogenszene in Städten; an einen militanten Gegner des Bahnprojekts „Stuttgart 21" gerichtetes Verbot, sich im Zufahrtsbereich der Baustelle aufzuhalten; Vorgehen gegen Randalierer und Hooligans[337]*

hemmer-Methode: Hintergrund der Normierung ist, dass § 27a I PolG und die §§ 3, 1 I PolG nach h.M. keine längerfristigen Aufenthaltsverbote gestatten.[338] Die Norm schließt insoweit eine ansonsten bestehende Regelungslücke.

Einschränkungen

Einschränkend ist in § 27a II S. 2 und S. 3 PolG normiert, dass die Höchstdauer von drei Monaten nicht überschritten werden darf und das Verbot örtlich zu begrenzen ist. Zudem ist von der Maßnahme abzusehen, wenn der Betroffene in diesem Bereich wohnt oder aus einem vergleichbar wichtigen Grund auf das Betreten des Bereichs angewiesen ist.[339]

243

> *Bspe.: Die Lebensgefährtin des Betroffenen wohnt in dieser Straße; der Arbeitsplatz befindet sich dort; der Betroffene fährt täglich mit dem Zug zur Arbeit, ist damit auf einen „Besuch" des Bahnhofs angewiesen.*

Nach dem Erlass eines ggf. bis zu dreimonatigen Aufenthaltsverbots schließt § 27a II 3 PolG den Erlass eines erneuten Aufenthaltsverbots nicht aus. Voraussetzung hierfür ist, dass eine neue aktuelle Gefahrenprognose erstellt wird und diese ergibt, dass die Voraussetzungen des § 27a II 1 PolG weiterhin vorliegen.[340]

verfassungsrechtliche Probleme

Bedenken betreffend die Verfassungsmäßigkeit der Regelung bestehen angesichts der Art. 71, 73 I Nr. 3 GG, wonach der Bund die ausschließliche Gesetzgebungskompetenz betreffend die Freizügigkeit besitzt. Allerdings ist nur in den Fällen ein Eingriff in Art. 11 GG denkbar, in denen dem Verantwortlichen ein Aufenthaltsverbot für das Stadtviertel, in welchem er wohnt, auferlegt wird, denn Art. 11 GG schützt die freie Wahl des Lebensmittelpunktes, also insbesondere die des Wohnsitzes. Der Lebensmittelpunkt kann jedoch niemals der „Bahnhofsvorplatz" oder die „offene Drogenszene" sein.[341]

244

In allen anderen Fällen ist lediglich ein Eingriff in Art. 2 I GG möglich, da nach § 27a III S. 2 PolG das Aufenthaltsverbot im räumlichen Bereich der Wohnung unzulässig ist.

hemmer-Methode: Selbst wenn man dieser Argumentation nicht folgt, ist nach h.M. im Kriminalvorbehalt des Art. 11 II GG („um strafbaren Handlungen vorzubeugen") eine ausreichende Ermächtigung zugunsten der Landesgesetzgeber zu sehen.[342] Nach der Systematik des Grundgesetzes ist Gefahrenabwehr primär Aufgabe der Länder.

Bestimmtheit

Das Aufenthaltsverbot muss zeitlich, örtlich und inhaltlich hinreichend bestimmt sein, § 37 I VwVfG.[343] Vor allem müssen auch die von dem VA Betroffenen erkennbar sein.[344]

---

335 VGH Mannheim, VBlBW 2005, 231; Ruder, Rn. 655; Belz/Mussmann/Kahlert/Sander, § 27a PolG, Rn. 10.

336 Zeitler/Trurnit, Rn. 468; Benrath, DVBl. 2017, 868 (871); BVerfGE 115, 109 = NJW 2006, 1939.

337 VGH Mannheim, VBlBW 2017, 425; VG Stuttgart, VBlBW 2007, 67; Anm. Finger, VBlBW 2007, 70; VG Darmstadt, NVwZ 2016, 1344.

338 VGH Mannheim, VBlBW 2005, 138; Ruder, Rn. 277 und 650; Cremer, NVwZ 2001, 1218.

339 Zeitler/Trurnit, Rn. 467; Stephan/Deger, § 27a PolG, Rn. 12.

340 VGH Mannheim, VBlBW 2017, 425 (429).

341 OVG Münster, NVwZ 2001, 459.

342 VGH Mannheim, NJW 2005, 88; Frey/Schönstein, VBlBW 2016, 447 (453).

343 Benrath, DVBl. 2017, 868 (869); Froese, JuS 2017, 50 (53). Zur Bestimmtheit im Detail unter Rn. 337.

344 VG Darmstadt, NVwZ 2016, 1344 (1345): Die Umschreibung des Adressatenkreises des Aufenthaltsverbotes mit „Anhänger/Fans von Eintracht Frankfurt (erkennbar durch Fanbekleidung, Skandierung von Parolen und sonstigem Auftreten)" genügt diesen Anforderungen nicht. Denn nicht jeder, der Fankleidung trägt, kann dem Kreis potenzieller Straftäter zugerechnet werden.

dd) Regelungsinhalt des § 27a III - V PolG

§ 27 III S. 1 PolG ist spezieller Fall des Platzverweises

Eine spezielle Form des Platzverweises stellt der Wohnungsverweis nach § 27 III S. 1 PolG dar. Insoweit wurde für die Polizei eine Möglichkeit geschaffen, kurzfristig auf Gewalt in sozialen Beziehungen (sog. häusliche Gewalt) reagieren zu können. § 27a III PolG ermöglicht eine vorübergehende Gefahrenabwehr im Falle häuslicher Gewalt, bis der in diesem Fall mögliche zivilgerichtliche Rechtsschutz erreicht worden ist.

245

Auf Grundlage der Norm kann ein Bewohner, von dem eine unmittelbar bevorstehende erhebliche Gefahr für einen anderen Bewohner ausgeht, aus seiner Wohnung verwiesen werden.[345] Häusliche Gewalt wird angenommen, wenn es in einer häuslichen Gemeinschaft ehelicher, nichtehelicher oder sonstiger Art (z.B. Wohngemeinschaften) zur Gewaltanwendung kommt.[346] Erfasst werden Körperverletzungs- und Nötigungsdelikte sowie Sachbeschädigungen, wobei der Schadenseintritt unmittelbar bevorstehen oder bereits eingetreten sein muss. An den Ermittlungsaufwand der Behörde dürfen insoweit aber keine überzogenen Anforderungen gestellt werden.[347] Grundlagen der behördlichen Prognose sind bereits begangene Straftaten, deren zeitlicher Abstand, das Verhalten, der Zustand und die oft widersprüchlichen Angaben von Täter und Opfer.

§ 27a III S. 2 PolG: Rückkehr- und Annäherungsverbot

Sollten Tatsachen die Annahme rechtfertigen, dass die erhebliche Gefahr nach Verlassen der Wohnung fortbesteht, kann die Polizei ggü. der verwiesenen Person nach § 27a III S. 2 PolG ein Rückkehr- und Annäherungsverbot erlassen. Zur Gewährleistung des wirksamen Schutzes können die Anordnungen auf den unmittelbar angrenzenden Bereich erstreckt werden, d.h. Treppenhaus, Hauszugang, Garten, Parkplatz sowie Straßenabschnitt vor dem Haus.[348] Besondere Bedeutung gewinnt in dieser Konstellation aber der Bestimmtheitsgrundsatz des § 37 I LVwVfG.

246

§ 27a IV PolG: Befristungen und Außerkrafttreten

Eine spezielle Ausprägung der Verhältnismäßigkeit findet sich in § 27a IV PolG. Danach sind die auf Grundlage des § 27a III PolG getroffenen Anordnungen zu befristen. Die Höchstfrist für den (wegen § 60 II PolG subsidiär zuständigen) Polizeivollzugsdienst[349] beträgt vier Werktage, wobei Sonn- und Feiertage die Maßnahme verlängern. Anordnungen der Polizeibehörde sind auf maximal zwei Wochen befristet. Unter den in § 27a IV S. 2 PolG normierten Voraussetzungen kann die Polizeibehörde die Frist um höchstens zwei Wochen verlängern.

247

§ 27a IV S. 3 PolG sichert den Vorrang gerichtlicher Entscheidungen nach dem GewSchG. Ergeht eine gerichtliche Entscheidung, treten polizeiliche Anordnungen nach § 27a III PolG außer Kraft, ohne dass es deren Aufhebung bedarf.

§ 27a V PolG: Informationspflicht

§ 27a V PolG regelt die Informationspflicht des Zivilgerichts ggü. der zuständigen Polizeibehörde bzw. dem Polizeivollzugsdienst. Hierdurch soll die Behörde in die Lage versetzt werden, erforderliche Schutzmaßnahmen zu ergreifen oder zum Schutz des Betroffenen hiervon abzusehen.[350]

---

345   Besucher und Personen, die vorübergehend Unterkunft erhalten, sind nicht erfasst, vgl. Frey/Schönstein, VBlBW 2016, 447 (449); Belz/Mussmann/Kahlert/Sander, § 27a PolG, Rn. 12.

346   Zeitler/Trurnit, Rn. 471; Ruder, Rn. 657; OVG Münster, DWW 2015, 64 (64).

347   Stephan/Deger, § 27a PolG, Rn. 16; Zeitler/Trurnit, Rn. 472; Belz/Mussmann/Kahlert/Sander, § 27a PolG, Rn. 13.

348   Stephan/Deger, § 27a PolG, Rn. 17; Belz/Mussmann/Kahlert/Sander, § 27a PolG, Rn. 14.

349   Ruder, Rn. 661; Belz/Mussmann/Kahlert/Sander, § 27a PolG, Rn. 20.

350   Stephan/Deger, § 27a PolG, Rn. 21; Zeitler/Trurnit, Rn. 476.

keine verfassungsrechtlichen Bedenken

Die Verfassungsmäßigkeit des § 27a III PolG wird nicht bestritten.[351] Auch das BVerfG hat in einem Eilverfahren keine verfassungsrechtlichen Bedenken geäußert.[352] Die Regelung greift zwar in die Grundrechte aus Art. 11 I und 14 I GG des Verantwortlichen ein, doch ist dieser Eingriff gerechtfertigt, um den Opfern häuslicher Gewalt einen Schutz vor Gewalttätigkeiten zu bieten. Gleiches gilt für das Grundrecht aus Art. 6 I GG, ein Eingriff wird hier durch kollidierende Grundrechte des Opfers gerechtfertigt.

248

f) Aufenthaltsvorgabe und Kontaktverbot zur Verhütung terroristischer Straftaten, § 27b PolG

Der im Dezember 2017 eingeführte § 27b PolG steht im Kontext mit der abstrakten Bedrohungslage durch den internationalen Terrorismus. Die Norm ermächtigt den Polizeivollzugsdienst im Vorfeld konkreter Gefahren zur Verhütung terroristischer Straftaten, Aufenthaltsbeschränkungen und Kontaktverbote insbesondere gegenüber islamistischen Gefährdern anzuordnen.

248a

aa) Aufenthaltsvorgabe, § 27b I PolG

Aufenthaltsvorgabe

Aufenthaltsvorgaben können als Untersagung, sich ohne Erlaubnis vom Wohn- oder Aufenthaltsort bzw. aus „einem bestimmten Bereich" zu entfernen (Entfernungsverbot) oder als Untersagung, sich an bestimmten Orten aufzuhalten (Aufenthaltsverbot) angeordnet werden.

248b

Tatbestandliche Voraussetzung ist zum einen die Verhütung von Straftaten mit terroristischer Zielrichtung i.S.d. § 129a I und II StGB. Zum anderen bedarf es einer tatsachengestützten Prognoseentscheidung in Bezug auf den Adressaten der Maßnahme, den Zeitpunkt („übersehbarer Zeitraum") und die Art („zumindest ihrer Art nach konkretisiert") der befürchteten terroristischen Straftat.

bb) Kontaktverbot, § 27b II PolG

Kontaktverbot

Nach § 27b II PolG kann der Polizeivollzugsdienst unter den Voraussetzungen des § 27b I PolG Gefährder auch mit Kontaktverboten belegen. Hierunter versteht man das das an den Betroffen gerichtete Verbot, mit „bestimmten Personen oder Personen einer bestimmten Gruppe" Kontakt aufzunehmen oder zu pflegen.

248c

cc) Zuständigkeit und Verfahren § 27b III - VI PolG

Zuständigkeit

Aufenthalts- und Kontaktverbot stehen nach § 27b III 1 PolG unter einem Richtervorbehalt, können im Eilfall aber auch durch den Leiter eines Polizeipräsidiums oder des LKA angeordnet werden, § 27b III 5 PolG.

248d

Verfahren

§ 27b IV PolG statuiert inhaltliche Anforderungen, denen der Antrag auf richterliche Anordnung einer Aufenthaltsvorgabe und/oder eines Kontaktverbots genügen muss. Vorgaben für die schriftliche abzufassende richterliche Anordnung enthält § 27b V PolG. Abs. 6 befristet Anordnungen nach § 27b I, II PolG auf maximal drei Monate (mit Verlängerungsmöglichkeit) und konkretisiert insoweit den Grundsatz der Verhältnismäßigkeit.

---

351   Ruder, Rn. 659; Götz/Geis, § 8 Rn. 29; Guckelberger, JA 2011, 1; Ruder, VBlBW 2002, 11.
352   BVerfG, NJW 2002, 2225.

hemmer-Methode: Die Rechtsschutzmöglichkeiten gegen die richterliche Anordnung erschließen sich über die Verweisung des § 27b III S. 4 auf § 31 V S. 3 PolG (hierzu bereits unter Rn. 71). Selbiges gilt gem. § 27c V S. 4 PolG für die Anordnung einer elektronischen Aufenthaltsüberwachung (dazu sogleich).

g) Elektronische Aufenthaltsüberwachung zur Verhütung terroristischer Straftaten, § 27c PolG

elektronische Aufenthaltsüberwachung

248e

Der Effektuierung von Aufenthaltsvorgaben und Kontaktverboten nach § 27b PolG dient § 27c PolG,[353] der den Polizeivollzugsdienst dazu ermächtigt, den Aufenthaltsort einer Person offen mithilfe eines technischen Mittels zur Verhütung terroristischer Straftaten elektronisch zu überwachen („elektronische Fußfessel").

§ 27c PolG ist weitgehend an § 56 BKAG angelehnt. Abs. 1 statuiert die Voraussetzungen für die Anordnung gegenüber dem Betroffenen, Abs. 2 und 3 regeln die Datenerhebung. § 27c IV PolG stellt besondere Pflichten des Polizeivollzugsdienstes bei der Durchführung der Maßnahme auf. Verfahrensrechtliche Absicherungen enthalten die Abs. 5 bis 7. § 27c VIII PolG regelt die Dauer der Aufenthaltsüberwachung und konkretisiert insoweit den Grundsatz der Verhältnismäßigkeit.

hemmer-Methode: Verstöße gegen auf §§ 27b, 27c PolG gestützte vollstreckbare gerichtliche Anordnungen können gem. § 84b PolG mit Freiheitsstrafe bis zu zwei Jahren oder mit Geldstrafe sanktioniert werden.

h) Gewahrsam, § 28 PolG

präventive Ingewahrsamnahme

249

Der Gewahrsam nach § 28 PolG ist neben § 26 II S. 3 PolG eine weitere Möglichkeit, einer Person nach dem PolG die Freiheit zu entziehen. § 28 PolG regelt allerdings nur die präventive Ingewahrsamnahme durch die Polizei.[354] Die Befugnisnorm korrespondiert mit der für die repressive Strafverfolgung geltenden Festnahmemöglichkeit nach § 127 I StPO.

Beide Vorschriften sind daher voneinander abzugrenzen; es besteht allerdings die Möglichkeit des Übergangs von der Ingewahrsamnahme nach § 28 PolG zur Festnahme nach § 127 I StPO.

Bsp.: Vollzugspolizist W sieht, wie ein aggressiver Mann in einer Menschenmenge auf einem Volksfest wahllos um sich schlägt und vorübergehende Personen verletzt. Um Verletzungen weiterer Passanten zu vermeiden, nimmt er den sichtlich angetrunkenen Mann in den Schwitzkasten und befördert den Unbezähmbaren auf die Polizeidienststelle.

Dort schläft dieser erst einmal drei Stunden lang seinen Rausch aus. Da der Mann keine Papiere mit sich führt und auch keine Angaben zu seiner Person machen will, hält ihn die Polizei, nachdem er bereits ausgenüchtert ist, noch eine weitere Stunde fest, bis die Personalien durch Recherchen ermittelt werden können.

Der Unbekannte wurde zunächst nach § 28 I Nr. 1 PolG in Gewahrsam genommen, um die Fortsetzung von Straftaten nach § 223 StGB und ggf. § 323a StGB zu verhindern (Schwerpunkt Präventivhandeln). Nach § 28 III S. 1 PolG war der Festgehaltene, nachdem er ausgenüchtert war, grds. zu entlassen, oder eine richterliche Entscheidung herbeizuführen.

353   Schenke, Polizei- und Ordnungsrecht, Rn. 140. Dazu näher Lindner/Bast, DVBl. 2017, 290; Guckelberger, DVBl. 2017, 1121.
354   Ruder, Rn. 665; Zeitler/Trurnit, Rn. 307; Stephan/Deger, § 28 PolG, Rn. 1.

Da er jedoch auf frischer Tat betroffen wurde und seine Identität bisher nicht festgestellt werden konnte (nun Übergang zur Strafverfolgung), durfte er nach § 127 I StPO i.V.m. § 163b I StPO bis zur Ermittlung seiner Personalien weiter festgehalten werden.

aa) Begriff

Definition

Unter Ingewahrsamnahme einer Person durch die Polizei versteht man den Entzug der Bewegungsfreiheit durch Festhalten derselben an einem bestimmten Ort, sodass die körperliche Bewegungsfreiheit nicht nur unerheblich eingeschränkt ist.[355] Nicht ausschlaggebend ist dabei, ob die Freiheitsentziehung in einer speziellen Gewahrsamseinrichtung (z.B. Polizeidienststelle), in einem Polizeifahrzeug oder unter freiem Himmel erfolgt.

250

bb) Regelungsinhalt des § 28 I PolG

Varianten des § 28 I PolG

§ 28 I PolG beinhaltet drei Varianten, in denen der polizeiliche Gewahrsam einer Person zulässig ist.

251

hemmer-Methode: Spezialgesetzliche Normierungen des Gewahrsams finden sich in § 42 SGB VIII, § 62 AufenthG und § 30 IfSG. Diese Normierungen gehen gem. § 1 II PolG dem § 28 PolG vor.

Nr. 1: Präventivgewahrsam

⇨ § 28 I Nr. 1 PolG erlaubt die Ingewahrsamnahme, sofern auf andere Weise eine unmittelbar bevorstehende erhebliche Störung nicht verhindert oder eine bereits eingetretene Störung der öffentlichen Sicherheit oder Ordnung nicht beseitigt werden kann (sog. Präventivgewahrsam).

252

Die Störung der öffentlichen Sicherheit oder Ordnung muss erheblich sein, d.h. es müssen bedeutsame Rechtsgüter gefährdet sein oder sich die Erheblichkeit aus Umfang oder Intensität der Störung ergeben. Nach der Rspr. ist dies in der Regel zu bejahen, wenn mit der Begehung von Straftaten oder nicht geringfügigen Ordnungswidrigkeiten zu rechnen ist.[356] Zudem muss die Störung bereits eingetreten sein oder unmittelbar bevorstehen. Letzteres ist der Fall, wenn der Eintritt eines Schadens für ein polizeiliches Schutzgut mit hoher Wahrscheinlichkeit sofort oder in allernächster Zeit zu erwarten ist, sollte nicht eingeschritten werden.[357]

Einschränkend fordert der Präventivgewahrsam, dass die Störung nicht auf andere Weise verhindert oder beseitigt werden kann. Den ggü. einer Freiheitsentziehung weniger einschneidenden Maßnahmen (z.B. Platzverweis oder Beschlagnahme) muss daher der Vorrang eingeräumt werden (ultima-ratio-Gedanke). Dies ist zu bejahen, wenn in der Vergangenheit andere Maßnahmen nicht Erfolg versprechend waren oder mit hoher Wahrscheinlichkeit nicht sein werden.

Bsp.: Das sog. „Hütchenspiel" ist kein bloßes Geschicklichkeitsspiel, sondern mangels Vorhersehbarkeit des Ergebnisses ein Glücksspiel. Wer das Spiel ohne die hierfür erforderliche Genehmigung in der Fußgängerzone veranstaltet, verstößt gegen § 284 I, III StGB und kann zum Zwecke der Gefahrenabwehr notfalls in Gewahrsam genommen werden.[358]

---

355   Ruder, Rn. 663; Belz/Mussmann/Kahlert/Sander, § 28 PolG, Rn. 3.

356   Mit der Strafbewehrung hat der Gesetzgeber zum Ausdruck gebracht, dass er dieses Verhalten als eine erhebliche Störung menschlichen Zusammenlebens betrachtet; vgl. hierzu VGH Mannheim, VBlBW 2005, 63; VBlBW 1986, 308 (310); Zeitler/Trurnit, Rn. 329; Stephan/Deger, § 28 PolG, Rn. 14.

357   Belz/Mussmann/Kahlert/Sander, § 28 PolG, Rn. 8; Stephan/Deger, § 28 PolG, Rn. 12.

358   VG Frankfurt, NVwZ 1994, 720 (722).

> **hemmer-Methode:** Nach überwiegender Ansicht ist der Präventivge-wahrsam mit Art. 5 I EMRK vereinbar.[359] Nach der Rspr. des EGMR[360] sind allerdings erhöhte Anforderungen an die Erheblichkeit der Stö-rung, die Prognoseentscheidung und die Verhältnismäßigkeit der Maßnahme zu stellen.

Nr. 2: Schutzgewahrsam

⇨ Nach § 28 I Nr. 2 PolG kann eine Person in Gewahrsam genom-men werden, wenn dieser eine Gefahr für Leib oder Leben konk-ret droht. Neben dieser Gefahrenlage muss eine der in den Buchstaben a) bis c) genannten weiteren Voraussetzungen vor-liegen (sog. Schutzgewahrsam).[361]

253

Eine Gefahr für Leben und Gesundheit ist eine Sachlage, bei der ei-ne nicht nur leichte Körperverletzung droht bzw. unter Umständen sogar der Tod eintreten kann.[362] Unerheblich ist hierbei, ob diese Gefahr durch diese Person selbst, durch Dritte oder durch höhere Gewalt verursacht worden ist.

> **Bsp. 1:** *Schiedsrichter S bangt nach einem verpfiffenen Fußballspiel um sein Leben und verlangt von der Polizei, zum eigenen Schutz in Ge-wahrsam genommen zu werden.*

Um Missbräuchen vorzubeugen, unterfällt auch dieser Fall den Anforde-rungen des Gewahrsams und eine richterliche Entscheidung nach § 28 III S. 2 PolG ist einzuholen.[363]

> **Bsp. 2:** *Ingewahrsamnahme eines betrunkenen Obdachlosen, der im Winter bei minus 15°C auf einer Parkbank liegt.*

Die Person befindet sich vorliegend in einem die freie Willensbestim-mung ausschließenden Zustand und ihre Ingewahrsamnahme ist zum Schutz des Lebens, jedenfalls aber der Gesundheit, erforderlich.

Nr. 3: Identitätsgewahrsam

⇨ § 28 I Nr. 3 PolG erlaubt die Ingewahrsamnahme in den Fällen, in denen eine Identitätsfeststellung nach § 26 PolG zulässig ist, aber nicht ohne ein längeres Festhalten durchgeführt werden kann (sog. Identitätsgewahrsam).

254

Der Identitätsgewahrsam setzt voraus, dass die Polizei zuvor alle anderen Möglichkeiten (z.B. Sistierung nach § 26 II S. 3 PolG) aus-geschöpft hat und der Anlass für die Feststellung einen Eingriff in die Freiheit der Person nach Art. 2 II S. 2 GG rechtfertigt.[364]

cc) Sonderproblem: Sportgroßveranstaltungen

Sonderproblem: Sportgroßveranstal-tungen

§ 28 I PolG hat in der Vergangenheit auch Bedeutung im Zusam-menhang mit Sportgroßveranstaltungen gewonnen.[365] Abgren-zungsprobleme ggü. anderen Rechtsgrundlagen stellen sich insbe-sondere bei der sog. einschließenden Begleitung und dem Festhal-ten in Fanblöcken.

255

Begleitet die Polizei eine Gruppe von (meist gegnerischen) Fans zum Stadion, handelt es sich dabei nicht um eine Ingewahrsam-nahme nach § 28 I PolG, da sich diese dennoch frei bewegen kön-nen. Grundlage für das polizeiliche Handeln ist die Generalklausel der §§ 3, 1 I PolG.[366]

---

359   Nachbaur, VBlBW 2018, 45 (50); Heidenbach, NVwZ 2014, 554; Schenke, Polizei- und Ordnungsrecht, Rn. 141; Kingreen/Poscher, Polizei- und Ordnungsrecht, § 17 Rn. 18.

360   EGMR, NVwZ 2014, 43 - Ostendorf; dazu Heidebach NVwZ 2014, 554 sowie Waechter NVwZ 2014, 995. Lesenswerte Fallbearbeitungen bieten Sagir, JA 2018, 284 und Greim-Diroll, Jura 2016, 545.

361   Ruder, Rn. 671; Zeitler/Trurnit, Rn. 334; Stephan/Deger, § 28 PolG, Rn. 19; Belz/Mussmann/Kahlert/Sander, § 28 PolG, Rn. 10.

362   VGH Mannheim, VBlBW 2004, 376; Ruder, Rn. 193 und 671; Stephan/Deger, § 1 PolG, Rn. 25 und § 28 PolG, Rn. 19.

363   Zeitler/Trurnit, Rn. 334; Stephan/Deger, § 28 PolG, Rn. 20.

364   Zeitler/Trurnit, Rn. 335; Ruder, Rn. 675; Stephan/Deger, § 28 PolG, Rn. 23; Belz/Mussmann/Kahlert/Sander, § 28 PolG, Rn. 14.

365   Lesenswerte Fallbearbeitungen zu dieser Thematik finden Sie bei Winkler/Schadtle, JuS 2015, 435, und Unkroth, Jura 2008, 464.

366   Der Aufenthalt in der auffälligen Gruppe macht auch die mitgehenden friedlichen Fans zumindest zu Anscheinsverantwortlichen.

Die Verzögerung des Abmarsches durch Festhalten in Fan-Blöcken stellt für den friedlichen Fan Schutzgewahrsam nach § 28 I Nr. 2b PolG dar. Gewaltbereite Fans hingegen können aufgrund des § 28 I Nr. 1 PolG (Präventivgewahrsam) von dieser Maßnahme betroffen werden.

Verbringungsgewahrsam

Ebenfalls nicht gesetzlich geregelt ist der sog. Verbringungsgewahrsam. Darunter versteht man den Abtransport bestimmter Personen an einen weit entfernten (evtl. sogar entlegenen) Ort, an welchem diese sich selbst überlassen werden.[367]

256

Die Rückkehr zum Ort, von dem verwiesen wird, wird in diesen Fällen nicht durch ein Festhalten am Gewahrsamsort, sondern durch die Entfernung zu diesem Ort verhindert. Von der Eingriffstiefe her betrachtet liegt der sog. Verbringungsgewahrsam damit zwischen Gewahrsam und Platzverweisung.

> **Bsp.:** *Die Polizeibeamten fahren mehrere randalierende Fußballfans aus der Freiburger Innenstadt in einen abgelegenen Wald. Hierdurch sollen diese davon abgehalten werden, ein bestimmtes Fußballspiel zu besuchen.*

Nach h.M.[368] ist der Verbringungsgewahrsam rechtswidrig. Es fehlt im PolG an einer Rechtsgrundlage für den Abtransport über den Gewahrsamsort hinaus sowie für das Aussetzen des Betroffenen. Die fehlende Erwähnung des Verbringungsgewahrsams in § 28 I PolG kann insoweit nicht durch die Generalklausel ersetzt werden (sog. Sperrwirkung der Standardbefugnisse, vgl. Rn. 137).

Dem kann auch nicht entgegengehalten[369] werden, dass der Verbringungsgewahrsam ein milderes Mittel ggü. der Verbringung in eine Gewahrsamseinrichtung darstellt. Der Verbringungsgewahrsam ist kein „Minus", sondern ein „Aliud" und hätte angesichts Art. 104 II S. 4 GG ausdrücklich geregelt werden müssen. Zudem kann sich der Betroffene während des Gewahrsams auf den Schutz und die Obhut der Polizei verlassen.[370]

dd) Besondere Verfahrensvoraussetzungen

Verfahren

Die Voraussetzungen der Ingewahrsamnahme sind in § 28 I PolG abschließend normiert. Neben den materiellen Voraussetzungen sind aber zusätzlich auch gesondert geregelte Verfahrensvoraussetzungen einzuhalten, vgl. § 28 II - IV PolG und § 1 DVO PolG.

257

§ 28 II PolG: Unterrichtung des Betroffenen

(1) Der in Gewahrsam genommenen Person sind gem. § 28 II PolG der Grund der Ingewahrsamnahme, d.h. die maßgeblichen rechtlichen und tatsächlichen Gesichtspunkte, und die gegen die Maßnahme zulässigen Rechtsbehelfe mitzuteilen.

258

§ 1 DVO PolG: Durchführungsbestimmungen

Nähere Vorschriften über die Durchführung des Gewahrsams enthält § 1 DVO PolG. Insbesondere soll die in Gewahrsam genommene Person von anderen festgehaltenen Personen getrennt untergebracht werden (Abs. 1). In Abs. 2 S. 1 ist ein Benachrichtigungsrecht des von einer polizeilichen Freiheitsentziehung Betroffenen normiert.

---

367   Trurnit, VBlBW 2009, 205 (209); Belz/Mussmann/Kahlert/Sander, § 28 PolG, Rn. 25; Stephan/Deger, § 28 PolG, Rn. 6.

368   Zeitler/Trurnit, Rn. 324; Ruder, Rn. 676; Belz/Mussmann/Kahlert/Sander, § 28 PolG, Rn. 25; Stephan/Deger, § 28 PolG, Rn. 6; BVerwG, NVwZ 1988, 250; Schucht, DÖV 2011, 553; für die Zulässigkeit des Verbringungsgewahrsams aufgrund der polizeilichen Generalklausel hingegen BayObLG, NVwZ 1990, 194 (196); Franz/Günther, NWVBl. 2006, 201 (209).

369   In diesem Sinne aber Leggereit, NVwZ 1999, 263 und Unkroth, Jura 2008, 464.

370   Trurnit, VBlBW 2009, 205 (210); Stephan/Deger, § 28 PolG, Rn. 7.

§ 28 III S. 1 PolG: Aufhebung des Gewahrsams

(2) Nach § 28 III S. 1 und 2 PolG ist der polizeiliche Gewahrsam aufzuheben, sobald sein Zweck erreicht ist oder die gesetzliche Höchstfrist verstrichen ist (§ 28 III S. 5 PolG).[371] Da die Ingewahrsamnahme einen besonders schweren Eingriff in die Rechte des Betroffenen darstellt, hat die Behörde fortlaufend zu prüfen, ob die Aufrechterhaltung des Gewahrsams noch gerechtfertigt ist.[372]

259

§ 28 III S. 3 PolG: richterliche Entscheidung

(3) Entsprechend den Vorgaben des Art. 104 II GG sieht § 28 III S. 3 PolG vor, dass über die Zulässigkeit des Gewahrsams unverzüglich eine richterliche Entscheidung herbeizuführen ist (sog. Richtervorbehalt).[373] Gleiches gilt für den Fall, dass der Antrag erst nach Beginn des Gewahrsams gestellt werden kann. Örtlich zuständig ist das Amtsgericht, in dessen Bezirk die in Gewahrsam genommene Person festgehalten wird (vgl. §§ 415 ff. FamFG).

260

hemmer-Methode: Natürlich ist für die Unverzüglichkeit nicht auf § 121 BGB zurückzugreifen. § 28 III S. 3 PolG setzt die verfassungsrechtliche Anforderung aus Art. 104 II GG um und muss daher i.S.d. Grundgesetzes ausgelegt werden. Nur ein zwingender sachlicher Grund kann eine zeitliche Verzögerung begründen.[374] Auf ein Verschulden des einzelnen Beamten kommt es nicht an.

Fehlt es an einer gerichtlichen Entscheidung, obwohl diese nach Art. 104 II GG, § 28 III S. 1 PolG vorliegen muss, so ist der andauernde Gewahrsam rechtswidrig.

Die Entscheidung des zuständigen Gerichts ist nur dann nicht erforderlich, wenn sie erst nach Beendigung des Gewahrsams ergehen würde, vgl. § 28 III S. 4 PolG. Bei absehbar kurzer Dauer der Freiheitsentziehung ist daher eine richterliche Entscheidung entbehrlich, um den Sinn dieser Schutznorm nicht durch Fortsetzung der Freiheitsentziehung in sein Gegenteil zu verkehren.[375]

i) Durchsuchung von Personen, § 29 PolG

aa) Begriff

Durchsuchung von Personen

§ 29 PolG berechtigt die Polizei zum Durchsuchen von Personen zur Gefahrenabwehr.[376] Darunter versteht man die ziel- und zweckgerichtete Suche staatlicher Stellen nach Sachen in den am Körper befindlichen Kleidungsstücken oder am Körper selbst.[377] Sie hat zum Ziel, versteckte Gegenstände aufzuspüren, welche der Gewahrsamsinhaber von sich aus nicht herausgeben oder offenlegen will.

261

Die Durchsuchung erfolgt z.B. durch Abtasten des bekleideten Körpers. Erfasst sind nach der Rechtsprechung auch äußere Körperpartien wie Ohren, Nase und Mund.[378]

---

371 Kritisch zur fehlenden Differenzierung in § 28 III S. 5 PolG nach dem Grund des Gewahrsames Nachbaur, VBlBW 2018, 45 (50).

372 Belz/Mussmann/Kahlert/Sander, § 28 PolG, Rn. 16; Stephan/Deger, § 28 PolG, Rn. 33; Ruder, Rn. 692.

373 Hierzu bereits ausführlich unter Rn. 66 ff.

374 BVerwGE 45, 51 (63 f.); Belz/Mussmann/Kahlert/Sander, § 28 PolG, Rn. 19; Stephan/Deger, § 28 PolG, Rn. 34. Sachliche Gründe sind Verzögerungen, die durch renitentes Verhalten des Ingewahrsamgenommenen oder Schwierigkeiten beim Transport verursacht wurden.

375 Stephan/Deger, § 28 Rn. 36; Belz/Mussmann/Kahlert/Sander, § 28 PolG, Rn. 20.

376 Im Bereich der Strafverfolgung greifen §§ 102 ff. StPO und § 46 OWiG. Instruktiv hierzu Trurnit, Rn. 349 ff.

377 Ruder, Rn. 694; Zeitler/Trurnit, Rn. 444; Würtenberger/Heckmann/Tanneberger, § 5 Rn. 192; zur Reichweite des Begriffs Durchsuchung vgl. OVG Saarland, LKRZ 2008, 102 (103).

378 Ruder, Rn. 694; instruktiv hierzu OVG Saarland, JA 2008, 667 = LKRZ 2008, 102.

Abgrenzung zur Untersuchung

Von der Durchsuchung von Personen, die auch bei der Strafverfolgung nach der StPO eine große Rolle spielt, ist die Untersuchung zu unterscheiden. Die Differenzierung richtet sich danach, wo nach Gegenständen gesucht wird. Bei einem „Suchen" im Körperinneren (After, Scheide) oder Organuntersuchungen (Auspumpen des Mageninhalts) liegt eine Untersuchung vor, die in Baden-Württemberg mit Ausnahme des § 60 IV PolG[379] nur auf Grundlage der StPO angeordnet werden kann (vgl. §§ 81a, 81c StPO).[380]

262

bb) Regelungsinhalt

Spezialtatbestände

(1) § 29 I PolG ist so aufgebaut, dass die Durchsuchung seitens der Polizei aufgrund einer Reihe von Spezialtatbeständen normiert wird, die ihrerseits auf die Voraussetzungen anderer Befugnisnormen zurückgreifen.

263

hemmer-Methode: Die Rechtsgrundlagen erstrecken sich über die eigentliche Durchsuchung hinaus auch auf erforderliche Begleitmaßnahmen, z.B. Anhalten und Festhalten der zu durchsuchenden Person.[381] Liegen die Voraussetzungen des § 26 II S. 3 PolG vor, ist auch das Verbringen auf die Dienststelle möglich.

Nach dem Gesetzeswortlaut kommt es auf den gesonderten Nachweis einer konkreten Gefahr nicht an. Gleichwohl sind diese als Annexbefugnisse zu anderen Standardmaßnahmen formulierten Durchsuchungsrechte unter dem Blickwinkel dieser anderweitigen Befugnisnormen zu sehen. Insofern sind bei Einschlägigkeit diese Normierungen inzident zu prüfen.

§ 29 I Nr. 1 PolG: Festhalten und Gewahrsam

⇨ § 29 I Nr. 1 PolG erlaubt die Durchsuchung von Personen, die nach den Regelungen des PolG (z.B. § 26 II S. 3 PolG und § 28 PolG) oder anderen Rechtsvorschriften (z.B. §§ 127 II, 164 StPO und § 64 II AufenthG) festgehalten oder in Gewahrsam genommen werden können.

264

Die Vorschrift dient dem Schutz des Betroffenen (Selbstverletzung und Selbsttötung), der Eigensicherung von Beamten (die sich z.B. mit dem Betroffenen in einem Streifenwagen befinden) und dem Schutz Dritter vor Gefahren, die bei Freiheitsentziehungen auftreten können.[382]

§ 29 I Nr. 2 PolG: Auffinden von Sachen

⇨ § 29 I Nr. 2 PolG erlaubt die Durchsuchung, wenn Tatsachen die Annahme rechtfertigen, dass die Person Sachen (d.h. körperliche Gegenstände oder Tiere) mit sich führt, die gem. § 32 PolG sichergestellt oder gem. § 33 PolG beschlagnahmt werden dürfen.

265

Bsp.:[383] Die Polizei hat ermittelt, dass gewaltbereite KSC-Fans beabsichtigen, pyrotechnisches Material und Signalmunition in das Wildparkstadion zu schmuggeln. In diesem Fall ist es grds. nicht zu beanstanden, dass auch weibliche Fans durchsucht werden.

§ 29 I Nr. 3 PolG: gefährliche oder verrufene Orte

⇨ § 29 I Nr. 3 PolG ermöglicht die Durchsuchung von Personen an den gleichen gefährlichen oder verrufenen Orten, an denen nach § 26 I Nr. 2 PolG eine Identitätsfeststellung zulässig ist (vgl. Rn. 222). Die Durchsuchung kann unabhängig von einer Personenfeststellung durchgeführt werden, setzt aber voraus, dass sich der Betroffene dort aufhält.

266

---

379 Hierzu unter Rn. 146.

380 Belz/Mussmann/Kahlert/Sander, § 29 PolG, Rn. 4; Stephan/Deger, § 29 PolG, Rn. 5; Zeitler/Trurnit, Rn. 444.

381 Belz/Mussmann/Kahlert/Sander, § 29 PolG, Rn. 2. Die Reichweite der Standardbefugnisnormen wurde bereits unter Rn. 135 erörtert.

382 Zeitler/Trurnit, Rn. 446; Ruder, Rn. 697; Belz/Mussmann/Kahlert/Sander, § 29 PolG, Rn. 5; Stephan/Deger, § 29 PolG, Rn. 7.

383 Fall nach OVG Saarland, LKRZ 2008, 102 (103).

§ 29 I Nr. 4 PolG: Objektschutz	⇨ § 29 I Nr. 4 PolG steht im Zusammenhang mit § 26 I Nr. 3 PolG (vgl. Rn. 224), mit dem Unterschied, dass sich die Person dort aufhalten muss. Die Durchsuchung von Personen ist nach dieser Norm erlaubt, wenn Tatsachen die Annahme rechtfertigen, dass in oder an besonders gefährdeten Objekten Straftaten begangen werden sollen.

267

§ 29 I Nr. 5 PolG: Ausschreibung zur gezielten Kontrolle	⇨ § 29 I Nr. 5 PolG erlaubt die Durchsuchung von Personen, die nach § 25 PolG oder Art. 99 SDÜ zur gezielten Kontrolle ausgeschrieben sind.[384]

268

> **hemmer-Methode: Die Rechtsgrundlage für die Durchsuchung von Personen zum Zwecke der Feststellung ihrer Identität findet sich hingegen in § 26 II S. 3 PolG (vgl. Rn. 229).**

§ 29 II PolG: polizeiliche Eigensicherung	**(2)** § 29 II PolG erlaubt der Polizeibehörde die Durchsuchung von Personen, deren Identität nach diesem Gesetz (z.B. § 26 PolG) oder nach anderen Gesetzen[385] festgestellt werden soll. Die Formulierung der Norm macht deutlich, dass die Durchsuchung vor der Identitätsfeststellung stattfindet.[386] Zielrichtung ist es insbesondere, gefährliche Gegenstände beim Betroffenen aufzufinden, um zu verhindern, dass dieser Polizeibeamte angreift etc. (sog. polizeiliche Eigensicherung). Voraussetzungen sind, dass nach den Umständen (tatsächliche Anhaltspunkte) eine Gefahr für Leib oder Leben vorliegt und die Anforderungen für die Feststellung der Identität nach dem PolG oder dem Spezialgesetz erfüllt sind. Insofern bedarf es auch i.R.d. § 29 II PolG einer Inzidentprüfung.

269

§ 29 III PolG: besondere Verfahrensvorschrift	**(3)** § 29 III PolG beinhaltet eine besondere Verfahrensvorschrift zur Wahrung des allgemeinen Persönlichkeitsrechts.[387] Danach ist die Durchsuchung von Personen durch Personen gleichen Geschlechts oder durch Ärzte vorzunehmen, es sei denn, es liegt eine besondere Gefahrensituation vor. Ein Verstoß gegen diese Verfahrensvorschrift führt zur Rechtswidrigkeit der Maßnahme, sollte der Betroffene nicht wirksam auf den Schutz (z.B. zur Beschleunigung des Verfahrens) verzichtet haben.[388] *Bsp.: Der männliche Polizeibeamte möchte die Kleidung der Stadionbesucherin Simone W. nach mitgeführten Feuerwerkskörpern durchsuchen. Da die Durchsuchung nicht zur Abwehr von Gefahren für Leib oder Leben erforderlich ist, muss diese durch eine (ggf. noch anzufordernde) Kollegin erfolgen.*

270

j) Durchsuchung von Sachen, § 30 PolG

aa) Begriff

Durchsuchung von Sachen	Unter Durchsuchung i.S.d. § 30 PolG versteht man die ziel- und zweckgerichtete Suche staatlicher Stellen nach Personen, Tieren oder Sachen in oder an einer Sache[389] zur Gefahrenabwehr.[390]

271

---

384 Nach LT-Drs. 14/3165, S. 70 zielt die im November 2008 eingeführte Norm auf politische Straftäter ab, insbes. islamistische Terroristen.

385 Ruder, Rn. 703. Beispiele sind §§ 16, 19 II AsylVfG; §§ 111 I S. 2, 163b I, II StPO; § 46 OWiG; § 49 AufenthG.

386 Zeitler/Trurnit, Rn. 455; Ruder, Rn. 703; Stephan/Deger, § 29 PolG, Rn. 12; Belz/Mussmann/Kahlert/Sander, § 29 PolG, Rn. 10.

387 Zeitler/Trurnit, Rn. 456; Ruder, Rn. 704; Stephan/Deger, § 29 PolG, Rn. 13.

388 Stephan/Deger, § 29 PolG, Rn. 14; Belz/Mussmann/Kahlert/Sander, § 29 PolG, Rn. 13.

389 Ruder, Rn. 705; Trurnit, Rn. 403; Stephan/Deger, § 30 PolG, Rn. 5; Belz/Mussmann/Kahlert/Sander, § 30 PolG, Rn. 2.

390 Im Bereich der Strafverfolgung greifen §§ 102 ff. StPO und § 46 OWiG. Instruktiv hierzu Trurnit, Rn. 349 ff.

Der Sachbegriff des § 30 PolG ist weit zu fassen. Sachen i.S.d. Norm sind alle beweglichen und unbeweglichen körperlichen Gegenstände (§ 90 BGB).[391] Am Körper befindliche Kleidungsstücke und deren Inhalt unterfallen jedoch der Durchsuchung von Personen nach § 29 PolG. Erst die Durchsuchung abgelegter Kleidungsstücke unterfällt § 30 Nr. 1 PolG.

Abgrenzung zu § 31 PolG

Hier kann im Einzelfall die Abgrenzung gegenüber der Vorschrift über das Betreten von Wohnungen schwierig werden. Befriedetes Besitztum ist vom Wohnungsbegriff des § 31 PolG umfasst. Jedes tatsächlich bewohnte befriedete Besitztum (so auch zu diesem Zweck genutzte Wohnwagen, Wohnmobile, Zelte etc.) sind Wohnungen i.S.d. § 31 PolG, keine Sachen.

272

hemmer-Methode: § 30 PolG wird den Anforderungen des Art. 13 II GG an die Durchsuchung von Wohnungen nicht gerecht, da keine richterliche Entscheidung vorgesehen ist. Den verfassungsrechtlichen Anforderungen entspricht aber § 31 PolG. Deshalb ist der Wohnungsbegriff des § 31 PolG im Hinblick auf Art. 13 GG übereinstimmend mit diesem Grundrechtsartikel weit zu fassen. Andererseits darf der Sachbegriff des § 30 PolG nicht auch Wohnungen i.S.d. Art. 13 GG erfassen!

bb) Regelungsinhalt

Durchsuchungsgründe

(1) Die Standardbefugnisnorm des § 30 PolG enthält acht Spezialtatbestände, in denen die Durchsuchung seitens der Polizei zulässig ist. Diese greifen ihrerseits auf die Voraussetzungen anderer Befugnisnormen zurück.

273

hemmer-Methode: Die Rechtsgrundlagen erstrecken sich über die eigentliche Durchsuchung hinaus auch auf erforderliche Begleitmaßnahmen, z.B. Öffnen der zu durchsuchenden Sache oder Verbringung an einen zur Durchsuchung besser geeigneten Ort.

Nach dem Gesetzeswortlaut kommt es auf den gesonderten Nachweis einer konkreten Gefahr nicht an. Gleichwohl sind diese als Annexbefugnisse zu anderen Standardmaßnahmen formulierten Durchsuchungsrechte unter dem Blickwinkel dieser Befugnisnormen zu sehen. Insofern ist bei Einschlägigkeit die jeweilige Normierung inzident zu prüfen.

§ 30 Nr. 1 PolG: Rückverweisung auf § 29 PolG

⇨ § 30 Nr. 1 PolG verweist in vollem Umfang auf die Durchsuchungsgründe des § 29 I, II PolG für die Durchsuchung von Personen (sog. Rückverweisung). Darf eine Person durchsucht werden, so dürfen stets auch die von ihr mitgeführten[392] Sachen durchsucht werden.

274

Bsp.: Wird in einem Festzelt auf dem Cannstatter Volksfest ein randalierender Gast nach Waffen durchsucht, darf auch dessen mitgeführter Rucksack etc. durchsucht werden. Die Norm dient damit der effektiven Gefahrenabwehr in den Fällen, in denen eine Person Gepäck (oder ein Kfz) mit sich führt.

---

391   Ruder, Rn. 705; Stephan/Deger, § 29 PolG, Rn. 6; Belz/Mussmann/Kahlert/Sander, § 30 PolG, Rn. 3.
392   Ein Mitführen liegt vor, wenn die Person tatsächliche Gewalt über die Sache ausübt oder zu Beginn des polizeilichen Einschreitens ausgeübt hat; Belz/Mussmann/Kahlert/Sander, § 30 PolG, Rn. 6; Trurnit, Rn. 404; Ruder, Rn. 706.

§ 30 Nr. 2 PolG: Auffinden von Personen	⇨ § 30 Nr. 2 PolG erlaubt das Suchen nach Personen in Sachen (z.B. Gebäuden oder Fahrzeugen), wenn Tatsachen die Annahme rechtfertigen, dass sich die Person darin befindet und in Gewahrsam (§ 28 PolG oder Spezialgesetz) genommen werden darf, widerrechtlich festgehalten wird (z.B. Freiheitsberaubung oder Geiselnahme) oder die infolge Hilflosigkeit an Leib und Leben gefährdet ist[393] (z.B. Betrunkene, Vermisste oder Opfer von Unglücksfällen).

275

§ 30 Nr. 3 PolG: Durchsuchung zur Sicherstellung	⇨ Nach § 30 Nr. 3 PolG ist eine Durchsuchung von Sachen zulässig, wenn Tatsachen die Annahme rechtfertigen, dass sich in ihr eine Sache befindet, die (nach den §§ 32, 33 PolG oder Spezialgesetz) sichergestellt oder beschlagnahmt werden darf.

276

Bsp.: Durchsuchung von verloren gegangen Wertgegenständen; Durchsuchung von Omnibussen nach Drogen etc., zumal bzgl. der Insassen (mangels Führens des Kfz) § 30 Nr. 1 PolG nicht greift.[394]

§ 30 Nr. 4 PolG: gefährliche oder verrufene Orte	⇨ § 30 Nr. 4 PolG ermöglicht die Durchsuchung von Sachen an gefährlichen oder verrufenen Orten i.S.d. § 26 I Nr. 2 PolG (vgl. hierzu Rn. 222). Die Vorschrift kommt in Abgrenzung zu § 30 Nr. 1 PolG nur zur Anwendung, wenn die Sache keiner Person zugeordnet werden kann, insbesondere weggeworfen oder abgestellt wurde.[395]

277

Bsp.: Bei einer Razzia in der Heidelberger Drogenszene durchsuchen Polizeibeamte Taschen und Plastiktüten, bei denen nicht erkennbar ist, wem diese gehören.

§ 30 Nr. 5 PolG: gefährdete Objekte	⇨ Die Durchsuchung von Sachen in und an gefährdeten Objekten i.S.d. § 26 I Nr. 3 PolG (vgl. hierzu Rn. 224) regelt § 30 Nr. 5 PolG. Sachen, die nicht von einer bestimmten Person mitgeführt werden,[396] dürfen durchsucht werden, wenn Tatsachen die Annahme rechtfertigen, dass Straftaten in oder an diesen Objekten begangen werden.

278

Bsp.: Am Tag nach einer Bombendrohung durch al-Qaida findet der Hausmeister im Foyer des Staatsministeriums einen herrenlosen Rucksack. Die Polizei durchsucht das Gepäckstück auf seinen Inhalt.

§ 30 Nr. 6 PolG: Fahrzeuge an Kontrollstellen und Kontrollbereichen	⇨ § 30 Nr. 6 PolG ermöglicht die Durchsuchung von Fahrzeugen an Kontrollstellen und in Kontrollbereichen (§ 26 I Nr. 4 bzw. Nr. 5 PolG, vgl. hierzu Rn. 225 f.), sofern sich darin Personen (Fahrer, Bei- oder Mitfahrer) befinden, deren Identität festgestellt werden darf. Die Durchsuchung darf sich auf im Fahrzeug befindliche und mit dem Fahrzeug fest oder lose verbundene Sachen erstrecken. Gleiches gilt, sollte sich die Person auf einem Fahrzeug befinden (Fahrräder und Motorräder).[397]

279

Bsp.: Wurde anlässlich einer Sportgroßveranstaltung eine Kontrollstelle eingerichtet, dürfen unabhängig von einer Identitätsfeststellung vor Ort Fahrzeuge samt Dachgepäckträger oder Skiboxen (bei Zweirädern Gepäckboxen oder Gepäcktaschen) durchsucht werden. Die Durchsuchung von Wohnwägen oder Wohnmobilen ist hingegen nur unter den Voraussetzungen des § 31 PolG zulässig.[398]

§ 30 Nr. 7 PolG: mitgeführte Sachen an Kontrollstellen/-bereichen	⇨ Werden Sachen von einer Person mitgeführt, deren Identität an Kontrollstellen nach § 26 I Nr. 4 PolG oder in Kontrollbereichen nach § 26 I Nr. 5 PolG (vgl. hierzu Rn. 225 f.) festgestellt werden darf, greift der Durchsuchungsgrund des § 30 Nr. 7 PolG. Die Norm stellt sicher, dass in Ergänzung zu § 30 Nr. 6 PolG auch Fußgänger durchsucht werden können.[399]

280

---

393   Insofern bestehen Bezüge zum Schutzgewahrsam, vgl. hierzu Rn. 253.
394   Beachten Sie bei der Durchsuchung von Kfz aber die Konkurrenz zu § 30 Nr. 6 PolG.
395   Trurnit, Rn. 407; Ruder, Rn. 709; Belz/Mussmann/Kahlert/Sander, § 30 PolG, Rn. 10; Stephan/Deger, § 30 PolG, Rn. 11.
396   Andernfalls greift erneut § 30 Nr. 1 PolG, vgl. Ruder, Rn. 710; Trurnit, Rn. 408; Stephan/Deger, § 30 PolG, Rn. 12.
397   Trurnit, Rn. 409; Stephan/Deger, § 30 PolG, Rn. 13.
398   Trurnit, Rn. 409; Ruder, Rn. 711.
399   Belz/Mussmann/Kahlert/Sander, § 30 PolG, Rn. 13; Trurnit, Rn. 410.

Bsp.: Durchsuchung von Sachen (z.B. Rucksäcken) von Gästen im Zusammenhang mit Sportgroßveranstaltungen oder Rockfestivals, wobei es keiner vorherigen Identitätsfeststellung oder Durchsuchung der Person bedarf.

§ 30 Nr. 8 PolG: Durchsuchung zur Sicherstellung

⇨ § 30 Nr. 8 PolG erlaubt die Durchsuchung von Kraftfahrzeugen, die nach § 25 PolG oder Art. 99 SDÜ zur gezielten Kontrolle ausgeschrieben sind.[400]

281

Bsp.:[401] Der mutmaßliche Öko-Terrorist Timo ist zur Fahndung ausgeschrieben und mit seinem Pkw in Stuttgart unterwegs. Das Kfz darf in diesem Fall nach § 30 Nr. 1 i.V.m. § 29 I Nr. 5 PolG durchsucht werden. § 30 Nr. 8 PolG ist mithin nur einschlägig, wenn allein der Pkw zur Fahndung ausgeschrieben ist.

k) Betreten und Durchsuchen von Wohnungen, § 31 PolG

aa) Begriffsbestimmungen

Wohnung

Unter Wohnung versteht man jede Räumlichkeit, die der allgemeinen Zugänglichkeit durch eine räumliche Abschirmung entzogen und zur Stätte privaten Lebens und Wirkens gemacht wird.[402] Der Wohnungsbegriff umfasst sowohl die Wohn- als auch Nebenräume, insbesondere auch Arbeits-, Betriebs- und Geschäftsräume sowie anderes befriedetes Besitztum.

282

„ohne Einwilligung"

§ 31 PolG findet nur Anwendung, wenn die Wohnung gegen den Willen des Inhabers betreten oder durchsucht wird, vgl. § 38 I S. 1 PolG. Die Einwilligung des Wohnungsinhabers lässt die Notwendigkeit einer Rechtsgrundlage entfallen,[403] die behördliche Maßnahme ist dann (materiell) rechtmäßig.

Inhaber der Wohnung

Wohnungsinhaber ist der Inhaber der tatsächlichen Sachherrschaft über die Räumlichkeiten. Umstritten ist, ob es auf die Rechtmäßigkeit des Besitzes nach den Vorschriften des BGB ankommt.[404] Zu beachten ist hierbei in jedem Fall, dass § 31 PolG auch insofern entsprechend dem Verfassungsrecht auszulegen sein sollte.

283

Definitionen

Betreten ist das körperliche Eindringen in den geschützten Bereich.[405] Es umfasst das Verweilen und Kenntnisnahme von Personen, Sachen und Zuständen, die ohne Weiteres wahrgenommen werden können.

Durchsuchen wird als das ziel- und zweckgerichtete Suchen staatlicher Stellen nach Personen oder Sachen oder zur Ermittlung eines Sachverhalts, welche der Gewahrsamsinhaber von sich aus nicht herausgeben oder offen legen will, definiert.[406] Dies erstreckt sich auf die in der Wohnung befindlichen Sachen, soweit der Zweck der Durchsuchung dies erfordert.

---

400   Nach LT-Drs. 14/3165, S. 70 zielt die im November 2008 eingeführte Norm auf politische Straftäter ab, insbesondere islamistische Terroristen.
401   Stephan/Deger, § 30 PolG, Rn. 15; Trurnit, Rn. 411; Ruder, Rn. 713.
402   Jarass/Pieroth, Art. 13 GG, Rn. 4; Ruder, Rn. 718; Stephan/Deger, § 31 PolG, Rn. 5; Trurnit, Rn. 412.
403   Kingreen/Poscher, Polizei- und Ordnungsrecht, § 17 Rn. 27; Stephan/Deger, § 31 PolG, Rn. 12; Trurnit, Rn. 413; Ruder, Rn. 722.
404   Stephan/Deger, § 31 PolG, Rn. 11; Belz/Mussmann/Kahlert/Sander, § 31 PolG, Rn. 5; Trurnit, Rn. 413; Ruder, Rn. 721.
405   Kingreen/Poscher, Polizei- und Ordnungsrecht, § 17 Rn. 25; Belz/Mussmann/Kahlert/Sander, § 31 PolG, Rn. 7; Ruder, Rn. 719.
406   Stephan/Deger, § 31 PolG, Rn. 15; Belz/Mussmann/Kahlert/Sander, § 31 PolG, Rn. 12; Trurnit, Rn. 412; Ruder, Rn. 720.

bb) Betreten von Wohnungen, § 31 I PolG

§ 31 I S. 1 PolG: Betreten bei dringender Gefahr

(1) Das Betreten einer Wohnung ist gem. § 31 I S. 1 PolG nur zulässig, wenn dies zum Schutz eines Einzelnen oder des Gemeinwesens gegen dringende Gefahren für die öffentliche Sicherheit oder Ordnung erforderlich ist. Die dringende Gefahr ist eine Gefahr für ein bedeutsames Rechtsgut. Nach überwiegender Meinung muss darüber hinaus eine besondere zeitliche Nähe vorliegen, d.h. diese Gefahr muss bereits eingetreten sein oder unmittelbar bevorstehen (Steigerung in zeitlicher Hinsicht).[407]

284

> **Bsp.:** *Polizeibeamte vernehmen Hilfeschreie aus einer Wohnung. Da auf ihr Klingeln nicht geöffnet wird, treten sie durch die unverschlossene Eingangstür ein.*

§ 31 I 2 PolG: Betreten während der Nachtzeit

Restriktivere Voraussetzungen für das Betreten während der Nachtzeit (Legaldefinition in § 31 IV PolG) statuiert § 31 I S. 2 PolG. Notwendig ist eine gemeine Gefahr, konkrete Lebensgefahr oder schwere Gesundheitsgefahr für einzelne Personen. Eine gemeine Gefahr liegt vor, wenn die Gefährdung in ihrer Ausdehnung unbestimmt ist, d.h. für eine Vielzahl von Personen oder Sachgütern besteht (insbes. bei Bränden und Explosionsgefahren).[408]

285

Eine Lebensgefahr oder schwere Gesundheitsgefahr ist eine Sachlage, bei der eine nicht nur leichte Körperverletzung droht bzw. unter Umständen sogar der Tod eintreten kann.[409] Ausreichend ist jede nicht unerhebliche Beeinträchtigung der menschlichen Gesundheit (z.B. Selbstmordgefahr, Geiselnahmen, Entführungen).

cc) Betreten von Geschäftsräumen, § 31 VI PolG

§ 31 VI PolG: Betreten von Geschäftsräumen

§ 31 VI PolG erleichtert der Polizei das Betreten von Arbeits-, Betriebs- und Geschäftsräumen. Während der jeweiligen Geschäftszeiten ist ein polizeiliches Betreten zur Erfüllung einer Aufgabe i.S.v. § 1 PolG zulässig, zumal bei diesen wegen ihrer Öffnung nach außen ein geringeres Schutzbedürfnis (als bei Wohnungen i.e.S.) besteht.[410]

286

Die Vorschrift begründet allerdings kein allgemeines polizeiliches Kontroll- und Nachschaurecht. Erforderlich ist vielmehr, dass tatsächliche Anhaltspunkte dafür bestehen, dass in den zu betretenden Räumlichkeiten eine polizeiliche Aufgabe zu erfüllen ist.[411]

> **Bsp.:** *Ein Polizeibeamter hat Insider-Information erhalten, dass bei der Brauerei Beckhaus vor einigen Stunden mehrere tote Ratten im Biersud gesichtet wurden; Polizeibeamte betreten eine Diskothek, da die Sperrstunde überschritten wurde.*

Außerhalb der üblichen Geschäftszeiten ist das Betreten von Arbeits-, Betriebs- und Geschäftsräumen nur unter den restriktiveren Voraussetzungen des § 31 I PolG zulässig.

287

dd) Durchsuchen von Wohnungen, § 31 II, III PolG

§ 31 II, III PolG: Durchsuchung

Da die Durchsuchung einer Wohnung ggü. dem Betreten ein ungleich schwererer Eingriff in Art. 13 GG ist, knüpft § 31 II, III PolG diese Maßnahme an restriktivere Voraussetzungen.

288

---

407   Kingreen/Poscher, Polizei- und Ordnungsrecht, § 8 Rn. 21 unter Hinweis auf das allg. Wortverständnis (dringend = zeitlicher Faktor); ebenso Ruder, Rn. 723 und 186; Stephan/Deger, § 1 PolG, Rn. 26; Belz/Mussmann/Kahlert/Sander, § 31 PolG, Rn. 7; a.A. BVerwGE 47, 31 (40).

408   Trurnit, Rn. 415; Belz/Mussmann/Kahlert/Sander, § 31 PolG, Rn. 8; Stephan/Deger, § 31 PolG, Rn. 13.

409   VGH Mannheim, VBlBW 2004, 376; Trurnit, Rn. 415; Stephan/Deger, § 31 PolG, Rn. 13; Belz/Mussmann/Kahlert/Sander, § 31 PolG, Rn. 8.

410   Trurnit, Rn. 416; Stephan/Deger, § 31 PolG, Rn. 30 und 31; Belz/Mussmann/Kahlert/Sander, § 31 PolG, Rn. 10.

411   Trurnit, Rn. 416; Belz/Mussmann/Kahlert/Sander, § 31 PolG, Rn. 10; Ruder, Rn. 728.

(1) § 31 II Nr. 1 und Nr. 2 PolG regelt die Voraussetzungen, unter denen die Polizei eine Wohnung ohne Einwilligung des Inhabers durchsuchen darf. Da das Durchsuchen begrifflich das vorherige Betreten voraussetzt, darf die Polizei beim Vorliegen der Voraussetzungen die Wohnung auch betreten.[412]

289

Die Durchsuchungszwecke des § 31 II PolG stimmen mit denen in § 30 Nr. 2 und Nr. 3 PolG überein:

§ 31 I Nr. 1 PolG: Auffinden von Personen

⇨ § 31 I Nr. 1 PolG erlaubt das Durchsuchen einer Wohnung, wenn Tatsachen die Annahme rechtfertigen, dass sich eine Person darin befindet, die in Gewahrsam (§ 28 PolG oder Spezialgesetz) genommen werden darf, widerrechtlich festgehalten wird (z.B. Freiheitsberaubung oder Geiselnahme) oder die infolge Hilflosigkeit an Leib und Leben gefährdet ist (z.B. Betrunkene).

§ 30 Nr. 3 PolG: Durchsuchung zur Sicherstellung

⇨ Nach § 31 I Nr. 2 PolG ist die Durchsuchung einer Wohnung zulässig, wenn Tatsachen die Annahme rechtfertigen, dass sich in ihr eine Sache befindet, die (nach den §§ 32, 33 PolG oder Spezialgesetz) sichergestellt oder beschlagnahmt werden darf.

Bsp.: Wohnungsdurchsuchung zum Zwecke der Beschlagnahme eines Lärm verursachenden Geräts[413] oder eines anhaltend und überlaut bellenden Hundes.

Sonderproblem: fehlende Nachtzeitregelung

§ 31 II PolG enthält im Unterschied zu § 31 I S. 2 und § 31 III S. 2 PolG keine Nachtzeitregelung. Nicht abschließend geklärt ist, ob eine Durchsuchung zur Nachtzeit nur unter den zusätzlichen Voraussetzungen des § 31 I S. 2 PolG zulässig ist.[414] Wortlaut und Systematik sprechen eindeutig dagegen. Bei der Durchsuchung zur Nachtzeit dürfte allerdings dem Grundsatz der Verhältnismäßigkeit besondere Bedeutung zukommen.[415]

290

§ 31 III PolG: Entführungsfälle

(2) § 31 III S. 1 PolG erlaubt eine Durchsuchung von Wohnungen bei Entführungen. Liegt eine solche vor, d.h. wird eine Person gegen ihren Willen oder gegen den Willen der Sorgeberechtigten an einen anderen Ort verbracht und dort widerrechtlich festgehalten,[416] kann ein Gebäude oder eine Gebäudegruppe durchsucht werden.

291

Einschränkend ist erforderlich, dass Tatsachen die Annahme rechtfertigen, dass sich die entführte Person dort aufhält. Zudem muss sich die entführte Person oder ein Dritter in Lebens- oder Gesundheitsgefahr befinden[417] und die Durchsuchung das einzige Mittel sein, diese Gefahr abzuwehren.

Bsp.: Der Politiker Dr. D ist entführt worden. Die Entführer drohen, diesen bei Nichtzahlung eines Lösegeldes zu exekutieren. Informanten versichern glaubhaft, dass er in einem bestimmten Mehrfamilienhaus im Stuttgarter Westen gefangengehalten wird. Die Polizei darf in diesem Fall alle im Gebäude befindlichen Wohnungen zur Gefahrenabwehr betreten und durchsuchen.

Nachtzeitregelung

Zur Nachtzeit (vgl. § 31 IV PolG) darf die Durchsuchung nach § 31 III S. 2 PolG nur angeordnet werden, wenn dies zur Abwehr der in § 31 III S. 1 PolG genannten Lebens- oder Gesundheitsgefahr unumgänglich notwendig ist. Dies ist der Fall, wenn ohne das Eingreifen während der Nachtzeit der Durchsuchungserfolg beeinträchtigt oder verhindert würde (sog. unvertretbares Risiko).[418]

292

---

412   Belz/Mussmann/Kahlert/Sander, § 31 PolG, Rn. 12; Ruder, Rn. 725.

413   VG Karlsruhe, NJW 2010, 2961

414   Bejahend Ruder, Rn. 725; Belz/Mussmann/Kahlert/Sander, § 31 PolG, Rn. 12 unter Berufung auf den Schutzzweck der Schutzregelung.

415   Nachbaur, VBIBW 2018, 45 (52); Trurnit, Rn. 420; Stephan/Deger, § 31 PolG, Rn. 21.

416   Parallele zu §§ 234, 235 und §§ 239 - 239b StGB. Belz/Mussmann/Kahlert/Sander, § 31 PolG, Rn. 14; Stephan/Deger, § 31 PolG, Rn. 18.

417   Ruder, Rn. 726; Trurnit, Rn. 421.

418   Belz/Mussmann/Kahlert/Sander, § 31 PolG, Rn. 17; Stephan/Deger, § 31 PolG, Rn. 19; Trurnit, Rn. 422; Ruder, Rn. 727.

ee) Verfahrensvorschriften beim Durchsuchen von Wohnungen, § 31 V, VII, VIII PolG

§ 31 V S. 1 PolG: gerichtliche Entscheidung

(1) In formeller Hinsicht ist gem. § 31 V S. 1 PolG erforderlich, dass die Durchsuchung auf Antrag der Polizei amtsgerichtlich angeordnet wird. Die Vorschrift setzt die Vorgabe des Art. 13 II GG um (Richtervorbehalt). Zuständig ist das Amtsgericht, in dessen Bezirk die Durchsuchung erfolgen soll (hierzu bereits unter Rn. 71).

293

Nur bei Gefahr im Verzug kann auf eine richterliche Anordnung verzichtet werden. Ein solche liegt vor, wenn durch den mit der Herbeiführung der amtsgerichtlichen Entscheidung verbundenen Zeitverlust der Erfolg der Maßnahme vereitelt würde.[419] Der Begriff „Gefahr im Verzug" ist wegen der grundrechtssichernden Schutzfunktion des Richtervorbehalts eng auszulegen.[420]

§ 31 VII PolG Recht zur Anwesenheit

(2) Weitere Verfahrensvoraussetzungen enthält § 31 VII PolG. Danach hat der Wohnungsinhaber das Recht, bei der Durchsuchung anwesend zu sein. Andernfalls soll ein Vertreter oder ein Zeuge beigezogen werden. § 31 VII PolG wird durch § 2 DVO PolG ergänzt: Über die Durchsuchung ist eine Niederschrift aufzunehmen, welche auf Verlangen in Abschrift an den Wohnungsinhaber oder Vertreter auszuhändigen ist.

294

§ 31 VIII PolG: Belehrungspflichten

(3) In Parallele zum Gewahrsam (vgl. § 28 II PolG) ist auch bei der Wohnungsdurchsuchung der Betroffene über den Grund der Maßnahme und die zulässigen Rechtsbehelfe unverzüglich zu informieren, § 31 VIII PolG. Die Bekanntgabe dient dem Rechtsschutz des Betroffenen und hat unverzüglich, d.h. ohne schuldhaftes Zögern, zu erfolgen.[421]

295

l) Erkennungsdienstliche Maßnahmen, § 36 PolG

§ 36 PolG: erkennungsdienstliche Maßnahmen

Der Bereich der Identitätsfeststellung des § 26 PolG wäre unvollständig, wenn die Polizei nicht auch erkennungsdienstliche Maßnahmen durchführen könnte. Für solche Maßnahmen bietet daher § 36 PolG eine Rechtsgrundlage. Diese wiederum könnten in vielen Fällen nicht durchgeführt werden, wenn die Polizei nicht auch die Befugnis zur Vorladung aus § 27 PolG hätte.

296

aa) Begriff

§ 36 II PolG: zulässige Maßnahmen

Die erkennungsdienstliche Behandlung ist eine Maßnahme der offenen Erhebung personenbezogener Daten beim Betroffenen (vgl. § 19 I S. 1, II S. 1 PolG).[422] Welche Maßnahmen im Einzelnen in Betracht kommen, zählt § 36 II PolG nicht abschließend auf („insbesondere"):

297

> ⇨ Abnahme von Finger- und Handflächenabdrücken (Nr. 1),
>
> ⇨ Aufnahme von Lichtbildern einschließlich Bildaufzeichnungen (Nr. 2),
>
> ⇨ Feststellung äußerer körperlicher Merkmale (Nr. 3),
>
> ⇨ Messungen und ähnliche Maßnahmen (Nr. 4).

419　Trurnit, Rn. 423; Ruder, Rn. 729; Belz/Mussmann/Kahlert/Sander, § 31 PolG, Rn. 23.
420　BVerfGE 103, 142 (153) = NJW 2001, 1121; BVerfG, NJW 2007, 1444; VGH Mannheim, NJW 1990, 1618.
421　Trurnit, Rn. 425; Ruder, Rn. 731; Belz/Mussmann/Kahlert/Sander, § 31 PolG, Rn. 28; Stephan/Deger, § 31 PolG, Rn. 34.
422　Ruder, Rn. 777; Belz/Mussmann/Kahlert/Sander, § 36 PolG, Rn. 2; Stephan/Deger, § 36 PolG, Rn. 3.

Unzulässig sind (da keine äußeren Merkmale einer Person festgestellt werden) hingegen alle Maßnahmen, die in die körperliche Integrität eingreifen oder in das Körperinnere eindringen.[423] Ausgeschlossen sind damit insbes. Röntgenaufnahmen oder die Identitätsfeststellung durch Genomanalyse („DNA-Identifizierungsmuster").

298

bb) Regelungsinhalt

§ 36 I PolG: Rechtsgrundlage

(1) § 36 I PolG regelt die Befugnis der Polizeivollzugsbehörde zur Vornahme erkennungsdienstlicher Maßnahmen ohne Einwilligung des Betroffenen.

299

⇨ § 36 I Nr. 1 PolG knüpft an § 26 PolG an und setzt voraus, dass die Identitätsfeststellung auf andere Weise (z.B. durch eine Befragung nach § 20 I PolG) nicht zuverlässig durchgeführt werden kann. Wegen der geringeren Eingriffsintensität ist § 36 I Nr. 1 PolG vorrangige Vorschrift ggü. dem Identitätsgewahrsam nach § 28 I Nr. 3 PolG.

⇨ § 36 I Nr. 2 PolG erlaubt erkennungsdienstliche Maßnahmen, wenn dies zur vorbeugenden Bekämpfung von Straftaten erforderlich ist. Wann eine Erforderlichkeit gegeben ist, wird in der Norm näher erörtert. § 36 I Nr. 2 PolG stellt insoweit eine ergänzende Vorschrift zu § 81b Alt. 2 StPO dar und greift allein in den Fällen, in denen keine Beschuldigteneigenschaft des Betroffenen vorliegt.[424]

hemmer-Methode: Beachten Sie insbesondere den systematischen Zusammenhang zwischen § 36 I Nr. 1 PolG und § 26 PolG.
Dies bedeutet für die Prüfung der Rechtmäßigkeit der erkennungsdienstlichen Maßnahme, dass die Rechtmäßigkeit einer Identitätsfeststellung nach § 26 I, II PolG inzident zu prüfen ist.
Solche (Rück-)Verweisungen, die eine inkorporierte Überprüfung einer anderen Befugnisnorm zum Inhalt haben, sind in den Normen des PolG häufig anzutreffen.

Vorladung nach § 27 I Nr. 2 PolG möglich

Da erkennungsdienstliche Maßnahmen im Regelfall in einer Polizeidienststelle vorgenommen werden, ist die Vorladung zur Vornahme erkennungsdienstlicher Maßnahmen nach § 27 I Nr. 2 PolG zulässig.[425]

300

§ 36 III PolG: Löschung bzw. Vernichtung

(2) § 36 III PolG normiert die Pflicht (und damit auch einen entsprechenden Anspruch des Betroffenen)[426] zur Löschung von Daten bzw. Vernichtung erkennungsdienstlicher Unterlagen. Sobald der Zweck polizeilichen Handelns erreicht ist, müssen weiter wirkende Beeinträchtigungen beendet werden. Im Fall des § 36 I Nr. 1 PolG tritt diese Pflicht ein, sobald die Identität des Betroffenen festgestellt ist.

301

Die Löschungs- bzw. Vernichtungsvoraussetzungen hinsichtlich der nach § 36 I Nr. 2 PolG erhobenen Daten treten ein, wenn keine Anhaltspunkte mehr dafür bestehen, dass der Betroffene zukünftig strafrechtlich in Erscheinung treten wird und die Unterlagen hierbei die Ermittlungen der Polizei fördern können. Näheres hierzu ergibt sich aus § 38 II, III PolG, auf den § 36 III S. 2 PolG verweist.

hemmer-Methode: Dieser Anspruch ist mit einer Verpflichtungsklage geltend zu machen. Ausführlich hierzu unter Rn. 588 ff. (Rn. 612).

---

423 Zeitler/Trurnit, Rn. 648; Belz/Mussmann/Kahlert/Sander, § 36 PolG, Rn. 11; Stephan/Deger, § 36 PolG, Rn. 13.
424 Ruder, Rn. 781; Zeitler/Trurnit, Rn. 414; Belz/Mussmann/Kahlert/Sander, § 36 PolG, Rn. 8; Stephan/Deger, § 36 PolG, Rn. 11.
425 Stephan/Deger, § 36 PolG, Rn. 2; Zeitler/Trurnit, Rn. 428.
426 Ruder, Rn. 786; Belz/Mussmann/Kahlert/Sander, § 36 PolG, Rn. 19.

4. Subsumtion unter die Generalklausel, §§ 3, 1 I PolG

Generalklausel der §§ 3, 1 I PolG

Sofern die polizeiliche Maßnahme weder auf Spezialvorschriften noch auf die Standardbefugnisse gestützt werden kann, muss das Vorliegen der Voraussetzungen der Generalklausel der §§ 3, 1 I PolG geprüft werden.

302

Nach der Generalklausel kann die Polizei die notwendigen Maßnahmen treffen, um eine im Einzelfall bestehende (= konkrete) Gefahr für die öffentliche Sicherheit abzuwehren.

> *Bspe.: Aufforderung, einen morschen Baum zu fällen; Meldeauflagen für gewalttätige Fußballfans;[427] Gefährderanschreiben bzw. Gefährderansprachen;[428] Anordnungen gegen Drogen- und Alkoholmissbrauch; störende Obdachlosigkeit; aggressives Betteln; provozierende Nacktheit im öffentlichen Raum etc.*

5. Verantwortlichkeit, §§ 6, 7 und 9 PolG

Personen, gegen die Maßnahmen gerichtet werden dürfen

Bei der Frage nach der Verantwortlichkeit (sog. Maßnahmerichtung) ist zu prüfen, ob die Polizei ihre Maßnahme an den richtigen Adressaten (= Verantwortlicher bzw. „Störer") gerichtet hat. Hat sie dies nicht getan, so ist das Handeln rechtswidrig.

303

> **Übersicht zur Verantwortlichkeit:**
>
> ⇨ **Grundsatz:** Maßnahme gegen den Verantwortlichen
>
> ⇨ **Ausnahme:** Maßnahme gegen den Nichtverantwortlichen
>
> ⇨ **Auswahl bei mehreren Verantwortlichen** nach pflichtgemäßem Ermessen; entscheidend aber: effektive Gefahrenabwehr und Verhältnismäßigkeit (hierzu unter Rn. 347 ff.)

Die Verantwortlichkeit ist in den §§ 6, 7 und 9 PolG geregelt. Die Tatbestände sind verschuldensunabhängig und nicht von einer Schuldfähigkeit i.S.d. § 828 BGB abhängig.[429] Letzteres ergibt sich aus einem Umkehrschluss zu § 6 II PolG (Wortlaut: „auch").

304

Subsidiarität der §§ 6, 7 und 9 PolG

Diese Normen gelten jedoch aufgrund Subsidiarität nicht, soweit sich die Maßnahmerichtung bereits aus Standardbefugnissen der §§ 19 - 48a PolG ergibt. Mit anderen Worten: Innerhalb der Standardbefugnisse ergibt sich die Maßnahmerichtung teilweise bereits aus der entsprechenden Befugnisnorm selbst.[430]

> *Bspe.: Eine Identitätsfeststellung kann ggü. allen Personen erfolgen, die sich an einem in § 26 II Nr. 2 bis 6 PolG beschriebenen Ort aufhalten. Gleiches gilt für die Durchsuchung von Personen nach § 29 I Nr. 4 und 5 PolG und von Sachen, § 30 Nr. 4 - 6 PolG. Auch gehen im Bereich der Datenerhebung und Datenverarbeitung zahlreiche Normierungen über die §§ 6 ff. PolG hinaus, vgl. z.B. § 20 I, III - V PolG und § 21 II PolG.*

Geltung der §§ 6 ff. PolG über das PolG hinaus

Allerdings gelten die Normierungen auch für spezialgesetzlich geregelte Gefahrenabwehrmaßnahmen, sofern in Spezialgesetzen die Frage des richtigen Adressaten nicht oder nicht abschließend geregelt ist.[431]

305

---

427   VGH Mannheim, VBlBW 2017, 425 (431); Marxsen, Jura 2019, 105; Winkler/Schadtle, JuS 2015, 435 (jeweils Fallbearbeitung).

428   VGH Mannheim, VBlBW 2018, 316; Marxsen, Jura 2019, 105; Winkler/Schadtle, JuS 2015, 435; Jötten/Tams, JuS 2008, 436; Unkroth, Jura 2008, 464 (jeweils Fallbearbeitung).

429   Zeitler/Trurnit, Rn. 237; Ruder, Rn. 221; Belz/Mussmann/Kahlert/Sander, § 6 PolG, Rn. 4; Stephan/Deger, § 36 PolG, Rn. 5.

430   Belz/Mussmann/Kahlert/Sander, § 6 PolG, Rn. 2; Schoch, JuS 1994, 851 m.w.N. Kritisch hierzu Zott/Gerber, JA 2014, 328.

431   Belz/Mussmann/Kahlert/Sander, § 6 PolG, Rn. 3; Stephan/Deger, § 6 PolG, Rn. 1; Götz/Geis, § 9 Rn. 8.

Bsp.: Auf die §§ 6 ff. PolG kann nach der Rechtsprechung bei der Anwendung des VersG, des HWG und der LBO abgestellt werden. Eine abschließende Adressatenregelung enthalten allerdings das KrWG und das BBodSchG.

hemmer-Methode: Beachten Sie, dass die §§ 6, 7 und 9 PolG keine Befugnisnormen sind. Sie regeln nur, gegen wen eine Maßnahme zu richten ist. Zu dieser Maßnahme muss die Behörde aufgrund einer anderweitigen Rechtsgrundlage berechtigt sein.

a) Begriff der Verantwortlichkeit

zentrales Problem: Kausalität

Das zentrale Problem der Verantwortlichkeit besteht in der Feststellung dieser Kausalität. Insbesondere dann, wenn erst das Zusammenwirken mehrerer Ursachen zu einer Gefahr oder Störung der öffentlichen Sicherheit oder Ordnung führt, stellt sich die Frage, welche von ihnen als störende Ursache eine Verantwortlichkeit begründet.

306

aa) Grundsatz

Äquivalenz- und Adäquanztheorie ungeeignet

Sowohl die im Strafrecht und im Zivilrecht geltende Äquivalenztheorie als auch die Adäquanztheorie ist zur Ermittlung der Kausalität für die Verantwortlichkeit im Polizeirecht nach allgemeiner Meinung ungeeignet.[432]

307

hemmer-Methode: Nach der Äquivalenztheorie ist jede Handlung ursächlich, die nicht hinweggedacht werden kann, ohne dass der konkrete Erfolg entfiele; sie ist aber für das Recht der Gefahrenabwehr zu weit. Die Adäquanztheorie fragt danach, ob eine Bedingung nach der allgemeinen Lebenserfahrung zur Herbeiführung eines Erfolges, also generell geeignet ist; das Recht der Gefahrenabwehr muss hingegen in der Lage sein, auch atypischen Geschehensabläufen zu begegnen.

Theorie der Unmittelbarkeit der Verursachung

→ wenn mehrere

Die h.M. folgt der Theorie der Unmittelbarkeit der Verursachung.[433] Verantwortlicher ist danach nur, wer in der Kausalkette die unmittelbare, letzte steuerbare Ursache setzt. Ein Verhalten ist demnach dann ursächlich, wenn es für sich gesehen die Gefahrenschwelle überschreitet und die hinreichende Wahrscheinlichkeit eines Schadenseintritts begründet oder erhöht.

308

Lediglich mittelbare oder entferntere Bedingungen werden somit ausgeschieden. Ein Verschulden ist danach nicht erforderlich, es gilt vielmehr das Verursacherprinzip.

Bsp.: Die Äquivalenztheorie und die Adäquanztheorie würden dazu führen, dass auch der Hersteller von Farbspraydosen Verantwortlicher wäre, wenn Graffiti-Sprayer ohne Erlaubnis ein öffentliches Gebäude in ein „Kunstwerk" verwandeln. Stellt man jedoch darauf ab, wer die unmittelbare, letzte steuerbare Ursache gesetzt hat, so kommen als Verantwortliche nur die „Graffiti-Künstler" in Betracht.

Ausübung eines bestehenden Rechts

Keine die Verantwortlichkeit begründende Verursachung liegt zudem dann vor, wenn die Ausübung eines bestehenden Rechts erfolgt.[434]

309

---

432 Zeitler/Trurnit, Rn. 247; Ruder, Rn. 224; Belz/Mussmann/Kahlert/Sander, § 6 PolG, Rn. 11; Stephan/Deger, § 6 PolG, Rn. 8.

433 VGH Mannheim, DVBl. 2013, 119 = Life&Law 2013, 291; OVG Münster, NWVBl. 2012, 431 (433); Zeitler/Trurnit, Rn. 247; Ruder, Rn. 225; Belz/Mussmann/Kahlert/Sander, § 6 PolG, Rn. 11; Stephan/Deger, § 6 PolG, Rn. 8.

434 Stephan/Deger, § 6 PolG, Rn. 12; Belz/Mussmann/Kahlert/Sander, § 6 PolG, Rn. 11; Zeitler/Trurnit, Rn. 251.

Bsp.: In den Supermärkten der A-AG wird im Zuge der Kooperation mit dem Internetprovider AOL Zugangssoftware auf CD-ROM frei zugänglich an den Kassen ausgelegt. Kurze Zeit später kommt es zu großen Verschmutzungen an öffentlichen Flächen, da Jugendliche die CDs als Wurfgeschosse verwendet bzw. leere CD-Hüllen achtlos auf die Bürgersteige und Grünflächen geworfen haben. Die Ortspolizeibehörde erlässt gegen die A-AG eine Verfügung, wonach diese dafür Sorge tragen soll, dass die CDs nicht weiter „planlos" verteilt werden.

Eine Verantwortlichkeit der A-AG scheidet aus. Die nach der Theorie der unmittelbaren Verursachung ausschlaggebende letzte unmittelbare Ursache der „Verschmutzungen" wird nicht durch die A-AG gesetzt. Eine Inanspruchnahme der A-AG kommt somit nur in Betracht, wenn man aufgrund von Billigkeitserwägungen in besonders gelagerten Fällen eine nur mittelbare Verursachung ausreichen lässt (hierzu unter Rn. 310) oder die Voraussetzungen des polizeilichen Notstandes nach § 9 I PolG (hierzu unter Rn. 331) vorliegen.

bb) Ausnahme: Zweckveranlasser

(1) Da es sich bei der Theorie der unmittelbaren Verursachung um eine wertende Kausalitätsbetrachtung handelt, werden jedoch ausnahmsweise über die Figur des Zweckveranlassers[435] auch mittelbare Ursachen mit einbezogen, wenn der Handelnde das hinzutretende Verhalten Dritter bezweckt. Streitig ist, ob der Zweckveranlasser über die subjektive oder objektive Theorie zu bestimmen ist.

subjektive Theorie

Dabei hat das Preußische OVG die Figur der Zweckveranlassung zunächst in einem subjektiven Sinne verstanden, d.h. der Zweckveranlasser muss die Herbeiführung der Gefahr durch Dritte zumindest billigend in Kauf genommen haben.[436]

objektive Theorie

Vorzugswürdig ist es jedoch für das Polizeirecht, das allgemein nicht vom Verschuldensprinzip ausgeht, auch die Figur der Zweckveranlassung (wie das Preußische OVG seit dem Schaufenster-Fall)[437] in einem objektivierten Sinne zu verstehen.[438] Insbesondere ist dabei eine Person als Zweckveranlasser verantwortlich, die sich zu kommerziellen oder politischen Zwecken an ein Publikum wendet, wenn es im unmittelbaren Zusammenhang damit zu Gefahren für die öffentliche Sicherheit oder Ordnung kommt, die eine naheliegende, nicht lediglich atypische Folge des Verhaltens gegenüber dem Publikum sind.[439]

Der Zweckveranlasser bietet damit für andere die Veranlassung, eine Gefahrensituation hervorzurufen und bezweckt die Gefahrensituation zugleich oder nimmt sie zumindest als zwangsläufige Folge seines Verhaltens in Kauf.

Bsp. 1:[440] Ein Geschäftsinhaber veranstaltet in seinem Schaufenster aus Werbezwecken eine Modenschau für Dessous. Mehrere attraktive Mannequins präsentieren fortlaufend die neuesten Modelle aus Paris, London und Mailand. Schon nach kürzester Zeit bildet sich eine Menschentraube aus überwiegend männlichen Betrachtern. Hierdurch kommt es zu einem Verkehrschaos.

Letzter Verursacher wäre hier eigentlich die Menschenmenge. Auch hier ist jedoch ausnahmsweise der Geschäftsinhaber als Zweckveranlasser Verantwortlicher. Zwar verhält er sich nicht polizeiwidrig und ist nur der Vorletzte in der Kausalkette.

310

311

312

---

435   Ruder, Rn. 226 ff.; Götz/Geis, § 9 Rn. 18 ff.; Kingreen/Poscher, Polizei- und Ordnungsrecht, § 9 Rn. 29 f. Kritisch zur Figur des Zweckveranlassers Wobst/Ackermann, JA 2013, 916 ff. und Beaucamp/Seifert, JA 2007, 577 ff.

436   PrOVGE 80, 176 (Borkumlied-Fall). Zustimmend Hebeler, JA 2012, 718 (720); ablehnend Stephan/Deger, § 6 PolG, Rn. 10; Götz, § 9 Rn. 22.

437   PrOVGE 85, 270.

438   VGH Mannheim, NVwZ-RR 1995, 663; VBlBW 2003, 68; Neumann, Jura 2013, 139 (147); kritisch zur Betonung subjektiver Elemente, Schoch, Jura 2009, 360 (363).

439   Lege, VerwArch. 89 (1998), 71 (81).

440   Vgl. die Leitentscheidung zur Schaufensterwerbung PrOVGE 85, 270.

Ausgangspunkt ist dabei aber, dass er gerade das Verhalten anderer Personen herbeiführen will, das dann zu einer Gefahr führt. Im Beispielsfall will der Geschäftsinhaber gerade erreichen, dass Passanten längere Zeit vor dem Schaufenster stehen bleiben.

Bsp. 2:[441] Der Bewohner eines Hauses hängt eine von der Straße aus deutlich sichtbare Israelfahne aus seinem Fester und verlässt die Wohnung. Er wusste, dass an diesem Tag vor dem Haus die Abschlusskundgebung einer Anti-Israel-Versammlung durch die Organisation Milli Görüs (eine länderübergreifend islamische Bewegung) stattfinden wird. Um aufkeimende Ausschreitungen zu vermeiden, öffnen zwei Polizeibeamte gewaltsam die Tür und entfernen die Fahne.

Auch hier könnte sich die Verantwortlichkeit über die Figur des Zweckveranlassers ergeben. Allerdings kann ein durch die Rechtsordnung erlaubtes Verhalten (das Verhalten ist vom Schutzbereich des Art. 5 I S. 1 GG gedeckt) nicht unter dem Aspekt der Zweckveranlassung gefahrenabwehrrechtlich untersagt werden. Im Lichte der Wechselwirkungslehre des BVerfG ist der Entschluss zur Gegenreaktion als eigenverantwortliches Handeln der Versammlungsteilnehmer zu werten, womit diese nach § 6 I PolG verantwortlich sind. Die Inanspruchnahme des Wohnungsinhabers kann daher nur über § 9 I PolG begründet werden, welcher aber restriktive Voraussetzungen aufstellt (dazu unter Rn. 331 ff.).

Sportgroßveranstaltungen und Konzerte

(2) Ob auch der Veranstalter eines Bundesligaspiels oder Rockkonzerts, bei dem es erwartbar zu gewaltsamen Ausschreitungen der Fans kommt, Zweckveranlasser ist, wird kontrovers diskutiert.

313

Bsp.:[442] Um drohende Ausschreitungen im Zusammenhang mit dem anstehenden Fußballspiel zwischen dem VfB Stuttgart und dem SC Freiburg zu verhindern, untersagt die zuständige Behörde die Abgabe von Eintrittskarten an Gästefans. Mit sehr hoher Wahrscheinlichkeit sei davon auszugehen, dass es beim Aufeinandertreffen von mehreren Hundert Problemfans beider Vereine anlässlich des Spiels zu massiven Ausschreitungen kommen werde. Diese Prognose ergebe sich aufgrund der Vorkommnisse bei den Begegnungen der Vereine in den letzten Jahren. Als Veranstalter des Spiels, das Problemfans unweigerlich anziehe, sei der VfB Stuttgart verantwortlich.

Teilweise wird vertreten, der Veranstalter eines Fußballspiels sei im polizeirechtlichen Sinne Veranlasser der Gefahren, welche von der durch das Spiel angezogenen Menschenmenge ausgingen. Er schaffe ein vorhersehbares Sonderrisiko, ohne sicherstellen zu können, dieses zu beherrschen.[443] Nach vorzugswürdiger h.M. ist der ausrichtende Verein lediglich für veranstaltungstypische Gefahren, nicht jedoch für das gewaltsame Verhalten bestimmter Zuschauer verantwortlich.

Das gefährliche Verhalten einzelner Problemfans wird vom Organisator einer Sportveranstaltung zudem weder beabsichtigt noch gebilligt, sondern in der Regel ausdrücklich abgelehnt. Die Ausrichtung eines Fußballspiels steht zudem im Einklang mit der Rechtsordnung und stellt einen Gebrauch grundrechtlich verbürger Freiheiten (insbes. Art. 2 I, 12 I und 14 I GG) dar.[444] Eine Inanspruchnahme des Veranstalters ist daher nur unter den erhöhten Anforderungen des § 9 I PolG möglich.

hemmer-Methode: Selbst bei einer Verhaltensverantwortlichkeit des Veranstalters bedarf es einer gesetzlichen Grundlage für die Überwälzung von Einsatzkosten der Polizei. Im Jahr 2015 hat Bremen (als bislang einziges Bundesland) eine solche Gebührenregelung geschaffen. Das OVG Bremen hat im Februar 2018 einen Gebührenbescheid über Polizeikosten bei einem Hochrisikospiel gegen die DFL für rechtmäßig erklärt.[445]

441 Eine Fallbearbeitung hierzu finden Sie bei Thye, JuS 2011, 618. Weiterführend Stephan/Deger, § 9 PolG, Rn. 13.

442 Fall nach OVG Hamburg NJW 2012, 1975 = Life&Law 2012, 506. Eine Fallbearbeitung hierzu finden Sie bei Broemel, JA 2013, 604.

443 Lege, VerwArch 89 (1998), 71 (81 f.); Götz/Geis, § 9 Rn. 32; OVG Bremen, JA 2012, 718 (720); OVG Berlin-Brandenburg, Beschl. v. 27.09.2013 - OVG 1 S 245.13.

444 Ruder, Rn. 228; Stephan/Deger, § 6 PolG, Rn. 12; Belz/Mussmann/Kahlert/Sander, § 6 PolG, Rn. 13; Schenke, Polizei- und Ordnungsrecht, Rn. 246; Böhm, NJW 2015, 3000 (3001); Schoch, Jura 2009, 360 (365); OVG Hamburg NJW 2012, 1975 = Life&Law 2012, 506.

445 OVG Bremen, NVwZ 2018, 913 = JuS 2018, 1022 (Anm. Ruffert).

Die DFL hat gegen diese Urteil Revision beim BVerwG eingelegt. Es stellt sich insofern die Frage, ob die Gewährleistung der öffentlichen Sicherheit allein Aufgabe des Staates ist oder ob auch Fußballvereine und -verbände die Kosten für Polizeieinsätze tragen müssen.[446]

b) Verhaltensverantwortlicher, § 6 PolG

Gefahren, die unmittelbar von einer Person ausgehen

Nach § 6 I PolG sind Maßnahmen ggü. demjenigen zu treffen, der durch sein Verhalten die öffentliche Sicherheit oder Ordnung bedroht oder stört. Ist diese dadurch gefährdet, dass die Verwirklichung einer Straftat oder Ordnungswidrigkeit droht (Verhinderungsvorsorge), so ist diejenige Person gem. § 6 I PolG verantwortlich, die bei ungehindertem Geschehensablauf den Tatbestand erfüllen wird.

314

Tun oder Unterlassen

Diese Verursachung kann zum einen durch positives Tun erfolgen. Zum anderen kann eine Gefahr auch durch Unterlassen verursacht werden. Dann muss aber eine Pflicht zum Tätigwerden bestehen, wie dies insbesondere bei strafrechtlichen Unterlassungsdelikten (z.B. § 323c StGB oder § 30 FWG) und § 42 StrG der Fall ist.[447]

315

> *Bsp.: H beobachtet wiederholt tatenlos, wie sein Bullterrier durch ein Loch im Gartenzaun entweicht und außerhalb Menschen anfällt und verletzt.*

§ 6 II, III PolG: Fälle der Zusatzhaftung

§ 6 II PolG eröffnet die Möglichkeit, Maßnahmen auch gegen Aufsichtspflichtige von „zurechnungsunfähigen" Verhaltensverantwortlichen zu richten.

316

> *Bspe.: Eltern, § 1626 I BGB; Vormund, §§ 1773 ff. BGB; Pfleger bei Ergänzungspflegschaft, §§ 1906 ff. BGB; Betreuer, §§ 1896 ff. BGB etc.*

§ 6 III PolG räumt die Inanspruchnahme von Personen ein, deren Verrichtungsgehilfen die eigentlichen Verursacher der Gefahr sind. Für den Begriff des „Verrichtungsgehilfen" ist auf das Verständnis in § 831 BGB zurückzugreifen.[448]

317

> *Bsp. 1: Lässt der Mitarbeiter einer Tierhandlung eine giftige Schlange entweichen, kann die Behörde Maßnahmen gegen den Mitarbeiter (§ 6 I PolG) oder den Inhaber des Ladens (§ 6 III PolG) richten.*

> *Bsp. 2: Der Mitarbeiter einer Tierhandlung stiehlt eine giftige Schlange, die ihm dann auf dem Nachhauseweg entweicht. In diesem Fall kann die Behörde Maßnahmen nur gegen den Mitarbeiter (§ 6 I PolG) richten, da sich der Verrichtungsgehilfe nicht in Ausübung der ihm übertragenen Verrichtung polizeiwidrig verhalten hat.*

c) Zustandsverantwortlicher, § 7 PolG

Gefahren, die unmittelbar von einer Sache ausgehen

§ 7 PolG regelt die Verantwortlichkeit für den Fall, dass die Bedrohung oder Störung unmittelbar von einer Sache oder einem Tier ausgeht. Die insoweit erforderliche Gefahr für die öffentliche Sicherheit oder Ordnung kann sich entweder aus der Beschaffenheit der Sache selbst oder ihrer spezifischen Lage im Raum ergeben.[449]

318

> *Bspe.: Von einem Grundstück droht ein Baum auf die angrenzende Straße zu fallen. Ein achtlos abgestellter Kinderwagen blockiert die Feuerwehranfahrtszone bei einem Brandeinsatz.*

---

446   Instruktiv hierzu König, VBlBW 2018, 497 und Lege, NdsVBl. 2018, 353.
447   VGH Mannheim, VBlBW 1996, 221; Ruder, Rn. 232; Stephan/Deger, § 6 PolG, Rn. 4; Belz/Mussmann/Kahlert/Sander, § 6 PolG, Rn. 9; Zeitler/Trurnit, Rn. 242.
448   Ruder, Rn. 235; Stephan/Deger, § 6 PolG, Rn. 19; Belz/Mussmann/Kahlert/Sander, § 6 PolG, Rn. 17.
449   Stephan/Deger, § 7 PolG, Rn. 4; Belz/Mussmann/Kahlert/Sander, § 7 PolG, Rn. 3; Zeitler/Trurnit, Rn. 264.

Der Eigentümer des Grundstücks bzw. Kinderwagens, der diesen nicht dort abgestellt hat, verursacht nicht durch sein Verhalten die Gefahr für die öffentliche Sicherheit oder Ordnung. Er ist nicht gem. § 6 I PolG, wohl aber nach § 7 PolG verantwortlich.

Eigentümer oder Inhaber der tatsächlichen Gewalt

aa) Nach § 7 PolG können Maßnahmen in solchen Fällen gegen den Eigentümer oder den Inhaber der tatsächlichen Gewalt gerichtet werden. Tatsächliche Gewalt bedeutet die unmittelbare Sachherrschaft über eine Sache, wobei es nicht darauf ankommt, ob sie rechtmäßig oder unrechtmäßig ausgeübt wird. Erfasst werden der unmittelbare Besitzer (§ 854 BGB) und der Besitzdiener (§ 855 BGB),[450] nicht aber der mittelbare Besitzer (§ 868 BGB) wie z.B. der Vermieter.

319

Sonderfall

bb) Die Verantwortlichkeit des Eigentümers ist allerdings ausgeschlossen für den Fall, dass der Inhaber der tatsächlichen Gewalt diese ohne oder gegen den Willen des Eigentümers ausübt.[451]

320

Hintergrund ist Folgendes: Die Verantwortlichkeit des Eigentümers, der nicht zugleich Inhaber der tatsächlichen Gewalt ist, hat nur dann einen Sinn, wenn der Eigentümer realistischerweise die Möglichkeit hat, einer Anordnung zur Gefahrenabwehr nachzukommen. Ist er aber weder Inhaber der tatsächlichen Gewalt noch hat er dergestalt Einfluss auf den Inhaber, dass dieser seinen Weisungen folgen wird, so ist die Inanspruchnahme des Eigentümers zwecklos (Unvermögen).

> **Bsp.:**[452] M ist Eigentümer einer Vespa, die von einem Unbekannten gestohlen und dann in einem Straßengraben „abgelegt" wurde. Die Polizei stellt den Roller nach § 32 I PolG sicher. Ist M Verantwortlicher i.S.d. Polizeirechts?

> Weil das Fahrzeug gestohlen wurde, also nicht von M selbst gelenkt wurde, scheidet eine Verhaltensverantwortlichkeit nach § 6 I PolG aus. Es kommt allenfalls eine Zustandsverantwortlichkeit als Eigentümer nach § 7 PolG in Betracht, sollte nicht das Dazwischentreten des Diebes diese ausschließen.

> Zu beachten ist aber Folgendes: Durch Aufgabe der Sachherrschaft seitens des Diebes lebt die Zustandsverantwortlichkeit des M wieder auf, er kann daher nach § 7 PolG Adressat einer Sicherstellungsanordnung sein. Hintergrund ist zum einen der Wortlaut der Vorschrift („ausübt"), der auf die aktuelle Ausübung der tatsächlichen Gewalt durch einen Dritten abstellt. Zum anderen entspricht dies der gesetzgeberischen Wertung, wonach derjenige, der die Vorteile aus einer Sache zieht, auch die daraus resultierenden Lasten tragen soll. Hier manifestiert sich die Sozialbindung des Eigentums (Art. 14 I S. 2, II S. 1 GG).

persönliche Verursachung irrelevant

cc) Es kommt für die Zustandsverantwortlichkeit nicht darauf an, ob die von der Sache ausgehende Gefahr dem Eigentümer oder Inhaber der tatsächlichen Gewalt aufgrund dessen Verhaltens zuzurechnen ist.

321

§ 7 PolG erfasst gerade auch die Fälle, in denen die Beeinträchtigung ausschließlich auf Naturkräfte zurückgeht; auf ein Verschulden oder die Verursachung durch den Zustandsverantwortlichen kommt es folglich nicht an.[453] Der Verantwortlichkeit liegt der Gedanke zugrunde, dass derjenige, welcher Vorteile aus dem Eigentum ziehen kann, auch die mit dem Eigentum einhergehenden Nachteile tragen soll.

> **Bspe.:** Hochwasseranschwemmungen; Kampfmittelräumung; Felsstürze; Tankwagenunfälle etc.

---

450   Zeitler/Trurnit, Rn. 272; Belz/Mussmann/Kahlert/Sander, § 7 PolG, Rn. 11; Stephan/Deger, § 7 PolG, Rn. 16.

451   Zeitler/Trurnit, Rn. 271; Ruder, Rn. 246; Belz/Mussmann/Kahlert/Sander, § 7 PolG, Rn. 9; Stephan/Deger, § 7 PolG, Rn. 11.

452   Fall nach VGH Kassel, NJW 1999, 3650.

453   VGH Mannheim, VBlBW 2002, 491; BVerwG, NJW 1999, 231; Belz/Mussmann/Kahlert/Sander, § 7 PolG, Rn. 7; Stephan/Deger, § 7 PolG, Rn. 17; Zeitler/Trurnit, Rn. 268.

e.A.: normative Einschränkung der Zustandsverantwortlichkeit

Diese Reichweite der Zustandsverantwortlichkeit wurde teilweise als zu weitgehend empfunden. In der Literatur[454] wurde deshalb nur dann die Möglichkeit der Inanspruchnahme des Zustandsverantwortlichen bejaht, wenn die Störung aus Umständen herrührte, die in die Risikosphäre des Eigentümers fielen. Ausgeschlossen sein sollte die polizeiliche Verantwortlichkeit z.B. bei Naturereignissen oder beim Fehlverhalten Dritter.

322

> **Bsp.:** *Ein Öltransporter kommt von der Straße ab und verunglückt auf dem Grundstück. Der Fahrer und Einmann-Gesellschafter verunglückt dabei tödlich, die GmbH ist insolvent.*

Arg.: Eigentumsgarantie

Begründet wurde diese Auffassung mit der Eigentumsgarantie des Art. 14 GG: Erleide der Eigentümer selbst durch solche Ereignisse eine Beeinträchtigung seines Eigentums, könne er aus Gründen der Verhältnismäßigkeit nicht auch noch zur Beseitigung der damit einhergehenden Gefahr der öffentlichen Sicherheit oder Ordnung herangezogen werden (sog. gestörte Privatnützigkeit).

h.M.: keine generelle Einschränkung

Eine solche Einschränkung der Zustandsverantwortlichkeit wird dagegen von der Rechtsprechung[455] und der heute überwiegenden Meinung in der Literatur[456] mit folgender Argumentation abgelehnt:

323

Der Eigentümer habe grundsätzlich dafür Sorge zu tragen, dass von seiner Sache keine Gefahren für andere Rechtsgüter ausgingen. Daher könne ihm grds. auch eine Maßnahme zur Gefahrenabwehr auferlegt werden. Im Übrigen liege die Beseitigung einer Störung als Beeinträchtigung des eigenen Eigentums meist ohnehin im Interesse des Eigentümers. Des Weiteren wird mit der Sozialpflichtigkeit des Eigentums nach Art. 14 I S. 2, II S. 1 GG argumentiert.[457]

Arg.: Berücksichtigung i.R.d. Ermessens

Die von den Vertretern der zuerst genannten Ansicht geäußerten Bedenken könnten im Rahmen der Ermessensentscheidung bezüglich der konkreten Adressatenwahl und der konkreten Auswahl des Mittels berücksichtigt und ausgeräumt werden. Mithin sollte eine Einschränkung wegen Rücksichtnahme auf das Eigentumsrecht nicht auf der Tatbestands-, sondern auf der Rechtsfolgenseite erfolgen.[458]

324

Nach Ansicht des BVerfG ist die Heranziehung des Eigentümers als Zustandsverantwortlichem dann unverhältnismäßig, wenn die Kosten der Heranziehung den Wert des Grundstücks erreichen oder gar übersteigen.[459] Anderes kann jedoch gelten, wenn dem Erwerber die Risikoumstände beim Kauf des Grundstücks bekannt waren.[460]

Veräußerung und Eigentumsaufgabe

dd) Fraglich ist, ob der Eigentümer mit Aufgabe oder Veräußerung des Eigentums zugleich seine Verantwortlichkeit i.S.d. § 7 PolG verliert. Das PolG trifft hierzu (im Unterschied zu den Gefahrenabwehrgesetzen anderer Bundesländer) keine Aussage.[461]

325

Nach Rspr. und h.M. beendet die Veräußerung oder Dereliktion (§ 959 bzw. § 928 BGB) die Zustandsverantwortlichkeit.[462] Eine polizeiliche Anordnung gegen den früheren Eigentümer ist daher grds. rechtswidrig. Erfolgt die Eigentumsaufgabe allerdings erst, nachdem die polizeiliche Verfügung dem Betroffenen gegenüber ergangen ist, so berührt dies die Rechtmäßigkeit des Verwaltungsakts nicht.[463]

---

454   Papier, DVBl. 1985, 873 (878); Schink, DVBl. 1986, 161 (168); Eckstein, BWVP 1994, 251; so auch noch BVerwG, NVwZ 1997, 577.

455   VGH Mannheim, DVBl. 2013, 594 (598); OVG Münster, DVBl. 2013, 657; grundlegend BVerwGE 102, 1 (20 ff.) = NJW 2000, 2573.

456   Schenke, Polizei- und Ordnungsrecht, Rn. 271 ff.; Zeitler/Trurnit, Rn. 268; Ruder, Rn. 245; Belz/Mussmann/Kahlert/Sander, § 7 PolG, Rn. 7; Stephan/Deger, § 7 PolG, Rn. 4. Kritisch Kingreen/Poscher, Polizei- und Ordnungsrecht, § 9 Rn. 68 ff.

457   Stephan/Deger, § 7 PolG, Rn. 2; Schenke, Polizei- und Ordnungsrecht, Rn. 271.

458   Belz/Mussmann/Kahlert/Sander, § 7 PolG, Rn. 7; Zeitler/Trurnit, Rn. 269; Ruder, Rn. 245.

459   BVerwGE 102, 1 (20 ff.) = NJW 2000, 2573.

460   VGH Mannheim, VBlBW 2002, 491; BVerfG, NJW 2000, 2573 (2576).

461   Hessen: § 7 III HSOG; NRW: § 5 III PolG bzw. § 18 III OBG; RLP: § 5 III POG.

462   OVG Münster, NJW 2010, 1988; VGH Mannheim, NJW 1997, 3259 = VBlBW 1998, 19 (20); NVwZ-RR 1991, 27; Belz/Mussmann/Kahlert/Sander, § 7 PolG, Rn. 10; Stephan/Deger, § 7 PolG, Rn. 12; Ruder, Rn. 243.

463   Stephan/Deger, § 7 PolG, Rn. 12; Guldi, BWVP 1996, 10; Würtenberger/Heckmann/Tanneberger, § 5 Rn. 297.

Eigentumsaufgabe und Veräußerung sind allerdings sittenwidrig und daher nach § 138 BGB nichtig, wenn diese ausschließlich zu dem Zweck vorgenommen werden, die Allgemeinheit mit den Kosten der Gefahrenabwehr zu belasten.[464]

Bspe.: Nach einem Unfall erklärt Eigentümer E die Aufgabe des Eigentums an seinem auf einer Kreuzung stehenden ausgebrannten Pkw.

Sonderfälle: § 4 III S. 4, VI S. 1 BBodSchG

Bei grundstücksbezogenen Gefahren, welche in der Regel im Zusammenhang mit der Zustandsverantwortlichkeit relevant werden, ist gleichwohl das Bodenschutzrecht (BBodSchG[465] und LBodSchG [466]) als vorrangige Umweltgesetzgebung (zumindest ggü. dem PolG) zu berücksichtigen. Nach § 4 III S. 4 BBodSchG bleibt zur Sanierung auch derjenige verpflichtet, der das Eigentum am Grundstück aufgibt. Gleiches gilt unter den Voraussetzungen des § 4 VI S. 1 BBodSchG für die Veräußerung.

326

Bspe.:[467] Das wegen Altlasten sanierungsbedürftige Grundstück wird auf eine ausländische mittellose Kapitalgesellschaft übertragen.

d) Anscheinsverantwortlicher

Anscheinsverantwortlicher

Als Anscheinsverantwortlicher wird eine Person bezeichnet,[468]

327

⇨ von der entweder der Anschein einer Gefahr ausgeht

⇨ oder die für eine bestehende Gefahr anscheinend ursächlich ist.

Zurechenbarkeit unerheblich

Maßgeblich ist insoweit, ob aus der ex-ante-Sicht der handelnden Behörde bei verständiger Würdigung der Sachlage der Anschein besteht, eine Person sei Verhaltens- oder Zustandsverantwortlicher. Der Grundsatz der Effektivität der Gefahrenabwehr gebietet hier, dass eine Inanspruchnahme als Verantwortlicher und nicht nur unter den eingeschränkten Voraussetzungen des § 9 I PolG als Nichtverantwortlicher möglich ist.[469]

328

einheitliche Auslegung von Gefahrenbegriff und Verantwortlichkeit

Dieses Verständnis der Verantwortlichkeit entspricht der Auslegung des Gefahrenbegriffs (vgl. Rn. 191): Behandelt man die Anscheinsgefahr wie eine wirkliche Gefahr, so erscheint es konsequent, den Anscheinsverantwortlichen ebenfalls als Adressaten zu qualifizieren, ohne Rücksicht darauf, ob er den Anschein zurechenbar gesetzt hat. Der Gesichtspunkt der Vorwerfbarkeit wirkt sich allerdings bei der Kostenpflichtigkeit aus, vgl. dazu Rn. 486.[470]

e) Unmittelbare Ausführung, § 8 I PolG

Sonderproblem: § 8 I PolG

Die bisherigen Ausführungen zu §§ 6, 7 PolG und zum Anscheinsverantwortlichen haben verdeutlicht, dass die Polizei ihre Verfügungen einem Verantwortlichen gegenüber erlassen muss, damit dieser der Anordnung nachkommt und die Gefahr beseitigt werden kann. Es gibt aber Situationen, in denen der Verantwortliche nicht oder nicht rechtzeitig in Anspruch genommen werden kann. Dann helfen die §§ 6, 7 PolG bzw. das Institut des Anscheinsverantwortlichen nicht weiter.

329

464 BVerwG, NJW 2003, 2255; VGH Mannheim, VBlBW 1998, 312; Zeitler/Trurnit, Rn. 273; Stephan/Deger, § 7 PolG, Rn. 12.

465 Bundes-Bodenschutzgesetz, Sartorius Nr. 299.

466 Landes-Bodenschutz- und Altlastengesetz, Dürig Nr. 124; nicht im Dolde/Kirchhof/Stilz abgedruckt.

467 VGH Mannheim, VBlBW 1998, 312.

468 Belz/Mussmann/Kahlert/Sander, § 6 PolG, Rn. 10; Stephan/Deger, § 6 PolG, Rn. 8; VGH Mannheim, VBlBW 2011, 155 = JuS 2011, 955 (957).

469 VGH Mannheim, VBlBW 2011, 155 = JuS 2011, 955; Klaß, JA 2014, 273 (276). Zur Gegenansicht vgl. Schenke, Polizei- und Ordnungsrecht, Rn. 254 ff.

470 Stephan/Deger, § 1 PolG, Rn. 34.

Bsp.: A hat seinen Pkw „in zweiter Reihe" geparkt, behindert den Verkehrsfluss und riskiert, dass sein Wagen von vorbeifahrenden Pkw beschädigt wird. Die Polizei möchte dem Fahrer gegenüber die Verfügung erlassen, den Wagen zu entfernen. A ist aber nicht auffindbar.

Diese „Lücke" füllt § 8 I PolG (hierzu ausführlich unter Rn. 540 ff.). Dieser gewährt der Polizei die Möglichkeit, eine Maßnahme der Gefahrenabwehr selbst oder durch beauftragte dritte Personen auszuführen, selbst wenn sie den Verantwortlichen (noch) nicht durch eine Gefahrenabwehrverfügung in Anspruch genommen haben.[471]

330

Die Norm ist weder eine Adressatenregelung noch eine „echte" Befugnisnorm. Vielmehr ergänzt sie die §§ 6 und 7 PolG. Die unmittelbare Ausführung nach § 8 I PolG setzt immer das Vorliegen einer auf die Generalklausel der §§ 3, 1 I PolG oder die Standardbefugnisnormen gestützten (hypothetischen) Maßnahme voraus.

Wäre der Fahrer im obigen Beispielsfall anwesend, könnte ihm gegenüber eine auf die §§ 3, 1 I PolG gestützte Anordnung auf Entfernung des Wagens erlassen werden. Hypothetisch wäre der Erlass einer gefahrenabwehrrechtlichen Verfügung möglich. Da der Fahrer aber nicht anwesend ist, kann die Behörde ohne Erlass der Verfügung gem. § 8 I PolG vorgehen und den Wagen abschleppen (lassen).

f) Inanspruchnahme Nichtverantwortlicher, § 9 I PolG

polizeilicher Notstand

Unter den Voraussetzungen des § 9 PolG können Maßnahmen gegenüber Personen getroffen werden, die nicht nach § 6 PolG verhaltens- oder nach § 7 PolG zustandsverantwortlich sind. In Rechtsprechung und Literatur hat sich hierfür auch der Begriff des „polizeilichen Notstandes" eingebürgert.[472]

331

hemmer-Methode: In Klausuren, in denen Nichtverantwortliche nach § 9 I PolG in Anspruch genommen werden, ist häufig auch die Frage nach Entschädigungsansprüchen zu bearbeiten, vgl. § 55 PolG.

§ 9 I PolG: Voraussetzungen der Inanspruchnahme

aa) Eine Inanspruchnahme Nichtverantwortlicher ist nur unter den in in § 9 I PolG genannten restriktiven Voraussetzungen zulässig.

332

Bsp.: S steht auf dem Balkongeländer im 14. Stock und hat angekündigt, zu springen. Der Polizeibeamte T möchte den S davon abhalten, allerdings kann er die Wohnungstür nicht aufbrechen und seine Dienstwaffe hat Ladehemmung. Er fordert daher den anwesenden Wohnungsnachbarn auf, ihm ein Stemmeisen zu geben.

qualifizierte Gefahr

Es bedarf zunächst einer unmittelbar bevorstehenden Gefahr für die öffentliche Sicherheit oder Ordnung.[473] Dies ist der Fall, wenn der Eintritt des Schadens nach allg. Erfahrung sofort oder in allernächster Zeit mit an Sicherheit grenzender Wahrscheinlichkeit zu erwarten ist.

Die unmittelbar bevorstehende Gefahr zeichnet sich damit durch eine besondere zeitliche Nähe und ein gesteigertes Maß der Wahrscheinlichkeit aus. Hieran stellt die Rspr. strenge Anforderungen.[474]

Diese Voraussetzung bereitet im Beispielsfall keine Probleme. Wegen des angekündigten Suizidversuchs besteht eine unmittelbare Gefahr für die Individualrechtsgüter Leib und Leben, welche Element der öffentlichen Sicherheit sind.[475]

---

471   Zeitler/Trurnit, Rn. 980; Stephan/Deger, § 8 PolG, Rn. 1; Belz/Mussmann/Kahlert/Sander, § 8 PolG, Rn. 1.

472   Belz/Mussmann/Kahlert/Sander, § 9 PolG, Rn. 1; Stephan/Deger, § 8 PolG, Rn. 1; Zeitler/Trurnit, Rn. 280; Ruder, Rn. 261.

473   Belz/Mussmann/Kahlert/Sander, § 9 PolG, Rn. 3; Stephan/Deger, § 8 PolG, Rn. 7; Ruder, Rn. 263.

474   VGH Mannheim, NJW 2006, 635; NVwZ-RR 2000, 288 (289); NVwZ-RR 1994, 52.

475   Zur Abgrenzung zwischen Suizid und eigenverantwortlicher Selbstgefährdung vgl. Rn. 167 ff.

Nachrangigkeit der Inanspruchnahme Nichtverantwortlicher

Erforderlich ist zudem, dass die Gefahr nicht auf andere Weise verhindert werden kann. Dies ist nach dem Gesetzeswortlaut insbesondere dann der Fall, „wenn die eigenen Mittel der Polizei nicht ausreichen oder wenn durch Maßnahmen nach den §§ 6 bis 8 ein Schaden herbeigeführt würde, der erkennbar außer Verhältnis zu dem beabsichtigten Erfolg steht".

Vor jedem Notstandseingriff hat die Polizei somit zu prüfen, ob die Gefahr durch die Inanspruchnahme des nach §§ 6, 7 PolG Verantwortlichen[476] oder durch den Einsatz eigener Mittel mit Aussicht auf Erfolg abgewehrt werden kann.[477]

> Im Fallbeispiel ist ein Vorgehen gegen den Verantwortlichen S nicht Erfolg versprechend. Da der Polizeibeamte alle ihm in der konkreten Situation verfügbaren sachlichen Mittel erfolglos eingesetzt hat, ist eine Gefahrenabwehr nicht anderweitig möglich.

333

Übermaßverbot und Zumutbarkeit

Schließlich muss die Polizei bei der Inanspruchnahme Nichtverantwortlicher das Übermaßverbot und die Zumutbarkeit beachten.[478] Zum einen ist die Inanspruchnahme auf das sachlich Unumgängliche und das zeitlich Erforderliche zu beschränken (Übermaßverbot). Zum anderen muss sichergestellt werden, dass der Nichtverantwortliche ohne erhebliche eigene Gefährdung und ohne Verletzung höherwertiger Pflichten in Anspruch genommen wird (Zumutbarkeit bzw. Opfergrenze).

> Diese Voraussetzungen bereiten im Beispielsfall ebenfalls keine Probleme. Die Aufforderung zur Herausgabe des Stemmeisens zum Aufbrechen der Tür ist auf das sachlich und zeitlich Erforderliche begrenzt. Für eine Selbstgefährdung oder Verletzung höherwertiger Pflichten bestehen keine Anhaltspunkte.

334

§ 9 II PolG: Dauer der Heranziehung

bb) Nach § 9 II PolG dürfen Maßnahmen gegen den Nichtverantwortlichen nur aufrechterhalten werden, solange die Voraussetzungen des § 9 I PolG vorliegen. Mit anderen Worten: Die Inanspruchnahme Nichtverantwortlicher ist vorläufig und subsidiär. Demzufolge muss die Polizei fortlaufend prüfen, ob die Gefahrenabwehr zwischenzeitlich nicht durch eigene Mittel oder die Inanspruchnahme des nach §§ 6, 7 PolG Verantwortlichen möglich ist.[479]

> *Bsp.:*[480] *Die Beschlagnahme einer Wohnung ist einer der Hauptfälle der Heranziehung Unbeteiligter. Diese Maßnahme muss von vornherein befristet werden und darf längstens sechs Monate aufrechterhalten werden (vgl. § 33 IV S. 2 PolG). Sind die Voraussetzungen des § 9 I PolG entfallen (z.B. durch eine zwischenzeitlich frei gewordene gemeindliche Unterkunft), muss die Maßnahme umgehend aufgehoben werden.*

335

6. Polizeiliche Handlungsgrundsätze

Handlungsgrundsätze

Die Polizei muss bei jeder Maßnahme Handlungsgrundsätze beachten. Dazu gehören neben der Beachtung des Bestimmtheitsgebotes (§ 37 I LVwVfG) auch die Einhaltung des Verhältnismäßigkeitsgrundsatzes (§ 5 PolG) sowie die korrekte Ermessensausübung.

336

---

476 Die vorrangige Inanspruchnahme des Verantwortlichen scheidet somit auch dann aus, wenn ein solcher nicht vorhanden ist (z.B. Naturkatastrophe) oder dieser zur Beseitigung der Gefahr außerstande ist (z.B. fehlende finanzielle Mittel im Fall der Obdachlosigkeit).

477 Belz/Mussmann/Kahlert/Sander, § 9 PolG, Rn. 4; Stephan/Deger, § 8 PolG, Rn. 7; Ruder, Rn. 264.

478 Belz/Mussmann/Kahlert/Sander, § 9 PolG, Rn. 7 und 8; Ruder, Rn. 265; Zeitler/Trurnit, Rn. 286.

479 Belz/Mussmann/Kahlert/Sander, § 9 PolG, Rn. 10; Stephan/Deger, § 8 PolG, Rn. 21; Ruder, Rn. 266; Zeitler/Trurnit, Rn. 289.

480 VGH Mannheim, NVwZ-RR 1990, 476 = DÖV 1991, 121.

a) Bestimmtheit, § 37 I LVwVfG

Bestimmtheit

Das rechtsstaatliche Bestimmtheitsgebot ist im PolG nicht spezial-gesetzlich geregelt. Für Verfügungen der Polizeibehörden ergibt sich dieses Erfordernis allerdings bereits aus § 37 I LVwVfG.[481]

337

Der Betroffene als Adressat der Verfügung muss ihr zweifelsfrei entnehmen können, welches Verhalten von ihm verlangt wird.[482] Hintergrund ist nicht zuletzt, dass dem Bürger die Chance eröffnet werden muss, die zwangsweise Durchsetzung der Grundverfügung durch eine Befolgung abzuwehren. Die Polizeiverfügung muss daher

⇨ ihren Verfügungscharakter

⇨ das angestrebte Ziel

⇨ das zu dessen Erreichung einzusetzende Mittel

⇨ sowie ihren Adressaten erkennen lassen.

Als Merksatz können Sie sich einprägen, dass die Verfügung so präzise sein muss, dass sie ohne weitere Konkretisierung seitens der Behörde vollstreckt werden könnte.

338

> **Bsp.:** *Der Polizeibeamte P befiehlt dem mittels eines Schildes vor Radarkontrollen warnenden A, den „Bereich der Radarkontrolle" bis 12 Uhr desselben Tages zu verlassen. Diesem Platzverweis nach § 27a I PolG mangelt es an Bestimmtheit, da der räumliche Geltungsbereich nicht nach Straßen bzw. Straßenabschnitten festgelegt wird.[483]*

b) Grundsatz der Verhältnismäßigkeit, § 5 PolG

Verhältnismäßigkeit

Der Grundsatz der Verhältnismäßigkeit hat in § 5 PolG eine aus-drückliche Normierung gefunden.

339

aa) § 5 I PolG

Möglichkeit mehrerer Maßnahmen

Nach § 5 I PolG hat die Polizei bei mehreren möglichen und geeig-neten Maßnahmen diejenige zu treffen, die den Einzelnen und die Allgemeinheit am wenigsten beeinträchtigt.

340

Zunächst müssen mehrere Maßnahmen möglich sein. Eine Maß-nahme ist als solche unmöglich, wenn sie vom Adressaten ein Ver-halten fordert, das dieser aus tatsächlichen oder rechtlichen Grün-den nicht erbringen kann.[484] Es gilt auch hier der allgemeine Grund-satz „ultra posse nemo obligatur" nach § 44 II Nr. 4 und Nr. 5 LVwVfG.

> **Bsp.:** *Die mittels einer Gefahrenabwehrmaßnahme angeordnete Pflicht, einen Hund nur in Kellerräumen zu halten, verstößt gegen § 2 TierSchG (objektive rechtliche Unmöglichkeit). Die behördliche Anordnung, ein Sägewerk völlig geräuschfrei zu betreiben, ist objektiv tatsächlich un-möglich.*

---

481 VGH Mannheim, VBIBW 2002, 92; Ruder, Rn. 299; Belz/Mussmann/Kahlert/Sander, § 3 PolG, Rn. 12.

482 BVerfG, NVwZ 1990, 855; VGH Mannheim, VBIBW 2002, 92; NVwZ 1989, 163; Belz/Mussmann/Kahlert/Sander, § 84a PolG, Rn. 4; Stephan/Deger, § 5 PolG, Rn. 9.

483 VG Saarland, DAR 2004, 668; Belz/Mussmann/Kahlert/Sander, § 84a PolG, Rn. 4.

484 Belz/Mussmann/Kahlert/Sander, § 5 PolG, Rn. 4; Stephan/Deger, § 6 PolG, Rn. 14; Würtenberger/Heckmann/Tanneberger, § 5 Rn. 368.

Exkurs für Fortgeschrittene

Sonderfall: subjektive rechtliche Unmöglichkeit

Würde der Adressat bei Befolgung der polizeilichen Anordnung gegen zivilrechtliche Verpflichtungen verstoßen, so stellt dies keinen Ermessensfehler dar.

341

hemmer-Methode: Es handelt sich hier nicht um ein spezifisch polizeirechtliches Problem, sondern um eines des Verwaltungsrechts AT, das insbesondere im Zusammenhang mit bauaufsichtlichen Maßnahmen relevant wird.

Bsp.: Ein Obstbaum auf dem Grundstück des E droht beim nächsten Sturm auf eine viel befahrene Straße zu fallen. Daher verpflichtet die Polizeibehörde den E, den Baum zu fällen. E hat das Grundstück aber an A verpachtet und ihm zugesichert, dass alle Bäume die nächsten zehn Jahre durchhalten.

Nach allg. Auffassung berührt die subjektive zivilrechtliche Unmöglichkeit die Rechtmäßigkeit behördlicher Maßnahmen nicht. Diese steht lediglich einer nachfolgenden Vollstreckung durch die Behörde im Wege und führt daher zur Rechtswidrigkeit von Vollstreckungsmaßnahmen.[485] Bevor die Behörde die Vollstreckung einleitet, was gem. § 49 I PolG i.V.m. § 20 LVwVG durch eine Androhung zu erfolgen hat, muss sie das zivilrechtliche „Hindernis" aus dem Weg räumen, indem sie gegenüber dem zivilrechtlich Berechtigten eine Anordnung erlässt, die Handlung des Adressaten zu dulden (sog. Duldungsverfügung).

Die Polizeibehörde muss den A verpflichten, zu dulden, dass E den Baum fällt. Diese Anordnung gegen A ist privatrechtsgestaltend, Rechtsgrundlage sind ebenfalls die §§ 3, 1 I PolG (sog. Minusmaßnahme).[486] Natürlich könnte die Polizeibehörde auch von vornherein dem A als dem Inhaber der tatsächlichen Gewalt gem. §§ 3, 1 I PolG i.V.m. § 7 PolG aufgeben, den Baum zu fällen. Sofern A nicht zivilrechtlich zum Fällen des Baums berechtigt ist (wozu ein normaler Pachtvertrag nicht berechtigt), stellt sich dann umgekehrt hinsichtlich des Eigentümers E das gleiche Problem.

Exkurs Ende

Geeignetheit

Eine Maßnahme ist dann geeignet, wenn sie den gewünschten Erfolg herbeiführt oder zumindest fördert.[487]

342

Bsp.: Eine Videoüberwachung des Bahnhofsvorplatzes (§ 21 III PolG) ist zur Gefahrenabwehr geeignet, selbst wenn dies zu einer partiellen Verlagerung der Kriminalität auf nicht überwachte Bereiche führen sollte. Dem Polizeivollzugsdienst steht bei seiner Geeignetheitsprognose ein Einschätzungsspielraum zu, der erst dann überschritten ist, wenn sich die Maßnahme als objektiv oder evident untauglich erweist.

Erforderlichkeit

Bei mehreren möglichen und geeigneten Maßnahmen hat die Behörde diejenige auszuwählen, die den Einzelnen und die Allgemeinheit am wenigsten beeinträchtigt. § 5 I PolG enthält den Grundsatz der geringsten Beeinträchtigung bzw. des mildesten Mittels.[488]

343

Bsp.: Eine Aufforderung an einen weiblichen Fußballfan, sich beim Einlass in ein Fußballstadion zum Auffinden mitgeführter Pyrotechnik zu entkleiden, ist nur dann verhältnismäßig, wenn und soweit ein Abtasten kein eindeutiges Ergebnis erwarten lässt.[489]

---

485 Ständige Rspr. seit BVerwGE 40, 101; vgl. auch VGH Mannheim, VBlBW 1991, 27. Hierzu auch unter Rn. 341 und 577.
486 Belz/Mussmann/Kahlert/Sander, § 5 PolG, Rn. 4; VGH München, NVwZ-RR 2006, 389 (390); Stuttmann, NVwZ 2004, 805.
487 Stephan/Deger, § 3 PolG, Rn. 5; Belz/Mussmann/Kahlert/Sander, § 5 PolG, Rn. 3; Zeitler/Trurnit, Rn. 227; Götz/Geis, § 12 Rn. 21.
488 Belz/Mussmann/Kahlert/Sander, § 5 PolG, Rn. 3; Ruder, Rn. 298; VGH Mannheim, VBlBW 1993, 343.
489 OVG Saarland, JA 2008, 667 (668).

hemmer-Methode: Der Grundsatz der geringsten Beeinträchtigung entspricht der „Erforderlichkeit" im Rahmen der dreistufigen Prüfung des Verhältnismäßigkeitsgrundsatzes. Das setzt (obwohl in § 5 PolG nicht normiert) denknotwendig voraus, dass die Maßnahme zur Gefahrenabwehr geeignet ist.

Beachten Sie, dass die geringste Beeinträchtigung jeden Nachteil umfasst. Auch bloße Unannehmlichkeiten oder der Ansehensverlust der Polizei fallen darunter.

bb) § 5 II PolG

Grundsatz nur angemessener Nachteile

§ 5 II PolG normiert den Grundsatz der Verhältnismäßigkeit im engeren Sinne (sog. Angemessenheit).

344

Hier ist die gewählte Maßnahme in Relation zum Erfolg zu setzen. Bei Unverhältnismäßigkeit der Zweck-Mittel-Relation kann u.U. auch das einzig geeignete Mittel ausgeschlossen sein. Letztlich ist eine Abwägung zwischen den durch den angestrebten Erfolg geschützten Rechtsgütern und den herbeigeführten Nachteilen für die betroffenen Rechtsgüter vorzunehmen.[490]

Die Abwägung muss zugunsten ersterer ausfallen. Es dürfen weder unverhältnismäßige Nachteile für den Einzelnen noch für die Allgemeinheit entstehen.

hemmer-Methode: I.R.d. Klausurbearbeitung müssen Sie § 5 PolG lediglich korrekt subsumieren. Sollten i.R.d. Grundsatzes der Verhältnismäßigkeit erkennbar keine Probleme liegen, so stellen Sie die Einhaltung des § 5 PolG nur mit einem Satz fest.

c) Ermessensausübung, § 3 PolG bzw. § 40 LVwVfG

Opportunitätsprinzip

aa) Liegen die Voraussetzungen der einschlägigen Rechtsgrundlage vor, hat die Polizei ihre Maßnahmen nach pflichtgemäßem Ermessen zu treffen (sog. Opportunitätsprinzip).[491] Dies ergibt sich aus dem Wortlaut der Standardermächtigungen („kann") und ist in der Generalklausel der §§ 3, 1 I PolG ausdrücklich normiert[492] („nach pflichtgemäßem Ermessen").

345

Den Behörden wird in verschiedene Richtungen ein Handlungsspielraum eingeräumt, wofür sich die Einteilung in Entschließungs- und Auswahlermessen eingebürgert hat.[493]

346

Entschließungsermessen („ob")

Das Entschließungsermessen betrifft die Frage, „ob" überhaupt Maßnahmen zur Gefahrenabwehr ergriffen werden. Eine Eingriffspflicht ergibt sich nur im Falle einer Ermessensreduzierung auf Null, hier muss die Polizei einschreiten.[494]

Auswahlermessen („wie")

Oftmals existieren mehrere Möglichkeiten, wie eine Gefahr effektiv bekämpft werden kann.

Den Spielraum der Behörde, über die Art und Weise der konkreten Einzelmaßnahme zu entscheiden, nennt man Auswahlermessen. Im Gegensatz zum Entschließungsermessen geht es hier um das „Wie" des polizeilichen Einschreitens.

---

490   Zeitler/Trurnit, Rn. 229; Ruder, Rn. 298; Stephan/Deger, § 5 PolG, Rn. 11; Belz/Mussmann/Kahlert/Sander, § 5 PolG, Rn. 8.

491   Im Unterschied zum bei der Strafverfolgung geltenden Legalitätsprinzip nach §§ 152 II, 163 StPO herrscht im Gefahrenabwehrrecht keine Pflicht zum Handeln.

492   Belz/Mussmann/Kahlert/Sander, § 3 PolG, Rn. 24; Zeitler/Trurnit, Rn. 216.

493   Belz/Mussmann/Kahlert/Sander, § 3 PolG, Rn. 25; Stephan/Deger, § 3 PolG, Rn. 20.

494   Hierzu näher i.R.d. Verpflichtungsklage, Rn. 611; Belz/Mussmann/Kahlert/Sander, § 3 PolG, Rn. 226 und 33; Stephan/Deger, § 3 PolG, Rn. 22. Ruder, Rn. 293; Zeitler/Trurnit, Rn. 221.

Auswahlermessen ("gegen wen")

Des Weiteren ist zu berücksichtigen, dass die Behörde auch bei der Auswahl des Verantwortlichen nach pflichtgemäßem Ermessen handeln muss. Sind im Falle einer festgestellten Gefahrenlage mehrere Personen verantwortlich, so steht der Behörde ein auch diesbezüglich ein Auswahlermessen zu. Dieses betrifft damit die Frage des "gegen wen".

347

> **hemmer-Methode: Die Ermessensausübung ist allerdings nur in den Grenzen des § 114 S. 1 VwGO gerichtlich nachprüfbar. Das Gericht prüft lediglich, ob ein Ermessensnichtgebrauch, ein Ermessensfehlgebrauch oder eine Ermessensüberschreitung vorliegt. Vergleichen Sie dazu Hemmer/Wüst, Verwaltungsrecht I, Rn. 365 ff. Zitieren Sie § 114 S. 1 VwGO an dieser Stelle in der Klausur, wenn Sie den Erfolg eines gerichtlichen Rechtsbehelfs prüfen!**

Auswahl unter mehreren Verantwortlichen

bb) Klausurrelevant ist zumeist die Ermessensausübung bei der Auswahl unter mehreren Verantwortlichen.[495]

348

> **hemmer-Methode: In der Klausur müssen Sie an dieser Stelle ggf. inzident die Verantwortlichkeit einer anderen Person als derjenigen, gegen die die Maßnahme gerichtet ist, prüfen! Nur wenn die Heranziehung mehrerer Verantwortlicher gleich effektiv ist, kommen andere Ermessenserwägungen überhaupt zum Zuge!**

Direktiven der Rspr.

Von der Rspr. wurden hierfür einige Direktiven aufgestellt, die als Richtlinien herangezogen werden können: Zum einen soll der zeitlich letzte Verantwortliche in Anspruch genommen werden.[496] Auch wird vertreten, dass im Regelfall der Verhaltensverantwortliche vor dem Zustandsverantwortlichen herangezogen werden soll,[497] zumal diese Rangfolge bereits dem Gesetz zu entnehmen sei. Nach einer ebenfalls weitverbreiteten Faustformel ist zunächst der sog. Doppelverantwortliche heranzuziehen, also derjenige, der zugleich Handlungs- und Zustandsverantwortlicher ist.[498]

349

Exkurs für Fortgeschrittene

Bundesbodenschutzgesetz

Die Problematik stellt sich insbesondere bei schädlichen Bodenveränderungen und Altlasten. Gefahrenabwehrmaßnahmen richten sich seit dem Jahr 1999 nicht mehr nach dem PolG, sondern nach dem BBodSchG[499] und dem LBodSchG.[500]

350

> *Bsp.: Bei Bauarbeiten werden Altlasten (vgl. § 2 V BBodSchG) festgestellt, die von einer ehemaligen Chemiefabrik herrühren und giftige Dämpfe absondern.*

Maßnahmerichtung

In den meisten Fällen stehen mehrere Verantwortliche "zur Auswahl", sodass eine Entscheidung der Polizei in Bezug auf die richtige Ermessensausübung hinsichtlich des Maßnahmenadressaten problematisch sein kann.

> Im Bsp. kommen Eigentümer, etwaige Voreigentümer und Fabrikbetreiber in Betracht.

---

495 Stephan/Deger, § 7 PolG, Rn. 21; Belz/Mussmann/Kahlert/Sander, § 6 PolG, Rn. 21. Lesenswert hierzu Schoch, Jura 2012, 685 (688).

496 So die frühere Rspr. In Baden-Württemberg, vgl. VGH Mannheim, DVBl. 1950, 475 (477); Belz/Mussmann/Kahlert/Sander, § 6 PolG, Rn. 21.

497 VGH Kassel, NVwZ-RR 1989, 137; VGH München, DVBl. 1986, 1283 ff. Dahinter steht der Gedanke, dass der Verursacher eines rechtswidrigen Zustands diesen vorrangig "wiedergutzumachen" hat, ehe unter Berufung auf die bloße Sachherrschaft der Zustandsverantwortliche herangezogen wird.

498 VGH Kassel, UPR 1995, 198 (199); Schenke, Polizei- und Ordnungsrecht, Rn. 287.

499 Bundes-Bodenschutzgesetz, Sartorius Nr. 299.

500 Landes-Bodenschutz- und Altlastengesetz, Dürig Nr. 124; nicht im Dolde/Kirchhof/Stilz abgedruckt.

Auch im vorrangig zu prüfenden BBodSchG ist die Verantwortlich- *351*
keit explizit geregelt. Die Sanierungspflichten treffen den Verursacher, dessen Rechtsnachfolger, den Eigentümer des Grundstücks
sowie den Inhaber der tatsächlichen Gewalt, § 4 III S. 1 BBodSchG.
Daneben kann gem. § 4 VI BBodSchG auch ein früherer Eigentümer
(unter restriktiven Voraussetzungen) in Anspruch genommen werden.[501] Allerdings fehlt auch hier eine Vorgabe zur Rangfolge der
Pflichtigkeit; es gilt daher ebenfalls das Gebot einer effektiven Gefahrenabwehr[502] (dazu sogleich).

> **hemmer-Methode: Gerade im Bereich der atypischen Risiken wird die
> Frage relevant, ob die Zustandsverantwortlichkeit wegen Art. 14 I GG
> nicht einzuschränken ist. Die h.M. lässt solche Einschränkungen aber
> nicht bereits auf Tatbestandsseite i.R.d. Verantwortlichkeit, sondern
> erst i.R.d. Ermessens zu.[503]**

Exkurs Ende

Auswahlkriterien

cc) Fraglich ist demnach, welcher unter mehreren Verantwortlichen *352*
konkret heranzuziehen ist.

Der gesetzlichen Abfolge bei der Auflistung der Verantwortlichen in
den §§ 6, 7 und 9 I PolG ist nach h.M. keine rechtsnormative Rangfolge zu entnehmen.[504] Entscheidend sind bei der Auswahl die Kriterien der Effektivität der Gefahrenabwehr[505] und der Verhältnismäßigkeit der Inanspruchnahme.[506] Leitender Gesichtspunkt für die
Auswahl unter mehreren Adressaten ist dabei die schnelle und wirksame Gefahrenbeseitigung.[507]

meist: Verhaltensverantwortlicher

Im Rahmen des Auswahlermessens wird aus Gründen der Verhält- *353*
nismäßigkeit meistens der Verhaltensverantwortliche vorrangig in
Anspruch zu nehmen sein.

Zu beachten ist dabei allerdings, ob eine Inanspruchnahme des
Verhaltensverantwortlichen überhaupt möglich ist, und ob seine Inanspruchnahme nicht sogar im Hinblick auf das Effektivitätsprinzip
(effektive und schnelle Gefahrenabwehr) ausscheidet. Kriterien hierfür sind z.B. die persönliche und sachliche Leistungsfähigkeit,[508] die
zivilrechtliche Verfügungs- und Nutzungsbefugnis und die gerechte
Lastenverteilung.

Ausnahmen aber durchaus denkbar

Deshalb kann im Einzelfall eine Inanspruchnahme des Zustands- *354*
verantwortlichen statt des Verhaltensverantwortlichen also durchaus
dem pflichtgemäßen Ermessen entsprechen.[509]

> **hemmer-Methode: Der oft pauschal behauptete Vorrang der Inan-
> spruchnahme des Verhaltens- vor dem Zustandsverantwortlichen ist
> so nicht korrekt. Die Frage, wer von mehreren Verantwortlichen im
> Einzelfall heranzuziehen ist, stellt sich nur bei gleicher Effektivität der
> Gefahrenabwehr.**

Kriterien bei Altlastenfällen

Speziell für die Altlastenfälle können folgende Kriterien für das Aus- *355*
wahlermessen angewendet werden:[510]

---

501   Vgl. zu dieser Ausdehnung der Haftung Spieth/Wolfers, NVwZ 1999, 355.

502   VGH Mannheim, DÖV 2000, 782; VGH Kassel, NVwZ-RR 2006, 781; a.A. Becker, UPR 2004, 1 (2) und Tiedemann, NVwZ-RR 2003, 1477.

503   Vgl. oben, Rn. 321 ff.

504   VGH Mannheim, VBlBW 1995, 281; VBlBW 2002, 73; Zeitler/Trurnit, Rn. 276; Schoch, Jura 2012, 685 (688): „Irgendeine Abfolge muss der Gesetz-
       geber (...) wählen ...".

505   VGH Mannheim, DVBl. 2013, 594 (595); OVG Münster, DVBl. 2013, 936 (938); Gotzen, NWVBl. 2014, 174 (176); Schoch, Jura 2012, 685 (688);
       Stephan/Deger, § 7 PolG, Rn. 21; Belz/Mussmann/Kahlert/Sander, § 6 PolG, Rn. 21; Zeitler/Trurnit, Rn. 277.

506   VGH Mannheim, NJW 2000, 3801; Zeitler/Trurnit, Rn. 277;

507   VGH Mannheim, DVBl. 2013, 594 (595); VGH München, BayVBl. 2005, 441 (442).

508   Stephan/Deger, § 7 PolG, Rn. 21; Belz/Mussmann/Kahlert/Sander, § 6 PolG, Rn. 21; Ruder, Rn. 257; Zeitler/Trurnit, Rn. 277.

509   Instruktiv hierzu Ruder, Rn. 257; Würtenberger/Heckmann/Tanneberger, § 5 Rn. 361.

510   VGH München, BayVBl. 1986, 598.

⇨ Das Grundstück wurde nicht ausreichend gegen Einwirkungen von Dritten (Ablagerungen) geschützt: Dies spricht für eine Verantwortlichkeit des Eigentümers.

⇨ Die Abfälle erscheinen äußerlich noch als von Grund und Boden getrennte Gegenstände: Dies spricht gegen eine Verantwortlichkeit des Eigentümers. Hierbei ist aber zu beachten: Eine solche klare Trennung dürfte nur bei Ablagerungen aus allerjüngster Zeit möglich sein, weshalb mit fortschreitender Zeit die Verantwortlichkeit des Eigentümers zunehmen wird.

⇨ Schließlich ist zu fragen: Wer ist letztlich zivilrechtlich verantwortlich? Bei der Auswahl ist zu berücksichtigen, ob der Eigentümer ggf. Ausgleichsansprüche gegen den Voreigentümer geltend machen kann. Kann er dies nicht, so spricht dies ebenfalls für seine Heranziehung als Verantwortlicher. In diesem Zusammenhang ist § 24 II BBodSchG zu beachten.

> **hemmer-Methode: Der Verantwortliche eines Gefahrenverdachts ist wie der Anscheinsverantwortliche auf der Entschädigungsebene dem Nichtverantwortlichen gleichzustellen, wenn sich ex post herausstellt, dass objektiv keine Gefahr und damit auch keine Verantwortlichkeit vorlag, sofern ihm der Verdacht beziehungsweise der Anschein nicht zuzurechnen ist.[511] Hierzu unter Rn. 631.**

IV. Verletzung eines subjektiven Rechts

Kläger muss in subjektiv-öffentlichem Recht verletzt sein

Wird die Rechtswidrigkeit einer Maßnahme festgestellt, so ist die Klage noch nicht begründet. Der Kläger muss durch die rechtswidrige Maßnahme zudem in einem ihm zustehenden subjektiv-öffentlichen Recht verletzt sein.

356

Die Verletzung eines subjektiv-öffentlichen Rechts des Klägers ist für jede rechtswidrige Maßnahme jeweils gesondert zu prüfen. Als Adressat einer rechtswidrigen Maßnahme ist er zumindest in seinem Grundrecht aus Art. 2 I GG verletzt.[512]

V. Versammlungsrecht

VersG als Spezialgesetz

Rechtsgrundlage polizeilicher Maßnahmen können auch Vorschriften des VersG sein.[513]

357

Rechtsgrundlagen enthält das VersG in §§ 5, 9 II, 12a, 13 I für öffentliche Versammlungen in geschlossenen Räumen, in §§ 15 (versammlungsrechtliche Generalklausel), 17a IV, 18 III, 19 IV sowie § 19a i.V.m. § 12a für Versammlungen unter freiem Himmel.

1. Anwendungsbereich des VersG

Anwendungsbereich

Voraussetzung hierfür ist zunächst, dass dieses Gesetz anwendbar ist. Die Vorschriften des VersG gelten ganz überwiegend nur für öffentliche Versammlungen, vgl. § 1 I VersG.

358

Dies gilt zum einen für diejenigen Vorschriften, welche ausdrücklich eine öffentliche Versammlung betreffen, wie etwa §§ 1, 2 VersG.

---

511 Ruder, Rn. 888 und 890; Stephan/Deger, § 55 PolG; Rn. 11; Würtenberger/Heckmann/Tanneberger, § 9 Rn. 32 - 34; Weiß, NVwZ 1997, 737 (742).

512 Vgl. hierzu Hemmer/Wüst, Verwaltungsrecht I, Rn. 399 ff.

513 Zur Fortgeltung des VersG nach der Föderalismusreform vgl. bereits Rn. 22.

Dagegen ist in den §§ 5 - 13 und den §§ 14 - 20 VersG sowohl von öffentlichen Versammlungen als auch nur von Versammlungen die Rede. Dass hier jedoch stets nur öffentliche Versammlungen i.S.v. § 1 I VersG gemeint sind, ergibt sich aus den jeweiligen Überschriften vor § 5 VersG bzw. § 14 VersG.

Lediglich §§ 3, 21, 23, 28 und 30 VersG betreffen auch nichtöffentliche Versammlungen.[514] Da es sich hierbei aber um reine Verhaltensgebote handelt, gelten die im VersG enthaltenen Rechtsgrundlagen allerdings nur für öffentliche Versammlungen.

a) Versammlungsbegriff

Begriff der Versammlung

Eine Versammlung erfordert[515]   *359*

⇨ eine (vorübergehende) Zusammenkunft mehrerer Personen

⇨ die in innerer Verbundenheit stehen

⇨ zur Meinungskundgabe in öffentlichen Angelegenheiten.[516]

Abgrenzung zur Ansammlung

Zu unterscheiden ist eine Versammlung daher von einer bloßen Ansammlung mehrerer Personen, welche nicht in innerer Verbundenheit stehen oder jedenfalls keinen Willen zur kollektiven Meinungskundgabe haben.[517] Bei einer Technoparty, einem Konzert,[518] einer Facebook-Party oder einer Sportgroßveranstaltung liegt der Schwerpunkt vielmehr im Bereich der Unterhaltung.

Unterschiede Art. 8 I GG und § 1 I VersG

Diese Elemente des Versammlungsbegriffs haben sowohl für das einfache Recht (VersG) als auch für das Grundrecht des Art. 8 I GG Geltung. Abgesehen davon stimmen jedoch Anwendungs- bzw. Schutzbereich von § 1 VersG und Art. 8 I GG in mehrerer Hinsicht nicht überein: *360*

⇨ Die in Art. 8 I GG normierte Schutzbereichsbeschränkung hinsichtlich friedlicher Versammlungen[519] findet auf Versammlungen nach § 1 I VersG keine Anwendung.

⇨ Art. 8 I GG ist ein Deutschengrundrecht, während § 1 I VersG „jedermann" erfasst.

⇨ Art. 8 I GG schützt jedwede Versammlung, während der Anwendungsbereich des VersG auf öffentliche Versammlungen beschränkt ist (hierzu sogleich unter Rn. 362).

⇨ Schließlich schützt Art. 8 I GG auch den „Prozess des sich Versammelns", während das VersG hierzu keine Regelung trifft (hierzu unter Rn. 371 ff.).

Spontanversammlung

Auch eine Spontanversammlung ist eine Versammlung i.S.d. VersG. Sie unterscheidet sich lediglich dadurch, dass sie ohne vorherige Einladung, Bekanntmachung oder sonstige Absprache stattfindet und kein Veranstalter vorhanden ist.   *361*

---

514   Dietel/Gintzel/Kniesel, § 1 VersG, Rn. 418; Würtenberger/Heckmann/Tanneberger, § 5 Rn. 104.

515   BVerfG, NJW 2011, 3020 (3022); BVerwG, NVwZ 2007, 1431 (1432).

516   BVerfG, NJW 2017, 1164 = L&L 2017, 268. Diese Voraussetzung ist nicht unumstritten, vgl. m.w.N. Hemmer/Wüst, Staatsrecht I, Rn. 235; Sodan/Ziekow, § 36 Rn. 2.

517   Schenke, Polizei- und Ordnungsrecht, Rn. 361. Die Abgrenzung spielt auch bei der Datenerhebung nach § 21 PolG eine Rolle.

518   Der Schutzbereich der Versammlungsfreiheit kann sich allerdings auf Veranstaltungen erstrecken, die ihre kommunikativen Zwecke unter Einsatz von Musik und Tanz verwirklichen (sog. gemischte Veranstaltungen). Entscheidend ist dann das Gesamtgepräge, vgl. VGH Mannheim, DÖV 2010, 866 (Skinheadkonzert).

519   § 2 III VersG statuiert allerdings ein Waffenverbot, welches durch § 17a VersG auf die Schutzbewaffnung erweitert wird. Die Führung von Waffen ist nach § 27 I VersG eine Straftat.

hemmer-Methode: Bei einer Spontanversammlung entfällt die grundsätzliche Anmeldepflicht aus § 14 VersG aufgrund einer teleologischen Reduktion der Vorschrift. Ansonsten würde § 14 VersG gegen Art. 8 I GG verstoßen.
Sie sollten auch den Begriff der Eilversammlung kennen. Eine solche liegt vor, wenn die Anmeldefrist des § 14 VersG nicht mehr vollständig eingehalten werden kann. Auch hier muss aufgrund einer teleologischen Reduktion die 48-Stunden-Frist des § 14 VersG nicht eingehalten werden. Bei Eilversammlungen genügt es, wenn die Anmeldung sobald als möglich erfolgt.[520]

b) Öffentlichkeit einer Versammlung

öffentliche Versammlung

Eine Versammlung ist öffentlich, wenn die Teilnahme nicht auf einen namentlich oder sonst individuell bezeichneten Personenkreis beschränkt ist, sondern grds. jedermann offen steht.[521]

362

Für nichtöffentliche Versammlungen (z.B. einen Parteitag, bei dem ausschließlich Mitglieder Zutritt haben) gelten die Rechtsgrundlagen des VersG nach h.M. grds. nicht.[522] Es findet dann das allgemeine Polizeirecht (also das PolG) Anwendung.

aber: Bedeutung des Art. 8 GG beachten

Der besonderen Bedeutung des Grundrechts auf Versammlungsfreiheit aus Art. 8 I GG, insbesondere der vorbehaltslosen Gewährleistung der Versammlungen in geschlossenen Räumen, ist durch verfassungskonforme Anwendung der Vorschriften des PolG Rechnung zu tragen.[523] Insbesondere ist das - bei behördlichen Maßnahmen stets vorhandene - Ermessen dementsprechend auszuüben.

363

hemmer-Methode: Die Gegenauffassung begründet die analoge Anwendung des VersG mit dessen Zweck, abgestufte behördliche Befugnisse im Zusammenhang mit Versammlungen vorzusehen. Es sei nicht einzusehen, dass das PolG, welches weithin geringere Voraussetzungen für Eingriffe vorsehe und die Generalklausel enthalte, gerade für nichtöffentliche Versammlungen anwendbar sein solle, welche in der Regel eine geringere Gefährlichkeit aufweisen als öffentliche Versammlungen.[524]

Als Rechtsgrundlagen für Maßnahmen bei Versammlungen sind daher zu unterscheiden:

364

Versammlungen	öffentlich	nichtöffentlich
in geschlossenen Räumen	§§ 5 - 13 VersG Art. 8 I GG	PolG (Ausnahmen, s.u.) Art. 8 I GG
unter freiem Himmel	§§ 14 ff. VersG Art. 8 II GG	PolG (Ausnahmen, s.u.) Art. 8 II GG

---

520 BVerfGE 85, 69 (75); Kingreen/Poscher, Polizei- und Ordnungsrecht, § 20 Rn. 4.

521 VGH Mannheim, DÖV 2010, 866; BVerwG, NVwZ 1999, 991 (992); Gröpl/Leinenbach, JA 2018, 8 (10); Dietel/Gintzel/Kniesel, § 1 VersG, Rn. 423.

522 Schenke, Polizei- und Ordnungsrecht, Rn. 362; BVerwG, NVwZ 1999, 991 (992). Ausnahmen hierzu sind das Uniformverbot der §§ 3 I, 28 VersG und die Strafvorschrift des § 21 VersG.

523 Trurnit, Jura 2014, 486 (487); Enders, Jura 2003, 34 (40).

524 Vgl. dazu Kingreen/Poscher, Polizei- und Ordnungsrecht, § 19 Rn. 16; Schäffer, DVBl. 2012, 546 (549 f.); Messmann, JuS 2007, 524 (526). Dem ist neben dem eindeutigen Wortlaut des § 1 I VersG auch entgegenzuhalten, dass Art. 8 I GG im Rahmen des Ermessens bei Verwaltungsakten ohnehin Berücksichtigung findet.

Beachten Sie, dass die Unterscheidung in den Absätzen des Art. 8 GG zwischen Versammlungen unter freiem Himmel und anderen Versammlungen im VersG aufgegriffen wird, allerdings eben nur für die öffentlichen Versammlungen! 　　365

---

c) Anwendbarkeit des PolG bei öffentlichen Versammlungen

Verhältnis VersG und PolG

Das VersG enthält mit seinen Rechtsgrundlagen im Zusammenhang mit der Durchführung öffentlicher Versammlungen ein eigenständiges, abgestuftes System behördlicher Eingriffsbefugnisse. Soweit diese Rechtsgrundlagen anwendbar sind, d.h. bei einer öffentlichen Versammlung, ist die Anwendbarkeit des PolG grundsätzlich ausgeschlossen. 　　366

> **hemmer-Methode: Von der „Anwendbarkeit" des VersG zu sprechen, ist im Grunde ungenau. Denn es gibt keine Vorschrift im VersG, welche dessen Anwendungsbereich festlegt. Wie oben gesehen, gelten bestimmte Regelungen des VersG auch für nichtöffentliche Versammlungen. Bei dem „Verhältnis von VersG und PolG" geht es genau genommen nicht um den Anwendungsbereich des gesamten VersG, sondern um die Anwendung der Rechtsgrundlagen des VersG und des PolG!**

VersG spezieller und daher grds. vorrangig

Das VersG ist als besonderes Gefahrenabwehrrecht lex specialis zum PolG. Die Rechtmäßigkeit polizeilicher Maßnahmen gegen öffentliche Versammlungen ist daher aufgrund der Ermächtigungen des VersG zu beurteilen, und grundsätzlich nicht unter Rückgriff auf das PolG.[525]

> **hemmer-Methode: Da das VersG weniger weitreichende Befugnisse als das allgemeine Polizeirecht vorsieht und höhere tatbestandliche Anforderungen enthält, bedeutet die Nichtanwendbarkeit des PolG eine Beschränkung polizeilicher Befugnisse. Öffentliche Versammlungen genießen erhöhten Schutz vor behördlichen Eingriffen im Vergleich zu anderen Verhaltensweisen. Plastisch wird dies mit dem Begriff der „Polizeifestigkeit der öffentlichen Versammlungen" umschrieben.**

grds. „Polizeifestigkeit" ab Beginn einer öffentlichen Versammlung

aa) Die Anwendbarkeit des VersG ist grds. an den Beginn einer öffentlichen Versammlung gebunden.[526] Ab diesem Zeitpunkt ist eine Versammlung grds. „polizeifest", d.h. die Behörde darf nur noch nach dem spezielleren VersG tätig werden und ein Rückgriff auf die Befugnisse des PolG ist ausgeschlossen. 　　367

> **Die Befugnisse des PolG gelten daher z.B.**
>
> ⇨ zur Gefahrenabwehr im Vorfeld von Versammlungen[527]
>
> ⇨ sowie nach deren Auflösung oder sonstiger Beendigung.[528]

nichtversammlungsspezifische Gefahren

bb) Auch wenn es sich um nichtversammlungsspezifische Gefahren handelt, ist nicht das VersG, sondern das PolG bzw. das speziellere Gefahrenabwehrgesetz (wie z.B. die LBO) einschlägig. Dabei kann es sich z.B. um Gefahren nach Bauordnungs- oder Umweltrecht handeln.[529] 　　368

> *Bsp.: Die Polizei verbietet den Demonstranten das Betreten einer Brücke, da die Gefahr besteht, dass diese unter der großen Last der Menschenmenge einstürzen könnte.*

525　BVerfG, NVwZ 2011, 422; NVwZ 2005, 80 = JA 2005, 492 = Life&Law 2005, 190; VGH Mannheim, NVwZ 1998, 761.

526　Zum Verhältnis zwischen VersG und Polizei- und Ordnungsrecht Meßmann, JuS 2007, 524 ff. und Kötter/Nolte, DÖV 2009, 400 (401).

527　Dazu nachfolgend Rn. 184 ff.

528　BVerfG, NVwZ 2011, 442; Messmann, JuS 2007, 524 (527); Würtenberger/Heckmann/Tanneberger, § 5 Rn. 94.

529　BVerwG, NVwZ 2007, 1439 (1440); VGH Mannheim, DÖV 2010, 866.

milderes Mittel im PolG

cc) Nach Beginn der Versammlung steht der Behörde dem Wortlaut des § 15 III VersG nach nur noch die Möglichkeit der Auflösung der Versammlung offen. Sollte die Behörde aber eine Maßnahme nach dem PolG als ein milderes Mittel ergreifen können, so ist nach einer Ansicht nicht das VersG, sondern das PolG einschlägig.[530] Denn das VersG verfolgt den Zweck, die Teilnehmer einer von Art. 8 I GG geschützten Versammlung zu privilegieren und nicht durch weitergehende Maßnahmen schlechter zu stellen.

369

Nach h.M. ist, ohne dass dies im VersG erwähnt wird, unter den tatbestandlichen Voraussetzungen des § 15 III VersG über einen Erst-recht-Schluss auch eine weniger eingriffsintensive Maßnahme als die Auflösung einer Versammlung zulässig. Als solche „Minusmaßnahmen" kommen die Eingriffsermächtigungen des PolG in Betracht, die in diesem Kontext auf § 15 III VersG zu stützen sind.[531] Zur Begründung wird der abschließende Charakter das VersG angeführt.[532]

> **Bsp.:** *Während einer Versammlung heben zwei Versammlungsteilnehmer ein Plakat in die Höhe, mittels dessen Angela Merkel beleidigt wird.*

Die durch das Plakat verursachte Störung der öffentlichen Sicherheit (Verstoß gegen § 185 StGB) kann durch eine behördliche Sicherstellung des Plakats behoben werden, welche nach h.M. im Wege eines Erst-recht-Schlusses auf § 15 III VersG i.V.m. § 33 I Nr. 1 PolG[533] gestützt werden kann. Zum selben Ergebnis kommt die M.M., allerdings über eine (direkte) Anwendung des § 33 I Nr. 1 PolG.

keine Regelung im VersG

dd) Das allgemeine Polizeirecht ist auch dann anwendbar, wenn das VersG für bestimmte Bereiche keine Regelung enthält.

370

> **Bspe.:** *Die Anwendung von Zwang ist im VersG nicht normiert, sodass insoweit auf die §§ 49 ff. PolG zurückgegriffen werden darf. Gleiches gilt für §§ 6, 7 und 9 PolG (Adressatenregelungen).*

Vorfeldmaßnahmen

ee) Die Ermächtigungen im VersG betreffen behördliche Maßnahmen bei öffentlichen Versammlungen. Sie geben die Befugnis zu Eingriffen gegen die Versammlung selbst wie dem Verbot, der Auflösung und anderen Eingriffen während der Versammlung, nicht aber zu Maßnahmen im Vorfeld einer Versammlung. Eine Ausnahme hierzu stellt § 17a IV VersG dar, der die Befugnis enthält, gegen Personen auf dem Weg zu einer Versammlung einzuschreiten, um das Schutzwaffen- und Vermummungsverbot des § 17a I, II VersG durchzusetzen.

371

Von dieser Ausnahme abgesehen, betreffen die Ermächtigungen des VersG nur die öffentliche Versammlung selbst, nicht aber Vorfeldmaßnahmen gegen einzelne Teilnehmer. Das PolG ist daher nur für Maßnahmen gegen eine öffentliche Versammlung selbst durch das VersG ausgeschlossen, nicht aber bei Maßnahmen in deren Vorfeld (z.B. Personenkontrollen, Durchsuchungen, Meldeauflagen[534] und Maßnahmen der Datenerhebung).[535]

Verhältnis „Vorfeldmaßnahme" zu PolG-Befugnissen

Die Anreise selbst ist noch keine Versammlung,[536] sodass die Rechtmäßigkeit dieser und anderer behördlicher Vorfeldmaßnahmen nach dem PolG zu beurteilen ist.[537]

372

530 Schenke, Polizei- und Ordnungsrecht, Rn. 378; Frenz, JA 2007, 334 (335). Für diese Ansicht spricht zugegebenermaßen das rechtsstaatliche Bestimmtheitsgebot betreffend Eingriffsermächtigungen des VersG.

531 BVerwGE 64, 55 (58). Instruktiv zum Streitstand Kingreen/Poscher, Polizei- und Ordnungsrecht, § 21 Rn. 15 und die Fallbearbeitung von Ogorek, JuS 2013, 639 (642 f.).

532 Dietel/Gintzel/Kniesel, § 1 VersG, Rn. 401 und § 15 VersG, Rn. 209; Gröpl/Leinenbach, JA 2018, 8 (10); Kötter/Nolte, DÖV 2009, 399 (404); Krüper/Kühr, ZfS 2012, 785 (788).

533 Nicht einheitlich wird die Frage beantwortet, ob hier auf ein Zusammenspiel zwischen § 15 III VersG (Voraussetzungen des Einschreitens) und der jeweiligen Rechtsgrundlage des PolG (Rechtsfolge i.S.v. Art und Weise des Einschreitens) abzustellen ist. Dies bejahend BVerwGE 64, 55 (58) und Ogorek, JuS 2013, 639 (642 f.); einen alleinigen Rückgriff auf § 15 III VersG befürworten Krüper/Kühr, ZfS 2012, 785 (788).

534 BVerwGE 129, 142 ff.; Kingreen/Poscher, Polizei- und Ordnungsrecht, § 20 Rn. 51.

535 Trurnit, Jura 2014, 486 (494); Schenke, Polizei- und Ordnungsrecht, Rn. 379.

536 BVerwG, NVwZ 2007, 1439 (1440); Meßmann, JuS 2007, 524 (527).

537 Ganz h.M., vgl. Kingreen/Poscher, Polizei- und Ordnungsrecht, § 20 Rn. 51; Schenke, Polizei- und Ordnungsrecht, Rn. 379; VGH Mannheim, NVwZ 1998, 761 (764).

Die Eingriffsermächtigungen des PolG sind aber im Lichte der Bedeutung des Art. 8 I GG so auszulegen, dass der Zugang zu einer Versammlung nicht unzumutbar erschwert oder gar verhindert wird.[538]

hemmer-Methode: Beachten Sie: Ausländer können sich im Zusammenhang mit Versammlungen auf § 1 VersG ("jedermann"), im Zusammenhang mit den Grundrechten nur auf Art. 2 I GG mit seinen weitergehenden Schranken berufen ("jeder Deutsche", Art. 8 I GG).[539]

Der Schutz der Versammlungsfreiheit gilt insoweit auch für Personen, die sich auf dem Weg zu einer Versammlung befinden.[540] Das Grundrecht schützt gegen jegliche staatliche Maßnahmen, welche geschützte Tätigkeiten erheblich erschweren oder unmöglich machen. Ein erheblicher Eingriff liegt jedenfalls bei unmittelbar versammlungsbezogener Wirkung vor.[541]

373

Eine unmittelbar versammlungsbezogene Wirkung tritt ein, wenn die Teilnahme ausdrücklich untersagt oder der Zugang zur Versammlung durch polizeiliche Sperren, Behinderung der Anfahrt oder schleppende Abfertigung an Kontrollstellen tatsächlich verhindert wird.[542]

hemmer-Methode: Das Grundrecht aus Art. 8 I GG und das VersG laufen nicht immer parallel! Zwar ist der Begriff der Versammlung gleich zu verstehen. Der Schutzbereich des Grundrechts und der Anwendungsbereich des VersG, genauer: seiner Rechtsgrundlagen, sind jedoch nicht kongruent. Unterschiede sind auch bereits aufgrund der unterschiedlichen Zwecke naheliegend: Art. 8 I GG dient dem Schutz des Einzelnen bei Versammlungen. Diesen Zweck verfolgt auch das VersG, primär ist es jedoch ein Gesetz zur Gefahrenabwehr. Deutlich wird dies auch bei unfriedlichen oder bewaffneten Versammlungen: Diese unterfallen nicht dem Schutzbereich des Art. 8 I GG, sehr wohl aber sind die Ermächtigungen des VersG anwendbar, welches ja gerade die Abwehr von Gefahren auch solcher Versammlungen bezweckt (vgl. § 2 III, § 5 Nr. 2, 3, § 27 VersG)!

ff) Nicht unter den Anwendungsbereich des VersG fallen Personen, die als zufällig Anwesende oder als gezielt anwesende Beobachter des Geschehens (z.B. Journalisten, vgl. § 6 II VersG) am Versammlungsort präsent sind. In diesen Fällen ist ohne Einschränkung das PolG anwendbar.[543]

374

2. Formelle Rechtmäßigkeit

Zuständigkeit: VersG-ZuVO

Die Zuständigkeit für Maßnahmen aus dem VersG ergibt sich aus der VersG-ZuVO.[544] Nach § 1 I Nr. 1 VersG-ZuVO sind die Kreispolizeibehörden zuständig. Insbesondere haben sie im Vorfeld von öffentlichen Versammlungen über die Erteilung von Auflagen und mögliche Versammlungsverbote zu entscheiden, §§ 5, 15 VersG.

375

Für die Auflösung einer bereits stattfindenden Versammlung in geschlossenen Räumen ist hingegen die Polizeibehörde zuständig, § 13 VersG.

---

538 BVerfG, JA 2010, 839 (Anm. Durner); VGH Mannheim, NVwZ 1998, 761 (764); Würtenberger/Heckmann/Tanneberger, § 5 Rn. 102; BVerfGE 84, 203 (209); Trurnit, Jura 2014, 486 (494).

539 Mit einer M.M. erscheint für EU-Ausländer aufgrund des Diskriminierungsverbots nach Art. 18 I AEUV eine Anwendung des Art. 8 I GG geboten, vgl. Michael/Morlok, Grundrechte, Rn. 448. Mit h.M. ist Art. 2 I GG mit dem Schutzniveau des entsprechenden Deutschengrundrechts anzuwenden, vgl. BVerfG, NJW 2016, 1436; Jarass/Pieroth, Art. 19 GG, Rn. 12.

540 BVerwG, NJW 2018, 716; BVerfGE 84, 203 = NJW 1991, 2694; Ho-busch, JA 2018, 838 (841); Gröpl/Leinenbach JA 2018, 8 (12).

541 BVerfG, NVwZ-RR 2010, 625 (626); Drews/Wacke/Vogel/Martens, S. 177.

542 BVerfG, JA 2010, 839 (Anm. Durner); Dietel/Gintzel/Kniesel, § 1 VersG, Rn. 413.

543 Frenz, JA 2007, 334 (335).

544 Dürig, Nr. 69; nicht bei Dolde/Kirchhof/Stilz abgedruckt.

Auch in unaufschiebbaren Fällen kann die Vollzugspolizei i.R.d. Eilkompetenz nach § 60 II PolG die notwendigen Maßnahmen treffen.[545] Weitere (exklusive) Zuständigkeiten der Vollzugspolizei kraft Bundesrechts enthalten die §§ 9 II, 12, 12a, 18 III, 19 IV und 19a VersG.[546]

übrige Voraussetzungen   Hinsichtlich der übrigen Voraussetzungen (Anhörung nach § 28 I LVwVfG etc.) ergeben sich im Versammlungsrecht keine Besonderheiten.   *376*

3. Materielle Rechtmäßigkeit

Befugnisse des VersG   Das VersG normiert eine Vielzahl polizei- und ordnungsbehördlicher Befugnisse. Die klausurrelevantesten Befugnisnormen werden im Folgenden dargestellt.   *377*

a) Maßnahmen bei öffentlichen Versammlungen in geschlossenen Räumen

Entgegen dem Wortlaut kommt es für eine „Versammlung in geschlossenen Räumen" nicht auf eine Überdachung oder seitliche Begrenzungen an. Mit der neueren Rspr. ist für die Abgrenzung die Auswirkung der Versammlung auf die unbeteiligte Öffentlichkeit maßgeblich.[547]   *378*

> **Bspe.:** *Jedermann zugängliche Parteiversammlung in einem Saal oder Diskussionsabende einer Bürgerinitiative in der Stadthalle.*

Beschränkungen derartiger Versammlungen sind mangels Gesetzesvorbehalts nur zum Schutz kollidierender Verfassungsgüter und Grundrechte Dritter zulässig.

aa) Verbot, § 5 VersG

Verbotsgründe in § 5 VersG   Anders als nach § 15 I VersG ist ein Verbot von öffentlichen Versammlungen in geschlossenen Räumen nicht bereits bei einer Gefahr für die öffentliche Sicherheit möglich, sondern nur in den dort enumerativ beschriebenen Gefahrenlagen. § 5 VersG ist abschließend,[548] sodass bei einer Gefahr für die öffentliche Sicherheit, welche nicht von § 5 VersG erfasst ist, kein Verbot ergehen darf.   *379*

bb) Auflösung und andere Maßnahmen, § 13 VersG

Auflösungsgründe, § 13 VersG   Neben der Auflösung der Versammlung ermächtigt § 13 VersG auch zu anderen Maßnahmen, welche in ihrer Intensität hinter einer Auflösung zurückbleiben, vgl. § 13 I S. 2 VersG. Die Unterbrechung ist beispielhaft genannt. Andere Maßnahmen sind der Ausschluss einzelner Teilnehmer oder die Ersetzung des Versammlungsleiters.[549]   *380*

§ 13 I Nr. 1 bis Nr. 3 VersG entsprechen inhaltlich weitgehend den Verbotsgründen des § 5 Nr. 1 bis Nr. 3 VersG, angepasst an die Auflösung einer Versammlung, welche nicht wie ein Verbot zeitlich vor der Versammlung ergeht, sondern erst nach deren Beginn.

---

545 Zeitler/Trurnit, Rn. 138; Würtenberger/Heckmann/Tanneberger, § 5 Rn. 107.
546 Würtenberger/Heckmann/Tanneberger, § 5 Rn. 107; Dietel/Gintzel/Kniesel, § 12 VersG, Rn. 5.
547 BVerfG, NJW 2011, 1201 (Fraport); VGH München, NVwZ-RR 2012, 66. Hintergrund: Die Kommunikation mit der Außenwelt und ihre massensuggestive Wirkung machen Versammlungen unter freiem Himmel besonders störanfällig und gefährlich.
548 Schenke, Polizei- und Ordnungsrecht, Rn. 366.
549 Dietel/Gintzel/Kniesel, § 13 VersG, Rn. 29.

Wesentlich über § 5 Nr. 4 VersG geht § 13 I Nr. 4 VersG hinaus. Eine Auflösung kann bei einem Verstoß gegen jegliche Strafvorschriften, die ein Verbrechen oder ein sog. Offizialdelikt beinhalten, erfolgen, während das Verbot nach § 5 Nr. 4 VersG nur bei Äußerungen eingreift.[550]

cc) Weitere Befugnisse

§§ 9 II S. 2, 12a VersG

⇨ Beschränkung der Anzahl der Ordner, die der Leiter verwenden will, § 9 II S. 2 VersG

⇨ Bild- und Tonaufnahmen, § 12a VersG

381

dd) Ermessensausübung

Grundrecht aus Art. 8 GG

I.R.d. Ausübung des Ermessens ist bei Versammlungen in geschlossenen Räumen zu beachten, dass diese durch Art. 8 I GG geschützt sind, und insoweit kein Gesetzesvorbehalt besteht. Das Grundrecht auf Versammlungsfreiheit ist für Versammlungen in geschlossenen Räumen vorbehaltlos gewährleistet.

382

Beschränkt werden kann das Grundrecht daher nur zugunsten der verfassungsimmanenten Schranken. Maßnahmen dürfen nur ergehen, wenn sie dem Schutz eines Rechtsguts mit Verfassungsrang dienen. Dies ist i.R.d. Ermessensausübung zu prüfen.[551]

hemmer-Methode: Die Begrenzung auf die verfassungsimmanenten Schranken ist in §§ 5 - 13 VersG selbst nicht ausdrücklich festgelegt. Nur mittels dieser verfassungskonformen Anwendung ist das VersG mit dem GG vereinbar!

b) Maßnahmen bei öffentlichen Versammlungen unter freiem Himmel

aa) Verbot oder Auflage, § 15 I VersG

Verbot oder Auflage

(1) § 15 I VersG ermächtigt zu einem Verbot (= vollständige Untersagung) der Versammlung oder zum Erlass von Auflagen vor Beginn der Versammlung. Es handelt sich hierbei nicht um eine Auflage im Sinne des § 36 II Nr. 4 LVwVfG.[552] Eine Auflage nach § 15 I VersG ergeht nicht als zusätzliche Regelung zu einem Hauptverwaltungsakt, da Versammlungen anmelde-, aber nicht genehmigungspflichtig sind. § 15 I VersG ermächtigt vielmehr zu selbstständigen Maßnahmen, welche die Durchführung einer Versammlung beschränken.

383

Bspe.: Die Auflage gibt bestimmte Verhaltensweisen vor, etwa den Ort, die einzuschlagende Route oder die zeitl. Verlegung der Versammlung.

unmittelbare Gefährdung: besondere zeitliche Nähe

(2) Voraussetzung ist, dass die öffentliche Sicherheit oder Ordnung (zur Definition der Parallelbegriffe im PolG vgl. Rn. 161 ff.) unmittelbar gefährdet ist. Eine unmittelbare Gefährdung liegt nach den Grundsätzen des allg. Polizeirechts vor, wenn der Schaden unmittelbar bevorsteht oder bereits begonnen hat (gesteigerte zeitliche Nähe).

384

---

550   Dietel/Gintzel/Kniesel, § 13 VersG, Rn. 19.
551   Vgl. dazu Schoch, JuS 1994, 481; BVerwG, NVwZ 1999, 991 = BayVBl. 1999, 632 = Life&Law 2000, 51.
552   BVerfG, NVwZ 2007, 1183 (1184); Gröpl/Leinenbach, JA 2018, 8 (14); Ogorek, JuS 2013, 639 (642).

und hohe Wahrscheinlichkeit

Die Unmittelbarkeit bezieht sich hier allerdings nicht allein auf den zeitlichen Rahmen, innerhalb dessen mit einem Schaden für die polizeilichen Schutzgüter zu rechnen ist. Im Versammlungsrecht wird gefordert, dass der Schaden nach einer Prognose der Behörde zudem mit hoher, an Sicherheit grenzender Wahrscheinlichkeit eintritt (besonders hohe Wahrscheinlichkeit).[553]

Unter Berücksichtigung der Bedeutung des Art. 8 I GG sind konkrete und nachvollziehbare tatsächliche Anhaltspunkte als Grundlage der Gefahrenprognose erforderlich. Bloße Verdachtsmomente oder Vermutungen reichen hierzu nicht aus,[554] wobei die Darlegungs- und Beweislast bei der Behörde liegt.

öffentliche Ordnung

(3) § 15 I VersG nennt auch die öffentliche Ordnung als Verbotsgrund. Angesichts der besonderen Bedeutung des Grundrechts auf Versammlungsfreiheit ist umstritten, ob ein Verstoß gegen dieses Schutzgut ein Versammlungsverbot rechtfertigen kann.

385

> **Bsp.:**[555] *Die NPD plant eine Versammlung am Tag des Gedenkens an die Opfer des Nationalsozialismus (Holocaust-Gedenktag = Jahrestag der Befreiung des Konzentrationslagers Auschwitz am 27. Januar 1945).*
>
> Diesem Gedenktag kommt in der Gesellschaft eindeutiger Sinngehalt mit gewichtiger Symbolkraft zu. Eine rechtsextremistische Versammlung gerade an diesem Tag hat eine enorme Provokationswirkung und stellt eine erhebliche Beeinträchtigung des sittlichen Empfindens der Bevölkerung (und damit der öffentlichen Sicherheit) dar.

Inhalt der Meinungsäußerungen rechtfertigen kein Verbot

Konsens herrscht insoweit, als ein Versammlungsverbot unter dem Gesichtspunkt der öffentlichen Ordnung nicht allein damit gerechtfertigt werden kann, dass Meinungen kundgetan werden, die mit herrschenden politischen Anschauungen nicht im Einklang stehen. Äußerungen, die nicht über Art. 5 II GG unterbunden werden dürfen, können nicht Anlass für Versammlungsverbote nach § 15 I VersG sein.[556]

386

hemmer-Methode: In Reaktion auf diese Rspr. wurde das StGB geändert. § 130 IV StGB bietet nunmehr eine tragfähige Grundlage, der Billigung der NS-Gewaltherrschaft in Gestalt der Verherrlichung von Verantwortungsträgern des Regimes wirksam begegnen zu können.

Auflagen aber zulässig

Unbestritten ist zudem, dass ein drohender Verstoß gegen die öffentliche Ordnung auch unter Berücksichtigung des in Art. 8 I GG gewährleisteten Grundrechts der Versammlungsfreiheit eine Maßnahme unterhalb eines Verbots rechtfertigen kann.[557]

387

> In dem o.g. Beispiel erfolgte eine behördliche Verlegung der Versammlung in zeitlicher Hinsicht auf den darauf folgenden Tag (28.01.). Dies stellt jedenfalls dann kein Verbot der Versammlung, sondern nur eine Auflage dar, wenn es den Veranstaltern nach deren erkennbaren Willen nicht auf den exakten Zeitpunkt ankommt (was von den Beschwerdeführern in der zugrundeliegenden Entscheidung nicht geltend gemacht wurde).
>
> Ist Ziel der Versammlung, auf die besondere Bedeutung des angemeldeten Tags hinzuweisen, kommt die Verlegung der Versammlung auch nur um einen Tag einem Verbot gleich, weil die Versammlung letztlich ihres wesentlichen Inhalts und ihrer zentralen Zielsetzung beraubt wird.[558]

---

553 BVerfG, NJW 2009, 98 (99); Schenke, Polizei- und Ordnungsrecht, Rn. 373; Trurnit, Jura 2014, 486 (494); VGH Mannheim, VBlBW 1993, 333 (334).

554 BVerfG DVBl. 2013, 367 (369); NVwZ-RR 2010, 625 (626); OVG Lüneburg, DVBl. 2011, 1303: Ereignisse im Zusammenhang mit früheren Versammlungen können als Indizien herangezogen werden, soweit sie bezüglich Mottos, Ortes, Datums sowie Teilnehmer- und Organisatorenkreises Ähnlichkeiten zu der bevorstehenden Versammlung aufweisen.

555 Nach BVerfG, NJW 2001, 1409. Weiteres Beispiel ist der 20. April (= Geburtstag von Adolf Hitler).

556 BVerfG, NVwZ 2006, 586 (588); Schenke, Polizei- und Ordnungsrecht, Rn. 373. A.A. die Vorinstanzen, welche in der Verharmlosung der NS-Diktatur und Verherrlichung ihrer Symbolfiguren eine Verletzung der öffentlichen Sicherheit sahen.

557 BVerfG, NJW 2001, 1409; NJW 2004, 2814.

558 OVG Koblenz, JuS 2013, 671 = DVBl. 2013, 390.

Verstoß gegen die öffentliche Ordnung als Verbotsgrund	Da die öffentliche Ordnung auf ungeschriebene Verhaltensregeln (außerrechtliche Sozialnormen) Bezug nimmt, wird im Einklang mit der früheren Rspr. des BVerfG[559] vertreten, ein solcher Verstoß könne im Ergebnis entgegen dem Wortlaut des § 15 I VersG niemals ein Verbot rechtfertigen.[560]

388

neue Rspr. des BVerfG

Nach neuer Rspr. des BVerfG ist ein Versammlungsverbot ausnahmsweise zulässig, wenn die öffentliche Ordnung nicht nur durch Inhalt und Form der Meinungsäußerung bei der Versammlung, sondern darüber hinaus durch Art und Weise der Durchführung (z.B. Termin der Veranstaltung; demonstrative Einschüchterung von Personen; Identifikation mit Riten und Symbolen der NS-Diktatur) der Versammlung beeinträchtigt wird, sofern Auflagen zur Gefahrenabwehr nicht ausreichen.[561]

Im Hinblick auf den Verhältnismäßigkeitsgrundsatz („Verbot als ultima ratio") dürfte sich ein Verbot unter Berufung auf die öffentliche Sicherheit damit nur in den seltensten Fällen rechtfertigen lassen.

> **Bsp.:** *Eine rechtsradikale Gruppierung plant eine Versammlung am Holocaust-Gedenktag. Das Motto der Veranstaltung lautet: „Schluss mit dem Schuldkult um den 2. Weltkrieg - Recht auf Zukunft!".*

Verantwortlichkeit

(4) Für die Verantwortlichkeit ist auf die Grundsätze nach §§ 6 ff. PolG zurückzugreifen. Maßnahmen gegen die Versammlung sind danach grundsätzlich nur zulässig, wenn vonseiten der Versammlungsteilnehmer die Gefahr verursacht wird.

389

einzelne Versammlungsteilnehmer

Allerdings kann nicht bereits der Umstand, dass Störungen durch einzelne Teilnehmer oder eine Minderheit zu erwarten sind, zu einem Verbot berechtigen. Andernfalls hätten diese es in der Hand, die Versammlungsfreiheit anderer dadurch faktisch außer Kraft zu setzen, indem sie einen Verbotsgrund schaffen.[562] Hier müssen vorrangig Maßnahmen gegen diese Personen ergriffen werden, ggf. auch erst im Verlauf der Versammlung. Allenfalls können Auflagen an den Veranstalter ergehen, welche dazu dienen, störende Personen fernzuhalten.[563]

Gefahr durch „Dritte"

(5) Besondere Probleme ergeben sich, wenn die Gefahr nicht von der Versammlung, sondern Dritten (insbesondere Gegendemonstranten) herrührt. Eine solche Gefahr, für die die Versammlung lediglich der Anlass ist, rechtfertigt grundsätzlich kein Verbot. Denn hierfür sind die Veranstalter oder Teilnehmer an der Versammlung nicht verantwortlich i.S.d. §§ 6, 7 und 9 I PolG. Vielmehr hat die Behörde bei Gegendemonstrationen und anderen Störungen die Pflicht, die Durchführung der Versammlung zu ermöglichen und sie vor Beeinträchtigungen durch andere Personen zu schützen.[564] Maßnahmen sind gegen die störenden Dritten zu richten.[565]

390

Zweckveranlassung

Der Veranstalter ist auch regelmäßig nicht Zweckveranlasser einer Gegendemonstration.[566] Dies kann nur angenommen werden, wenn dem Veranstalter besondere Provokationen zuzurechnen sind, die die Gegenveranstaltung bewusst herausfordern.[567]

---

559   BVerfGE 69, 315 (352); DVBl. 2004, 235 (237).

560   So Dietel/Gintzel/Kniesel, § 15 VersG, Rn. 94 ff. (96) m.w.N.; Sachs, JuS 2004, 243; Enders, JZ 2001, 652 ff.

561   BVerfG, NVwZ 2012, 749; BVerwG, NVwZ 2014, 883; Schenke, Polizei- und Ordnungsrecht, Rn. 373.

562   Dietel/Gintzel/Kniesel, § 1 VersG, Rn. 446; Neumann, Jura 2013, 137 (147).

563   Würtenberger/Heckmann/Tanneberger, § 5 Rn. 82; Dietel/Gintzel/Kniesel, § 1 VersG, Rn. 445.

564   BVerfGE 69, 315 (360 f.); BVerfG, NVwZ-RR 2007, 641 ff. = Life&Law 2008, 123.

565   BVerfG, NJW 2001, 1411 (1412); VGH Mannheim, VBlBW 2002, 383; Würtenberger/Heckmann/Tanneberger, § 5 Rn. 82; Ruder, Rn. 264.

566   Zu den Voraussetzungen einer Zweckveranlassung vgl. Rn. 147.

567   Stephan/Deger, § 6 PolG, Rn. 9; BVerfG, NVwZ 2000, 1406 (1407); VGH Mannheim, VBlBW 2002, 383.

Für eine Zweckveranlassung genügt es nicht, dass provokante Weltanschauungen oder politische Ansichten i.R.d. Versammlung geäußert werden, die von der Mehrheit der Bevölkerung missbilligt werden. Bewegt sie sich im Rahmen des (verfassungs-)rechtlich Zulässigen, so bedarf es besonderer Umstände, die auf die Erzeugung von Gegengewalt schließen lassen.[568] Dies ist der Fall, wenn aufgrund nachweisbarer Tatsachen die Störaktion bewusst ausgelöst werden soll.

Sonderfall: § 9 I PolG

Ein Verbot der Versammlung wegen einer durch Dritte verursachten Gefahr ist daher nur unter den Voraussetzungen des polizeilichen Notstands gem. § 9 I PolG möglich.[569]

391

Erforderlich ist insbesondere, dass die Behörde die Gefahr nicht oder nicht rechtzeitig selbst, also mit eigenen Mitteln, abwehren kann. Hierfür ist der Nachweis zu führen, dass die behördlichen Kräfte nicht ausreichen, wobei die Möglichkeit der Hinzuziehung externer Polizeikräfte zu berücksichtigen ist. Die Tatsache, dass zu dem Zeitpunkt der Versammlung noch weitere Ereignisse besondere behördliche Präsenz erforderten, genügt alleine nicht.

zudem: unechter polizeilicher Notstand

Liegen Voraussetzungen des polizeilichen Notstands gem. § 9 I PolG nicht vor, so wird von der Rspr. in Ausnahmefällen ein sog. unechter polizeilicher Notstand anerkannt.[570] Dies ist der Fall, wenn die Gefahrenabwehrbehörde zwar durchaus in der Lage ist, die konkrete Gefahr durch ein Einschreiten gegen den Verantwortlichen abzuwehren, dies aber zu Schäden führen würde, die in krassem Missverhältnis zu beabsichtigten Erfolg stünden.

391a

bb) Verbot oder Auflagenerteilung, § 15 II VersG

§ 15 II VersG: zweiaktiger Tatbestand

Ein Verbot oder eine Auflagenerteilung kommt nach dem im Jahr 2005 neu geschaffenen § 15 II VersG[571] in Betracht. Der zweiaktige Tatbestand verlangt (kumulativ) eine Versammlung an einem bestimmten Ort (Nr. 1) und das Ausgehen bestimmter Wirkungen von dieser (Nr. 2).

392

Landesrecht

Durch Landesrecht können Orte, die als Gedenkstätte von historischer Bedeutung sind, besonders benannt werden, § 15 II S. 1 Nr. 1, II S. 4 VersG. Das Land Baden-Württemberg hat bislang kein solches Gesetz erlassen.

hemmer-Methode: Mit diesem Gesetz sollte parteiübergreifend eine NPD-Versammlung am 08. Mai 2005 am Holocaust-Denkmal in Berlin verhindert werden. Hierzu hätte es dieses gesetzgeberischen Schnellschusses allerdings gar nicht bedurft, da eine räumliche Verlegung der Versammlung auch wegen einer Gefahr für die öffentliche Ordnung möglich gewesen wäre. Zum Teil wird auch die Ansicht vertreten, dass die Einführung des § 15 II VersG sogar kontraproduktiv war.
Diese Vorschrift regele die Problematik von Versammlungen an Mahnmalen i.S.d. S. 1 durch die Aufzählung(sermächtigung) nach S. 2 und 3 abschließend. Ein Rückgriff auf eine Gefahr für die öffentliche Ordnung nach § 15 I VersG sei somit nicht mehr möglich, was sich dann als misslich erweisen würde, wenn die Landesregierung bestimmte Orte nicht in die Aufzählung nach § 15 II S. 3 VersG aufgenommen haben sollte.[572]

---

568 BVerfG, NVwZ 2000, 1406 (1407); Dietel/Gintzel/Kniesel, § 1 VersG, Rn. 443.

569 BVerfG, JA 2013, 639 (Anm. Muckel) = NVwZ 2013, 570; NJW 2001, 1411 (1412); Schoch, Jura 2009, 360 (364).

570 VGH Mannheim, DÖV 2016, 395; OVG Lüneburg, DVBl 2008, 987; bestätigt durch BVerwG, Beschl. v. 01.10.2008 – 6 B 53/08; Dietel/Gintzel/Kniesel, § 1 VersG, Rn. 443.

571 Neu eingeführt durch Bundesgesetz vom 24.03.2005; vgl. hierzu Schoch, Jura 2006, 26; Poscher, NJW 2005, 1316.

572 Leist, NVwZ 2005, 501; kritisch auch Enders/Lange, JZ 2006, 105.

cc) Auflösung, § 15 III VersG

Versammlungsauflösung nach § 15 III 4. Fall VersG

§ 15 III VersG ermöglicht die Auflösung der noch laufenden Versammlung. Die Auflösung ist ein rechtsgestaltender Verwaltungsakt, der die Versammlung beendet[573] und die Teilnehmer verpflichtet, sich sofort zu entfernen (§§ 18 I, 13 II VersG).

Die Auflösung einer Versammlung nach § 15 III VersG ist insbesondere dann zulässig, wenn eine unmittelbare Gefährdung der öffentlichen Sicherheit oder Ordnung vorliegt, vgl. § 15 III 4. Fall i.V.m. § 15 I, II VersG.[574] Die Ausführungen zu § 15 I und II VersG gelten daher entsprechend.

393

weitere Gründe des § 15 III VersG

Die anderen Auflösungsgründe des § 15 III VersG geben nicht alleine die Befugnis zu einer Auflösung der Versammlung. Ist eine Versammlung nicht angemeldet, wird von den Angaben der Anmeldung abgewichen oder wird behördlichen Auflagen zuwidergehandelt, so rechtfertigt dies noch nicht die Auflösung.[575]

keine Auflösung allein wegen Nichtanmeldung

(1) Die Nichtanmeldung der Versammlung (§ 15 III 1. Fall VersG) verstößt gegen § 14 I VersG. Die Vorschrift ist jedoch verfassungskonform auszulegen, denn das damit geschützte Interesse, der Behörde Gelegenheit zu geben, Vorkehrungen für die beabsichtigte Versammlung zu treffen, überwiegt grundsätzlich nicht das Grundrecht auf Versammlungsfreiheit.

394

Denn von Art. 8 I GG geschützt ist auch die Entscheidung, wann eine Versammlung stattfinden soll. Zur Versammlungsfreiheit gehört auch, ohne zeitliche Verzögerung (sog. Spontanversammlung) oder innerhalb eines kürzeren Zeitraums als 48 Stunden nach Entschlussfassung (sog. Eilversammlung) eine Versammlung durchzuführen.

§ 14 I VersG ist daher dahingehend verfassungskonform auszulegen, dass bei Spontanversammlungen die Anmeldepflicht entfällt und bei Eilversammlungen die Frist verkürzt wird.

395

hemmer-Methode: Natürlich ist dies im Grunde keine Auslegung mehr, sondern eine Durchbrechung contra legem, um § 14 I VersG vor der Verfassungswidrigkeit zu retten; denn die 48 Stunden-Frist ist so bestimmt, dass sie (eigentlich) nicht auslegungsfähig ist.

Ein Verstoß gegen § 14 I VersG liegt jedoch vor, wenn der Veranstalter es trotz Möglichkeit unterlässt, die Versammlung anzuzeigen. Dennoch wäre es ermessensfehlerhaft, die Versammlung alleine aus diesem Grund aufzulösen. Der Auflösungsgrund des § 15 III 1. Fall VersG läuft daher leer.[576]

keine Auflösung nach § 15 III 2. und 3. Fall VersG

(2) Gleiches gilt für den Auflösungsgrund des Abweichens von den Angaben der Anmeldung (§ 15 III 2. Fall VersG). Auch diese vermag eine Auflösung alleine nicht zu tragen.[577] Schließlich stellt auch die mangelnde Beachtung behördlicher Auflagen (3. Fall) an sich keine ausreichende Rechtfertigung dar, eine Versammlung aufzulösen.[578]

396

aber: Berücksichtigung i.R.d. Gefahrenprognose

(3) Die in § 15 III 1. - 3. Fall VersG angeführten Umstände können allerdings i.R.d. Gefahrenprognose herangezogen werden. Sie dürfen als Indiz für die Gefährlichkeit der Versammlung und die „Unzuverlässigkeit" und Unberechenbarkeit der Veranstalter betrachtet werden. Erforderlich ist aber stets, dass auch noch andere Umstände eine unmittelbare Gefährdung begründen.

397

573　Trurnit, Jura 2014, 486 (489); Schenke, Polizei- und Ordnungsrecht, Rn. 375; Kingreen/Poscher, Polizei- und Ordnungsrecht, § 22 Rn. 1.
574　BVerfGE 69, 315 (354) = NJW 1985, 2395; Würtenberger/Heckmann/Tanneberger, § 5 Rn. 92; Dietel/Gintzel/Kniesel, § 15 VersG, Rn. 229.
575　Dietel/Gintzel/Kniesel, § 15 VersG, Rn. 223; BVerwG, NVwZ 2005, 121.
576　Dietel/Gintzel/Kniesel, § 15 VersG, Rn. 226 m.w.N.
577　Würtenberger/Heckmann/Tanneberger, § 5 Rn. 92; Dietel/Gintzel/Kniesel, § 15 Rn. 228.
578　Dietel/Gintzel/Kniesel, § 15 VersG, Rn. 228; Werner, NVwZ 2000, 369 (374)

Die Nichtanmeldung der Versammlung, das Abweichen von der Anmeldung und der Verstoß gegen behördliche Auflagen lassen es dann wahrscheinlicher erscheinen, dass der Veranstalter bzw. die Teilnehmer bei ungehindertem Geschehensablauf einen Schaden für die polizeilichen Schutzgüter herbeiführen werden.

Strafbarkeit und Ordnungswidrigkeit

(4) Missachtet der Veranstalter oder Leiter der Versammlung die Auflösungsverfügung nach § 15 III VersG, macht er sich nach § 26 Nr. 1 VersG strafbar. Ein Teilnehmer, der sich nach Auflösung entgegen §§ 18 I, 13 II VersG nicht entfernt, begeht eine Ordnungswidrigkeit gem. § 29 I Nr. 2 VersG.

397

Die Auflösungsverfügung kann als rechtsgestaltender Verwaltungsakt ebenso wenig wie das Verhaltensgebot der §§ 18 I, 13 II VersG vollstreckt werden.[579]

Es gilt Folgendes zu beachten: Mit der (auch rechtswidrigen) Auflösungsverfügung wird aus der Versammlung eine Ansammlung, die weder in den Schutzbereich des Art. 8 I GG noch in den Regelungsbereich des VersG fällt.[580] Gegen Personen, die sich nicht dauerhaft entfernen, sondern weiter am Versammlungsort verbleiben, kann daher ein auf § 27a I PolG gestützter (und damit vollstreckbarer) Platzverweis ergehen.

Eindeutigkeit der Auflösungsverfügung

(5) Der Schutz der Versammlungsfreiheit erfordert, dass die Auflösungsverfügung, deren Nichtbefolgung nach § 26 VersG strafbewehrt ist, eindeutig und unmissverständlich formuliert ist und für die Betroffenen erkennbar zum Ausdruck bringt, dass die Versammlung beendet ist.[581] Eine konkludente Auflösung (z.B. durch Bildung einer Polizeikette, die Aufstellung von Absperrgittern oder den Einsatz von Schlagstöcken) ist nicht denkbar.

399

dd) Auflösung, § 15 IV VersG

gebundene Entscheidung, § 15 IV VersG

Nach § 15 IV VersG ist eine verbotene Versammlung aufzulösen; Ermessen ist der Behörde nicht eingeräumt.[582] Die Norm setzt eine durch Gesetz oder behördliche Verfügung nach § 15 I oder II VersG verbotene Versammlung voraus.

400

ee) Weitere Befugnisse

§ 17a VersG

Nach § 17a IV VersG kann die zuständige Behörde Anordnungen zur Durchsetzung der in Abs. 1 und 2 geregelten Schutzwaffen- und Vermummungsverbote treffen. Sie kann insbesondere Zuwiderhandelnde auch von der Veranstaltung ausschließen.

401

§ 18 III VersG

§ 18 III VersG ermächtigt zum Ausschluss „die Ordnung gröblich störender" Teilnehmer von der Versammlung. Da der Norm kein Sanktionscharakter innewohnt, muss die Gefahr weiterer gröblicher Störungen bestehen.[583] Diese kann allerdings durch die erste Störung indiziert sein.

§§ 19a, 12a VersG

Befugnisse zu Bild- und Tonaufnahmen bestehen gem. §§ 19a, 12a VersG ebenso wie bei Versammlungen in geschlossenen Räumen.

---

579 Schenke, Polizei- und Ordnungsrecht, Rn. 375; Kingreen/Poscher, Polizei- und Ordnungsrecht, § 22 Rn. 3.

580 BVerfG NVwZ 2005, 80 (81); Gröpl/Leinenbach, JA 2018, 8 (16); Dietel/Gintzel/Kniesel, § 15 VersG, Rn. 207; Schenke, Polizei- und Ordnungsrecht, Rn. 375.

581 BVerfG, NVwZ 2005, 80 (81); Kopp/Ramsauer, § 35 VwVfG, Rn. 54 f.

582 Dietel/Gintzel/Kniesel, § 15 VersG, Rn. 251 f.; OLG Celle, NVwZ-RR 2005, 543; BVerwG, NVwZ 1988, 250.

583 Kingreen/Poscher, Polizei- und Ordnungsrecht, § 21 Rn. 7; VGH Kassel, NVwZ-RR 2011, 519 (521) = Life&Law 2012, 121: Eine Ausschlussverfügung kann nur ausdrücklich und eindeutig, nicht aber konkludent erfolgen.

> **hemmer-Methode:** Beachten Sie für die öffentlichen Versammlungen unter freiem Himmel auch noch die Verweisungsvorschrift in § 18 I VersG. Hier wird auf wichtige Regelungen der §§ 5 - 13 VersG verwiesen (z.B. die Entsendung von Polizeibeamten, § 18 I i.V.m. § 12 VersG), nicht allerdings auf Rechtsgrundlagen!

c) Polizeiliche Handlungsgrundsätze

Grundrecht aus Art. 8 I GG beachten

Den Grundsatz der Verhältnismäßigkeit hat die Polizei im Rahmen der Ermessensausübung zu beachten.

402

Bei der Ermessensausübung ist der besonderen Bedeutung des Grundrechts auf Versammlungsfreiheit aus Art. 8 I GG Rechnung zu tragen. Dies gilt insbesondere bei Versammlungen, die nicht unter freiem Himmel, sondern in geschlossenen Räumen stattfinden. Denn insofern ist für das Grundrecht in Art. 8 I GG kein Gesetzesvorbehalt vorgesehen. Ein solcher enthält lediglich Art. 8 II GG für Versammlungen unter freiem Himmel.[584]

---

584   Hierzu bereits unter Rn. 362.

§ 2 ANFECHTUNGSKLAGE

Die Anfechtungsklage hat im Polizeirecht in den Fällen Bedeutung, in denen sich der Betroffene gegen polizeiliche Verwaltungsakte wendet, die sich im Zeitpunkt der letzten mündlichen Verhandlung noch nicht erledigt haben. Nachfolgend werden nur die Abweichungen zur Fortsetzungsfeststellungsklage dargestellt. Im Übrigen wird auf die Ausführungen zur Fortsetzungsfeststellungsklage verwiesen.

403

A. Zulässigkeit der Anfechtungsklage

> **Übersicht zur Zulässigkeit der Anfechtungsklage**
>
> I.   Verwaltungsrechtsweg, § 40 I S. 1 VwGO
>
> II.   Statthaftigkeit der Anfechtungsklage, § 42 I Alt. 1 VwGO
>
> III. Klagebefugnis, § 42 II VwGO
>
> IV.   Vorverfahren, §§ 68 ff. VwGO
>
> V.   Klagefrist, § 74 I VwGO
>
> VI.   Sonstige Sachurteilsvoraussetzungen

I. Eröffnung des Verwaltungsrechtswegs

Für die Prüfung des § 40 I S. 1 VwGO ergeben sich keine Besonderheiten im Vergleich zur Fortsetzungsfeststellungsklage. Denken müssen Sie auch hier insbesondere an abdrängende Sonderzuweisungen.[585]

404

II. Statthaftigkeit der Anfechtungsklage

Aufhebung nicht erledigter VAe

Ausgangspunkt zur Festlegung der statthaften Klageart ist das Klagebegehren unter verständiger richterlicher Würdigung des Sachverhalts, §§ 88, 86 III VwGO. Die Anfechtungsklage ist die richtige Klageart, wenn sich das Klagebegehren auf die Aufhebung eines polizeilichen VA richtet, der sich im Zeitpunkt der letzten mündlichen Verhandlung noch nicht erledigt hat.[586]

405

hemmer-Methode: Nach einer klarstellenden Entscheidung des BVerwG[587] aus dem Jahr 2011 muss hier § 35 (Bundes-)VwVfG zitiert werden, da der Bund für die VwGO die Definitionshoheit besitzt. Angesichts des identischen Wortlauts war der klassische Streit - zugegebenermaßen - schon früher müßig.

Voraussetzungen

Statthaftigkeitsvoraussetzungen sind somit:

406

⇨ Gegenstand des Klagebegehrens muss die Feststellung der Rechtswidrigkeit eines VA sein.

⇨ Dieser darf sich nicht bereits erledigt haben.

Besondere Bedeutung gewinnen i.R.d. Anfechtungsklage folgende Fallvarianten:

---

585   Hierzu bereits ausführlich unter Rn. 51 ff.

586   Zur VA-Qualität polizeilicher Maßnahmen bereits ausführlich unter Rn. 74 ff.

587   BVerwG, DVBl. 2012, 49: Der VA-Begriff gehört als Begriff des Prozessrechts der VwGO (§§ 42, 68, 70, 75, 79 VwGO) auch dem Bundesrecht an.

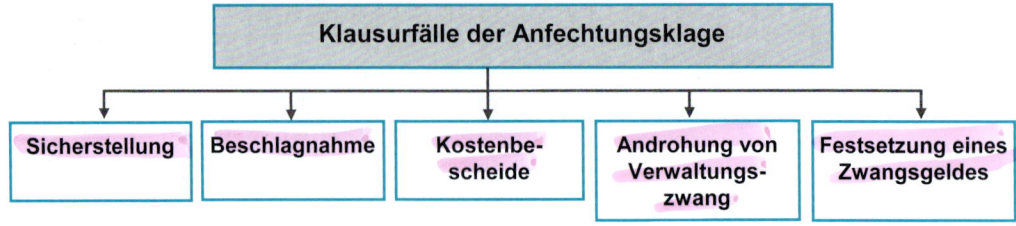

1. Vorliegen eines Verwaltungsakts gem. § 35 VwVfG

§ 35 VwVfG: Maßnahme zur Rege-lung

Voraussetzung eines Verwaltungsakts ist, dass die Behörde gem. § 35 S. 1 VwVfG eine Maßnahme zur Regelung trifft. Wie andere Behörden auch, so nimmt die Polizei sowohl Regelungen als auch tatsächliche Handlungen vor. Bei polizeilichen Maßnahmen ist dem-nach häufig zweifelhaft, ob diese einen Verwaltungs- oder Realakt darstellen.

407

⇨ Sicherstellung und Beschlagnahme sind als Einzelmaßnahmen des Polizeirechts unproblematisch Dauer-VAe (vgl. Rn. 78 ff.).

⇨ Kostenbescheiden kommt ebenfalls VA-Qualität zu, da diese rechtsverbindlich eine Zahlungspflicht konstituieren (vgl. Rn. 94).

⇨ Die Androhung eines Zwangsmittels nach § 49 I PolG i.V.m. § 20 I S. 1 LVwVG bzw. §§ 49 II, 52 II PolG ist als VA zu qualifizieren (vgl. Rn. 88).[588] Dies ergibt sich aus der verbindlichen Festlegung der Behörde auf ein bestimmtes Zwangsmittel.

hemmer-Methode: Beachten Sie, dass die aufschiebende Wirkung hier gem. § 80 II S. 1 Nr. 3 VwGO i.V.m. § 12 LVwVG entfällt.

⇨ Die Festsetzung eines Zwangsgeldes ist die verbindliche Auffor-derung zur Zahlung desselben. Auch diese Maßnahme der Ver-waltungsvollstreckung ist ein selbstständig anfechtbarer VA (vgl. Rn. 89).

2. Keine Erledigung des Verwaltungsakts

Anfechtungsklage nicht statthaft bei Erledigung des VA

Die Anfechtungsklage ist nicht statthaft, wenn Erledigung des Ver-waltungsakts im Sinne von § 113 I S. 4 VwGO eingetreten ist. In diesem Fall ist die Fortsetzungsfeststellungsklage die richtige Kla-geart.

408

(+), wenn Aufhebung dem Betroffe-nen nicht dienen würde

Erledigung liegt vor, wenn dem Betroffenen mit der Aufhebung des Verwaltungsakts nicht mehr gedient ist, die Aufhebung für ihn des-halb keinen Vorteil mehr haben kann.[589] Dann entfällt die mit der Regelung verbundene Beschwer. Die in § 113 I S. 4 VwGO und § 43 II VwVfG genannte Aufhebung (Rücknahme, Widerruf) und der Zeitablauf sind Beispiele hierfür.

Exkurs: Begriff der Erledigung i.S.v. § 113 I S. 4 VwGO

Aufhebungsanspruch

Maßgeblich für das Verständnis sind die Rechtsfolgen, welche an die Erledigung oder Nichterledigung eines Verwaltungsakts in die-sem Sinne geknüpft sind.

409

---

588   Ruder, Rn. 820 und 861; Belz/Mussmann/Kahlert/Sander, § 49 PolG, Rn. 59; Ennuschat/Ibler/Remmert, § 2 Rn. 450.
589   Vgl. Kopp/Schenke, § 113 VwGO, Rn. 102 f.

Der Betroffene eines wirksamen, belastenden, rechtswidrigen Verwaltungsakts hat einen Anspruch auf Aufhebung. Dieser ist nach Art. 2 I GG (Adressatenlehre; oder nach einschlägigen spezielleren Grundrechten) grundrechtlich fundiert und wird u.a. in § 113 I S. 1 VwGO vorausgesetzt. Der Anspruch auf Aufhebung des Verwaltungsakts wird mit der Anfechtungsklage gerichtlich geltend gemacht. Das Gericht erfüllt den Anspruch, indem es den Verwaltungsakt aufhebt, wie dies in § 113 I S. 1 VwGO vorgesehen ist.

Mit Eintritt der Erledigung verliert der Verwaltungsakt seine Regelungswirkung. Deshalb ist eine prozessuale Aufhebung nach §§ 42 I, 113 I VwGO nicht (mehr) möglich. Die Anfechtungsklage ist Gestaltungsklage im Sinne von § 43 II VwGO. Rechtliche Gestaltung ist nicht (mehr) möglich, falls dem Streitgegenstand (Verwaltungsakt) rechtliche Wirkung nicht (mehr) zukommt.

Dieser Anspruch auf Aufhebung eines wirksamen, belastenden, rechtswidrigen Verwaltungsakts ist der Grundsatz, von dem die „Erledigung" eine Ausnahme darstellt. Ist der VA erledigt, so ist die Anfechtungsklage nicht statthaft. Folge ist, dass das Gericht den Verwaltungsakt nicht aufhebt, sondern allenfalls dessen Rechtswidrigkeit ausspricht, wenn die weiteren Voraussetzungen der FFK vorliegen. Erledigung bedeutet demnach, dass der Betroffene nicht die Aufhebung des Verwaltungsakts erreichen kann.

Ausschluss des Anspruchs

Erledigung ist somit der Ausschluss des Anspruchs auf Aufhebung. **410** Dies ist nur anzunehmen, wenn dem Betroffenen mit einer Aufhebung des Verwaltungsakts nicht mehr gedient ist. Einfachster Fall hierfür ist, dass der VA ausschließlich auf die Vergangenheit bezogen war (Zeitablauf), und auch gegenwärtig und zukünftig keine nachteiligen Wirkungen mehr haben kann.

Nachteilige Wirkungen bestehen insbesondere dann, wenn das Vorliegen eines wirksamen, nicht aufgehobenen Verwaltungsakts Vorfrage anderer Rechtsverhältnisse ist. Kann der Betroffene einen Vollzugs-FBA oder einen öffentlich-rechtlichen Erstattungsanspruch haben, so ist ihm mit der Aufhebung des Verwaltungsakts gedient: Denn diese Ansprüche hängen davon ab, dass der bestehende Zustand nicht durch einen wirksamen Verwaltungsakt legitimiert wird (FBA), bzw. der VA nicht Rechtsgrund für die erfolgte Vermögensverschiebung ist.

Exkurs Ende

Einzelfallprüfung

Die einzelnen polizeilichen Verwaltungsakte sind daher daraufhin zu **411** untersuchen, ob mit ihrer Aufhebung den Interessen des Klägers noch sinnvollerweise gedient werden kann.

a) Erledigung durch Zeitablauf

Zeitablauf

Eine Aufhebung wird den Interessen des Klägers nicht gerecht, **412** wenn die Regelung nur auf einen bestimmten Zeitraum bezogen war und dieser mittlerweile verstrichen ist.

> *Bsp.:* Verbot einer für den 15.08. geplanten Versammlung
>
> Das Verbot ist spätestens mit Ablauf des 15.08. erledigt, genauer bereits mit dem Zeitpunkt, in dem die Versammlung enden sollte. Ist der 15.08. vorbei, so ist dem Betroffenen nicht gedient, wenn ein Gericht die Aufhebung des Verbots ausspricht. Anders ist dies zeitlich vor der Versammlung: Hebt ein Gericht das Verbot auf, so bedeutet dies, dass die Versammlung durchgeführt und daran teilgenommen werden darf.

Weiteres Bsp.: Polizeiliche Anordnung an einen Passanten (P), sich von der Mitte des Marktplatzes zu entfernen (Platzverweis), da ein angemeldeter Festumzug diesen überqueren wird.

Eine solche Anordnung ist nicht ausdrücklich, aber implizit nur auf einen bestimmten Zeitraum bezogen, nämlich die Dauer, während der der Festumzug den Marktplatz queren wird. Nur bis zu diesem Zeitpunkt ist es für P von Interesse, dass ein Gericht die Anordnung aufhebt. Denn die Anordnung verpflichtet ihn, sich zu entfernen, und die Polizei darf auch Vollstreckungsmaßnahmen ergreifen, etwa den P wegtragen, um das Gebot durchzusetzen. Danach ist es für P uninteressant, wenn ein Gericht die Anordnung rückwirkend aufhebt, sodass P auf dem Marktplatz hätte stehen bleiben dürfen.

b) Erledigung durch veränderte tatsächliche Umstände

veränderte tatsächliche Umstände

Die Aufhebung des Verwaltungsakts kann auch aufgrund einer Veränderung tatsächlicher Umstände sinnlos geworden sein, zum Beispiel bei Wegfall des Versammlungsgrundes oder infolge polizeilicher Vollstreckungsmaßnahmen. Ist der eingetretene Zustand nicht mehr rückgängig zu machen, so kann dem Betroffenen durch eine Aufhebung nicht mehr gedient werden.

    413

Bsp.: Die Polizeibehörde ordnet gegenüber E an, einen auf seinem Grundstück stehenden alten Baum zu fällen, da sie befürchtet, dieser könne beim nächsten Unwetter auf die Straße stürzen. Als E dem nicht nachkommt, fällt die Behörde den Baum selbst.

Der hier eingetretene tatsächliche Zustand kann nicht mehr rückgängig gemacht werden. Mit einer Aufhebung der Anordnung ist E nicht gedient.

Er hat u.U. ein Interesse an einer gerichtlichen Entscheidung, weil er einen Ersatzanspruch geltend machen möchte (Amtshaftungspräjudiz), oder weil auf seinem Grundstück noch weitere alte Bäume stehen (konkrete Wiederholungsgefahr). Dann kann er möglicherweise die Rechtswidrigkeit der Anordnung mittels einer analogen Fortsetzungsfeststellungsklage gerichtlich feststellen lassen. Eine Aufhebung des Verwaltungsakts ist in diesem Zusammenhang jedoch uninteressant.

c) Keine Erledigung, sofern Vollstreckungsmaßnahmen rückgängig gemacht werden können

Sonderfall

Polizeiliche Vollstreckungsmaßnahmen haben jedoch nicht stets zur Folge, dass eine Aufhebung des Verwaltungsakts, der vollstreckt wurde, dem Betroffenen nicht mehr dient. Die Aufhebung macht auch dann noch Sinn, sofern der eingetretene Zustand rückgängig gemacht werden kann.[590]

    414

Bsp.: Die zuständige Behörde ordnet an, dass A an seinem Hanggrundstück Erdboden abtragen muss, damit dieser bei starken Regenfällen nicht auf das darunter liegende Grundstück gespült wird und dort Schäden verursacht. Da A dem nicht nachkommt, beauftragt das Landratsamt ein Unternehmen, das den Erdboden abträgt.

Da der Erdboden abgetragen wurde, besteht aktuell keine Verpflichtung des A aus dem VA. Möchte A aber den vorherigen Zustand der Geländeoberfläche auf seinem Grundstück herbeiführen, so sollte er nicht selbst den vorherigen Zustand wiederherstellen, ohne zuvor die Abtragungsverfügung anzufechten, weil er sich sonst rechtswidrig verhält. Neben der Anfechtung der Verfügung kommt zudem ein Anspruch gegen das Landratsamt auf Wiederherstellung des zuvor bestehenden Zustands in Betracht. Prozessual ist die Anfechtungsklage mit einem Folgenbeseitigungsantrag zu verbinden, § 113 I S. 2 VwGO. Anspruchsgrundlage hierfür könnte der Vollzugs-FBA sein.

---

590   Noch weitergehend BVerwG, NJW 2009, 122 = Life&Law 2009, 407, wonach auch eine irreversible Vollstreckung auch dann nicht zur Erledigung führt, wenn für die Vollstreckung Kosten erhoben werden sollen.

> **hemmer-Methode: Solange der VA wirksam ist und nicht aufgehoben, ist ein FBA des A jedoch ausgeschlossen, denn der VA legitimiert den eingetretenen Zustand, der somit nicht rechtswidrig ist.**[591]

Aber auch bei Wiederherstellung des früheren Zustands durch A selbst würde er wiederum durch den VA verpflichtet werden. Würde der VA aufgehoben, so könnte A den früheren Zustand wiederherstellen, ohne dass er unmittelbar darauf wieder zum Abtragen des Erdbodens verpflichtet ist. Daraus folgt, dass die Aufhebung des VA für den A sehr wohl nach wie vor Sinn machen kann. Durch die Vollstreckungsmaßnahme (Ersatzvornahme) ist der Verwaltungsakt nicht erledigt.

d) Keine Erledigung in Kostenbescheidfällen

Kostenbescheide

Gleiches gilt für eine freiwillige Befolgung durch den Verpflichteten.[592] Besonders deutlich wird dies bei Verwaltungsakten, die zu einer Geldleistung verpflichten.   **415**

> ***Bspe.:*** *Die Polizei verpflichtet S zur Zahlung von Kosten i.H.v. 150 €, die anlässlich einer unmittelbaren Ausführung einer Maßnahme (vgl. § 8 II PolG) entstanden sind. S zahlt, erhebt aber nach erfolglosem Vorverfahren Klage.*

Die Anfechtungsklage könnte statthaft sein. Die Verpflichtung zur Zahlung stellt einen Verwaltungsakt dar. Dieser könnte sich jedoch erledigt haben, sodass keine Anfechtungsklage, sondern gem. § 113 I S. 4 VwGO eine Fortsetzungsfeststellungsklage statthaft ist. Erledigung ist eingetreten, wenn die aus der Verfügung resultierende Beschwer wegfällt, die Aufhebung des Verwaltungsakts dem Kläger also nicht mehr dienen kann.

Zwar ist S durch die Zahlung der aus dem VA folgenden Verpflichtung nachgekommen, sodass er nicht weiterhin einer Zahlungspflicht aus dem VA unterliegt. Der eingetretene Zustand, die Vermögensmehrung aufseiten der Behörde, kann jedoch rückgängig gemacht werden, § 113 I S. 2 VwGO. S könnte einen Anspruch auf Rückzahlung haben. Ein solcher öffentlich-rechtlicher Erstattungsanspruch hängt jedoch davon ab, ob die Leistung ohne Rechtsgrund erfolgte.

Der wirksame VA ist Rechtsgrund für das „Behaltendürfen" seitens der Behörde. Würde der VA aufgehoben, so entfällt dieser Rechtsgrund und der Anspruch des S besteht. Das bedeutet, dass von dem Verwaltungsakt noch eine rechtliche Beschwer ausgeht, zumal A gerade wegen dieses Verwaltungsakts einen Erstattungsanspruch nicht geltend machen kann. Somit ist keine Erledigung eingetreten und die Anfechtungsklage ist statthaft.

e) (Keine) Erledigung bei Sicherstellung und Beschlagnahme

Sicherstellungs- oder Beschlagnahmeanordnung

Besonders klausurrelevant ist insoweit die Anordnung einer Sicherstellung oder Beschlagnahme (§§ 32, 33 PolG). Diese Verwaltungsakte verpflichten den Betroffenen, die eigene Sachherrschaft an einer bestimmten Sache aufzugeben und zu dulden, dass die Polizei ein hoheitliches Verwahrungsverhältnis sowie tatsächliche Sachherrschaft an dieser Sache begründet und aufrechterhält.   **416**

Dauerverwaltungsakte

Der Sicherstellungs- oder Beschlagnahme-VA begründet demnach auch nach Begründung der Sachherrschaft durch die Polizei eine andauernde Duldungspflicht des Betroffenen. Der VA wird aus diesem Grund auch als sog. Dauerverwaltungsakt bezeichnet. Er steht damit einem Anspruch auf Herausgabe der Sache entgegen, § 113 I S. 2 VwGO.

---

591   Zu den Voraussetzungen des FBA vgl. Hemmer/Wüst, Verwaltungsrecht II, Rn. 220 ff.
592   VGH Mannheim, VBlBW 1993, 298 (300); VGH Kassel, LKRZ 2007, 63.

Ein entsprechender Vollzugs-FBA besteht nicht, da der eingetretene Zustand (die Sachherrschaft der Polizei) durch den wirksamen VA legitimiert und daher nicht rechtswidrig ist. Erst wenn der VA aufgehoben wird, kann der Betroffene einen Vollzugs-FBA haben und erfolgreich auf Herausgabe klagen.

tatsächliche Sachherrschaft hindert Erledigung

Der VA ist damit nicht bereits dann erledigt, wenn der Betroffene die eigene Sachherrschaft verliert und die Polizei die Sache an sich nimmt, sondern erst dann, wenn die Polizei keine tatsächliche Sachherrschaft mehr hat. Dies kann durch Rückgabe der Sache, aber auch durch anderweitigen Verlust der Sachherrschaft erfolgen.

Fallkonstellationen

Folgende Fallkonstellationen sind in diesem Bereich möglich: *417*

⇨ Die Sache wird bereits vor Klageerhebung herausgegeben, verwertet oder vernichtet. Damit hat sich der VA erledigt, da er keine regelnde Wirkung mehr entfaltet. Bei Erledigung vor Klageerhebung bleibt nur die Erhebung einer Fortsetzungsfeststellungsklage nach § 113 I S. 4 VwGO analog.

⇨ Die Sache wurde auch im Zeitpunkt der letzten mündlichen Verhandlung noch nicht herausgegeben etc. Als richtige Klageart ist mangels Erledigung des (andauernden) VA eine Anfechtungsklage statthaft.

⇨ Die Sache wird nach Klageerhebung herausgegeben etc. Hier besteht die Möglichkeit, aufgrund der Erledigung des VA nach Klageerhebung auf die Fortsetzungsfeststellungsklage nach § 113 I S. 4 VwGO umzustellen.[593]

hemmer-Methode: Möchte der Betroffene die Sache zurückhaben, so muss er nicht nur Klage auf Herausgabe erheben, sondern zudem die Aufhebung des Sicherstellungs- oder Beschlagnahme-VA beantragen. Anfechtungs- und allgemeine Leistungsklage können gem. § 113 I S. 2 VwGO miteinander verbunden werden, da die andauernde polizeiliche Sachherrschaft eine Vollziehung des Verwaltungsakts darstellt.

III. Klagebefugnis

grds. keine Besonderheiten

Ist der VA an den Kläger gerichtet, so genügt die Feststellung, dass der Kläger Adressat eines belastenden Verwaltungsakts ist und daher zumindest in seinem Grundrecht auf allgemeine Handlungsfreiheit nach Art. 2 I GG (oder in einschlägigen spezielleren Grundrechten) betroffen ist.   *418*

IV. Vorverfahren

nächsthöhere Behörde gem. § 73 I Nr. 1 VwGO

Es finden die §§ 68 ff. VwGO und § 16 AGVwGO Anwendung. Der Widerspruch ist entweder bei der Erlass- oder der Widerspruchsbehörde zu erheben, vgl. § 70 I S. 1, I S. 2 VwGO.   *419*

V. Klagefrist

Klagefrist

Diese richtet sich nach § 74 I und § 58 VwGO.[594]   *420*

---

593   Sollte der Kläger kein Interesse an der Sachentscheidung mehr haben, so kann er auch die Hauptsache für erledigt erklären. Je nachdem, wie der Beklagte sich nun verhält, kommt die Variante der übereinstimmenden oder der einseitigen Erledigungserklärung in Betracht. Lesen Sie hierzu Hemmer/Wüst, Verwaltungsrecht II, Rn. 156 ff.

594   Vgl. dazu allgemein Hemmer/Wüst, Verwaltungsrecht I, Rn. 211 ff.

VI. Klagegegner, § 78 I Nr. 1 VwGO

Rechtsträgerprinzip

In Baden-Württemberg gilt uneingeschränkt das sog. Rechtsträger-prinzip. Bei Anfechtungsklagen ist die Klage gegen den Rechtsträger der Behörde zu richten, die den angefochtenen VA erlassen bzw. den begehrten VA unterlassen hat, § 78 I Nr. 1 VwGO. Insofern wird auf die Ausführungen zur FFK unter Rn. 121 und 122 verwiesen.

421

VII. Sonstige Sachurteilsvoraussetzungen

weitere Voraussetzungen

Insoweit bestehen im Polizeirecht keine Besonderheiten.[595]

422

B. Objektive Klagehäufung, § 44 VwGO

objektive Klagehäufung

Bei prozessual aufgebauten Klausuren ergibt sich regelmäßig auch bei der Anfechtungsklage die Situation der objektiven Klagehäufung, § 44 VwGO (vgl. hierzu Rn. 123).

423

C. Begründetheit der Anfechtungsklage

Obersatzbildung!

Die Begründetheitsprüfung ist grds. mit nachfolgendem Obersatz einzuleiten:

424

> Die Anfechtungsklage ist begründet, soweit der Verwaltungsakt rechts-widrig und der Kläger hierdurch in seinen Rechten verletzt ist, § 113 I S. 1 VwGO.

hemmer-Methode: Bei der Anfechtungsklage ist im Unterschied zur Fortsetzungsfeststellungsklage aufgrund der rechtlichen Existenz des VA das Rechtsverhältnis in der Gegenwart zu formulieren.

I.   Rechtmäßigkeit polizeilicher Primärmaßnahmen

Differenzierung nach Fallgestaltung

Bezüglich der Prüfung der Rechtmäßigkeit ist i.R.d. Anfechtungs-klage je nach Fallgestaltung zu differenzieren.

425

polizeiliche Dauer-VAe

Richtet sich die Anfechtungsklage gegen einen polizeilichen Verwal-tungsakt, der auf der Grundlage eines Spezialgesetzes, der Gene-ralklausel der §§ 3, 1 I PolG oder der Standardbefugnisse ergangen ist und sich noch nicht erledigt hat, so gilt der zur Fortsetzungsfest-stellungsklage dargelegte Prüfungsaufbau.[596]

426

Zu einer solchen Rechtmäßigkeitsprüfung kommt es i.R.d. Anfech-tungsklage i.d.R. nur in den bereits angesprochenen Sicherstel-lungs- und Beschlagnahmefällen, in denen durch einen polizeilichen Zugriff auf eine Sache die Sachherrschaft vom Bürger auf die Be-hörde übergeht. Gleiches gilt für die Einziehung nach § 34 PolG.

---

595   Vgl. dazu allgemein Hemmer/Wüst, Verwaltungsrecht I, Rn. 211 ff.
596   Vgl. hierzu Rn. 126.

1. Sicherstellung, § 32 PolG

a) Begriff der Sicherstellung

Schutz privater Rechte

Sicherstellung ist die Begründung polizeilichen Gewahrsams an einer gefährdeten Sache. § 32 PolG ermächtigt die Polizei zur Begründung eines öffentlich-rechtlichen Verwahrungsverhältnisses zum „Schutz von Hab und Gut" eines Einzelnen.[597] Die Sicherstellung ist damit eine präventiv-polizeiliche Maßnahme zum Schutz privater Rechte, die sich nicht nach § 2 II PolG, sondern der Spezialvorschrift des § 32 PolG richtet.[598]

427

b) Regelungsinhalt

§ 32 I, II PolG: Voraussetzungen

Die Sicherstellung nach § 32 I PolG soll den Berechtigten (Eigentümer oder rechtmäßiger Inhaber der tatsächlichen Gewalt) vor Verlust oder Beschädigung der Sache bewahren. Voraussetzung ist, dass der Sache eine konkrete Gefahr droht, z.B. mit ihrer Entwendung, missbräuchlichen Benutzung oder Beschädigung zu rechnen ist.

428

Im Regelfall der Sicherstellung ist der Gewahrsamsinhaber nicht bekannt oder nicht anwesend. Die Sicherstellung mit anschließender Inverwahrungnahme ist in diesen Fällen ein Realakt. Erst mit Bekanntgabe der Maßnahme an den Berechtigten nach § 32 II PolG erhält sie den Charakter eines VA.[599]

> *Bspe.: (1) D lässt am Türschloss ihres Autos den Schlüssel stecken. Die vorbeikommende Polizeistreife verriegelt das Fahrzeug, zieht den Schlüssel ab, nimmt ihn mit und klemmt eine Information an den Scheibenwischer. (2) Ein verschlossener Pkw mit eingeschlagener Seitenscheibe steht im Parkhaus des Stuttgarter Flughafens. Die Polizeibehörde veranlasst das Abschleppen des Pkw zur Eigentumssicherung auf einen Verwahrparkplatz (sog. atypischer Abschleppfall).*

Zulässig ist auch, dass die Polizei im Falle zweifelhafter Eigentumsverhältnisse die Sicherstellung zur Gefahrenabwehr verfügt. Die Sicherstellung ist in dieser Konstellation ein VA, der die Anordnung an den Pflichtigen beinhaltet, die Sache herauszugeben.

429

> *Bsp.: Polizeibeamte beobachten den M, der zu nächtlicher Stunde ein abgeschlossenes Fahrrad auf der Schulter trägt. Besteht der Verdacht eines Diebstahls, kann die Polizei das mutmaßliche Diebesgut sicherstellen.*

Verwahrungsverhältnis

Durch die Sicherstellung wird ein öffentlich-rechtliches Verwahrungsverhältnis begründet. Auf dieses sind die §§ 688 ff. BGB entsprechend anwendbar, sofern § 32 II - IV PolG bzw. § 3 DVO PolG keine Regelung treffen oder der Sinn und Zweck der Sicherstellung entgegensteht.[600]

430

§ 32 III, IV PolG: Schutz des Betroffenen

Nach § 32 III PolG muss den Belangen des Berechtigten Rechnung getragen werden. Die Sicherstellung ist nach § 32 IV PolG aufzuheben, wenn der Berechtigte dies verlangt oder die Voraussetzungen der Sicherstellung entfallen sind. Die Höchstdauer der Sicherstellung beträgt nur zwei Wochen.

---

597 Stephan/Deger, § 32 PolG, Rn. 1; Zeitler/Trurnit, Rn. 477; Würtenberger/Heckmann/Tanneberger, § 5 Rn. 215.
598 Belz/Mussmann/Kahlert/Sander, § 32 PolG, Rn. 1; Zeitler/Trurnit, Rn. 477; Ruder, Rn. 733.
599 Zeitler/Trurnit, Rn. 477; Ruder, Rn. 734; Stephan/Deger, § 32 PolG, Rn. 4; ablehnend Würtenberger/Heckmann/Tanneberger, § 5 Rn. 216.
600 Stephan/Deger, § 32 PolG, Rn. 13; Belz/Mussmann/Kahlert/Sander, § 32 PolG, Rn. 7; Würtenberger/Heckmann/Tanneberger, § 5 Rn. 218.

§ 32 V PolG: Behandlung von Fund-sachen	§ 32 V PolG stellt klar, dass die polizeiliche Sicherstellung auch bei verlorenen Sache i.S.d. privatrechtlichen Fundrechts möglich ist. Verloren ist eine Sache, die dem Berechtigten zufällig und nicht nur vorübergehend abhandengekommen ist.

2. Beschlagnahme, § 33 PolG

a) Begriff der Beschlagnahme

Wegnahme gegen den Willen des Berechtigten	Unter Beschlagnahme i.S.d. § 33 PolG versteht man die befristete Wegnahme einer (beweglichen oder unbeweglichen) Sache unter gleichzeitiger Begründung amtlichen Gewahrsams gegen den Willen des Berechtigten zur Abwehr einer Gefahr oder Verhinderung der missbräuchlichen Verwendung.[601] Die Beschlagnahme dient dazu, eine Gefahr für die öffentliche Sicherheit durch Entziehung der Verfügungsmöglichkeiten und Inverwahrungnahme abzuwehren, gleichviel, ob von der Sache eine Gefahr ausgeht oder diese von der Polizei zur Gefahrenabwehr benötigt wird. **431**

> **Bspe.:** *Beschlagnahme eines gefährlichen Werkzeugs oder einer Waffe; Beschlagnahme von Wohnraum zur Unterbringung von Obdachlosen, Evakuierten oder Katastrophenopfern.*

Abgrenzung zur § 32 PolG	In Abgrenzung zur Sicherstellung erfolgt die Beschlagnahme i.d.R. gegen den Willen des Berechtigten zum Schutz der Allgemeinheit. **432**

> **hemmer-Methode:** Rechtsgrundlagen in Spezialgesetzen, die zur Entziehung der tatsächlichen Verfügungsgewalt über eine Sache berechtigen, gehen dem § 33 PolG vor. Diese sind z.B. § 43 LFGB, § 46 WaffG, § 16a S. 2 Nr. 2 TierSchG, § 47 FahrerlaubnisVO. Auf die Beschlagnahme von Presseerzeugnissen wegen deren Inhalts ist § 33 PolG im Hinblick auf § 1 III und § 13 - 17 LPresseG nicht anwendbar.[602]

b) Regelungsinhalt

§ 33 I PolG: Beschlagnahmegründe	Eine Beschlagnahme ist nach § 33 I PolG nur in drei eng umgrenzten Fällen zulässig.
Nr. 1 PolG: unmittelbare Gefahr	Nach § 33 I Nr. 1 PolG darf die Beschlagnahme erfolgen, um eine unmittelbar bevorstehende Störung der öffentlichen Sicherheit oder Ordnung abzuwenden oder eine bereits eingetretene Störung zu beseitigen. Dies ist der Fall, wenn nach allgemeiner Erfahrung der Eintritt eines Schadens sofort oder in allernächster Zeit als gewiss anzusehen ist, falls nicht sofort eingeschritten wird.[603] **433**

> **Bsp.:** *Ein sichtbar betrunkener Besucher des Cannstatter Wasen ist trotz polizeilicher Ermahnung nicht gewillt, für die Heimfahrt auf die Benutzung seines Pkw zu verzichten. In diesem Fall ist die Polizei nach § 33 I Nr. 1 PolG berechtigt, den Fahrzeugschlüssel und die Fahrzeugpapiere zu beschlagnahmen, um eine Trunkenheitsfahrt zu verhindern.*

Nr. 2: Festhalten oder Gewahrsam	§ 33 I Nr. 2 PolG erlaubt eine Beschlagnahme, wenn eine missbräuchliche Verwendung der Sache durch eine Person verhindert werden soll, die festgehalten oder in Gewahrsam genommen worden ist. Missbräuchlich ist eine Verwendung, durch die der Betroffene sich oder andere gefährden, sich dem Festhalten oder Gewahrsam entziehen oder sonst eine Gefahr für polizeiliche Schutzgüter verursachen könnte. Eine konkrete Gefahr der missbräuchlichen Verwendung setzt die Norm nicht voraus.[604] **434**

---

601 Belz/Mussmann/Kahlert/Sander, § 33 PolG, Rn. 1; Zeitler/Trurnit, Rn. 480.

602 Instruktiv hierzu Ruder, Rn. 755; Stephan/Deger, § 33 PolG, Rn. 34; Belz/Mussmann/Kahlert/Sander, § 33 PolG, Rn. 1.

603 VGH Mannheim, VBlBW 2001, 100 (102); Belz/Mussmann/Kahlert/Sander, § 33 PolG, Rn. 3; Stephan/Deger, § 33 PolG, Rn. 13.

604 Belz/Mussmann/Kahlert/Sander, § 33 PolG, Rn. 4; Stephan/Deger, § 33 PolG, Rn. 20; Ruder, Rn. 745.

Bsp.: Einer nach § 28 I Nr. 2c PolG in Gewahrsam genommenen Person wird der Gürtel weggenommen, mit dessen Hilfe sie eine Selbsttötung durchführen könnte; Wegnahme der Schnapsflasche bei einem in Gewahrsam genommenen Betrunkenen.

Nr. 3: Verhinderung von Straftaten

Nach § 33 I Nr. 3 PolG ist die Beschlagnahme zur Verhinderung von Straftaten von erheblicher Bedeutung i.S.v. § 22 V Nr. 1 und Nr. 2a, b PolG. Diese Norm zielt auf die Verhinderung terroristischer und extremistischer Straftaten. Es bedarf einer konkreten Gefahr, eine besondere zeitliche Nähe des Schadenseintritts ist hingegen nicht erforderlich.[605]

435

Bsp.: Es bestehen konkrete Anhaltspunkte dafür, dass der Chemielehrer H einen Bombenanschlag in einem Einkaufszentrum plant. Die Polizei darf Zünder und Chemikalien, die zum Bombenbau geeignet sind, nach § 33 I Nr. 3 PolG beschlagnahmen. Auch Geld, das zur Anschaffung von Tatmitteln gebraucht werden soll, ist eine zu beschlagnahmende Sache.

§ 33 II PolG: Forderungen oder andere Vermögensrechte

Liegen die Voraussetzungen des § 33 I Nr. 3 PolG vor, können auch Forderungen und andere Vermögensrechte durch den Polizeivollzugsdienst beschlagnahmt werden, § 33 II PolG. Zweck der Normierung ist, Kriminellen die Verfügungsgewalt über finanzielle Mittel zu entziehen und somit deren Aktionsfähigkeit einzuschränken.[606]

436

Verwahrungsverhältnis

Auch durch die Beschlagnahme wird ein öffentlich-rechtliches Verwahrungsverhältnis begründet, auf welches die §§ 688 ff. BGB entsprechend anwendbar sind.

§ 32 III - V PolG: Schutz des Betroffenen

§ 32 III PolG enthält zum Schutz des Betroffenen diverse Verfahrensbestimmungen. Über die Rückverweisung auf § 32 III PolG ist auch bei der Beschlagnahme den Belangen des Berechtigten Rechnung zu tragen. Die Maßnahme ist nach § 33 IV PolG aufzuheben, sobald ihr Zweck erreicht ist. Die Höchstdauer der Beschlagnahme beträgt vorbehaltlich anderer gesetzlicher Regelungen sechs Monate. Eine längere Frist statuiert § 33 V PolG für die Beschlagnahme von Forderungen und anderen Vermögensrechten.

437

3. Einziehung, § 34 PolG

a) Begriff der Einziehung

Eigentumsübergang

Die Einziehung nach § 34 I PolG ist ein privatrechtsgestaltender VA der allgemeinen Polizeibehörde, der kraft Gesetzes unmittelbar den Verlust des Eigentums an einer eingezogenen (beweglichen)[607] Sache beim bisherigen Eigentümer und die Begründung neuen Eigentums beim Träger der zuständigen Polizeibehörde zum Gegenstand hat.[608] Der durch die Einziehung bewirkte Eigentumsübergang zum Zwecke der Gefahrenabwehr ist Voraussetzung für die Verwertung, Unbrauchbarmachung oder Vernichtung einer Sache.

438

hemmer-Methode: Spezialregelungen gehen dem § 34 PolG vor. Diese sind z.B. §§ 74 - 74f StGB, §§ 22 ff. OWiG, § 54 WaffG und § 30 VersG.

---

605   Ruder, Rn. 747; Stephan/Deger, § 33 PolG, Rn. 21.

606   Belz/Mussmann/Kahlert/Sander, § 33 PolG, Rn. 7; Ruder, Rn. 748.

607   Die Einziehung unbeweglicher Sachen ist unzulässig, da § 34 II S. 1 PolG auf § 383 III BGB verweist, der die Versteigerung beweglicher Sachen regelt; Ruder, Rn. 765; Stephan/Deger, § 34 PolG, Rn. 6.

608   Ruder, Rn. 763; Belz/Mussmann/Kahlert/Sander, § 34 PolG, Rn. 2; Stephan/Deger, § 34 PolG, Rn. 3.

b) Regelungsinhalt

§ 34 I S. 1 PolG: Voraussetzungen

Nach § 34 I S. 1 PolG setzt die Einziehung voraus, dass die beschlagnahmte Sache nicht herausgegeben werden kann, ohne dass die Voraussetzungen der Beschlagnahme erneut eintreten. Damit wird nur auf die Beschlagnahmegründe des § 33 I Nr. 1 und Nr. 3 PolG Bezug genommen, da die Beschlagnahme nach Nr. 2 nur der missbräuchlichen Verwendung während des Festhaltens oder Gewahrsams vorbeugen soll.[609]

439

> *Bspe.: Der Einziehung unterliegen gefährliche Hunde,[610] „frisierte" Zweiradfahrzeuge, Radarwarngeräte (vgl. § 23 Ib StVO)[611] etc.*

Zuständigkeit und Form

Wegen des endgültigen Charakters ist die Einziehung den allgemeinen Polizeibehörden vorbehalten, zuständig ist nach den §§ 60 I, 66 II PolG i.d.R. die Ortspolizeibehörde. Eine Abweichung zu § 37 II S. 1 LVwVfG statuiert § 34 I S. 2 PolG, wonach für die Einziehung eine schriftliche Anordnung erforderlich ist.

440

c) Verwertung, Unbrauchbarmachung und Vernichtung

§ 34 II - IV PolG: Detailregelungen

In § 34 II - IV PolG sind nähere Vorschriften über die Verwertung, Unbrauchbarmachung und Vernichtung eingezogener Sachen geregelt.

441

Die Verwertung erfolgt im Wege der öffentlichen Versteigerung, § 34 II S. 1 PolG i.V.m. § 383 III BGB. Der Erlös ist, abzüglich entstandener Kosten, an den Betroffenen (= letzter Eigentümer) herauszugeben.

Kann der polizeiliche Zweck mit der Verwertung nicht erreicht werden oder ist eine Verwertung nicht möglich, so ist nach § 34 III PolG die Sache unbrauchbar zu machen oder zu vernichten.

442

> *Bspe.: (1) Beschlagnahmte Radarwarngeräte oder Drogen werden aus rechtlichen Gründen vernichtet, da andernfalls die Beschlagnahmevoraussetzungen erneut eintreten würden; (2) Ein totalbeschädigtes Kfz wird aus tatsächlichen Gründen verschrottet; (3) Ein frisiertes Zweirad hingegen wird versteigert, da die Verwertung nicht zwingend zu einer erneuten Störung der öffentlichen Sicherheit führt. Allerdings ist dem Erwerber aufgegeben, das Zweirad in einen der StVO entsprechenden Zustand zu versetzen.[612]*

§ 34 IV PolG: Kosten

Nach § 34 IV PolG fallen die Kosten der Verwertung, Unbrauchbarmachung und Vernichtung eingezogener Sachen dem Betroffenen zur Last. Mit dem Versteigerungserlös kann aufgerechnet werden. Ist kein Erlös erzielt worden oder übersteigen die Kosten den Erlös, so können die Kosten durch Leistungsbescheid geltend gemacht werden und nach den §§ 13 ff. LVwVG beigetrieben werden.[613]

443

II. Rechtmäßigkeit der Androhung einer Vollstreckungsmaßnahme

Androhung von Vollstreckungsmaßnahmen

Gegenstand einer Anfechtungsklage kann auch die Androhung eines Zwangsmittels sein, zumal die Androhung als VA angesehen wird (vgl. hierzu Rn. 88).[614] Als Vollstreckungsmaßnahme ist die Androhung grundsätzlich wie sonstige Vollstreckungshandlungen zu prüfen.

444

---

609   Belz/Mussmann/Kahlert/Sander, § 34 PolG, Rn. 4.
610   VGH Mannheim, VBlBW 2010, 240 und VBlBW 2007, 351.
611   VGH Mannheim, VBlBW 2003, 192.
612   VGH Mannheim, VBlBW 1988, 113 = DÖV 1988, 81.
613   Belz/Mussmann/Kahlert/Sander, § 34 PolG, Rn. 9; Ruder, Rn. 773.
614   Ruder, Rn. 820 und 861; Belz/Mussmann/Kahlert/Sander, § 49 PolG, Rn. 59; Ennuschat/Ibler/Remmert, § 2 Rn. 450.

[handwritten margin notes: unm. Zw. 49 II 52 II]

[handwritten margin note: vgl. XXII Nr. 5 oder mdl. 10 VwVfG]

Prüfung der Androhung einer Vollstreckungsmaßnahme:

1. Rechtsgrundlage *[handwritten: 49 I PolG iVm 20 I LVwVG]*

2. **Formelle Rechtmäßigkeit**

   a) Zuständigkeit, § 4 I LVwVG / § 51 PolG

   b) Verfahren (allg. Regeln)

   c) Form (ggf. Schriftform)

3. **Materielle Rechtmäßigkeit**

   a) **Allgemeine Androhungsvoraussetzungen**

      aa) Vollstreckungsfähiger Verwaltungsakt

      bb) Wirksamkeit des Verwaltungsakts

   b) **Besondere Androhungsvoraussetzungen**

      aa) Zwangsgeld und Ersatzvornahme

      bb) Unmittelbarer Zwang

   c) **Adressat der Androhung**

   d) **Keine vollstreckungshindernden Einwände**

   e) **Verhältnismäßigkeit und Ermessen**

      Insbesondere Beachtung der Verhältnismäßigkeit bei Auswahl des jeweiligen angedrohten Zwangsmittels und der Höhe eines Zwangsgeldes

---

1. Rechtsgrundlage der Androhung

Androhung

Liegt kein Fall der Gefahr im Verzug nach § 21 LVwVG vor, müssen Zwangsmittel vor ihrer Anwendung ordnungsgemäß angedroht werden, wobei der Androhung eine Warnfunktion für den Adressaten zukommt. Rechtsgrundlage einer polizeilichen Androhung von Verwaltungszwang ist § 49 I PolG i.V.m. § 20 I LVwVG. Für die Androhung unmittelbaren Zwangs bilden die §§ 49 II, 52 II PolG eine speziellere Rechtsgrundlage. *[handwritten: 63 II, 66 II PolG]*

445

[handwritten margin note: 63 I PolG]

2. Formelle Rechtmäßigkeit

Zuständigkeit

Die Zuständigkeit für Vollstreckungsmaßnahmen richtet sich nach § 4 I LVwVG. Zuständig ist demnach grundsätzlich diejenige Behörde, die den zu vollstreckenden Grund-VA erlassen hat (sog. Vollstreckungsbehörde).[615] Die Anwendung unmittelbaren Zwangs obliegt gem. §§ 49 II, 51 PolG ausschließlich dem Polizeivollzugsdienst, nicht dagegen den Polizeibehörden. Über § 52 IV PolG ist § 4 I LVwVG aber ebenfalls anwendbar. *[handwritten: 60]*

446

[handwritten corrections near §§: 65, 66]

Verfahren: § 28 II Nr. 5 LVwVfG

Eine vorherige Anhörung ist gem. § 28 II Nr. 5 LVwVfG nicht nötig. Sollte die Androhung mit dem durchzusetzenden Grund-VA verbunden werden (vgl. § 20 II LVwVG), so bedarf es ohnehin keiner weiteren Anhörung.

447

hemmer-Methode: Merken Sie sich also die Ausnahme des § 28 II Nr. 5 LVwVfG im Kontext zu Vollstreckungsmaßnahmen!

---

615   Obwohl die Polizeibehörden den unmittelbaren Zwang nicht selbst anwenden dürfen, können sie ihn androhen, vgl. Stephan/Deger, § 52 PolG, Rn. 10.

Schriftform

Die Androhung der Zwangsmittel nach dem LVwVG muss schriftlich erfolgen, § 20 I S. 1 LVwVG. Anders ist dies aber bei der Androhung von unmittelbarem Zwang nach dem PolG, zumal § 52 II PolG wegen der bestehenden Eilbedürftigkeit eine bestimmte Form der Androhung nicht fordert. Sie kann daher mündlich, schriftlich oder in anderer Weise erfolgen.[616]

448

3. Materielle Rechtmäßigkeit

Differenzierung angezeigt

In materiell-rechtlicher Hinsicht müssen neben den allgemeinen auch die besonderen Vollstreckungsvoraussetzungen vorliegen.

449

a) Allgemeine Androhungsvoraussetzungen

Eine Androhung durch die Vollstreckungsbehörde ist nur möglich, wenn sie diese rechtmäßigerweise ausführen kann. Nicht erforderlich für die Androhung sind die Vollstreckbarkeit (vgl. § 2 LVwVG) sowie die Nichterfüllung der durch den VA begründeten Pflicht. Dies ergibt sich aus einem Umkehrschluss zu § 20 II LVwVG, wonach die Androhung bereits mit dem zu vollstreckenden VA verbunden werden kann (sog. unselbstständige Androhung).

450

VA gerichtet auf Handlung, Duldung oder Unterlassen

aa) Erforderlich ist daher zunächst ein Verwaltungsakt, der zu einer Handlung, Duldung oder Unterlassung verpflichtet, vgl. § 18 LVwVG (sog. Vollstreckungsfähigkeit). Nicht vollstreckbar sind damit lediglich feststellende oder ausschließlich rechtsgestaltende Verwaltungsakte.[617]

451

Wirksamkeit reicht aus (keine Konnexität) → Bekanntgabe

bb) Des Weiteren muss der Grund-VA nach h.M. auch wirksam sein, nur vereinzelt wird in der Literatur auch die Rechtmäßigkeit verlangt (sog. Konnexität). Hintergrund der Literaturansicht sind materielle Gerechtigkeitserwägungen: Die zwangsweise Durchsetzung eines rechtswidrigen VA vertiefe das mit diesem verbundene Unrecht. Dagegen lassen sich allerdings neben dem Wortlaut der Rechtsgrundlagen im LVwVG und PolG (diesen ist diese Voraussetzung nämlich nicht zu entnehmen) auch systematische Erwägungen anführen: Ein rechtswidriger VA ist wirksam (§ 43 II LVwVfG), sodass die Zwangsanwendung lediglich der Durchsetzung einer bestehenden materiellen Rechtslage dient.

452

b) Besondere Androhungsvoraussetzungen

Die Androhung ist die Ankündigung, dass im Falle nicht fristgerechter Befolgung der auferlegten Pflichten die Verfügung mit einem bestimmten Zwangsmittel durchgesetzt wird. Die besonderen Vollstreckungsvoraussetzungen lassen sich unproblematisch dem Gesetz entnehmen, wobei hier zwischen unmittelbarem Zwang und den übrigen Zwangsmitteln zu differenzieren ist.

453

hemmer-Methode: Die Ersatzzwangshaft ist kein eigenständiges Zwangsmittel. Sie kommt als Beugehaft nur dann zum Einsatz, wenn ein Zwangsgeld uneinbringlich ist, vgl. § 24 I S. 1 LVwVG.

---

616 Belz/Mussmann/Kahlert/Sander, § 52 PolG, Rn. 10; Stephan/Deger, § 52 PolG, Rn. 10; Ruder, Rn. 821.

617 Nicht vollstreckbar sind feststellende (Feststellung des Besoldungsdienstalters, Anerkennung als Asylberechtigter nach § 31 AsylG etc.) und rechtsgestaltende (Beamtenernennung, straßenrechtliche Widmung etc.) Verwaltungsakte; vgl. Stephan/Deger, § 49 PolG, Rn. 8; Trurnit, Rn. 516; Ruder, Rn. 799. Instruktiv zur Typologie der Verwaltungsakte Barczack, JuS 2018, 238 (239 f.).

aa) Zwangsgeld und Ersatzvornahme

grundlegende Voraussetzungen

(1) Folgende Voraussetzungen gelten für die Androhung sowohl des Zwangsgeldes als auch der Ersatzvornahme nach § 19 I Nr. 1 und 2 LVwVG:[618]

454

bestimmtes Zwangsmittel

⇨ Die Androhung muss sich auf ein bestimmtes Zwangsmittel beziehen, § 20 III S. 1 LVwVG.[619] Mögliche Zwangsmittel sind nur die in § 19 I LVwVG aufgeführten, sodass auch nur diese angedroht werden können (sog. numerus clausus der Zwangsmittel).

Verbindung mit zu vollstreckendem VA

⇨ Die Androhung eines Zwangsmittels kann mit dem durchzusetzenden VA verbunden werden, § 20 II LVwVG (sog. unselbstständige Androhung).

⇨ Bei der Androhung mehrerer Zwangsmittel ist anzugeben, in welcher Reihenfolge sie angewendet werden sollen, § 20 III S. 2 LVwVG.

Fristsetzung

⇨ Die Androhung muss (sofern keine Duldung oder Unterlassung gefordert wird) eine angemessene Frist zur Erfüllung der Verpflichtung enthalten, § 20 I S. 2 LVwVG (sog. Erzwingungsfrist).

Problematisch ist in Klausuren häufig die Angemessenheit der in der Androhung zu setzenden Frist, sofern diese so gesetzt wird, dass sie (z.B.) während des Laufes eines Widerspruchsverfahrens abläuft und eine sofortige Vollziehbarkeit des Grund-VAs nicht angeordnet wurde.

455

Das Problem ergibt sich also unmittelbar daraus, dass die Vollstreckbarkeit des VA keine Voraussetzung für die Androhung ist (vgl. Rn. 450).

> **Bsp.:** *Gegenüber Michael ergeht seitens der Ortspolizeibehörde die Anordnung, seinen Pitbull Nero, der schon des Öfteren bei Spaziergängen Menschen verletzt hat, einschläfern zu lassen. Der Sofortvollzug wurde dabei nicht angeordnet. M ist entsetzt und legt gegen den Bescheid sofort Widerspruch bei der zuständigen Behörde ein. Zwei Tage später wird ihm schriftlich die Ersatzvornahme angedroht, falls er der im Bescheid genannten Verpflichtung nicht binnen drei Tagen nachkomme. M ist verzweifelt.*

Der Widerspruch gegen den Grund-VA hat gem. § 80 I S. 1 VwGO aufschiebende Wirkung, zumal § 80 II S. 1 Nr. 2 VwGO nicht analog auf polizeibehördliche Anordnungen angewendet werden kann. Es kann dem Adressaten aber nicht zugemutet werden, die von ihm geforderte Maßnahme zu einem Zeitpunkt vorzunehmen, zu dem er wegen der aufschiebenden Wirkung des Widerspruchs noch gar nicht zur Erfüllung der Anordnung verpflichtet war.

Eine solche Anordnung verstößt gegen § 20 I S. 2 LVwVG, da es an der Angemessenheit der Frist fehlt. Der Vollzug ist innerhalb der Frist von drei Tagen nicht billigerweise zuzumuten.

Zur Auswirkung eines solchen Verstoßes sind zwei Meinungen vertretbar:[620] Einerseits kann angenommen werden, dass lediglich die Frist wirkungslos war, mit der Folge, dass nach Abschluss des Widerspruchsverfahrens und vor der Vollstreckung nur eine neue Frist zu setzen ist (Argument: Regelung des § 31 VII LVwVfG). Überwiegend wird (konsequent) angenommen, dass die Androhung rechtswidrig war und vor einer Vollstreckung vollständig wiederholt werden muss.

---

618   Ruder, Rn. 821; Belz/Mussmann/Kahlert/Sander, § 49 PolG, Rn. 28 ff.
619   VGH Mannheim, VBlBW 2004, 226: Nach dem LVwVG besteht kein Vorrang des Zwangsmittels Ersatzvornahme vor dem des Zwangsgeldes.
620   Belz/Mussmann/Kahlert/Sander, § 49 PolG, Rn. 30.

weitere Voraussetzungen	**(2)** Die weiteren Androhungsvoraussetzungen richten sich nach dem jeweiligen Zwangsmittel: **456**
Zwangsgeld	⇨ Für den Fall der Androhung eines Zwangsgeldes gilt ferner § 20 IV LVwVG: Die Androhung muss die Höhe des Zwangsgeldes enthalten.
Ersatzvornahme	⇨ Bei der Androhung der Ersatzvornahme sollen in der Androhung die voraussichtlichen Kosten angegeben werden, § 20 V LVwVG.
Ersatzzwangshaft	⇨ Soll bei Uneinbringlichkeit des Zwangsgeldes Ersatzzwangshaft angeordnet werden, so muss hierauf bei der Androhung des Zwangsgeldes hingewiesen werden, § 24 I S. 1 LVwVG.

bb) Unmittelbarer Zwang

unmittelbarer Zwang: Androhung nicht zwingend

63 II, 66 II PolG

Unmittelbarer Zwang ist, soweit es die Umstände zulassen, vor seiner Anwendung anzudrohen, §§ 49 II, 52 II PolG. Ein Verzicht auf die Androhung ist zulässig, wenn die sofortige Anwendung zur Gefahrenabwehr notwendig ist (sog. Gefahr im Verzug), insbes. wenn der handelnde Polizeibeamte selbst bedroht ist.[621] **457**

Diese Sonderregelung enthält (anders als § 20 LVwVG) in materieller Hinsicht keine Vorgaben.[622] Sollten es die Umstände des Einzelfalles zulassen, wird aus Art. 19 IV GG allerdings gefolgert, dass dem Betroffenen eine Erzwingungsfrist einzuräumen ist. Die Zeitspanne zwischen Androhung und Anwendung muss regelmäßig so bemessen sein, dass der Adressat den Vorgaben des vollstreckungsfähigen Verwaltungsakts nachkommen kann.

> *Bsp.:* An einem Informationsstand in der Fußgängerzone kommt es zu einer großen Menschenansammlung, in der sich Befürworter und Gegner einer Drogenberatungsstelle lautstark streiten. Hier ist es angezeigt, die Anwendung unmittelbaren Zwangs möglichst so rechtzeitig anzudrohen, dass sich Unbeteiligte noch entfernen können.

Nach der Rspr. ist eine genaue Angabe des Mittels (z.B. Schlagstock- oder Wasserwerfereinsatz), mit dem der unmittelbare Zwang angewendet werden soll, nicht erforderlich.[623] **458**

c) Adressat der Androhung

Adressat der Androhung ist derjenige, der zu der Handlung, Duldung oder Unterlassung verpflichtet ist, welche der Grund-VA anordnet. Insofern kann auf die Ausführungen unter Rn. 303 ff. verwiesen werden. Anders als die Grundverfügung wirkt die Androhung nur ggü. dem Adressaten. Sie kann daher nicht auf den Rechtsnachfolger übergehen.[624] **459**

d) Nichtvorliegen vollstreckungshindernder Einwände

Auch im Rahmen dieses Prüfungspunktes bestehen in Klausuren selten Probleme. Eine Besonderheit ist allerdings hinsichtlich einer erforderlichen Duldungsverfügung zu beachten. **460**

621   Ruder, Rn. 821; Stephan/Deger, § 52 PolG, Rn. 10; Trurnit, Rn. 544; Belz/Mussmann/Kahlert/Sander, § 52 PolG, Rn. 12.
622   Belz/Mussmann/Kahlert/Sander, § 52 PolG, Rn. 11; Stephan/Deger, § 52 PolG, Rn. 10; Ruder, Rn. 821 und 842.
623   Ruder, Rn. 842; OVG Münster, NVwZ-RR 1993, 138 (139); Belz/Mussmann/Kahlert/Sander, § 52 PolG, Rn. 11; Stephan/Deger, § 52 PolG, Rn. 10.
624   Ruder, Rn. 820.

Bsp.: M hat einen Schrebergarten vom Eigentümer V gemietet. Die Behörde ordnet gegenüber M die Pflicht an, eine morsche Eiche auf dem Grundstück zu fällen. Für den Fall der Nichtbefolgung wird zugleich ein Zwangsgeld in bestimmter Höhe angedroht. Eine Duldungsverfügung gegenüber V ergeht allerdings nicht.

Die Zwangsgeldandrohung könnte rechtswidrig sein, da dem Grund-VA ein Vollstreckungshindernis entgegensteht. Im vorliegenden Fall ist eine Duldungsverfügung gegen den dinglich Berechtigten (Vermieter als Eigentümer) erforderlich. Grund dafür ist, dass die Befolgung der dem M auferlegten Pflicht eine Rechtsverletzung gegenüber dem V darstellen würde, er also zivilrechtlich zum verlangten Handeln nicht berechtigt ist (sog. subjektive rechtliche Unmöglichkeit). Mit anderen Worten: Das Fällen der Eiche stellt einen Übergriff des M in das Eigentumsrecht des V dar. Die Befolgung der Anordnung ist für M daher rechtlich nur dann möglich, wenn V gegenüber eine Duldungsverfügung erlassen wird.

Entgegenstehende private Rechte Dritter beeinträchtigen jedoch nach ganz h.M. die Rechtmäßigkeit des Grund-VA nicht, sondern stellen lediglich ein Vollstreckungshindernis dar.[625] Die Behörde muss folglich, um die Anordnung zwangsweise durchsetzen zu können, gegenüber dem Eigentümer des Grundstücks noch eine Duldungsverfügung erlassen.

hemmer-Methode: Umstritten ist die Rechtsgrundlage für die Duldungsverfügung. Eine Ansicht stützt die Befugnis zum Erlass derartiger Anordnungen auf die (polizei-, ordnungsbehördliche oder baurechtliche) Generalklausel.[626] Nach der Gegenauffassung[627] folgt die Befugnis zum Erlass der Duldungsverfügung gleichsam als „Minus" aus der Rechtsgrundlage für die jeweils in Rede stehende Handlungs- oder Unterlassungsanordnung.

e) Verhältnismäßigkeit und Ermessen

Hier gelten ebenfalls keine Besonderheiten. Zu beachten ist allerdings die Verhältnismäßigkeit bei Auswahl des jeweiligen angedrohten Zwangsmittels (unmittelbarer Zwang als ultima ratio, vgl. § 52 I S. 1 PolG) und der Höhe eines Zwangsgeldes. Bzgl. des Zwangsgeldes gibt § 23 LVwVG einen verbindlichen Rahmen vor. *461*

III. Rechtmäßigkeit der Festsetzung eines Zwangsgeldes

Die Festsetzung eines Zwangsmittels ist die Anordnung einer Behörde, dass das angedrohte Zwangsmittel nunmehr angewendet werden soll. Sie ist ein selbstständiger VA und kann daher Gegenstand einer Anfechtungsklage sein.[628] *462*

Die Festsetzung ist in Baden-Württemberg allerdings lediglich beim Zwangsgeld vorgesehen, vgl. § 23 LVwVG (sog. dreistufiges Verfahren), und erfolgt durch einen Leistungsbescheid. Alle übrigen Zwangsmittel dürfen bereits dann angewendet werden, wenn bei Vorliegen der Vollstreckungsvoraussetzungen die mit der Zwangsmittelandrohung gesetzte Frist abgelaufen ist, ohne dass der Pflichtige der ihm auferlegten Verpflichtung nachgekommen ist (sog. zweistufiges Verfahren).[629]

Als Vollstreckungsmaßnahme ist die Festsetzung eines Zwangsgeldes grundsätzlich wie sonstige Vollstreckungshandlungen zu prüfen.[630] *463*

---

625 Ruder, Rn. 242 und 828; Belz/Mussmann/Kahlert/Sander, § 5 PolG, Rn. 4; VGH Mannheim, NVwZ-RR 1998, 553 = BRS 59 Nr. 207; VG Saarland, NVwZ-RR 2012, 48; OVG Koblenz, LKRZ 2010, 102; VGH München, NVwZ-RR 2002, 608; OVG Münster, NVwZ-RR 2000, 205 (206).

626 VGH Mannheim, BRS 38 Nr. 206; VG Neustadt a.d.W., NVwZ-RR 2009, 227 (228).

627 VGH München, NVwZ-RR 2006, 389 (390); VG Wiesbaden, NVwZ-RR 2004, 651,

628 Zeitler/Trurnit, Rn. 945; Ruder, Rn. 823; Belz/Mussmann/Kahlert/Sander, § 49 PolG, Rn. 40.

629 Ruder, Rn. 817 und 823; Belz/Mussmann/Kahlert/Sander, § 49 PolG, Rn. 40.

630 Hierzu ausführlich unter Rn. 548 ff.

Prüfung der Festsetzung eines Zwangsgeldes

1. **Rechtsgrundlage: § 49 I PolG i.V.m. § 23 LVwVG**

2. **Formelle Rechtmäßigkeit**

   a) Zuständigkeit, § 4 I LVwVG

   b) Verfahren (allg. Regeln)

   c) Form: Schriftform nach § 23 LVwVG

3. **Materielle Rechtmäßigkeit**

   a) **Allgemeine Festsetzungsvoraussetzungen**

      aa) Vollstreckungsfähiger Verwaltungsakt

      bb) Wirksamkeit des Verwaltungsakts

      cc) Unanfechtbarkeit der Primärmaßnahme oder Rechtsmittel ohne aufschiebende Wirkung, § 2 LVwVG

      dd) Nichtbefolgung des Grund-VA

   b) **Besondere Festsetzungsvoraussetzungen**

      aa) Androhung des Zwangsgeldes mit Fristsetzung

      bb) Rahmen des § 23 LVwVG

   c) **Adressat der Festsetzung**

   d) **Keine vollstreckungshindernden Einwände**

   e) **Verhältnismäßigkeit und Ermessen**

      Insbesondere Beachtung der Verhältnismäßigkeit bei der Höhe des Zwangsgeldes

---

IV. Rechtmäßigkeit der Zwangshaft

Die Ersatzzwangshaft ist kein eigenständiges Zwangsmittel. Sie kommt als Beugehaft nur dann zum Einsatz, wenn ein Zwangsgeld uneinbringlich ist, vgl. § 24 I S. 1 LVwVG. Angeordnet wird die Zwangshaft auf Antrag der Vollstreckungsbehörde durch das Verwaltungsgericht, welches auch den Haftbefehl analog § 908 ZPO ausfertigt.[631]   *464*

V. Rechtmäßigkeit polizeilicher Kostenbescheide

Ein ggü. Primärmaßnahmen abweichender Prüfungsaufbau ergibt sich auch bei der Prüfung der Rechtmäßigkeit eines polizeilichen Kostenbescheids.   *465*

Inzident erfolgt dann meist die Prüfung der Rechtmäßigkeit einer behördlichen Maßnahme, da die Rechtmäßigkeit eines Kostenbescheids die Rechtmäßigkeit der Maßnahme, für die letztlich Kosten erhoben werden, voraussetzt.[632]

Rechtmäßigkeit eines Kostenbescheids auf Grundlage des PolG

1. **Rechtsgrundlage**

2. **Formelle Rechtmäßigkeit**

   a) Zuständigkeit

   b) Verfahren (allgemeine Regeln)

   c) Form (allgemeine Regeln)

---

631   Belz/Mussmann/Kahlert/Sander, § 49 PolG, Rn. 46; Zeitler/Trurnit, Rn. 947; Ruder, Rn. 793; Würtenberger/Heckmann/Tanneberger, § 8 Rn. 45.

632   Zeitler/Trurnit, Rn. 1019; Ruder, Rn. 909; Würtenberger/Heckmann/Tanneberger, § 10 Rn. 46; VGH Mannheim, VBlBW 2004, 213; OVG Münster, NVwZ-RR 2014, 748 (750); Muckel, JA 2012, 355 (359) bezeichnet dies als rechtsstaatliche Selbstverständlichkeit.

---

3. Materielle Rechtmäßigkeit

    a) Rechtmäßigkeit der behördlichen Maßnahme

    b) Ersatzfähige Kosten und Kostenhöhe

    c) Richtiger Kostenschuldner

    d) Verhältnismäßigkeit und Ermessen

---

1. Rechtsgrundlage

Rechtsgrundlage des Kostenbescheids

Die Heranziehung des Bürgers zu Kosten aufgrund polizeilicher Maßnahmen ist nur möglich, wenn und soweit das Gesetz dies im Einzelnen besonders vorschreibt. Insofern gilt der Grundsatz der Kostenfreiheit. Hintergrund hierfür ist zum einen, dass die Aufrechterhaltung der öffentlichen Sicherheit bzw. Ordnung eine Aufgabe des Staates ist. Zum anderen werden diese Behörden bereits durch den Bürger als Steuerzahler finanziert.[633]   *466*

Allerdings gehen vereinzelt Normen davon aus, dass die Aufwendungen der handelnden Behörde vom Verantwortlichen und nicht von der Allgemeinheit zu tragen sind. Dies trägt dem Umstand Rechnung, dass jeder den Bürger belastende Eingriff der Verwaltung einer gesetzlichen Grundlage bedarf, Art. 20 III GG.[634]

hemmer-Methode: Beachten Sie, dass § 82 PolG allein die Frage behandelt, welcher Verwaltungsträger die Kosten der Gefahrenabwehr trägt (sog. staatsinterne Kostenverteilung). Die für Klausuren relevante Frage danach, ob der Verwaltungsträger Kostenersatz von den für Maßnahmen Verantwortlichen verlangen kann, wird durch diese Norm nicht beantwortet!

kein spezielles Polizeikostenrecht

Der Gesetzgeber in Baden-Württemberg hat kein spezielles Polizeikostenrecht geschaffen,[635] vielmehr finden sich die Rechtsgrundlagen für den polizeilichen Kostenersatz in einer Vielzahl von Gesetzen.[636] Die im Folgenden dargestellten Kostenersatzvorschriften gestatten eine Geltendmachung mittels Verwaltungsakt (sog. Kostenbescheid). Kommt der Schuldner der Zahlung nicht nach, wird der Kostenbescheid nach den §§ 1 I, 13 ff. LVwVG vollstreckt.[637]   *467*

Zur Systematisierung der Rechtsgrundlagen lassen sich diese in drei klausurrelevante Gruppen einteilen: *468*

a) Kostenersatz nach PolG

Spezialvorschriften des PolG

Im PolG finden sich Kostenersatzvorschriften nur für bestimmte polizeiliche Maßnahmen („Spezialvorschriften"). Diese sind: *469*

> ⇨ § 8 II S. 1 PolG für Maßnahmen der unmittelbaren Ausführung

> ⇨ § 34 IV PolG für die Verwertung, Unbrauchbarmachung und Vernichtung eingezogener Sachen

> ⇨ § 57 PolG, sofern die Polizei aufgrund § 55 PolG einem in Anspruch genommenen Nichtverantwortlichen einen Ausgleich gewährt hat

---

633   Zeitler/Trurnit, Rn. 1014; Stephan/Deger, § 82 PolG, Rn. 2; Würtenberger/Heckmann/Tanneberger, § 10 Rn. 6.

634   Ruder, Rn. 904; Belz/Mussmann/Kahlert/Sander, § 82 PolG, Rn. 8.

635   Kritisch hierzu Zeitler/Trurnit, Rn. 1015; Stephan/Deger, § 82 PolG, Rn. 8: „unübersichtlich und zersplittert".

636   Als Rechtsgrundlage für einen Kostenbescheid kommt auch § 34 FWG in Betracht, vgl. VGH Mannheim, VBlBW 2018, 287. Diese Regelung gewährt der Gemeinde als Trägerin der Feuerwehr (vgl. § 3 I FWG) einen Anspruch auf Ersatz der Kosten für deren Einsatz. Die erstattungsfähigen Kosten sind in § 34 V FWG abschließend normiert.

637   Zeitler/Trurnit, Rn. 1019; Ruder, Rn. 905; Stephan/Deger, § 8 PolG, Rn. 38 und § 82 PolG, Rn. 15.

⇨ § 3 I S. 3, II S. 2, III, V DVO PolG für die Verwahrung und Verwertung sichergestellter bzw. beschlagnahmter Sachen und Tiere

Diese Normen regeln den Kostenersatz hinsichtlich der tatsächlich angefallenen Kosten speziell und abschließend,[638] womit das im LGebG und KAG normierte allgemeine Kostenrecht nicht zur Anwendung kommt.

470

b) Vollstreckungskosten

Nach § 25 bzw. § 31 I LVwVG i.V.m. LVwVGKO[639] werden für die Vollstreckung von Verwaltungsakten Gebühren und Auslagen erhoben. Für die Polizei gelten diese Rechtsgrundlagen über § 49 I PolG bzw. §§ 49 II, 52 IV PolG. Vollstreckung i.S.d. Normen sind alle Handlungen im Vollstreckungsverfahren, beginnend mit der Androhung über die Festsetzung bis zur Anwendung des Zwangsmittels bzw. Einstellung der Vollstreckung.[640]

471

Die auf Grundlage des § 31 IV LVwVG ergangene LVwVGKO regelt die gebührenpflichtigen Tatbestände (insbes. §§ 5 - 7 LVwVGKO) und den Umfang der zu erstattenden Auslagen (§ 8 LVwVGKO) abschließend. Ein Rückgriff auf das allgemeine Kostenrecht ist vorbehaltlich des § 31 VI LVwVG ausgeschlossen. Die hiernach ergänzend anwendbaren Normen des LGebG betreffen die persönliche Gebührenfreiheit, Aufrundung, Stundung etc., nicht aber die Kostentatbestände.[641]

Legt man dies zugrunde, können Vollstreckungskosten über die Anwendung folgender Normen erhoben werden:

472

⇨ § 49 I PolG i.V.m. §§ 25, 31 IV LVwVG und §§ 6, 8 LVwVGKO für die Ersatzvornahme

⇨ §§ 49 II, 52 IV PolG i.V.m. § 31 I, IV LVwVG und §§ 7, 8 LVwVGKO für die Anwendung unmittelbaren Zwangs[642]

⇨ § 49 I PolG i.V.m. §§ 20, 31 I, IV LVwVG und §§ 5, 8 LVwVGKO für die selbstständige Androhung von Zwangsgeld oder Ersatzvornahme[643]

hemmer-Methode: Die Festsetzung des Zwangsgeldes ist nach § 49 I PolG i.V.m. §§ 23, 31 I LVwVG eine an sich kostenpflichtige Vollstreckungsmaßnahme, allerdings enthält die LVwVGKO keinen Gebührentatbestand. Allein diesbezügliche Auslagen können nach § 8 LVwVGKO erhoben werden.

c) Kostenersatz für öffentliche Leistungen nach dem LGebG[644] i.V.m. GebVO IM bzw. KAG[645]

allgemeines Kostenrecht

Das im LGebG bzw. KAG geregelte allgemeine Kostenrecht gilt für alle Behörden der Verwaltung, soweit nicht durch Rechtsvorschrift etwas anderes bestimmt ist (vgl. Rn. 470).

473

---

638 Belz/Mussmann/Kahlert/Sander, § 82 PolG, Rn. 9; Ruder, Rn. 911.

639 Vollstreckungskostenordnung, Dolde/Kirchhof/Stilz Nr. 23; Dürig Nr. 43a.

640 Belz/Mussmann/Kahlert/Sander, § 49 PolG, Rn. 52.

641 Belz/Mussmann/Kahlert/Sander, § 49 PolG, Rn. 52 und 56.

642 Müller, VBlBW 2016, 127 und 161 (Fallbearbeitung).

643 Die Androhung des unmittelbaren Zwangs nach § 52 II PolG löst keine Vollstreckungskosten aus, da diese Norm § 20 LVwVG verdrängt, vgl. Belz/Mussmann/Kahlert/Sander, § 52 PolG, Rn. 27; Würtenberger/Heckmann/Tanneberger, § 10 Rn. 24.

644 Landesgebührengesetz, Dolde/Kirchhof/Stilz Nr. 23; Dürig Nr. 41.

645 Gebührenverordnung Innenministerium; nicht im Dolde/Kirchhof/Stilz oder Dürig abgedruckt.

Staatliche Polizeibehörden einschließlich der Landratsämter und die Polizeidienststellen können auf Grundlage des LGebG, die Orts- und Kreispolizeibehörden (mit Ausnahme der Landratsämter) hingegen auf Grundlage des KAG Kostenersatz beanspruchen.[646]

Polizeivollzugsdienst

Praxis- und klausurrelevant ist insbesondere die Gebührenpflicht für individuell zurechenbare öffentliche Leistungen (vgl. § 2 II - IV LGebG) des Polizeivollzugsdienstes auf Grundlage von § 4 I LGebG. Die Gebührentatbestände und die Höhe der Gebühren sind in Nr. 15 GebVO IM (einer Rechtsverordnung auf Grundlage des § 4 II LGebG) festgesetzt worden.

> *Bspe.: Begleitung von Schwer- und Großraumtransporten (Nr. 15.1); Ingewahrsamnahme alkoholisierter oder berauschter Personen (Nr. 15.2); Verwahrung sichergestellter oder beschlagnahmter Fahrzeuge und Sachen (Nr. 15.5); missbräuchliche Veranlassung von Einsätzen (Nr. 15.8); gebührenrechtliche Generalklausel (Nr. 15.15)[647]*

2. Formelle Rechtmäßigkeit

Zuständigkeit

Die Zuständigkeit der Polizei zum Erlass eines Kostenbescheids auf Grundlage des PolG ergibt sich aus der jeweiligen Rechtsgrundlage. Zuständig für die Geltendmachung von Vollstreckungskosten sind nach § 31 VI LVwVGKO i.V.m. § 4 I LGebG die Behörden und Dienststellen, die die Vollstreckungshandlung durchgeführt haben. Erfolgt die Kostenerhebung für öffentliche Leistungen des Polizeivollzugsdienstes auf Grundlage des LGebG, ist hierfür nach § 4 I LGebG die Behörde zuständig, die die Amtshandlung vorgenommen hat.

474

Hinsichtlich Verfahren und Form sind wiederum die Vorschriften des allgemeinen Verwaltungsrechts maßgebend. Hierbei ist besonders zu beachten, dass der Kostenbescheid keine Maßnahme in der Verwaltungsvollstreckung i.S.d. § 28 II Nr. 5 LVwVfG darstellt. Es handelt sich bei der Anforderung der Kosten nämlich nur um einen nicht abgabeähnlichen fiskalischen Ersatzanspruch für vorausveranlagte Aufwendungen, die nicht der Willensbeugung beim Verantwortlichen dienen.[648]

3. Materielle Rechtmäßigkeit

a) Inzidentprüfung der kostenauslösenden Maßnahme

materielle Rechtmäßigkeit: Konnexität

Der Kostenbescheid ist nur dann rechtmäßig, wenn auch die Maßnahme, für die die Kosten erhoben werden, formell und materiell rechtmäßig ist (Grundsatz der Konnexität).[649] An dieser Stelle muss daher eine komplette Rechtmäßigkeitsprüfung der polizeilichen (Vollstreckungs-)Maßnahme erfolgen. Es ist als rechtsstaatliche Selbstverständlichkeit anzusehen, dass Kosten nur für rechtmäßige Maßnahmen verlangt werden können.[650]

475

Sonderfall

Werden Kosten für eine Vollstreckungsmaßnahme erhoben, ist inzident ebenfalls nur die Wirksamkeit des Grund-VA zu prüfen. Hintergrund ist die Tatsache, dass kostenauslösende Maßnahme die Zwangsanwendung ist.

---

646 Belz/Mussmann/Kahlert/Sander, § 82 PolG, Rn. 10; Zeitler/Trurnit, Rn. 1033 und 1037.

647 Zu den rechtsstaatlichen Bedenken hinsichtlich der gebührenrechtlichen Generalklausel vgl. VGH Mannheim, VBlBW 2014, 56; Zeitler/Trurnit, Rn. 1036; Stephan/Deger, § 82 PolG, Rn. 6.

648 VGH Mannheim, VBlBW 2007, 228; Müller, VBlBW 2016, 161 (166); Muckel, JA 2012, 355 (361); Würtenberger/Heckmann/Tanneberger, § 10 Rn. 12.

649 Zeitler/Trurnit, Rn. 1019; Ruder, Rn. 906; Würtenberger/Heckmann/Tanneberger, § 10 Rn. 46; VGH Mannheim, VBlBW 2004, 213; OVG Münster, NVwZ-RR 2014, 748 (750).

650 Schenke, Polizei- und Ordnungsrecht, Rn. 702; Muckel, JA 2012, 355 (359).

Ein Sonderfall soll nach dem BVerwG[651] vorliegen, wenn der zu vollstreckende Grund-VA noch anfechtbar, aber sofort vollziehbar gewesen ist. Aus Rechtsschutzgesichtspunkten soll hier ausnahmsweise auch die Rechtmäßigkeit des Grund-VA zu prüfen sein.[652] Derartige Fälle dürften in der Praxis aber selten anzutreffen sein.

kein Rückgriff auf § 683 BGB analog

476

Ist der Kostenersatzanspruch wegen Rechtswidrigkeit der Maßnahme ausgeschlossen, lässt sich ein solcher auch nicht unter Rückgriff auf die Regelungen der GoA oder des öffentlich-rechtlichen Erstattungsanspruchs begründen. Die Kostentatbestände stellen insoweit die spezielleren und abschließenden Regelungen dar.[653]

Sonderproblem: bloßer Zuständigkeitsmangel

477

Fraglich ist allerdings, ob jeder Rechtsverstoß einen Kostenerstattungsanspruch kategorisch ausschließt. Umstritten ist insbesondere, ob ein reiner Zuständigkeitsmangel der handelnden Behörde der Kostenerhebung entgegensteht.

Nach h.M.[654] ist es bei einer Handlung, die durch eine unzuständige Behörde vorgenommen wurde, nicht gerechtfertigt, dem Pflichtigen nur wegen dieses Zuständigkeitsmangels die Kostenlast abzunehmen. Der Grundsatz, dass der Ersatzanspruch die Rechtmäßigkeit der Maßnahme voraussetzt, muss in dieser Hinsicht eingeschränkt werden. Diese gilt zumindest für solche Fälle, in denen ein Zusammenhang zwischen der Rechtswidrigkeit der Maßnahme und dem Entstehen der Kosten ausgeschlossen werden kann und es damit auch bei rechtmäßigem Verhalten der (zuständigen) Behörde zu der kostenpflichtigen Maßnahme gekommen wäre.

hemmer-Methode: Diese Argumentation lässt sich auch auf § 46 LVwVfG stützen, wonach die Aufhebung eines zu vollstreckenden VAs oder einer Vollstreckungsmaßnahme nicht deshalb beansprucht werden kann, weil beim Erlass „Vorschriften über das Verfahren, die Form oder die örtliche Zuständigkeit" verletzt worden sind, sofern diese Maßnahmen in der Sache zwingend geboten waren. Fehler im Verwaltungsverfahren, die gem. § 46 LVwVfG unbeachtlich sind, lassen damit sowohl die Verantwortlichkeit als auch deren Handlungspflicht unberührt.

b) Ersatzfähige Kosten und Kostenhöhe

478

Ist die kostenauslösende Maßnahme ihrerseits rechtmäßig, so besteht zugunsten der Verwaltung der Kostenersatzanspruch. Die ersatzfähigen Kosten und die Kostenhöhe müssen mit den entsprechenden Kostentatbeständen übereinstimmen, womit erneut zu differenzieren ist.

aa) Kostenersatz nach PolG

nur tatsächlich entstandene Kosten

479

Bei kostenpflichtigen Maßnahmen nach dem PolG sind nur diejenigen Kosten erstattungsfähig, die der Polizei tatsächlich entstanden sind, nicht aber allgemeine Personal- und Sachkosten.[655] Hierzu gehören die Auslagen für den Einsatz von Dritten (z.B. Abschleppunternehmer oder Handwerker) und besondere Sachkosten der Polizei (z.B. Verbrauchsmaterialien). Eine Pauschalierung ist unzulässig, es bedarf vielmehr eines konkreten Nachweises.

---

651   BVerfG, NVwZ 2010, 1482 (1483 f.); so bereits VGH Mannheim, VBlBW 1986, 299 (302).
652   Umstritten, vgl. Durner, JA 2011, 157 f. Ablehnend Schenke, Polizei- und Ordnungsrecht, Rn. 542.
653   Stephan/Deger, § 82 PolG, Rn. 12; Ruder, Rn. 911; Schenke, Polizei- und Ordnungsrecht, Rn. 700; Würtenberger/Heckmann/Tanneberger, § 10 Rn. 43.
654   Schenke, Polizei- und Ordnungsrecht, Rn. 699; Würtenberger/Heckmann/Tanneberger, § 10 Rn. 47 f.; kritisch Muckel, JA 2012, 355 (361).
655   Belz/Mussmann/Kahlert/Sander, § 8 PolG, Rn. 17 und § 34 PolG, Rn. 9; Zeitler/Trurnit, Rn. 1018; Ruder, Rn. 912; Würtenberger/Heckmann/Tanneberger, § 10 Rn. 15.

Sonderproblem: unmittelbare Ausführung

Umstritten ist, ob sich bei der unmittelbaren Ausführung nach § 8 I PolG der Umfang der Kosten abweichend hierzu an den Grundsätzen der Kostenerstattungspflicht der Ersatzvornahme zu orientieren hat.

480

> **Bsp.:** *Polizeibeamte lassen einen in zweiter Reihe geparkten Pkw des V im Wege der unmittelbaren Ausführung durch den Abschleppunternehmer A entfernen. Hierfür stellt A der Behörde 90 € in Rechnung. Welche Kosten können nun bei V erhoben werden?*

> Erstattungsfähig sind in diesem Fall allein 90 €, da nach der bisherigen Rspr. Personal- und Sachkosten nicht in Rechnung gestellt werden dürfen und eine Anwendung des allgemeinen Kostenrechts ausgeschlossen ist. Allerdings stünde der Verantwortliche einer unmittelbaren Ausführung damit besser als bei Maßnahmen nach Vollstreckungsrecht.[656] Entsprechend dem dort geltenden betriebswirtschaftlichen Kostenbegriff des § 6 III LVwVGKO werden bei der Ersatzvornahme im Wege der Fremdvornahme neben den Auslagen nach § 8 LVwVGKO auch Gebühren fällig.

> Wegen der Wesensähnlichkeit zwischen Ersatzvornahme und unmittelbarer Ausführung wird daher auch eine pauschalierte Ersatzfähigkeit der allgemeinen Personal- und Sachkosten vertreten.[657] Als Anhaltspunkt hierfür wird auch § 4 I, II LGebG i.V.m. Nr. 15.6 GebVO IM herangezogen, wonach bei einer unmittelbaren Ausführung mittlerweile Gebühren i.H.v. 48 € je angefangener Stunde und je eingesetztem Beamten erhoben werden können.

bb) Vollstreckungskosten

Gebühren und Auslagen

Für Vollstreckungsmaßnahmen können nach § 31 I LVwVG Kosten erhoben werden. Kosten in diesem Sinne sind Gebühren und Auslagen. Die auf Grundlage des § 31 IV LVwVG ergangene LVwVGKO regelt die gebührenpflichtigen Tatbestände und den Umfang der zu erstattenden Auslagen.

481

⇨ Gebühren (insbes. §§ 5 - 7 LVwVGKO) sind Geldabgaben im Zusammenhang mit individuell zurechenbaren Handlungen der Verwaltung, die aufgrund einer konkreten gesetzlichen Anordnung gefordert werden dürfen. Hier geht es um Kosten des Einsatzes, nicht um Kosten bei einem Einsatz.

⇨ Auslagen i.S.d. § 8 I LVwVGKO sind Leistungen, welche die Behörde im Zusammenhang mit einer Gefahrenabwehrmaßnahme an Dritte gezahlt hat oder zu zahlen verpflichtet ist. Nach § 8 II LVwVGKO zählen hierzu auch Reisekosten.

> **Bsp.:** *Lutz (L) ist Eigentümer eines Grundstücks, auf dem zwei alte Linden stehen. Behördliche Ermittlungen kommen zum Ergebnis, dass diese dem nächsten Sturm nicht standhalten und auf eine anliegende Hauptverkehrsstraße stürzen werden. Die Ortspolizeibehörde ordnet daher auf Grundlage der §§ 3, 1 I PolG an, dass L die Bäume zu fällen habe. Da der L dieser Anordnung keine Folge leistet, beauftragt die Behörde nach erfolgloser Androhung einer Ersatzvornahme die Landschaftsgärtnerin Sophia (S) mit den Baumfällarbeiten. S stellt der Behörde hierfür 800 € in Rechnung.*

> Für die Androhung der Ersatzvornahme wird gem. § 49 I PolG i.V.m. § 31 I, IV LVwVG und § 5 LVwVGKO eine Gebühr i.H.v. 15 € erhoben. Die Durchführung der Ersatzvornahme erfolgte hier nicht durch die Behörde selbst. Dennoch kann eine Gebühr auf Grundlage von § 49 I PolG i.V.m. §§ 25, 31 IV LVwVG und § 6 III LVwVGKO erhoben werden. Erstattungsfähig sind nach § 8 I Nr. 7 LVwVGKO zudem die an die Landschaftsgärtnerin S zu zahlenden 800 €.

---

656 Zur Verdeutlichung: Hätte der V seinen Pkw verbotswidrig im Bereich eines Halteverbotsschildes (§ 41 I StVO i.V.m. Anlage 1, Zeichen 283) geparkt, wäre die „inhaltlich identische" Abschleppmaßnahme als Ersatzvornahme zu qualifizieren gewesen.

657 Belz/Mussmann/Kahlert/Sander, § 8 PolG, Rn. 17; Stephan/Deger, § 8 PolG, Rn. 29; Zeitler/Trurnit, Rn. 1018.

Sonderproblem bei Ersatzvornahme

Problematisch kann im Einzelfall sein, dass die tatsächlich entstandenen Kosten der Ersatzvornahme die in der Androhung (vgl. § 20 V LVwVG) angegebenen Kosten übersteigen.   **482**

> *Abwandlung zum Bsp.: Die Ortspolizeibehörde droht ggü. L die Ersatzvornahme an und beziffert die voraussichtlichen Kosten auf 800 €. L kommt der Baumfällanordnung nicht nach. Vor Durchführung der Ersatzvornahme verlangt die Behörde nach § 31 V LVwVG eine Vorauszahlung der voraussichtlichen Kosten der Ersatzvornahme i.H.v. 800 €, dem L auch Folge leistet. Im Zuge der Baumfällarbeiten treten allerdings Komplikationen auf, welche den Einsatz eines Krans erfordern. Die Landschaftsgärtnerin S stellt der Behörde nach Abschluss der Arbeiten insgesamt 1.200 € in Rechnung. Hat die Behörde ein Recht auf Nachforderung der übrigen 400 €?*

Das Recht auf Nachforderung ist im Vollstreckungsrecht nicht normiert. Eine Begrenzung des Erstattungsanspruchs unterhalb der tatsächlich entstandenen Kosten lässt sich allerdings weder dem Wortlaut noch dem Sinn des Gesetzes entnehmen. Während die Rspr. früher eine Nachforderung der Höhe nach nur bis zu einer sog. Vertretbarkeitsgrenze zuließ, lehnt das BVerwG eine solche Begrenzung ab.[658]

Die Vertretbarkeitsgrenze wurde daraus abgeleitet, dass die vorläufige Veranschlagung den Sinn habe, dem Pflichtigen vor Augen zu führen, welche Kosten auf ihn zukommen, wenn er es zur Ersatzvornahme kommen lässt. Er sollte überlegen und abwägen können, ob er angesichts der zu erwartenden Kosten die geforderten Arbeiten nicht lieber selbst durchführt. Der Kostenerstattungsanspruch durfte deshalb nicht außer Verhältnis zu dem veranschlagten Betrag stehen.

Nach Ansicht des BVerwG verkennt diese Argumentation die rechtliche Lage. Der Polizeipflichtige hat danach keine Wahlbefugnis, entweder selbst die Maßnahme durchzuführen oder der Behörde die Durchführung zu überlassen. Er sei und bleibe bis zuletzt verpflichtet, selbst für die Durchführung zu sorgen. Die Ersatzvornahme ist deshalb nicht eine in seine Wahl gestellte alternative Art der Erfüllung, sondern sie ist die Sanktion für die Nichterfüllung seiner Verpflichtung.[659] Ein etwaiges Vertrauen auf Einhaltung des Kostenvoranschlags ist nicht schutzwürdig. Das Gesetz geht eindeutig vom Prinzip der Kostenerstattung aus und lässt eine Abweichung nicht zu.

cc) Kostenersatz für öffentliche Leistungen nach dem LGebG i.V.m. GebVO IM

Wird eine individuell zurechenbare Leistung des Polizeivollzugsdienstes erbracht, ist diese mit einer Gebührenpflicht verbunden. Dies ist gem. § 2 III LGebG dann der Fall, wenn die Leistung im Interesse Einzelner erfolgt, insbesondere in verantwortlicher Weise veranlasst wurde.[660] Die Gebühren werden nach § 4 I, II LGebG i.V.m. GebVO IM pauschal kalkuliert.[661]   **483**

> *Bspe.: M täuscht eine Bombendrohung vor, die einen Einsatz des Polizeivollzugsdienstes auslöst. Hier können nach Nr. 15.8 GebVO IM je angefangene Stunde und je eingesetztem Beamten 52 €, höchstens aber 50.000 € geltend gemacht werden.*

c) Richtiger Kostenschuldner

Adressat des Kostenbescheids

Kostenschuldner ist nach den allgemeinen Grundsätzen bzw. § 31 II LVwVG oder § 31 VI LVwVG i.V.m. § 5 I Nr. 1 LGebG der polizeirechtlich Verantwortliche. Hintergrund ist, dass dieser die kostenauslösende Maßnahme veranlasst hat.   **484**

---

658   BVerwG, NJW 1984, 2591 (2592) = BayVBl. 1985, 538.

659   Belz/Mussmann/Kahlert/Sander, § 49 PolG, Rn. 33; Poscher/Rusteberg, JA 2012, 26 (31); Würtenberger/Heckmann/Tanneberger, § 10 Rn. 22 und § 8 Rn. 37.

660   Eine bloße Verursachung ist nicht ausreichend, es bedarf zumindest bedingten Vorsatzes, vgl. VGH Mannheim, VBlBW 2014, 56 (57); Würtenberger/Heckmann/Tanneberger, § 10 Rn. 25.

661   Zeitler/Trurnit, Rn. 1008; Belz/Mussmann/Kahlert/Sander, § 82 PolG, Rn. 143; Ruder, Rn. 935.

Insofern ergeben sich bei den §§ 6 - 8 PolG sowie beim Zweckveranlasser keinerlei Abweichungen.

Fraglich ist, ob auch gegen Nichtverantwortliche i.S.d. § 9 I PolG und Anscheinsverantwortliche Kosten erhoben werden können.

Nichtverantwortliche i.S.d. § 9 I PolG

Eine Inanspruchnahme Nichtverantwortlicher für die Kosten der Maßnahmen wird durchweg abgelehnt.[662] Maßgebliche Argumente hierfür sind:

485

⇨ Die gesetzgeberische Konzeption, dass der Nichtverantwortliche die wirtschaftlichen Lasten der Gefahrenabwehr nicht endgültig tragen soll, zeigt schon § 55 I S. 1 PolG, wonach bei der Inanspruchnahme nach § 9 I PolG ein Entschädigungsanspruch besteht.

⇨ Zudem kann der Gedanke des Vorteilsausgleichs herangezogen werden. Nur der für eine Gefahr Verantwortliche soll die finanziellen Lasten dafür tragen, dass eine von ihm zu verantwortende Gefahr durch ein Handeln der Verwaltung abgewehrt wird.

Anscheinsverantwortlicher

Bei der Frage nach der Kostentragungspflicht des Anscheinsverantwortlichen hingegen ist zu differenzieren.[663] Sofern seine Pflichtigkeit auf der Sekundärebene verneint wird, ist er im Ergebnis wie ein Nichtverantwortlicher zu behandeln.

486

Setzt der Anscheinsverantwortliche jedoch selbst Anhaltspunkte, aufgrund derer die Behörde tätig geworden ist, hat er selbst Veranlassung zu seiner Inanspruchnahme gegeben und die Kosten hierfür zu tragen.[664]

> **Bsp.:** *Die Polizei wird von einem Nachbarn alarmiert, dass der hilfsbedürftige O seit vier Wochen seine Wohnung nicht mehr verlassen habe. Stellt sich nach dem Aufbrechen der Tür heraus, dass sich O auf einem sechswöchigen Kuraufenthalt befindet, scheidet eine Inanspruchnahme des O für die Kosten der Vollstreckungsmaßnahme aus.*

d) Verhältnismäßigkeit und Ermessen

Verhältnismäßigkeit

Auch der Kostenbescheid muss verhältnismäßig sein. Der Grundsatz der Verhältnismäßigkeit ist Ausdruck des Rechtsstaatsprinzips und gilt für jegliches Handeln der Verwaltung.

487

Insbesondere hinsichtlich der Frage, wann es verhältnismäßig ist, dem Halter die Kosten des Abschleppens eines verbotswidrig geparkten Pkw aufzuerlegen, gibt es eine Vielfalt an oberverwaltungsgerichtlichen Entscheidungen. Nach der Rechtsprechung ist von der Erhebung der Kosten nur ausnahmsweise abzusehen.[665] Maßgebliche Bedeutung kommt dabei dem Prüfungspunkt der Angemessenheit zu.

> **Bspe.:** *Die Kostentragungspflicht betreffend das Abschleppen eines verbotswidrig im Bereich einer Parkuhr abgestellten Fahrzeugs (Überschreiten der Parkdauer um eine Stunde) ist verhältnismäßig. Hiermit wird verhindert, dass von diesem Fahrzeug eine negative Vorbildwirkung ausgeht.[666] Das Abschleppen eines Pkw von einem Bus- oder Behindertenparkplatz ist in der Regel auch ohne konkrete Behinderung gerechtfertigt und führt grundsätzlich zur Kostentragungspflicht.[667] Parkt ein Pkw verbotswidrig an einem Taxenstand (§ 41 I StVO i.V.m. Anlage 1, Zeichen 229), darf in der Regel kostenpflichtig abgeschleppt werden.[668]*

---

662 Stephan/Deger, § 8 PolG, Rn. 35; Götz/Geis, § 14 Rn. 25.
663 VGH Mannheim, NJW 2011, 2748; Muckel, JA 2012, 355 (361); Finger, DVBl. 2007, 798 ff.
664 Poscher/Rusteberg, JA 2012, 26 (32); Götz/Geis, § 14 Rn. 25; Würtenberger/Heckmann/Tanneberger, § 10 Rn. 57.
665 Muckel, JA 2012, 355 (361); Götz/Geis, § 14 Rn. 7; Würtenberger/Heckmann/Tanneberger, § 10 Rn. 65.
666 VGH Kassel, NVwZ-RR 1999, 23.
667 OVG Münster, NJW 1999, 563.
668 BVerwG, DVBl. 2014, 1139.

Entschließungsermessen	Ermessen hinsichtlich des „Ob" der Kostenerhebung steht der Behörde (vgl. z.B. den Wortlaut von § 8 II S. 1 PolG und § 4 I LGebG) nicht zu.[669] Etwaigen Unbilligkeiten kann aber durch Erlass der Forderung nach den gesetzlichen Vorschriften (z.B. über die Billigkeitsregelung des § 22 II LGebG) begegnet werden. Zudem können Grundrechte des Kostenschuldners im Einzelfall einer Erhebung entgegenstehen.[670] Aus der Schutzwirkung des Art. 2 I i.V.m. Art. 14 GG folgt insbesondere, dass eine Erhebung nicht mehr zulässig ist, wenn sie zur Existenzvernichtung des Betroffenen führen würde.[671]	**488**
Auswahlermessen	Stehen der Behörde nach Durchführung einer Gefahrenabwehrmaßnahme aber mehrere Kostenschuldner gegenüber, so hat sie nach pflichtgemäßem Ermessen zu bestimmen, wen sie durch Kostenbescheid in Anspruch nimmt. Eine Besonderheit gegenüber der Primärebene polizeilichen Handelns besteht bei der Kostenerhebung allerdings darin, dass nicht die effektive Gefahrenabwehr, sondern eine gerechte Lastenverteilung im Vordergrund steht.[672] Folglich ist es geboten, den einzelnen Verantwortlichen entsprechend seinem Anteil an der Verursachung des die behördliche Gefahrenabwehrmaßnahme auslösenden Ereignisses kostenersatzpflichtig zu machen.	**489**

4. Zurückbehaltungsrecht

Zurückbehaltungsrecht	§ 83 PolG Steht der Behörde ein Kostenersatzanspruch für eine unmittelbare Ausführung (§ 8 I PolG), eine Sicherstellung (§ 32 PolG), eine Verwahrung (§ 33 PolG) oder eine Ersatzvornahme (§ 49 I PolG i.V.m. § 25 LVwVG) zu, kann sie nach § 83a S. 1 PolG die Herausgabe der Sache von der Zahlung der Kosten abhängig machen.	**490**

hemmer-Methode: Die Normierung entspricht dem praktischen Bedürfnis, Kostenforderungen effektiv durchsetzen zu können, und hat primär im Zusammenhang mit Abschleppmaßnahmen Klausurrelevanz.

Voraussetzungen	Der Gegenanspruch auf Kostenersatz wird im Wege einer formlosen Erklärung geltend gemacht. Folgende Voraussetzungen müssen für die Ausübung des Rechts aus § 83a S.1 PolG vorliegen:	**491**

⇨ Eine Sache ist durch eine der in § 83a PolG (abschließend) genannten polizeilichen Maßnahmen in den Besitz der Polizei gelangt,

⇨ der polizeiliche Kostenersatzanspruch besteht und ist fällig (vgl. § 271 BGB),

⇨ dem Berechtigten steht ein Anspruch auf Herausgabe zu (z.B. aus § 985 BGB oder über einen FBA)[673] und

⇨ das Ermessen wurde zutreffend ausgeübt.[674]

Besonderheit	Nach § 83a S. 2 PolG können durch Verwaltungsakt Verwahrer (z.B. Abschleppunternehmer oder Tierheim) dazu ermächtigt werden, der Polizei zustehende Zahlungen in Empfang zu nehmen. Die Norm stellt klar, dass die Herausgabe einer Sache auch dann von der Zahlung der Kosten abhängig gemacht werden kann, wenn die Polizei einem Dritten die Verwahrung der Sache übertragen hat.[675]	**492**

669 Belz/Mussmann/Kahlert/Sander, § 8 PolG, Rn. 18; Trurnit/Zeitler, Rn. 1020; Schenke, Polizei- und Ordnungsrecht, Rn. 703.

670 OVG Münster, NJW 2010, 1988: Art. 14 I GG verlangt eine Begrenzung der Zustandshaftung des früheren Eigentümers auf das zumutbare Maß.

671 BVerfG, NJW 2000, 2573; OVG Saarland, NVwZ-RR 2009, 103 (jeweils zu Sanierungsmaßnahmen betreffend Altlasten).

672 VGH Mannheim, VBlBW 2008, 137 (138); NVwZ-RR 2012, 387 (389); Schoch, Jura 2012, 685 (690).

673 Auf die Rechtsgrundlage kommt es insoweit nicht an, vgl. Belz/Mussmann/Kahlert/Sander, § 83a PolG, Rn. 3; Stephan/Deger, § 83 PolG, Rn. 3.

674 Kann der Eigentümer eines Kfz glaubhaft machen, die Kosten kurzfristig nicht begleichen zu können und das Kfz aus zwingenden Gründen dringend und unverzüglich zu benötigen, steht der Grundsatz der Verhältnismäßigkeit dem ZBR entgegen, vgl. OVG Hamburg, NJW 2007, 3513.

675 Zeitler/Trurnit, Rn. 1042; Ruder, Rn. 938.

5. Sonderproblem: Rückforderung (vermeintlich) zu Unrecht gezahlter Kosten

Rückforderung der Kosten

In der (Klausur-)Praxis stellt sich des Öfteren die Frage, wie ein Betroffener die seines Erachtens zu Unrecht gezahlten Kosten zurückfordern kann.   *493*

> **Bsp.:** *Der Vollstreckungsschuldner S hat die durch einen Kostenbescheid eingeforderte Zahlung bereits getätigt. Im Nachhinein möchte er sein Geld wegen der erkannten Rechtswidrigkeit der kostenauslösenden Ersatzvornahme herausverlangen. Was ist ihm zu raten?*

S begehrt im vorliegenden Fall die Rückzahlung der seines Erachtens ihm zu Unrecht auferlegten Kosten nach § 49 I PolG i.V.m. §§ 25, 31 IV LVwVG und §§ 6, 8 LVwVGKO für die Ersatzvornahme. Derartige Kosten werden durch einen Leistungsbescheid geltend gemacht, womit diesem VA-Charakter zukommt. Durch die Zahlung tritt keine Erledigung i.S.v. § 43 II LVwVfG ein, da der Leistungsbescheid (ungeachtet seiner möglichen Rechtswidrigkeit) den Rechtsgrund für die Vermögensverschiebung bildet. Statthaft ist damit nach erfolglosem Widerspruchsverfahren eine Anfechtungsklage i.V.m. einem Vollzugs-FBA nach § 113 I S. 2 VwGO (sog. Annexantrag).

Sein Begehren kann S (mangels spezialgesetzlicher Normierung) auf den allgemeinen öffentlich-rechtlichen Erstattungsanspruch stützen. Dieser Anspruch ist darauf gerichtet, Leistungen ohne Rechtsgrund und sonstige rechtsgrundlose Vermögensverschiebungen rückgängig zu machen.

VI. Verletzung subjektiv-öffentlicher Rechte

Verletzung in subj.-öffentl. Rechten

Für alle Maßnahmen gilt gem. § 113 I S. 1 VwGO, dass der Kläger in seinen Rechten verletzt sein muss. Nur dann ist die Anfechtungsklage begründet. Als Adressat einer rechtswidrigen Maßnahme ist der Kläger zumindest in seinem Grundrecht aus Art. 2 I GG verletzt.[676]   *494*

hemmer-Methode: Denken Sie an den Obersatz und vergessen Sie diesen Prüfungspunkt nicht, falls die angegriffene Maßnahme rechtswidrig ist.

---

676   Hemmer/Wüst, Verwaltungsrecht I, Rn. 399 ff.

§ 3 ALLGEMEINE FESTSTELLUNGSKLAGE[677]

allgemeine Feststellungsklage

Die allgemeine Feststellungsklage nach § 43 I VwGO kann im Polizeirecht nur eingreifen, wenn das Klagebegehren nicht auf die Feststellung der Rechtswidrigkeit oder Aufhebung einer Maßnahme mit VA-Qualität gerichtet ist. Insofern ist diese Klageart im Zusammenhang mit polizeilichen Realakten von Bedeutung.

495

Als Rechtsgrundlage für polizeiliche Realakte kommen folgende Vorschriften in Betracht:

⇨ diverse Standardbefugnisnormen zur Datenerhebung und Datenverarbeitung sowie die polizeiliche Generalklausel

⇨ die unmittelbare Ausführung nach § 8 I PolG

⇨ die Anwendung der Zwangsmittel Ersatzvornahme und unmittelbarer Zwang, § 49 I, II PolG

hemmer-Methode: Folgen Sie der M.M. und bejahen deshalb den VA-Charakter von unmittelbarer Ausführung und der Anwendung der Zwangsmittel Ersatzvornahme und unmittelbarer Zwang, so prüfen Sie in diesen Fällen eine FFK (analog). An der Begründetheitsprüfung ändert sich dadurch nichts, und auch in der Zulässigkeit ergeben sich lediglich geringfügige Abweichungen.

Übersicht zur allgemeinen Feststellungsklage

A. Zulässigkeit

    I.   Eröffnung des Verwaltungsrechtswegs

    II. Statthaftigkeit der Feststellungsklage

    III. Subsidiarität

    IV. Klagebefugnis

    V. Vorverfahren und Klagefrist (nicht erforderlich)

    VI. Berechtigtes Feststellungsinteresse

    VII. Klagegegner (allg. Rechtsträgerprinzip)

    VIII. Sonstige Sachurteilsvoraussetzungen

B. Begründetheit

A. Zulässigkeit der allgemeinen Feststellungsklage

I. Verwaltungsrechtsweg

abdrängende Sonderzuweisungen beachten

Für die Prüfung des § 40 I S. 1 VwGO ergeben sich keine Besonderheiten ggü. der Fortsetzungsfeststellungsklage. Denken müssen Sie auch hier insbesondere an abdrängende Sonderzuweisungen.[678]

496

II. Statthaftigkeit

Rechtsverhältnis i.S.v. § 43 VwGO

Die allgemeine Feststellungsklage ist statthaft, wenn die Feststellung des Bestehens oder Nichtbestehens eines Rechtsverhältnisses begehrt wird, § 43 I Alt. 1 u. 2 VwGO. Der sog. Nichtigkeitsfeststellungsklage nach § 43 I Alt. 3 VwGO, die auf Feststellung der Nichtigkeit eines VA gerichtet ist, kommt im Polizeirecht keine Bedeutung zu.

497

---

677   Zur allgemeinen Feststellungsklage Hemmer/Wüst, Verwaltungsrecht II, Rn. 292 ff.; Geis/Schmidt, JuS 2012, 599 ff.

678   Hierzu ausführlich unter Rn. 51 ff.

Als Rechtsverhältnis ist die sich aus einem konkreten Sachverhalt aufgrund einer öffentlich-rechtlichen Norm ergebende rechtliche Beziehung mehrerer Personen zueinander oder einer Person zu einem Gegenstand zu verstehen.[679]

Feststellung der Rwk. des Realakts ...

Legt der Betroffene einen Rechtsbehelf im Zusammenhang mit einem Realakt ein, so ist das Begehren darauf gerichtet, die Rechtswidrigkeit der Maßnahme festzustellen. Es darf sich aber nicht lediglich um die Klärung abstrakter Rechtsfragen handeln.

498

> ***Bsp.:*** *Fußballfan D besucht häufig Spiele seines Vereins VfB Stuttgart. Dabei ist es des Öfteren zu gewalttätigen Auseinandersetzungen gekommen, in deren Folge D strafrechtlich verurteilt wurde. Wenige Tage vor dem nächsten Heimspiel des VfB erhält D von der Stadt Stuttgart ein „Gefährderanschreiben", in dem es u.a. heißt:*
>
> *„Der Stadt S ist bekannt, dass Sie im Rahmen von Fußballspielen des VfB Stuttgart des Öfteren in gewalttätige Auseinandersetzungen verwickelt waren. Daher ist auch in Zukunft mit einem derartigen Verhalten Ihrerseits zu rechnen. Da zu befürchten ist, dass es beim kommenden Heimspiel ebenfalls zu erheblichen Ausschreitungen kommen wird, legen wir Ihnen nahe, diesem fernzubleiben, um so weitere Gefahren und Straftaten zu vermeiden."* *D ist über das Schreiben entsetzt und erhebt hiergegen Klage vor dem VG Stuttgart.*
>
> Das Begehren des D, das gem. §§ 86 III, 88 VwGO durch das Gericht auszulegen ist, wobei die Fassung des Antrags nicht bindet, ist darauf gerichtet, die Rechtswidrigkeit der behördlichen Maßnahme festzustellen.

... ist nach h.M. feststellungsfähiges Rechtsverhältnis

Nach h.M. ist die Feststellung der Rechtswidrigkeit einer behördlichen Maßnahme auch ein feststellungsfähiges Rechtsverhältnis i.S.d. § 43 I VwGO.[680]

499

> Im Beispielsfall geht es um die Frage, ob die Behörde ein solches Schreiben an D versenden darf, um so seine Entscheidung bezüglich des Besuchs eines bestimmten Fußballspiels zu beeinflussen, und ob (spiegelbildlich hierzu) die Behörde für das Anschreiben eine Rechtsgrundlage benötigt. Die rechtlichen Beziehungen zwischen zwei Personen haben sich dann zu einem Rechtsverhältnis i.d.S. verdichtet, wenn die Anwendung einer bestimmten Norm des öffentlichen Rechts auf einen bereits übersehbaren Sachverhalt streitig ist. Möglicherweise steht der Versendung eines solchen Schreibens das Grundrecht des Art. 2 I GG entgegen.[681] Ein hinreichend konkretisiertes Rechtsverhältnis zwischen D und der Behörde liegt somit vor.

Der Ausuferung der allgemeinen Feststellungsklage bei einer weiten Interpretation des Rechtsverhältnisses ist durch das erforderliche berechtigte Interesse zu begegnen (sowie nach h.M. durch die analoge Anwendung des § 42 II VwGO).

500

III. Subsidiarität

Subsidiaritätsklausel

Die Feststellung kann gem. § 43 II S. 1 VwGO nicht begehrt werden, soweit der Kläger seine Rechte durch Gestaltungs- oder Leistungsklage verfolgen kann oder hätte verfolgen können. Gem. § 43 II S. 2 VwGO gilt die Subsidiaritätsklausel allerdings nicht für die Nichtigkeitsfeststellungsklage.

501

---

679 BVerwGE 89, 327 (329); 100, 262 (264); Kopp/Schenke, § 43 VwGO, Rn. 11; Wöckel, JA 2015, 205 (205).
680 BVerwGE 109, 203 (209); BVerwG, NJW 1997, 2534; a.A. Wöckel, JA 2015, 205 (206); Kopp/Schenke, § 43 VwGO, Rn. 13. Der a.A. folgend, wäre das Begehren dahingehend zu verstehen, dass die Feststellung begehrt wird, der Kläger sei durch die Maßnahmen in seinem Recht aus Art. 2 II S. 1 GG (bzw. anderen Rechten) verletzt.
681 An dieser Stelle kann in der Zulässigkeit noch dahingestellt bleiben, ob tatsächlich ein Grundrechtseingriff vorliegt, anders wohl OVG Lüneburg, JuS 2006, 276 (277).

Bei polizeilichen Realakten hat oder hatte der Betroffene jedoch keine Möglichkeit, in anderer Weise Rechtsschutz zu erlangen. Da diese keine Verwaltungsakte darstellen,[682] ist die Anfechtungsklage (bzw. die Fortsetzungsfeststellungsklage) nicht statthaft.

hemmer-Methode: Die Subsidiaritätsklausel verhindert die doppelte Inanspruchnahme der Gerichte wegen der fehlenden Vollstreckbarkeit von Feststellungsurteilen. Zudem wird einer Umgehung der besonderen Sachurteilsvoraussetzungen der Klagen nach § 42 I VwGO vorgebeugt (z.B. Fristen der §§ 70, 74 VwGO).

IV. Klagebefugnis

h.M.: Klagebefugnis erforderlich

Nach h.M.[683] ist bei der allgemeinen Feststellungsklage § 42 II VwGO analog anzuwenden, um Popularklagen auszuschließen. Erforderlich ist daher, dass der Kläger möglicherweise in eigenen Rechten verletzt ist. Für den Betroffenen eines polizeilichen Realakts ist dies ausnahmslos der Fall.

502

Im obigen Beispielsfall ist es nicht ausgeschlossen, dass Fußballfan D durch die behördliche Maßnahme in seinem Recht auf allgemeine Handlungsfreiheit aus Art. 2 I GG verletzt ist.

V. Vorverfahren und Klagefrist

kein Vorverfahren, keine Klagefrist

Von der Ausnahme des § 54 II BeamtStG abgesehen, ist (wie sich bereits aus dem Wortlaut des § 68 VwGO ergibt) für eine allgemeine Feststellungsklage kein Vorverfahren erforderlich. Auch die Einhaltung einer Klagefrist ist grds. nicht geboten.

503

VI. Berechtigtes Feststellungsinteresse

Im Gegensatz zur zivilprozessrechtlichen Feststellungsklage gem. § 256 I ZPO ist bei der allgemeinen Feststellungsklage gem. § 43 VwGO nicht ein rechtliches Interesse erforderlich, sondern es ist ein weiter gehendes berechtigtes Interesse an einer baldigen Feststellung ausreichend.

504

gegenwärtige Rechtsverhältnisse

Ein solches liegt bzgl. gegenwärtiger Rechtsverhältnisse bei jedem nach vernünftigen Erwägungen durch die Sachlage gerechtfertigten Interesse wirtschaftlicher, rechtlicher oder auch ideeller Art vor.[684]

vergangene Rechtsverhältnisse

Sofern sich die verwaltungsgerichtliche Feststellung auf vergangene oder künftige Rechtsverhältnisse bezieht, muss der Kläger ein über das allgemeine Rechtsschutzbedürfnis hinausgehendes besonderes Feststellungsinteresse haben.[685] Insoweit ist in diesen Konstellationen auf die Fallgruppen der Fortsetzungsfeststellungsklage zurückzugreifen (vgl. hierzu Rn. 110 ff.).

505

Möchte D in der näheren Zukunft Fußballspiele besuchen, so besteht eine hinreichend konkrete Wiederholungsgefahr. Gut vertretbar ist es auch, das Schreiben als erheblichen Grundrechtseingriff in Art. 2 I GG bzw. das allg. Persönlichkeitsrecht aus Art. 2 I i.V.m. 1 I GG (das Schreiben stellt D nämlich als potenziellen Gewalttäter im Zusammenhang mit Fußballspielen dar) anzusehen, sodass unabhängig von einer konkreten Wiederholungsgefahr oder der Anwesenheit anderer Personen das berechtigte Interesse gegeben ist.

---

682 Zur Abgrenzung vgl. Rn. 74 ff.
683 BVerwGE 99, 64 (66).
684 Kopp/Schenke, § 43 VwGO, Rn. 23.
685 Allgemein zum Feststellungsinteresse Schenke, Verwaltungsprozessrecht, Rn. 571 ff.; Kopp/Schenke, § 43 VwGO, Rn. 23 ff.

grds. nicht bei Ersatzansprüchen

Anderes gilt für mögliche Ersatzansprüche. Hier liegt bei der Fortsetzungsfeststellungsklage ein berechtigtes Interesse vor, wenn die Erledigung des Verwaltungsakts nach Klageerhebung erfolgte und Ersatzansprüche bestehen können. Dies kann jedoch nicht auf die allgemeine Feststellungsklage übertragen werden.

506

Denn bei den Realakten gibt es keine Erledigung. Die „Erledigung" ist nach § 113 I S. 4 VwGO negative Voraussetzung der Anfechtungsklage und nach § 43 II VwVfG Gegenbegriff zur Wirksamkeit des Verwaltungsakts. Bei einem Realakt gibt es weder eine Anfechtungsklage, noch kann ein Realakt wirksam sein.

Aus diesen Gründen können sich Realakte auch nicht „erledigen" in einem Sinne, wie dies für Verwaltungsakte der Fall ist. Wird im Zusammenhang mit Realakten von „Erledigung" gesprochen, so ist damit zumeist gemeint, dass der durch den Realakt eingetretene tatsächliche Zustand nicht mehr rückgängig gemacht werden kann.

Mögliche Ersatzansprüche, für die die Rechtswidrigkeit der Maßnahme eine Vorfrage ist, begründen daher grundsätzlich kein berechtigtes Interesse gem. § 43 I VwGO,[686] weil sie zwar dem Grunde nach bestehen können, aber wegen Erledigung des schlichthoheitlichen Handelns (im weiteren Sinne, der Beendigung der Maßnahme) vor Klageerhebung nach § 40 II VwGO, § 17 II GVG, Art. 34 S. 3 GG unmittelbar vor den ordentlichen Gerichten geltend zu machen sind.

507

VII. Klagegegner

Klagegegner

Bei einer positiven Feststellungsklage ist der richtige Beklagte derjenige, der das vom Kläger behauptete Rechtsverhältnis bestreitet, bei einer negativen Feststellungsklage hingegen derjenige, der für sich ein bestimmtes Recht in Anspruch nimmt, dessen Existenz der Kläger bestreitet.

508

Der richtige Beklagte ergibt sich in beiden Fällen aus dem Rechtsverhältnis. Zwar ist § 78 I Nr. 1 VwGO nicht einschlägig, doch ist auf das dort niedergelegte Rechtsträgerprinzip abzustellen. Es gelten damit dieselben Grundsätze, vgl. hierzu bereits Rn. 120 f.[687]

VIII. Sonstige Sachurteilsvoraussetzungen

Sonstiges

Für die sonstigen Sachurteilsvoraussetzungen der allgemeinen Feststellungsklage ergeben sich für das Polizeirecht keine Besonderheiten.[688]

509

B. Begründetheit der allgemeinen Feststellungsklage

Bestehen oder Nichtbestehen des Rechtsverhältnisses

Die Klage ist begründet, wenn das Rechtsverhältnis besteht bzw. nicht besteht. Im Zusammenhang mit Realakten ist die Klage begründet, wenn die streitgegenständliche Maßnahme rechtswidrig ist (Nichtbestehen eines Rechtsverhältnisses).

510

---

686 BVerwGE 81, 226 (228); 100, 83 (91); Kopp/Schenke, § 43 VwGO, Rn. 23.
FÜR REFERENDARE: Anders ist dies bei einer allgemeinen Feststellungsklage gem. § 43 VwGO, wenn zuvor primärer Rechtsschutz begehrt wurde, sich die Klage jedoch erledigt hat, indem durch ein nach Klageerhebung eintretendes Ereignis die Zulässigkeit oder Begründetheit der Klage entfallen ist (unterscheiden Sie die Erledigung der Klage von der Erledigung eines Verwaltungsakts!). Wird dann die Klage geändert und die Feststellung der Rechtswidrigkeit behördlichen Verhaltens in der Vergangenheit begehrt, so begründen mögliche Ersatzansprüche das berechtigte Interesse an der Feststellung i.S.v. § 43 I VwGO (BVerwGE 92, 172 [176 f.]; 100, 83 [91]; vgl. auch Kopp/Schenke, a.a.O.).

687 Nach Kopp/Schenke, § 78 VwGO, Rn. 2 und 3 ist jedenfalls § 78 I Nr. 1 letzter HS VwGO analog anwendbar.

688 Hemmer/Wüst, Verwaltungsrecht II, Rn. 292 ff.

I. Standardbefugnisse und Generalklausel als Rechtsgrundlage polizeilicher Realakte

1. Abgrenzungsfragen

Standardbefugnisse

Im Zusammenhang mit den Standardbefugnissen sind (wie bereits unter Rn. 75 ff. detailliert dargestellt) zwei Arten polizeilichen Handelns zu unterscheiden: Verwaltungsakte und Realakte.

511

Verwaltungsakte

Die überwiegende Zahl der Standardbefugnisse ermächtigt die Polizei zu Regelungen, die den Betroffenen zu einem Tun, Dulden oder Unterlassen verpflichten. In diesen Fällen liegen Verwaltungsakte vor, die bei Nichtbefolgung mittels Polizeizwangs vollstreckt werden können.

Realakte

Allerdings können die Standardbefugnisse auch Rechtsgrundlage für polizeiliche Realakte sein.[689] Unstreitig ist dies der Fall, sollte die Maßnahme in Abwesenheit des Betroffenen ergehen. In diesem Fall mangelt es an der Bekanntgabe i.S.v. § 41 LVwVfG. Folglich fehlt die Außenwirkung und damit das Wirksamkeitserfordernis, §§ 35 S. 1, 43 I LVwVfG.

512

Darüber hinaus wird bei Maßnahmen der Datenerhebung (§§ 19 - 25 PolG mit Ausnahme der Befragung nach § 20 I PolG)[690] und Datenverarbeitung (§§ 37 - 48a PolG)[691] die Rechtsnatur als Realakt bejaht, sollte man nicht über einen Eingriff in das allgemeine Persönlichkeitsrecht zum VA-Charakter der Maßnahmen gelangen (vgl. Rn. 82 ff.).

Generalklausel

Maßgebliche Rechtsgrundlage für polizeiliche Realakte dürfte allerdings die Generalklausel der §§ 3, 1 I PolG sein. Klausurrelevant sind insbesondere[692]

513

⇨ behördliche Warnungen vor E-Zigaretten,[693] Sekten, Lebensmitteln etc.

⇨ Gefährderanschreiben und Gefährderansprache.[694]

Fortsetzung des Beispielsfalles (Rn. 498):

Das ordnungsbehördliche Handeln bedarf einer Rechtsgrundlage in Form einer Befugnisnorm, wenn es einen Eingriff in die Rechte des D darstellt. Weist das Gefährderanschreiben dagegen keinen Eingriffscharakter auf, so reicht bereits die Aufgabenzuweisungsnorm des § 1 I PolG für die Gefahrenabwehrmaßnahme aus.[695]

Das Gefährderanschreiben enthält keine Regelung zulasten des D, sodass kein Eingriff im klassischen Sinne vorliegt.[696] Nach ganz überwiegender Ansicht kann aber auch ein Realakt über den sog. modernen Eingriffsbegriff in Grundrechte eingreifen[697] und zu seiner Rechtfertigung einer Befugnisnorm bedürfen.[698] Wann bei einer faktischen oder mittelbaren Beeinträchtigung von einem Grundrechtseingriff ausgegangen werden kann, ist äußerst umstritten.

---

689   Zeitler/Trurnit, Rn. 1126; Ennuschat/Ibler/Remmert, § 2 Rn. 147 und 150; Gaul, VBlBW 1996, 1 (3).

690   Belz/Mussmann/Kahlert/Sander, Vorbem. § 19 PolG, Rn. 6; Zeitler/Trurnit, Rn. 564; Ruder, Rn. 437.

691   Belz/Mussmann/Kahlert/Sander, Vorbem. § 19 PolG, Rn. 9; Ruder, Rn. 327.

692   Als spezialgesetzliche Rechtsgrundlagen für Realakte können u.a. die behördlichen Betretungsrechte nach § 29 II GewO und § 22 II GastG genannt werden, vgl. die Fallbearbeitungen von Goldhammer/Hofmann, JuS 2013, 322 und Meinicke, JA 1994, 565.

693   OVG Münster, NVwZ 2012, 767 (Warnung vor E-Zigaretten). Instruktive Fallbearbeitungen bieten Peters, Jura 2014, 752 und Barczak, JuS 2014, 932. Allerdings ist hier die allg. Leistungsklage einschlägig, sofern ein Unterlassen begehrt wird, vgl. Dietlein, NWVBl. 2000, 77.

694   VGH Mannheim, VBlBW 2018, 316; Winkler/Schadtle, JuS 2015, 435; Jötten/Tams, JuS 2008, 436; Unkroth, Jura 2008, 464 (jeweils Fallbearbeitung).

695   Vgl. zur Gefahrenabwehr durch nicht eingreifende Mittel bereits Rn. 127; Belz/Mussmann/Kahlert/Sander, § 1 PolG, Rn. 2; Würtenberger/Heckmann/Tanneberger, § 4 Rn. 47; Ruder, Rn. 278.

696   Vgl. dazu Sodan/Ziekow, § 24 Rn. 5 ff. Hier fehlt es an einem imperativen Rechtsakt der Behörde. Eine ähnliche Problematik besteht, wenn die öffentliche Hand Warnungen, z.B. vor Sekten oder Lebensmitteln, ausspricht.

697   Jarass/Pieroth, Vorb. Art. 1 GG, Rn. 28. Instruktiv hierzu auch Voßkuhle/Kaiser, JuS 2009, 313 ff.

698   Vgl. dazu aus Sicht des Polizeirechts Götz/Geis, § 7 Rn. 8 und 9.

Als maßgebliche Kriterien werden hier insbesondere Finalität der behördlichen Maßnahme, Intensität oder Unmittelbarkeit der Einwirkung genannt.[699]

Hier kommt eine Beeinträchtigung des Grundrechts aus Art. 2 I GG in Betracht. Auch wenn dem D ein Stadionbesuch - der grundsätzlich als von Art. 2 I GG geschützte Handlung anzusehen ist - nicht untersagt wird, so wird doch möglicherweise seine Willensentschließungsfreiheit beeinträchtigt. Die Stadt belässt es nämlich nicht bei einem Hinweis zur Rechtslage oder einem unverbindlichen Ratschlag, sondern legt es D nahe, dem Spiel fernzubleiben. Darin ist eine unmissverständliche Aufforderung zu sehen, einen Besuch des Spiels zu unterlassen.

Das Schreiben ist daher nur dann rechtmäßig, wenn es die Voraussetzungen einer Befugnisnorm erfüllt. Als Rechtsgrundlage kommt mangels spezialgesetzlicher Regelung und einschlägiger Standardbefugnisse die Generalklausel der §§ 3, 1 I PolG in Betracht.

hemmer-Methode: Insbesondere greift hier weder ein Platzverweis noch ein Aufenthaltsverbot nach § 27a I, II PolG ein, da diese Normen eine verbindliche Rechtsfolge anordnen. Zudem ist bereits der Tatbestand der Normen nicht erfüllt.

2. Formelle Rechtmäßigkeit

Zuständigkeit

Die Zuständigkeitsvorschriften differenzieren grundsätzlich (auch im Polizeirecht) nicht nach der Handlungsform, sie sind vielmehr gleichermaßen auf schlicht-hoheitliches Handeln anwendbar. Allgemeine Vorschriften über Verfahren[700] und Form bestehen allerdings grds. nicht.

514

3. Materielle Rechtmäßigkeit

a) Grundlegendes

wie bei Anfechtungsklage gegen Anordnungen (Verwaltungsakte)

Für die materielle Rechtmäßigkeit kann auf die Ausführungen zur Rechtmäßigkeit von Verwaltungsakten auf Grundlage der Standardbefugnisse und der Generalklausel verwiesen werden.

515

aber: Realakt grds. erst nach Anordnung zulässig

Vor der tatsächlichen Handlung hat die Polizei den Betroffenen grundsätzlich aufzufordern, die betreffende Handlung selbst vorzunehmen, sofern dies nach der Art der Maßnahme Sinn macht. Ein unmittelbares reales Handeln der Polizei ist in der Regel unverhältnismäßig, weil es den Betroffenen stärker belastet als eine Anordnung, der er durch eigenes Handeln nachkommen kann.

Fraglich in obigem Beispielsfall ist, ob die tatbestandlichen Voraussetzungen der hier maßgeblichen Generalklausel vorliegen.

Zunächst müsste die Behörde zur Abwehr einer Gefahr i.S.d. §§ 3, 1 I PolG (= konkrete Gefahr) gehandelt haben. Bei der erforderlichen Gefahrprognose muss aus Sicht eines objektiv besonnenen Amtswalters das Vorliegen einer Gefahr anhand des Tatsachenwissens bejaht werden können; ein Schadenseintritt muss hinreichend wahrscheinlich sein.[701]

Ausnahmen

Der damit erforderlichen Gefahrenprognose ist das Tatsachenwissen zugrunde zu legen, das der Sicherheitsbehörde zum Zeitpunkt ihres Einschreitens bekannt war, sog. ex ante-Betrachtung.

---

699   Vgl. Sodan/Ziekow, § 24 Rn. 8; Jarass/Pieroth, vor Art. 1 GG, Rn. 29.

700   Mit anderen Worten: Einer Anhörung bedarf es bei Realakten nicht, beachten Sie aber die unter Rn. 157 gemachten Ausführungen zu besonderen Verfahrensanforderungen.

701   VGH Mannheim, VBlBW 2005, 231 (232) = Life&Law 2005, 783; BVerwGE 45, 51 (58); Ruder, Rn. 191; Stephan/Deger, § 1 PolG, Rn. 34.

Die Behörde durfte hier nach ihren Erkenntnissen davon ausgehen, dass i.R.d. anstehenden Spiels die Gefahr gewalttätiger Ausschreitungen bestand. Sie durfte insbesondere aufgrund der bisherigen Erfahrungen ohne vorwerfbare Fehleinschätzung davon ausgehen, dass es im konkreten Fall zu Gewalttaten kommen wird.

Aufgrund des gewalttätigen Verlaufs ist mit einer Beeinträchtigung der öffentlichen Sicherheit zu rechnen (z.B. Verstöße gegen Strafnormen). Zudem sind die gefährdeten Individualrechtsgüter (z.B. Leib und Leben) ebenfalls von diesem Schutzgut umfasst. Eine Gefahr für die öffentliche Sicherheit kann somit bejaht werden. Der Tatbestand der §§ 3, 1 I PolG ist somit erfüllt.

Das Gefährderanschreiben müsste sich an einen Verantwortlichen i.S.d. §§ 6, 7 und § 9 I PolG richten. D ist möglicherweise Verhaltensverantwortlicher gem. § 6 I PolG. Die zu erwartende Beeinträchtigung der öffentlichen Sicherheit müsste mit hinreichender Wahrscheinlichkeit durch D erfolgen. Gerade in seiner Person müsste die Gefahr von Rechtsverstößen bestanden haben.

Eine entsprechende Prognoseentscheidung muss - wie schon bei der Frage nach der Gefahr als solcher - auf eine hinreichende Tatsachengrundlage gestützt werden können. Diese kann hier bejaht werden, da der D bereits wegen der Begehung von Gewalttaten im Zusammenhang mit Fußballspielen und Hooliganauseinandersetzungen rechtskräftig verurteilt wurde und beweiskräftige Anhaltspunkte dafür vorliegen, er werde sich erneut an der Begehung gleich gelagerter Delikte beteiligen.

Da auch die polizeilichen Handlungsgrundsätze beachtet wurden, ist die behördliche Maßnahme rechtmäßig.

Ergebnis: Die Feststellungsklage des D ist zulässig, aber unbegründet.

b) Moderne Datenerhebung (§§ 19 - 25 PolG) und Datenverarbeitung (§§ 37 - 48a PolG)

hemmer-Methode: Die Prüfungsrelevanz dieser Vorschriften ist als eher gering einzustufen, da hierfür Detailkenntnisse im Datenschutzrecht erforderlich sind. Allerdings hat es v.a. im Bereich der Datenerhebung und -verarbeitung im Zuge der letzten Polizeirechtsreformen erhebliche Änderungen gegeben, die für eine Klausur zumindest im Hinterkopf behalten werden sollten. Auf sie wird im Folgenden explizit hingewiesen.

spezielle Befugnisnormen

Zusätzlich zu den bereits i.R.d. Fortsetzungsfeststellungsklage erörterten Einzelmaßnahmen zur Informationsbeschaffung (Personenfeststellung, § 26 PolG;[702] Vorladung, § 27 PolG;[703] erkennungsdienstliche Maßnahmen, § 36 PolG[704]) enthält das Polizeigesetz spezielle Befugnisnormen für die Erhebung sowie die Verarbeitung von Daten. 516

⇨ §§ 19 ff. PolG regeln die Datenerhebung,

⇨ §§ 37 ff. PolG regeln die Datenverarbeitung.

Diese Normkomplexe enthalten etliche Rechtsgrundlagen der sog. „neuen Generation" polizeilicher Standardmaßnahmen, die zumeist im Vorfeld von Gefahren greifen und gerade auch Nichtverantwortliche betreffen.[705] 517

---

702   Hierzu bereits unter Rn. 218 ff.

703   Hierzu bereits unter Rn. 233 ff.

704   Hierzu bereits unter Rn. 296 ff.

705   Glaser, Jura 2009, 742; Belz/Mussmann/Kahlert/Sander, § 6, Rn. 2.

§ 48 PolG ist „Brückennorm"

Darüber hinaus verweist § 48 PolG für den Fall, dass im PolG keine Regelung besteht, auf das LDSG.[706]

Hintergrund dieser detaillierten (und daher auch unübersichtlichen) Regelungen ist das Recht auf informationelle Selbstbestimmung als Unterfall des allgemeinen Persönlichkeitsrechts aus Art. 2 I i.V.m. 1 I GG. Der Einzelne muss bei überwiegendem Allgemeininteresse Einschränkungen hinnehmen, sofern diese auf eine verfassungsgemäße gesetzliche Grundlage gestützt werden.[707]

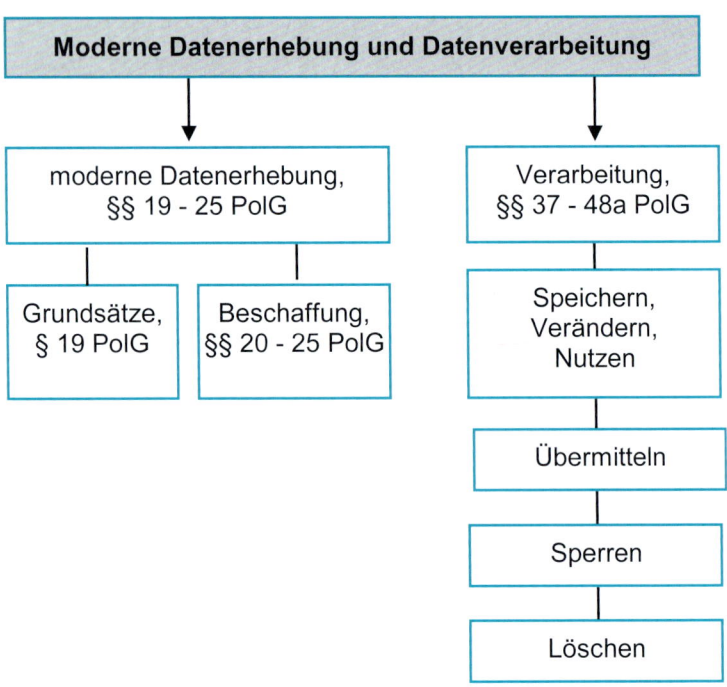

aa) Datenerhebung, §§ 19 - 25 PolG

Begriffsbestimmungen

Unter personenbezogenen Daten werden Einzelangaben über persönliche oder sachliche Verhältnisse einer bestimmten oder bestimmbaren natürlichen Person verstanden (§ 48 PolG i.V.m. § 3 I LDSG). Datenerhebung bedeutet die zielgerichtete Beschaffung von personenbezogenen Daten (§ 48 PolG i.V.m. § 3 II Nr. 1 LDSG). **518**

> **Bsp.:** *Die Polizei beschafft sich Daten zur Anlegung einer Akte mit Personalien sämtlicher verantwortlicher Personen eines Atommüllzwischenlagers. Die Akte wird zwecks schneller Erreichbarkeit der Verantwortlichen bei einem Störfall benötigt.*

§ 19 PolG: Grundsätze der Datenerhebung

(1) In § 19 PolG sind allgemeine Grundsätze der Datenerhebung normiert, die gleichermaßen von Polizeibehörden und vom Polizeivollzugsdienst zu beachten sind. Er bestimmt somit das „Wie" der Datenerhebung und stellt keine eigentliche Befugnisnorm dar.[708] **519**

Nach § 19 I S. 1 PolG sind personenbezogene Daten, soweit sie nicht aus allgemein zugänglichen Quellen entnommen werden, grds. beim Betroffenen selbst mit dessen Kenntnis zu erheben (Unmittelbarkeitsgrundsatz). Ausnahmen hierzu statuiert § 19 I S. 2 PolG. Diese Daten sind nach § 19 II S. 1 PolG zudem grds. offen zu erheben (Offenheitsgrundsatz), d.h. die Maßnahme muss als Datenerhebung und als polizeiliche Maßnahme erkennbar sein.[709]

---

706 Landesdatenschutzgesetz, Dolde/Kirchhof/Stilz Nr. 26; Dürig Nr. 44.

707 Vorgabe des BVerfG im sog. Volkszählungsurteil, vgl. BVerfGE 65, 1 = NJW 1984, 419.

708 Belz/Mussmann/Kahlert/Sander, § 19 PolG, Rn. 1; Ruder, Rn. 425; Zeitler/Trurnit, Rn. 576.

709 Belz/Mussmann/Kahlert/Sander, § 19 PolG, Rn. 23; Ruder, Rn. 426; Zeitler/Trurnit, Rn. 576.

Eine verdeckte Datenerhebung ist nur unter den Voraussetzungen des § 19 II S. 2 PolG zulässig.

§ 19 III PolG begründet für die offene Datenerhebung bestimmte Hinweispflichten gegenüber dem Betroffenen oder Dritten. Im Fall der verdeckten Datenerhebung greift die Verpflichtung zur nachträglichen Unterrichtung (vgl. §§ 22 VIII, 23 VI, 25 IV PolG).

§ 20 PolG: Befragung

(2) § 20 PolG ermächtigt die Polizei zu einer offenen Datenerhebung mittels Befragung. Darunter versteht man die Aufforderung der Polizei gegenüber einer bestimmten Person, eine Aussage zu machen bzw. Auskunft zu erteilen.[710] Die Befragung ist ein Verwaltungsakt, der sich mit Abschluss der Maßnahme erledigt. Insofern wird auf die Darstellung i.R.d. Fortsetzungsfeststellungsklage unter Rn. 210 ff. verwiesen.

520

§ 21 PolG: Bild- und Tonaufzeichnungen

(3) In § 21 PolG finden sich zentrale Rechtsgrundlagen für den offenen Einsatz technischer Mittel zur Anfertigung von Bild- und Tonaufzeichnungen (§ 21 I - III PolG) sowie Beobachtung von in Gewahrsam genommenen Personen (§ 21 VII PolG).[711] In § 21 IV PolG findet sich die Ermächtigungsgrundlage für die automatisierte Auswertung von Bildaufzeichnungen (sog. intelligente Videoüberwachung), § 21 VIII PolG regelt die Hinweispflicht sowie den weiteren Umgang mit den i.R.d. § 21 I - III PolG gewonnenen Bild- und Tonaufzeichnungen.

521

Eine Aufnahme kann nach § 21 V PolG anlassbezogen auch mittels eines körpernah getragenen Aufnahmegerätes (sog. Bodycam) erfolgen.[712] Nach § 21 VI PolG ist die Speicherung der auf diese Weise erhobenen Daten über eine Dauer von mehr als 60 Sekunden nur ausnahmsweise zulässig. Auch für die mittels Bodycam erhobenen Daten gilt § 21 VIII PolG, allerdings mit gewissen Modifikationen.

§ 22 PolG: besondere Mittel der Datenerhebung

(4) § 22 PolG regelt die präventiv-polizeiliche Datenerhebung durch den Polizeivollzugsdienst mit besonderen Mitteln, die regelmäßig verdeckt eingesetzt werden. Zweck der Datenerhebung ist die Bekämpfung organisierter Kriminalität und Straftaten von erheblicher Bedeutung.[713]

522

Die besonderen Mittel der Datenerhebung sind in § 22 I PolG legaldefiniert. Diese sind:

⇨ Nr. 1: längerfristige Observation, d.h. planmäßig angelegte Personenüberwachung

⇨ Nr. 2, 3: verdeckter Einsatz technischer Mittel

⇨ Nr. 4: Einsatz Verdeckter Ermittler (VE)

⇨ Nr. 5: Einsatz von Vertrauenspersonen (V-Person)

Abgrenzung: verdeckter Ermittler/ V-Mann

Der Verdeckte Ermittler ist begrifflich von der V-Person zu unterscheiden: Ersterer ist ein Polizeibeamter, der unter einer Legende (fiktive Identität) operiert. Eine V-Person ist hingegen eine Kontaktperson aus dem zu beobachtenden Personenkreis, d.h. sie stammt aus der „Szene". Der V-Mann ist damit kein Amtsträger, sondern seriöser Bürger oder „Krimineller".[714]

523

---

710 Belz/Mussmann/Kahlert/Sander, § 20 PolG, Rn. 3; Ruder, Rn. 437; Zeitler/Trurnit, Rn. 585.

711 Instruktiv zu § 21 PolG Würtenberger/Heckmann/Tanneberger, § 6 Rn. 66 ff.; Ruder, Rn. 444 ff.; Zeitler/Trurnit, Rn. 616 ff.

712 Zielsetzung ist Deeskalation und (Eigen-)Schutz von Polizeibeamten sowie dritter Personen. Instruktiv und kritisch zur Ermächtigungsgrundlage Nachbaur, VBlBW 2018, 97; Trurnit, Rn. 638a.

713 Belz/Mussmann/Kahlert/Sander, § 22 PolG, Rn. 1; Ruder, Rn. 459; Zeitler/Trurnit, Rn. 644. Instruktiv zum Regelungsgehalt und der Reformbedürftigkeit des § 22 PolG Trurnit, VBlBW 2017, 2133.

714 Belz/Mussmann/Kahlert/Sander, § 22 PolG, Rn. 30; Ruder, Rn. 476; Zeitler/Trurnit, Rn. 655.

In § 22 II - VIII PolG sind die Voraussetzungen für die Datenerhebung sowie das zu beachtende Verfahren und Formvorschriften geregelt. Besondere Bestimmungen über den Einsatz Verdeckter Ermittler enthält § 24 PolG (hierzu unter Rn. 528).

524

> **hemmer-Methode: Zur Frage, ob eine Dauerobservation rückfallgefährdeter (Sexual-)Straftäter zur Verhinderung von Straftaten auf § 22 I Nr. 1, III PolG oder die Generalklausel gestützt werden kann, wurde bereits unter Rn. 138 Stellung genommen.**

§ 22a PolG: Kennzeichenscanning

(5) Im Jahr 2008 wurde mit § 22a I PolG eine Befugnisnorm eingefügt, die es dem Polizeivollzugsdienst erlaubt, Kraftfahrzeugkennzeichen automatisiert zu erfassen (sog. Einsatz von AKLS).[715] Der Abgleich mit den Sachfahndungsdateien ist in § 22a II PolG geregelt. Löschungspflichten im Nichttrefferfall statuiert § 22a III PolG. Vorgaben für das polizeiliche Vorgehen (i.S.v. zulässigen Maßnahmen) ergeben sich aus § 22a IV PolG.

525

§ 23 PolG: Einsatz technischer Mittel in Wohnungen

(6) § 23 PolG berechtigt den Polizeivollzugsdienst zum verdeckten Einsatz technischer Mittel zur Datenerhebung in oder aus Wohnungen zur Gefahrenabwehr.[716] Da eine Wohnraumüberwachung erheblich in Art. 13 I GG eingreift, müssen die verfassungsrechtlichen Vorgaben des Art. 13 IV GG beachtet werden. § 23 II, V PolG regeln den verfassungsrechtlich geforderten Schutz des Kernbereichs privater Lebensgestaltung nach Maßgabe der Rechtsprechung des BVerfG.[717] Datenerhebungsmaßnahmen bedürfen einer richterlichen Anordnung, sollten technische Mittel nicht ausschließlich zur Sicherung der bei einem polizeilichen Einsatz tätigen Personen eingesetzt werden, § 23 III, IV PolG.

526

§ 23a PolG: Maßnahmen mit Bezug zur Telekommunikation

(7) § 23a PolG enthält besondere Bestimmungen über vollzugspolizeiliche Maßnahmen mit Bezug zur Telekommunikation, ist aber keine Rechtsgrundlage für die Überwachung des Inhalts der Telekommunikation.[718] Das Verständnis der unübersichtlichen Norm wird dadurch erschwert, dass die Kenntnis zahlreicher technischer Begriffe und damit korrespondierender Vorschriften des Telekommunikationsgesetzes (TKG) vorausgesetzt wird.[719]

527

Die Norm beinhaltet Rechtsgrundlagen für

⇨ die Erhebung von Verkehrs- und Nutzungsdaten der Telekommunikation i.S.v. § 3 Nr. 30 TKG (§ 23a I - V PolG)

> *Bspe.: Rufnummern, IMEI-Nummer, Internationale Mobilfunk-Teilnehmerkennung (IMSI-Kennung) und IP-Adressen.*

---

715   Instruktiv hierzu Ruder, Rn. 481 ff.; Zeitler/Trurnit, Rn. 674 ff.

716   § 23 PolG ist das gefahrenabwehrrechtliche Pendant zu §§ 100c bis 100e StPO. Allerdings ist dort (entsprechend Art. 13 III GG) nur eine akustische Überwachung erlaubt.

717   BVerfGE 109, 279 = NJW 2004, 999; hierzu ausführlich Zeitler/Trurnit, Rn. 695; Ruder, Rn. 489.

718   Belz/Mussmann/Kahlert/Sander, § 23a PolG, Rn. 1; Stephan/Deger, § 23a PolG, Rn. 1; Ruder, Rn. 504; Zeitler/Trurnit, Rn. 730.

719   Belz/Mussmann/Kahlert/Sander, § 23a PolG, Rn. 7: „keine leichte Kost"; Ruder, Rn. 505.

⇨ den Einsatz technischer Mittel zur Ermittlung von Standort oder Kennung (§ 23a VI PolG)

Bsp.: Die Polizei wird von einer besorgten Ehefrau darüber informiert, dass ihr an Depressionen leidender Ehemann plane, sich das Leben zu nehmen. Dies habe er ihr soeben per Mobiltelefon mitgeteilt, sei aber nun nicht mehr telefonisch zu erreichen. Die Polizei setzt einen IMSI-Catcher zur Standortbestimmung ein.

⇨ die Unterbrechung oder Verhinderung von Telekommunikations-verbindungen (§ 23a VII PolG)

Bsp.: Nach einem Terroranschlag möchten die Polizeibeamten verhindern, dass weitere Sprengsätze per Mobiltelefon gezündet werden. Zum Schutz der Rettungskräfte oder Neugierigen am Unglücksort wird der Fernmeldeverkehr unterbrochen.

⇨ die Erhebung von Bestandsdaten i.S.v. § 3 Nr. 3 TKG (§ 23a IX PolG).

Bsp.: Das ausgeschaltete Handy des Vermissten V wird gefunden. Um herauszufinden, mit wem V zuletzt telefoniert hat, fordert der Polizeivollzugsdienst beim Diensteanbieter die PIN an.

§ 23b PolG: Überwachung der Tele-kommunikation

(8) Mit § 23b PolG wurde im Dezember 2017 eine Ermächtigungs-grundlage zur präventiv-polizeilichen Telekommunikationsüberwa-chung eingeführt (sog. präventive TKÜ), welche die Strafverfol-gungsvorschrift des § 100a StPO ergänzt. Die detaillierte Regelung erklärt sich durch den damit verbundenen Eingriff in das Post-, Brief- und Fernmeldegeheimnis des Art. 10 GG und das Recht auf infor-mationelle Selbstbestimmung, Art. 2 I i.V.m. 1 I GG.

527a

⇨ In § 23b I S. 1 Nr. 1 - 3 PolG ist geregelt, zu welchen Zwecken eine präventiv-polizeiliche TKÜ zulässig ist. Auf Grundlage dieser Norm kann der Polizeivollzugsdienst ohne Wissen der betroffe-nen Person deren Telekommunikation überwachen und auf-zeichnen. Hierzu wendet sich die Polizei unter Vorlage der TKÜ-Anordnung an den betreffenden Dienstanbieter.

Bsp.: Dem Industriellen K ist telefonisch die Entführung seines Sohnes angedroht worden. Die Polizei lässt sich daraufhin von Telekommunika-tionsanbieter T Informationen über den Telefonanschluss des Absenders mitteilen.

⇨ § 23b II PolG ergänzt den Grundtatbestand des Abs. 1 dahinge-hend, dass überdies auch die sog. Quellen-TKÜ zugelassen wird. Anders als bei der Telekommunikationsüberwachung nach § 23b I PolG erfolgt die Ausleitung der Daten nicht beim Diensteanbie-ter, sondern mittels Überwachungssoftware im überwachten IT-System (Computer, Tablet, Smartphone etc.) selbst. Zu beachten sind stets die Vorgaben des § 23b III PolG.

Verfahrensrechtliche Anforderungen der TKÜ regeln § 23b V, VI PolG. Insbesondere stehen die Eingriffsbefugnisse nach § 23b IV PolG unter dem Vorbehalt einer richterlichen Anordnung, nur bei Ge-fahr in Verzug greift die Eilkompetenz des § 23b VII PolG. Den Kernbereichsschutz regelt Abs. 8. Weitere Vorgaben (Unterrichtung, Protokollierung, Kennzeichnung, Verarbeitung etc.) finden sich in den § 23b X - XIV PolG.

§ 24 PolG: Rahmenbedingungen des Einsatzes von VE

(9) Während § 22 III PolG die Rechtsgrundlage für den Einsatz eines verdeckten Ermittlers bietet, steckt § 24 PolG die rechtlichen Rah-menbedingungen des Einsatzes ab.[720] Die Norm trifft (nicht ab-schließend) Regelungen zum Aufbau und zur Aufrechterhaltung der Legende sowie zu den Befugnissen des Verdeckten Ermittlers.

528

---

720   Belz/Mussmann/Kahlert/Sander, § 24 PolG, Rn. 1; Ruder, Rn. 477; Zeitler/Trurnit, Rn. 652.

Bsp.: Der verdeckte Ermittler erhält einen neuen Namen, eine neue Wohnung und eine fiktive Vergangenheit, indem zahlreiche Urkunden und Zeugnisse auf diesen neuen Namen ausgestellt werden. Hierdurch wird ihm ermöglicht, sich als Gärtner bei X anstellen zu lassen, von dem zahlreiche illegale Waffengeschäfte zu erwarten sind.

§ 25 PolG: Ausschreibung zur polizeilichen Beobachtung

(10) § 25 PolG regelt die Befugnis des Polizeivollzugsdienstes zur Ausschreibung von Personen und Kraftfahrzeugen zum Zweck der Mitteilung über das Antreffen (sog. verdeckte Registrierung) oder zum Zweck der polizeilichen Kontrolle. In § 25 PolG sind nicht ausschließlich Datenerhebungsmaßnahmen geregelt. Vielmehr setzt sich die jeweilige Maßnahme aus mehreren Handlungsabschnitten (Ausschreibung, Erhebung, Speicherung, Nutzung und Übermittlung personenbezogener Daten) zusammen.[721]

529

hemmer-Methode: Bei der Prüfung der Rechtmäßigkeit einer polizeilichen Datenerhebungsmaßnahme empfiehlt sich folgende Vorgehensweise:

1. **Welche der Befugnisnormen der §§ 20 ff. PolG ist einschlägig?**
2. **Sind die Voraussetzungen der einschlägigen Befugnisnorm erfüllt?**
3. **Wurden darüber hinaus auch die Grundsätze des § 19 PolG gewahrt?**

bb) Datenverarbeitung, §§ 37 - 48a PolG

Begriff Datenverarbeitung

Die §§ 37 - 48a PolG regeln die eigentliche Verarbeitung von personenbezogenen Daten. Dieser Normkomplex knüpft damit konsequent an die Vorschriften über die Zulässigkeit der Datenerhebung der §§ 19 - 25 PolG an. Nach § 48 PolG i.V.m. § 3 II LDSG versteht man unter Datenverarbeitung das Speichern, Verändern und Nutzen von Daten (vgl. §§ 37, 38 PolG), den Datenabgleich als spezielle Nutzungsart (§§ 39, 40 PolG), die Datenübermittlung (§§ 41 - 44 PolG) sowie das Löschen, Sperren und Berichtigen (§ 46 PolG).[722]

530

Bsp.: Im Fall unter. Rn. 518 werden Störfallakten bei der Polizei angelegt, die Daten anschließend im PC gespeichert und später dem Landratsamt verschlüsselt übermittelt.

oberster Grundsatz

(1) § 37 I PolG enthält sowohl für die Polizeibehörden als auch den Polizeivollzugsdienst die Generalklausel für die Speicherung, Veränderung und Nutzung von Daten, die aufgrund anderer Vorschriften erhoben worden sind.[723]

531

Die Norm wird durch bereichsspezifische Regelungen (z.B. §§ 37 III, IV, 38 PolG oder andere Rechtsvorschriften) verdrängt, zumal jede dieser Maßnahmen dem Recht auf informationelle Selbstbestimmung aus Art. 2 I i.V.m. 1 I GG Rechnung tragen muss.

Erforderlichkeit und Gebot der Zweckbindung

Personenbezogene Daten können gespeichert, verändert und genutzt werden, solange und soweit dies zur Wahrnehmung polizeilicher Aufgaben erforderlich ist (Erforderlichkeitsgrundsatz). Zu beachten ist darüber hinaus das Zweckbindungsgebot des § 37 II S. 1 PolG: Danach ist die weitere Verarbeitung der Daten grds. an den Zweck gebunden, zu dem die Daten erlangt worden sind. Nur unter den Voraussetzungen des § 37 II S. 2 PolG ist eine Zweckänderung zulässig.

Bsp.: Die Störfallakten und Störfalldateien dürfen nur zu dem Zweck angelegt und übermittelt werden, dass in Störfällen die richtigen Personen herangezogen werden können.

---

721   Belz/Mussmann/Kahlert/Sander, § 25 PolG, Rn. 2; Ruder, Rn. 523; Zeitler/Trurnit, Rn. 761.

722   Belz/Mussmann/Kahlert/Sander, Vorbem. § 37 PolG, Rn. 1; Ruder, Rn. 527 a.E.; Zeitler/Trurnit, Rn. 771.

723   Belz/Mussmann/Kahlert/Sander, § 37 PolG, Rn. 1; Ruder, Rn. 536; Zeitler/Trurnit, Rn. 775.

Enthalten sind in § 37 PolG zudem Sonderregelungen für Aus- und Fortbildungszwecke (Abs. 3) sowie zur Speicherung und Nutzung zur Erstellung polizeilicher Statistiken etc. (Abs. 4). Der im Jahr 2012 eingefügte § 37 V PolG regelt die Zweckänderung von Daten, die ausschließlich für technisch-organisatorische Zwecke gespeichert wurden (sog. Protokolldaten).

§ 38 PolG: spezielle Zweckänderungsregelung

(2) § 38 PolG ist Rechtsgrundlage für den Polizeivollzugsdienst zur weiteren Verarbeitung von Daten, die anlässlich der Strafverfolgung erlangt wurden. Die ggü. § 37 II S. 2 PolG spezielle Zweckänderungsregelung[724] erlaubt es, derartige Daten auch zu Zwecken der Gefahrenabwehr oder zur vorbeugenden Bekämpfung von Straftaten[725] zu speichern, zu verändern und zu nutzen.

532

> *Bsp.: Gegen den Umweltaktivisten U wurde in den vergangenen Jahren wiederholt wegen Hausfriedensbruchs und Sachbeschädigung polizeilich ermittelt. Die nachfolgenden Strafverfahren wurden teilweise nach § 153 StPO eingestellt oder führten zu Geldstrafen in geringer Höhe. Da die zuständige Polizeivollzugsbehörde von einer Wiederholungsgefahr ausgeht, werden die im polizeilichen Auskunftssystem POLAS enthaltenen Personen- und Falldaten nach § 38 I S. 1 PolG zur vorbeugenden Bekämpfung von Straftaten gespeichert.*

Der Übergang von einer repressiven zu einer präventiven Zwecksetzung ist an strenge Voraussetzungen geknüpft (§ 38 I - III PolG). Zudem ist in regelmäßigen Zeitabständen zu überprüfen, ob eine Speicherung noch erforderlich ist, § 38 IV, V PolG. In § 38 VI PolG ist die Befugnis zur Speicherung der Daten von Dritten zur vorbeugenden Bekämpfung von Straftaten normiert.

§ 39 PolG: Datenabgleich

(3) § 39 PolG regelt den Datenabgleich der Polizeivollzugsbehörden. Dieser dient der Überprüfung, ob und welche personenbezogenen Daten bereits in polizeilichen und abrufberechtigten polizeifremden Dateien enthalten sind.[726]

533

§ 40 PolG: Rasterfahndung

(4) § 40 PolG ist die Befugnisnorm zur Durchführung der Rasterfahndung als besonderem Fall des Datenabgleichs nach § 39 PolG im präventiv-polizeilichen Bereich. Unter Rasterfahndung versteht man den Zugriff des Polizeivollzugsdienstes auf Fremddaten öffentlicher oder privater Datenbesitzer, um die hieraus gewonnenen Informationen mit anderen Datenbeständen nach bestimmten, vorher festgelegten kriminalistischen Merkmalen abzugleichen.[727] Insoweit bietet die Norm eine Rechtsgrundlage für einen speziellen Fall computerunterstützter Fahndung.

534

> *Bsp.: Im Jahr 1979 unterhielt die RAF in der Stadt F mehrere unter falschem Namen angemietete konspirative Wohnungen. Einziger Anhaltspunkt der Polizei war, dass unter falschem Namen keine Banküberweisung getätigt werden kann und die Terroristen sich somit unter den Kunden des örtlichen Versorgungswerkes befinden müssen, die ihre Stromrechnung bar bezahlen.*

> *Das LKA ließ sich vom für die Stadt F zuständigen Versorgungsunternehmen die Daten aller Kunden übermitteln, die ihre Stromrechnung bar bezahlten. Aus diesem Datensatz (sog. Ausgangsband), der 18.000 Personen umfasste, wurden alle Personen herausgelöscht (negative Rasterfahndung), deren Identität über das Einwohnermeldeamt, gesetzliche Krankenversicherungen, Rentenversicherungsträger und eine Vielzahl weiterer Quellen bestätigt werden konnte.*

---

724 Belz/Mussmann/Kahlert/Sander, § 38 PolG, Rn. 1; Ruder, Rn. 546; Zeitler/Trurnit, Rn. 795.
725 VGH Mannheim, VBlBW 1993, 13; Ruder, Rn. 546.
726 Belz/Mussmann/Kahlert/Sander, § 39 PolG, Rn. 1; Ruder, Rn. 554; Zeitler/Trurnit, Rn. 809.
727 Belz/Mussmann/Kahlert/Sander, § 40 PolG, Rn. 2; Ruder, Rn. 560; Zeitler/Trurnit, Rn. 815.

Der Datensatz konnte schließlich auf zwei Personen reduziert werden, die unter falschem Namen eine Wohnung angemietet hatten. Neben einem Drogendealer konnte somit auch der gesuchte Terrorist festgenommen werden.

strenge Anforderungen

Die Rasterfahndung ist ein verdachtsloser Grundrechtseingriff mit einer enormen Streubreite[728] und daher an strenge Voraussetzungen gebunden, vgl. § 40 I, II PolG. Auch bedarf die Maßnahme der schriftlich begründeten Anordnung durch die Behördenleitung (vgl. § 22 VI PolG)[729] und der Zustimmung des Innenministeriums, § 40 III PolG.

535

§ 40 I PolG entspricht den Vorgaben des BVerfG,[730] wonach die Rasterfahndung nur zum Zweck der Abwehr einer konkreten Gefahr für (abschließend genannte) hochrangige Rechtsgüter zulässig ist. Eine allgemeine Bedrohungslage reicht hierfür ebenso wenig aus wie Vorfeldmaßnahmen zur Verhütung von Straftaten.

§§ 41 - 44 PolG: Datenübermittlung durch die Polizei

(5) Die §§ 41 - 44 PolG regeln die Übermittlung personenbezogener Daten. Diese Vorschriften gelten nur für Datenübermittlungen durch die Polizei, nicht aber für die Weitergabe von Daten anderer öffentlicher Stellen an die Polizei.[731]

536

⇨ § 41 PolG ist keine Rechtsgrundlage, enthält vielmehr Legaldefinitionen und allgemeine Vorschriften für die Datenübermittlung. Nach der Legaldefinition des § 48 PolG i.V.m. § 3 II Nr. 4 LDSG ist Übermitteln das Bekanntgeben gespeicherter oder durch Datenverarbeitung gewonnener personenbezogener Daten an einen außenstehenden Dritten („Empfänger").

⇨ § 42 PolG regelt die Übermittlung personenbezogener Daten innerhalb der Polizei und an andere öffentliche Stellen (z.B. Ausländer-, Gewerbe- und Baurechtsbehörden). Spezialgesetzliche Regelungen der Datenübermittlung gehen dieser Norm vor.

⇨ § 43 I PolG ist die Rechtsgrundlage für die Übermittlung von Daten an ausländische öffentliche Stellen (z.B: ausländische Botschaften oder Polizeibehörden) sowie über- und zwischenstaatliche Stellen (z.B. Europol).

⇨ Für die Übermittlung an EU-Mitgliedstaaten und schengenassoziierte Staaten gelten die §§ 43a - 43c PolG, welche z.T. auf § 43 PolG zurückverweisen.

⇨ § 44 PolG regelt die Datenübermittlung der Polizei an natürliche oder juristische Personen oder Stellen außerhalb des öffentlichen Bereichs.

Bspe.:[732] Übermittlung des Fotos einer vermissten Person zur Veröffentlichung an eine Tageszeitung (§ 44 I S. 1 Nr. 1 PolG); Übermittlung des Phantombildes eines Kaufhaus-Erpressers an das betroffene Unternehmen (§ 44 I S. 1 Nr. 2 PolG); der Polizeivollzugsdienst informiert die Angehörigen eines Unfallopfers (§ 44 I S. 1 Nr. 3 PolG).

§ 45 PolG: Anspruch auf Auskunft

(6) Als „Eckpfeiler des Datenschutzrechts" wird § 45 PolG bezeichnet.[733] Der Polizeivollzugsdienst erteilt dem Betroffenen auf Antrag nach § 21 LDSG unentgeltlich Auskunft über die von ihm gespeicherten personenbezogenen Daten. Die Auskunft darf unter den in § 21 V LDSG genannten Voraussetzungen unterbleiben, wobei der Behörde kein Ermessen zugestanden wird.

537

---

728   Belz/Mussmann/Kahlert/Sander, § 40 PolG, Rn. 4; Ruder, Rn. 560; Zeitler/Trurnit, Rn. 817.
729   VG Freiburg, VBlBW 2006, 152; Belz/Mussmann/Kahlert/Sander, § 22 PolG, Rn. 52.
730   BVerfGE 115, 320 ff. = NJW 2006, 1939 ff.; Ruder, Rn. 560; Zeitler/Trurnit, Rn. 815.
731   Belz/Mussmann/Kahlert/Sander, § 41 PolG, Rn. 1; Ruder, Rn. 569; Zeitler/Trurnit, Rn. 823.
732   Belz/Mussmann/Kahlert/Sander, § 41 PolG, Rn. 6 bis 9.
733   Belz/Mussmann/Kahlert/Sander, § 45 PolG, Rn. 1; Ruder, Rn. 594; Zeitler/Trurnit, Rn. 881.

Die Ablehnung der Auskunft ist ein belastender Verwaltungsakt,[734] der nach § 39 LVwVfG der Begründung bedarf, sollte nicht einer der in § 21 VI LDSG genannten Gründe greifen. Umstritten ist, ob der Anspruch des Betroffenen über eine verwaltungsprozessuale Verpflichtungsklage[735] oder allgemeine Leistungsklage[736] geltend zu machen ist.

§§ 46, 48 PolG: Löschung, Sperrung und Berichtigung

(7) § 46 PolG regelt die Löschung, Sperrung und Berichtigung von Daten seitens des Polizeivollzugsdienstes. Für die Polizeibehörden bestehen nach § 48 PolG i.V.m. §§ 22 - 24 PolG identische Vorgaben.[737] §§ 46, 48 PolG stellen die Kehrseite der Regelungen in den §§ 37 ff. PolG dar, nach denen das Speichern, Verändern und Nutzen der Daten nur zulässig ist, wenn es zur rechtmäßigen Erfüllung polizeilicher Aufgaben erforderlich ist.[738]

538

§ 48a PolG: Errichtung von Projektdateien

(8) § 48a PolG ist die gesetzliche Grundlage für die Errichtung sog. Projektdateien, welche eine befristete Zusammenarbeit zwischen LKA, weiteren Polizeidienststellen des Landes und des Landesamtes für Verfassungsschutz zum Ziel haben.[739] Hierdurch soll die Zusammenarbeit der organisatorisch getrennten Behörden im Bereich der Terrorismusbekämpfung verbessert werden.

539

hemmer-Methode: Auch für die Datenverarbeitungsregelungen empfiehlt es sich, die oben bereits zur Datenerhebung aufgezeigte Prüfungsreihenfolge entsprechend heranzuziehen.

II. § 8 I PolG i.V.m. einer Befugnisnorm als Rechtsgrundlage polizeilicher Realakte

Befugnis zu unmittelbarer Ausführung einer Maßnahme

Rechtsgrundlage polizeilicher Realakte kann auch § 8 I PolG i.V.m. einer Standardbefugnis oder der Generalklausel sein. Die unmittelbare Ausführung kommt zur Anwendung, wenn die Gefahrenabwehr nicht oder nicht rechtzeitig durch eine polizeiliche Maßnahme erreicht werden kann. In diesen Eilfällen kann die Polizei (selbst oder mithilfe von Dritten) sofort tätig werden, ohne zuvor einen Verwaltungsakt gegen den Verantwortlichen erlassen zu haben.[740]

540

> *Bspe.: Ein Pkw wurde zur Hauptverkehrszeit „in zweiter Reihe" in der Stuttgarter Innenstadt abgestellt und verursacht enorme Verkehrsbehinderungen; Polizeibeamte fangen einen wildernden Hund in einem Wald ein und verbringen diesen in ein Tierheim.*

> In beiden Fällen nimmt die Polizei Handlungen vor, die eigentlich dem jeweiligen Verantwortlichen oblagen. Mangels Anwesenheit derselben konnte kein polizeilicher VA auf Grundlage der Generalklausel ggü. diesen ergehen und dieser bei Nichtbefolgung zwangsweise durchgesetzt werden. Da im Interesse einer effektiven Gefahrenabwehr ein Abwarten unzumutbar war, durfte die Polizei über § 8 I i.V.m. §§ 3, 1 I PolG somit die Maßnahmen anstelle des jeweils Verantwortlichen vornehmen.

Die unmittelbare Ausführung ist keine Vollstreckungsmaßnahme, da es an einem vollstreckbaren Grund-VA mangelt. Die Prüfung einer unmittelbaren Ausführung unterscheidet sich daher nicht wesentlich von der einer „normalen" Primärmaßnahme.

541

---

734   Belz/Mussmann/Kahlert/Sander, § 45 PolG, Rn. 27; Ruder, Rn. 602; Zeitler/Trurnit, Rn. 891.

735   Zeitler/Trurnit, Rn. 891; Ruder, Rn. 602.

736   VGH Mannheim, VBlBW 2002, 306 (307); Belz/Mussmann/Kahlert/Sander, § 45 PolG, Rn. 29.

737   Belz/Mussmann/Kahlert/Sander, § 46 PolG, Rn. 3; Ruder, Rn. 606; Zeitler/Trurnit, Rn. 892.

738   Ruder, Rn. 603.

739   Belz/Mussmann/Kahlert/Sander, § 48a PolG, Rn. 3; Ruder, Rn. 614; Zeitler/Trurnit, Rn. 908.

740   Stephan/Deger, § 8 PolG, Rn. 1 und 4; Zeitler/Trurnit, Rn. 980; Ruder, Rn. 336.

Reines Abschleppen

> **Prüfungsschema: Unmittelbare Ausführung nach § 8 I PolG**
>
> **1. Rechtsgrundlage**
>
> **2. Formelle Rechtmäßigkeit**
>
> Zuständig sind die Polizeibehörden oder der Polizeivollzugsdienst, § 8 I S. 1 PolG i.V.m. dem hypothetischen VA; besondere Verfahrensbestimmung des § 8 I S. 2 PolG
>
> **3. Materielle Rechtmäßigkeit**
>
> **a) Rechtmäßigkeit des hypothetischen VA**
>
> **aa)** Rechtsgrundlage (zumeist: §§ 3, 1 I PolG)
>
> **bb)** Formelle Rechtmäßigkeit
>
> **cc)** Materielle Rechtmäßigkeit
>
> Subsumtion unter die Rechtsgrundlage und Prüfung der polizeilichen Handlungsgrundsätze mit Ausnahme des Adressaten (sog. Maßnahmerichtung)
>
> **b) Vertretbare Handlung**
>
> **c) Notwendigkeit der unmittelbaren Ausführung**
>
> Prüfung, ob Maßnahmeadressat nach §§ 6, 7 PolG nicht oder nicht rechtzeitig erreichbar war (sog. Subsidiarität)
>
> **d) Ermessen und Verhältnismäßigkeit**

Rechtsgrundlage

Auch polizeiliche Realakte bedürfen wegen des Vorbehalts des Gesetzes einer Rechtsgrundlage. § 8 I PolG ermächtigt die Polizei nicht, eine Maßnahme zu treffen, ist damit alleine keine Eingriffsbefugnis.[741] Die Norm legt vielmehr fest, unter welchen Voraussetzungen die Polizei durch tatsächliches Handeln eine Gefahr selbst beseitigen kann. Rechtsgrundlage ist folglich § 8 I PolG i.V.m. einer Standardbefugnisnorm oder der Generalklausel, auf welche der hypothetische VA gestützt wird.

542

> **Bspe.:** *Nehmen Polizeibeamten einem Betrunkenen die Autoschlüssel weg, ist Rechtsgrundlage § 8 I PolG i.V.m. § 33 I Nr. 1 PolG. Hingegen kommt § 8 I PolG i.V.m. §§ 3, 1 I PolG zur Anwendung, sollte ein in „zweiter Reihe" geparkter Pkw durch die Polizei entfernt werden.*

formelle Rechtmäßigkeit

Die formellen Rechtmäßigkeitsanforderungen können dem § 8 I S. 1 und 2 PolG entnommen werden. Sachlich zuständig ist die Polizei, wobei bzgl. der Abgrenzung zwischen Polizeibehörde und Polizeivollzugsdienst auf die allgemeinen Grundsätze abzustellen ist.[742] Wenngleich Verfahrens- und Formfragen bei Realakten i.d.R. keine Rolle spielen, findet sich mit § 8 I S. 2 PolG eine Besonderheit: In verfahrensrechtlicher Hinsicht bedarf es einer unverzüglichen Unterrichtung des von der Maßnahme Betroffenen. Unverzüglich bedeutet in diesem Zusammenhang ohne jegliche Verzögerung, die sich nicht aus sachlichen Gründen rechtfertigen lässt.[743]

543

> **Bsp.:** *Der verbotswidrig in zweiter Reihe abgestellte Pkw des M wurde auf Anordnung der Polizei auf einen öffentlichen Parkplatz verbracht. Nach einem Anruf bei der Behörde erfährt M vom „neuen Standort" des Wagens. Ist der Unterrichtungspflicht des § 8 I S. 2 PolG Genüge getan?*

Nach allgemeiner Meinung[744] sieht die Norm keine bestimmte Form der Unterrichtung vor, es besteht vielmehr die Möglichkeit einer mündlichen, fernmündlichen oder schriftlichen Mitteilung. Auch ist es unschädlich, wenn (wie hier) die Mitteilung erst auf Nachfragen des Betroffenen erfolgt, d.h. dieser sich meldet, um nach dem Verbleib seines Pkw zu fragen.

---

741 Stephan/Deger, § 8 PolG, Rn. 4 und 23; Zeitler/Trurnit, Rn. 985; Ruder, Rn. 337; Würtenberger/Heckmann/Tanneberger, § 8 Rn. 60.

742 Hierzu ausführlich unter Rn. 142 ff.

743 Belz/Mussmann/Kahlert/Sander, § 8 PolG, Rn. 13; Stephan/Deger, § 8 PolG, Rn. 25, der eine Parallele zu § 121 I BGB zieht.

744 Belz/Mussmann/Kahlert/Sander, § 8 PolG, Rn. 13; Stephan/Deger, § 8 PolG, Rn. 25.

Unterbleibt die Unterrichtung ganz oder erfolgt diese nicht unverzüglich i.S.d. § 8 I S. 2 PolG, so hat dies keine Auswirkungen auf die Rechtmäßigkeit der unmittelbaren Ausführung.[745]

materielle Rechtmäßigkeit

Hauptprüfungspunkt der materiellen Rechtmäßigkeit ist die Inzidentprüfung eines „hypothetischen VA", der ergangen wäre, wenn der Verantwortliche rechtzeitig erreichbar gewesen wäre.[746] Dies wird daraus gefolgert, dass die Behörde selbst oder durch Dritte anstelle des eigentlich Verantwortlichen handelt. Die Maßnahme ist daher nur dann rechtmäßig, wenn alle formellen und materiellen Rechtmäßigkeitsvoraussetzungen für einen hypothetischen VA vorliegen.

544

Da die Polizei anstelle oder für den Verantwortlichen handelt, muss die unmittelbare Ausführung eine vertretbare Handlung zum Gegenstand haben.[747] Dies sind Handlungen, deren Vornahme durch einen Dritten möglich ist und es tatsächlich oder wirtschaftlich gleich bleibt, ob sie der Verantwortliche oder ein anderer vornimmt.

545

Weitere Voraussetzung in materiell-rechtlicher Hinsicht ist, dass der polizeiliche Zweck durch Maßnahmen gegen die nach §§ 6, 7 PolG Verantwortlichen nicht oder nicht rechtzeitig erreicht werden kann. Die Gefahrenabwehr durch den Verantwortlichen aufgrund einer polizeilichen Verfügung ist damit ggü. der unmittelbaren Ausführung vorrangig.[748] Insofern muss hier geprüft werden, ob eine Inanspruchnahme des nach § 6 oder § 7 PolG Verantwortlichen nicht möglich war (z.B. Abwesenheit) bzw. keinen Erfolg versprach (Bewusstlosigkeit; Trunkenheit; Unvermögen etc.).

546

Bei Maßnahmen, die keinen Aufschub dulden, ist eine unmittelbare Ausführung selbst bei Anwesenheit des Verantwortlichen zulässig. Erforderlich ist aber, dass der polizeiliche Zweck nicht rechtzeitig erreicht werden kann. Dies ist der Fall, wenn eine Inanspruchnahme des Verantwortlichen zur Gefahrenabwehr schlechthin ungeeignet ist oder von diesem die geforderte Handlung wegen der besonderen Eilbedürftigkeit nicht rechtzeitig ausgeführt werden kann.[749]

Bsp.: Bei verbotswidrig geparkten Pkw wäre die Polizei grds. in der Lage, den Halter des Pkw zu ermitteln und anschließend eine „Wegfahranordnung" auf Grundlage der §§ 3, 1 I PolG zu erlassen. Im Interesse einer effektiven Gefahrenabwehr (Vermeidung weiterer Verkehrsbehinderungen) ist jedoch zumeist ein sofortiges Handeln notwendig, sodass eine unmittelbare Ausführung zulässig ist.

hemmer-Methode: Eine unmittelbare Ausführung unterscheidet sich damit letztlich von einer „normalen Primärmaßnahme" nur insoweit, als statt der §§ 6, 7 PolG die Voraussetzungen des § 8 I PolG zu prüfen sind.

Den Abschluss bilden die Prüfung der Verhältnismäßigkeit und der pflichtgemäßen Ermessensausübung, § 5 PolG und § 40 VwVfG.

547

III. Vollstreckungsbefugnis als Rechtsgrundlage polizeilicher Realakte

Vollstreckungsbefugnisse

Kommt der Adressat einer polizeilichen Anordnung dieser nicht freiwillig nach, muss es möglich sein, die Gebote und Verbote zwangsweise durchzusetzen.[750]

548

---

745 Belz/Mussmann/Kahlert/Sander, § 8 PolG, Rn. 14; Würtenberger/Heckmann/Tanneberger, § 8 Rn. 61; VGH München, BayVBl. 1991, 433 (435).

746 Belz/Mussmann/Kahlert/Sander, § 8 PolG, Rn. 6; Ruder, Rn. 338; Zeitler/Trurnit, Rn. 985; Würtenberger/Heckmann/Tanneberger, § 8 Rn. 60.

747 Ruder, Rn. 337; Belz/Mussmann/Kahlert/Sander, § 8 PolG, Rn. 8.

748 VGH Mannheim, VBlBW 1993, 298; Belz/Mussmann/Kahlert/Sander, § 8 PolG, Rn. 6; Würtenberger/Heckmann/Tanneberger, § 8 Rn. 60.

749 Belz/Mussmann/Kahlert/Sander, § 8 PolG, Rn. 7; Ruder, Rn. 339; Würtenberger/Heckmann/Tanneberger, § 8 Rn. 60.

750 Einen instruktiven Überblick über das Landesverwaltungsvollstreckungsrecht bietet Schenk, VBlBW 2018, 5.

Zwangsmaßnahmen werden im Polizeirecht auch Sekundärmaßnahmen genannt und dienen damit der zwangsweisen Durchsetzung von Grundverwaltungsakten (sog. Grundverfügungen).[751] Das Vollstreckungsrecht besitzt allein Beugecharakter, nicht aber Sanktionscharakter.[752]

hemmer-Methode: Ausgangspunkt ist, dass sich die Verwaltung mit dem Erlass eines Verwaltungsakts einen vollstreckbaren Titel schafft, den sie (anders als der Bürger, der auf einen „Umweg über die Gerichte" angewiesen ist) selbst durchsetzen kann. Dem VA kommt damit eine Titelfunktion zu.

Die Anwendung der Zwangsmittel Ersatzvornahme und unmittelbarer Zwang sind Realakte (hierzu bereits unter Rn. 90), welche auch nach Erledigung mittels einer allgemeinen Feststellungsklage überprüft werden können.

549

hemmer-Methode: Vollstreckungsrecht ist Verwaltungsrecht AT, kein spezifisches Polizeirecht. Denn auch außerhalb des Polizeirechts sind die Behörden zu Vollstreckungsmaßnahmen aufgrund des LVwVG befugt. Das PolG enthält lediglich in den §§ 49 I, 50 ff. besondere Vorschriften über den unmittelbaren Zwang. In der Praxis werden von der Polizei, insbesondere dem Polizeivollzugsdienst, häufiger Vollstreckungsmaßnahmen getroffen als von anderen Behörden.

Abgrenzung Vollstreckung zur unmittelbaren Ausführung

Das Vollstreckungsverfahren unterscheidet sich von der unmittelbaren Ausführung nach § 8 I PolG dadurch, dass bereits ein Verwaltungsakt ergangen ist, dieser aber nicht befolgt wurde.[753] Hier wird also mittels der Vollstreckung der entgegenstehende Wille des Betroffenen gebrochen. Bei der unmittelbaren Ausführung fehlt es hingegen an einem Grund-Verwaltungsakt, da der Verantwortliche nicht oder nicht rechtzeitig erreichbar ist.

550

Prüfungsschema: Anwendung der Zwangsmittel Ersatzvornahme und unmittelbarer Zwang

1. **Rechtsgrundlage**

2. **Formelle Rechtmäßigkeit**

3. **Materielle Rechtmäßigkeit**

   a) **Allgemeine Vollstreckungsvoraussetzungen**

      aa) Vollstreckungsfähiger Verwaltungsakt

      bb) Wirksamkeit des Grund-VA

      cc) Unanfechtbarkeit des Grund-VA oder Rechtsmittel ohne aufschiebende Wirkung, § 2 LVwVG

      dd) Nichtbefolgung des Grund-VA

   b) **Besondere Vollstreckungsvoraussetzungen**

      aa) Androhung mit Fristsetzung

      bb) Festsetzung (optional)

      cc) Ordnungsgemäße Anwendung bei unmittelbarem Zwang

      dd) Adressat

      ee) Kein Vorliegen von Vollstreckungshindernissen

   c) **Ermessen und Verhältnismäßigkeit**

---

751 Belz/Mussmann/Kahlert/Sander, § 8 PolG, Rn. 1; Ruder, Rn. 787; Trurnit, Rn. 509.

752 VGH Mannheim, NVwZ-RR 1995, 620; Belz/Mussmann/Kahlert/Sander, § 49 PolG, Rn. 1; Trurnit/Zeitler, Rn. 918; Ruder, Rn. 787. Aus diesem Grund können neben Zwangsmitteln gleichzeitig auch Geldbußen oder Strafen auferlegt werden.

753 Belz/Mussmann/Kahlert/Sander, § 8 PolG, Rn. 5; Stephan/Deger, § 8 PolG, Rn. 5; Trurnit, Rn. 506.

1. Rechtsgrundlage

Notwendigkeit einer Rechts-
grundlage

Das Recht zur zwangsweisen Durchsetzung folgt nicht unmittelbar aus dem Grund-VA selbst, sondern bedarf wie jeder Eingriff in die Freiheitsrechte des Bürgers einer besonderen Rechtsgrundlage.[754]

551

Abgrenzung zwischen PolG
und LVwVG

In Baden-Württemberg finden sich Vollstreckungsvorschriften zum einen im Landesverwaltungsvollstreckungsgesetz (LVwVG), zum anderen in den §§ 49 ff. PolG. Die Vollstreckung polizeilicher Verwaltungsakte richtet sich gem. § 49 I PolG grds. nach den Vorschriften des LVwVG. Für die Anwendung unmittelbaren Zwangs durch die Polizei gelten nach § 49 II PolG allerdings die Vorschriften des PolG. Jedoch wird in § 52 IV PolG wiederum auf bestimmte Vorschriften des LVwVG verwiesen. Rechtsgrundlage ist demnach

⇨ § 49 I PolG i.V.m. § 25 LVwVG für die Ersatzvornahme und

⇨ § 49 II i.V.m. §§ 50 - 54 PolG für den unmittelbaren Zwang.

hemmer-Methode: Auf die Abgrenzung zwischen Ersatzvornahme und unmittelbarem Zwang wird unter Rn. 566 ff. eingegangen. Wegen der unterschiedlichen gesetzlichen Anforderungen muss hierauf besonderes Augenmerk gerichtet werden.

Diese Rechtsgrundlagen gelten für die Vollstreckung polizeilicher Verwaltungsakte unabhängig davon, ob sie ihre Rechtsgrundlage in einem Spezialgesetz (z.B. VersG) oder im Polizeigesetz haben.

Vorrang von Bundesrecht

Nur vereinzelt finden sich im Bundesrecht spezialgesetzliche Normen zur Durchführung des Verwaltungszwangs (sog. Annexregel im materiellen Recht; z.B. §§ 57 ff. AufenthG oder § 46 WaffG).[755] Die Klausurrelevanz dieser nach § 1 III LVwVG vorrangigen Normierungen ist aber äußerst gering.

552

> *Bsp.: Die §§ 57 ff. AufenthG sehen die zwangsweise Durchsetzung einer Verlassenspflicht als Grund-VA (Ausreisepflicht nach § 50 AufenthG) durch eine sog. Zurück- oder Abschiebung vor. Zuständig sind nach § 71 I AufenthG grds. die Ausländerbehörden, in besonderen Fällen nach § 71 V AufenthG die „Polizeien der Länder".*

2. Formelle Rechtmäßigkeit

Zuständigkeit: § 4 LVwVG bzw. § 51
PolG

Die Zuständigkeit für die Vollstreckung von Polizeiverfügungen mittels Ersatzvornahme richtet sich über § 49 I PolG nach § 4 I LVwVG. Zuständig ist folglich die Behörde, die den jeweiligen Grund-Verwaltungsakt erlassen hat.[756]

553

Zu beachten ist allerdings die besondere Zuständigkeitsnorm des § 51 PolG, wonach ausschließlich die Beamten des Polizeivollzugsdienstes zur Anwendung unmittelbaren Zwangs befugt sind.

Polizeibehörden dürfen in Baden-Württemberg daher keinen unmittelbaren Zwang anwenden.[757] Hat die Ortspolizeibehörde den Grund-VA erlassen, kann diese nach § 74 I S. 1 PolG den Polizeidienststellen Weisungen zur Vornahme einzelner Vollstreckungsmaßnahmen erteilen.[758] Die Art und Weise der Zwangsanwendung bestimmt der Polizeivollzugsdienst in diesem Fall jedoch selbst.

---

754   Belz/Mussmann/Kahlert/Sander, § 49 PolG, Rn. 1; Ruder, Rn. 787. Zur Reichweite der Standardbefugnisse in Abgrenzung zum Verwaltungszwang bereits unter Rn. 135.

755   Stephan/Deger, § 49 PolG, Rn. 2.

756   Schenk, VBlBW 2018, 5 (6); Belz/Mussmann/Kahlert/Sander, § 49 PolG, Rn. 18; Trurnit, Rn. 522.

757   Belz/Mussmann/Kahlert/Sander, § 49 PolG, Rn. 3a und § 51 PolG, Rn. 1; Stephan/Deger, § 51 PolG, Rn. 1; Trurnit, Rn. 537.

758   Belz/Mussmann/Kahlert/Sander, § 51 PolG, Rn. 3; Stephan/Deger, § 50 PolG, Rn. 4; Ruder, Rn. 830.

Verfahren

Eine Besonderheit besteht zudem bzgl. des Verfahrens: Eine Anhörung ist nach § 28 II Nr. 5 LVwVfG entbehrlich.

554

> **hemmer-Methode: Lesen Sie die Vorschriften der §§ 49 ff. PolG zur Erfassung der darüber hinaus bestehenden Besonderheiten genau durch. Das Gesetz selbst gibt Ihnen alle für die Lösung einer Klausur notwendigen Informationen. Arbeiten Sie immer eng am Gesetzestext!**

3. Materielle Rechtmäßigkeit

In der materiellen Rechtmäßigkeit ist zwischen den allgemeinen und den besonderen Voraussetzungen der Vollstreckung zu trennen. Die allgemeinen Voraussetzungen müssen bei jeder Art von Zwangsanwendung geprüft werden. Sie stellen quasi die Grundvoraussetzungen der Verwaltungsvollstreckung dar.

555

Die besonderen Voraussetzungen richten sich dagegen nach dem jeweiligen Zwangsmittel, welches angewendet wurde.

a) Allgemeine Vollstreckungsvoraussetzungen

Die allgemeinen Vollstreckungsvoraussetzungen regeln insbesondere § 18 und § 2 LVwVG, die gem. § 52 IV PolG auch gelten, wenn die Polizei unmittelbaren Zwang anwendet.

556

aa) Grund-VA, der zu Handlung, Duldung oder Unterlassung verpflichtet

§ 18 LVwVG: Vollstreckungsfähigkeit

Erforderlich ist gem. § 18 LVwVG ein VA, der zu einer Handlung, ausgenommen einer Geldleistung, einer Duldung oder Unterlassung verpflichtet (sog. Vollstreckungsfähigkeit).[759] Diese Voraussetzung ist zumeist unproblematisch erfüllt, da Polizeiverfügungen durch Ge- und Verbote gekennzeichnet sind (sog. befehlende Verwaltungsakte).

557

bb) Wirksamkeit des Grund-VA

wirksamer Grund-VA

Die Primärmaßnahme muss darüber hinaus nach §§ 41, 43 LVwVfG wirksam sein. Es darf also insbesondere[760] kein Nichtigkeitsgrund gem. § 44 LVwVfG vorliegen, eine Rechtswidrigkeit der Primärmaßnahme schadet hingegen nicht.[761]

558

Soweit aber ein Grund-Verwaltungsakt zwangsweise durchgesetzt werden soll, gegen den ein Rechtsmittel keine aufschiebende Wirkung hat (Regelfall im Polizeirecht), wird teilweise verlangt, dass dieser Grund-VA selbst rechtmäßig sein muss.[762] Nur wenn dieser rechtmäßig sei, könne auch die Zwangsanwendung rechtmäßig erfolgen. Man spricht hier vom „Grundsatz der Konnexität".

559

keine Rechtmäßigkeit erforderlich

Nach Auffassung der Rechtsprechung[763] und weiten Teilen der Literatur[764] kommt es demgegenüber auf die Rechtmäßigkeit nicht an.

560

---

759 Nicht vollstreckbar sind feststellende (Feststellung der Staatsangehörigkeit etc.) und rechtsgestaltende (Beamtenernennung, straßenrechtliche Widmung, Einbürgerung etc.) Verwaltungsakte; vgl. Stephan/Deger, § 49 PolG, Rn. 8; Trurnit, Rn. 516; Ruder, Rn. 798.

760 Nicht vollstreckbar ist zudem ein Verwaltungsakt, der aufgehoben oder erledigt i.S.d. § 43 II LVwVfG ist.

761 VGH Mannheim, VBlBW 2008, 305; BVerwG, NVwZ 2009, 122; Trurnit, Rn. 517; Muckel, JA 2012, 272 (277).

762 Götz/Geis, § 13 Rn. 9; so auch die frühere Rspr., vgl. VGH Mannheim, VBlBW 1986, 299, 303; wohl auch BVerwGE 26, 161, 163.

763 VGH Mannheim, VBlBW 2008, 305; VGH Kassel, DÖV 2014, 356; BVerwG, NVwZ 2009, 122; OVG Münster, NVwZ-RR 2014, 372.

764 Poscher/Rusteberg, JuS 2012, 26 (28); Muckel, JA 2012, 272 (277); Schenke, Polizei- und Ordnungsrecht, Rn. 540; Belz/Mussmann/Kahlert/Sander, § 49 PolG, Rn. 7; Trurnit, Rn. 517; Ruder, Rn. 798.

Es sei ein tragender Grundsatz des Vollstreckungsrechts, dass die Wirksamkeit und nicht die Rechtmäßigkeit vorausgegangener Verwaltungsakte Bedingung für die Rechtmäßigkeit der folgenden Akte und letztlich auch der Zwangsmittel ist. Der Grund hierfür liege in der Situationsgebundenheit der Entscheidung. Es sei regelmäßig Eile geboten, sodass der Vollzug nicht bis zur verbindlichen oder auch nur vorläufigen Klärung der Rechtslage aufgeschoben werden könne. Bei der gerichtlichen Überprüfung gehe es allein um die Prüfung dieser situationsgebundenen Entscheidung.

Angeführt wird von der h.M. auch der Wortlaut des § 2 LVwVG, der eine Rechtmäßigkeit des zu vollstreckenden Grund-VA nicht fordert. Auch steht es dem Betroffenen offen, seinen Rechtsbehelf auf den Grund-VA zu erstrecken, womit dieser im Ergebnis nicht rechtsschutzlos gestellt ist.

hemmer-Methode: Die inzwischen in Rspr. und Literatur nahezu einhellige Meinung geht davon aus, dass es auf die Rechtswidrigkeit der Grundverfügung nicht ankommt. In der Klausurbearbeitung sollten Sie dem folgen, zumal Sie andernfalls längere Ausführungen zu einer Frage machen, auf die es richtigerweise nicht ankommt.[765]

cc) Unanfechtbarkeit oder Rechtsmittel ohne aufschiebende Wirkung

§ 2 LVwVG: Vollstreckbarkeit

Weiterhin fordert § 2 LVwVG die sog. Vollstreckbarkeit. Diese liegt vor, wenn der Grund-VA entweder unanfechtbar ist (Ablauf der Rechtsmittelfristen) oder ein dagegen mögliches Rechtsmittel keine aufschiebende Wirkung entfaltet (§ 80 II VwGO).

561

Die Unanfechtbarkeit spielt im Polizeirecht keine große Rolle. Verfügungen der Polizei werden (wie grundsätzlich alle Verwaltungsakte) mit Ablauf der Widerspruchsfrist nach § 70 I VwGO unanfechtbar.

Aufgrund der Typik des Rechtsgebiets liegen zwischen Primärmaßnahme und Sekundärmaßnahme regelmäßig keine derartig langen Zeiträume.

häufig § 80 II S. 1 Nr. 2 VwGO einschlägig

Besondere Relevanz hat dagegen § 80 II S. 1 Nr. 2 VwGO. Danach entfällt die aufschiebende Wirkung bei unaufschiebbaren Anordnungen und Maßnahmen von Polizeivollzugsbeamten. Unaufschiebbar ist eine Maßnahme oder Anordnung in besonders dringlichen Fällen, wenn sie also ohne Schaden für die öffentliche Sicherheit oder Ordnung nicht zurückgestellt werden kann. Die Voraussetzungen des § 80 II S. 1 Nr. 2 VwGO sind in den meisten Fällen vollzugspolizeilichen Handelns erfüllt.[766]

562

> *Bsp.:* Rentner R schießt in seinem an eine belebte Straße angrenzenden Vorgarten auf herumstreunende Katzen. Der Polizeibeamte P untersagt ihm das Schießen wegen der für Passanten drohenden Gefahren. R widerspricht der Anordnung und setzt sein Verhalten unter Hinweis auf den Suspensiveffekt seines „Widerspruchs" fort.

Es stellt sich vorliegend bereits die Frage, ob hier überhaupt ein Widerspruch i.S.v. § 70 I VwGO eingelegt wurde. Dies kann allerdings dahinstehen, da nach § 80 II S. 1 Nr. 2 VwGO Widerspruch und Anfechtungsklage keine Suspensivwirkung bei unaufschiebbaren Anordnungen und Maßnahmen von Polizeivollzugsbeamten entfalten. Der Begriff „unaufschiebbar" deckt sich mit den Voraussetzungen, nach denen § 60 II PolG die Zuständigkeit des Polizeivollzugsdienstes ggü. der Polizeibehörde begründet.

---

765   Muckel, JA 2012, 272 (277).

766   Schenk, VBlBW 2018, 5 (6); Ruder, Rn. 807; Trurnit, Rn. 518. Erfasst werden auch Weisungen der Polizeibeamten zur Regelung des Verkehrs nach § 36 I StVO und Weisungen nach § 36 V StVO sowie Verkehrseinrichtungen (z.B. eine abgelaufene Parkuhr). Nicht anwendbar ist § 80 II S. 1 Nr. 2 VwGO auf die Entziehung der Fahrerlaubnis oder die Fahrtenbuchauflage.

Da der Polizeivollzugsdienst ja gerade dann anstelle dieser Behörden tätig wird, wenn die Gefahrenabwehr durch diese nicht rechtzeitig möglich erscheint, ist es fast selbstverständlich, dass keine aufschiebende Wirkung eintreten kann.

563

Analog wird § 80 II S. 1 Nr. 2 VwGO auf Verkehrszeichen und Verkehrseinrichtungen (z.B. Ampeln oder Parkuhren) angewendet, zumal man in ihnen einen „versteinerten Polizisten" sehen kann.[767]

zudem: § 80 II S. 1 Nr. 4 VwGO

§ 80 II S. 1 Nr. 2 VwGO kann aber nicht analog auf Maßnahmen der Polizeibehörden angewendet werden.[768] Da aber der Behörde die Möglichkeit eröffnet ist, die sofortige Vollziehbarkeit des Verwaltungsakts gem. § 80 II S. 1 Nr. 4 VwGO anzuordnen, oder möglicherweise ein gesetzlicher Fall des § 80 II Nr. 2 VwGO (z.B. § 21 LVwVG) greift, bestehen auch insoweit kaum Probleme in der Klausur.[769]

dd) Nichtbefolgung des Grund-VA

564

Der Verwaltungszwang ist ein Beugemittel. Insofern ist weitere allgemeine Vollstreckungsvoraussetzung, dass der Pflichtige dem Ge- oder Verbot nicht nachgekommen ist.

b) Besondere Vollstreckungsvoraussetzungen

565

Die besonderen Voraussetzungen der Zwangsanwendung bestimmen sich nach der Eigenart des jeweiligen Zwangsmittels.

aa) Ersatzvornahme, §§ 49 I PolG i.V.m. § 25 LVwVG

Ersatzvornahme

566

Die Voraussetzungen der Ersatzvornahme sind:

⇨ Verpflichtung, eine Handlung vorzunehmen, wird nicht erfüllt.

nur bei vertretbaren Handlungen

⇨ Die Handlung muss eine vertretbare sein; dies ist der Fall, wenn sie auch durch einen anderen vorgenommen werden kann, nicht alleine durch den Pflichtigen selbst.

> ***Bsp.:*** *Vertretbare Handlungen sind z.B. das Abschleppen/Entfernen eines Kfz oder der Abriss eines Bauwerks; als Beispiele für unvertretbare Handlungen können das Unterlassen von Ruhestörungen, die Aufforderung zur MPU oder Blutprobe genannt werden.*

567

Die Ersatzvornahme kommt nur bei Maßnahmen in Betracht, die auf die Generalklausel gestützt werden, da nur in diesem Bereich vertretbare Handlungen angeordnet werden können. Die Polizei muss die Ersatzvornahme nicht selbst ausführen (sog. Selbstvornahme), sondern kann auch einen anderen mit der Ausführung beauftragen (sog. Fremdvornahme).

> ***Bsp.:*** *Die Polizei ordnet gegenüber A auf Grundlage der §§ 3, 1 I PolG an, er solle seine auf einem Radweg abgestellte Vespa umparken. Kommt er dieser Anordnung nicht nach, kann die Polizei die geforderte Handlung selbst oder durch einen Abschleppunternehmer durchführen.*

767   Ruder, Rn. 808; Trurnit, Rn. 519; Belz/Mussmann/Kahlert/Sander, § 49 PolG, Rn. 13; Kopp/Schenke, § 80 VwGO, Rn. 64.
768   Schenke, Verwaltungsprozessrecht, Rn. 968; Kopp/Schenke, § 80 VwGO, Rn. 64; Ruder, Rn. 807.
769   Zu weiteren Fällen der Unanfechtbarkeit vgl. Ruder, Rn. 804 ff.; Belz/Mussmann/Kahlert/Sander, § 49 PolG, Rn. 11 ff.; Trurnit, Rn. 519; Würtenberger/Heckmann/Tanneberger, § 8 Rn. 16.

Gegenbeispiel: Die Polizeibeamten verfügen gegen den schaulustigen S einen Platzverweis nach § 27a I PolG, da er den Einsatz von Rettungsfahrzeugen behindert. Kommt S dieser Anordnung nicht nach, scheidet eine Ersatzvornahme an der Unvertretbarkeit der geforderten Handlung. Es ist allerdings ein Zwangsgeld oder unmittelbarer Zwang möglich.

hemmer-Methode: Soweit in Klausuren eine Ersatzvornahme durchgeführt wurde, ist deren Rechtmäßigkeit häufig auch i.R.d. Anfechtung eines Kostenbescheides zu prüfen. Hierzu bereits ausführlich unter Rn. 464 ff.

bb) Unmittelbarer Zwang, §§ 49 II, 50 ff. PolG

unmittelbarer Zwang

Die detaillierte Regelung des unmittelbaren Zwangs resultiert aus den damit verbundenen besonders intensiven Grundrechtseingriffen für den Betroffenen. Damit korrespondiert auch die Vorgabe des § 52 I S. 1 PolG, wonach der unmittelbare Zwang als „ultima ratio" des Vollstreckungsrechts anzusehen ist (sog. Subsidiarität des unmittelbaren Zwangs).[770]

568

Bsp.: Drei Neugierige blockieren einen Rettungseinsatz der Feuerwehr. Der anwesende Polizeibeamte P erteilt einen Platzverweis nach § 27a I PolG, dem jene aber trotz mehrmaliger Aufforderung nicht nachkommen. P drängt die Neugierigen mit Gewalt zurück.

Gegen die Anwendung unmittelbaren Zwangs bestehen (nicht nur) unter Subsidiaritätsgesichtspunkten keine Bedenken: Eine Ersatzvornahme scheidet aus, da es sich beim angeordneten Entfernungsgebot um eine unvertretbare Handlung handelt. Auch ein Zwangsgeld kam nicht in Betracht, da der verfolgte Zweck nicht oder nicht rechtzeitig zu erreichen war (vorherige Aufnahme der Personalien etc.).

Systematik

Unmittelbarer Zwang ist gem. der Legaldefinition in § 50 I PolG die Einwirkung auf Personen oder Sachen durch einfache körperliche Gewalt, Hilfsmittel der körperlichen Gewalt oder Waffengebrauch. Diese Maßnahmen zur Anwendung des unmittelbaren Zwangs sind abschließend. Eine Konkretisierung der Hilfsmittel der körperlichen Gewalt und Waffen im Polizeidienst regelt die Verwaltungsvorschrift zur Durchführung des Polizeigesetzes, § 50 II PolG.[771]

569

Bsp.: Hilfsmittel der körperlichen Gewalt sind Fesseln, Schutzschilde, Wasserwerfer, Sperrgeräte, Nagelgurte zum zwangsweisen Anhalten von Fahrzeugen (sog. Stopp-Stick), Diensthunde und -pferde, Dienstfahrzeuge, Reiz- und Nebelstoffe, Spreng- und Explosivmittel sowie im Ausnahmefall sonstige geeignete Mittel (z.B. Stuhl bei körperlichem Angriff, Gürtel, Hosenträger). Waffen i.S.d. § 50 II PolG sind Hieb- und Schusswaffen, Reizstoffsprühgeräte und Reizstoffgewehre.

Zumal der Gebrauch von Schusswaffen mit tief greifenden Rechtseingriffen verbunden ist, bestimmt § 53 PolG die allgemeinen Voraussetzungen für jeden Schusswaffengebrauch. Der Einsatz der Schusswaffen gegen Personen muss sich zudem an den detaillierten Vorgaben des § 54 PolG orientieren (zum seit dem Jahr 1991 normierten finalen Rettungsschuss[772] vgl. § 54 II PolG).

570

Der im Dezember 2017 eingefügte § 54a PolG ermächtigt zum Gebrauch von Explosivmitteln als ultima ratio des Polizeizwangs. Die Normierung lehnt sich stark an die rechtlichen Voraussetzungen für den Schusswaffengebrauch an und verweist in § 54a I, IV PolG explizit auf den § 53 PolG.

---

770 Belz/Mussmann/Kahlert/Sander, § 52 PolG, Rn. 2; Ruder, Rn. 787; Trurnit, Rn. 539; Würtenberger/Heckmann/Tanneberger, § 8 Rn. 48.

771 VwV PolG, Erl. zu § 50. Diese Verwaltungsvorschrift ist abschließend, womit in Baden-Württemberg sog. Teaser (Schocklähmungswaffen), nicht zugelassen sind.

772 Die Aufnahme einer derartigen Regelung und die Frage ihrer Anwendung waren wegen verfassungsrechtlicher und rechtspolitischer Bedenken umstritten. Ausführlich hierzu Belz/Mussmann/Kahlert/Sander, § 54 PolG, Rn. 19 ff.; Trurnit, Rn. 559.

Zwangsräumung und Wegnahme

Besondere Fälle der Anwendung des unmittelbaren Zwangs statuieren die über § 52 IV PolG anwendbaren §§ 27, 28 LVwVG.[773] Sofern der unmittelbare Zwang der Vollstreckung eines VA dient, sind die Beamten des Polizeivollzugsdienstes auch zu Zwangsräumungen und Wegnahmen befugt.

571

cc) Androhung der Zwangsanwendung

hemmer-Methode: Die nachfolgenden Ausführungen beschränken sich auf das Wesentliche, i.Ü. wird auf die detaillierte Darstellung der Androhung des Verwaltungszwangs unter Rn. 444 ff. verwiesen.
Beachten Sie zudem Folgendes: Teilweise wird die Androhung bereits i.R.d. formellen Rechtmäßigkeit geprüft.[774] Nach h.M. handelt es sich allerdings um ein Problem der materiellen Rechtmäßigkeit.[775]

grds. Androhung von Zwangsanwendung

Die Anwendung des Zwangsmittels Ersatzvornahme ist nach Maßgabe des § 20 LVwVG insbesondere schriftlich unter Bestimmung einer angemessenen Frist anzudrohen. Für die Androhung unmittelbaren Zwangs ist § 52 II PolG gegenüber § 20 LVwVG lex specialis. Der unmittelbare Zwang ist, soweit es die Umstände zulassen, vor seiner Anwendung zwar ebenfalls anzudrohen. Eine bestimmte Form ist nicht vorgeschrieben und inhaltliche Anforderungen (z.B. eine Fristsetzung) stellt § 52 II PolG hingegen nicht. Aus Praktikabilitätserwägungen ist zudem die Androhung eines bestimmten Mittels des unmittelbaren Zwangs nicht erforderlich.[776]

572

ratio legis

Hintergrund der Androhung (mit Fristsetzung) ist es, dem Adressaten nochmals die Gelegenheit zu geben, der Anordnung (= Grund-VA) freiwillig Folge zu leisten. Zudem soll ihm vor Augen geführt werden, welche Konsequenzen eine Weigerung hat.[777] Insofern lässt sich sagen, dass der Androhung eine Warnfunktion zukommt.

Allerdings kann unter besonderen Umständen von der Androhung abgesehen werden. Nach § 21 LVwVG ist dies bzgl. der Ersatzvornahme bei Gefahr im Verzug zulässig. Liegt ein Eilfall vor oder ist der Polizeibeamte selbst bedroht, kann auf die Androhung des unmittelbaren Zwangs verzichtet werden.[778]

Rechtscharakter

Die Androhung selbst ist ein VA i.S.d. § 35 S. 1 LVwVfG (siehe bereits Rn. 88 und Rn. 444 ff.), allerdings tritt wegen § 80 II S. 1 Nr. 3 VwGO i.V.m. § 12 LVwVG keine aufschiebende Wirkung ein.

573

dd) Festsetzung

dreistufiges Verfahren beim Zwangsgeld

Eine Festsetzung ist nach h.M.[779] nur beim Zwangsgeld gem. § 49 I PolG i.V.m. § 23 LVwVG erforderlich. Diese ist damit notwendiger Zwischenschritt zwischen Androhung und Anwendung (sog. dreistufiges Verfahren). Eine Festsetzung kann allerdings auch bei anderen Zwangsmitteln als selbstständig anfechtbarer VA ergehen. Zeitlich erfolgt diese nach dem erfolglosen Verstreichen der in der Androhung gesetzten Frist.

574

773　Schenk, VBlBW 2018, 5 (9).

774　So Trurnit, Rn. 523; Kingreen/Poscher, Polizei- und Ordnungsrecht, § 24 Rn. 23; Muckel, JA 2012, 272 (276).

775　Ruder, Rn. 820; Belz/Mussmann/Kahlert/Sander, § 49 PolG, Rn. 58; Würtenberger/Heckmann/Tanneberger, § 8 Rn. 26; Schenke, Polizei- und Ordnungsrecht, Rn. 545; Poscher/Rusteberg, JuS 2012, 26 (29).

776　Belz/Mussmann/Kahlert/Sander, § 52 PolG, Rn. 11; Ruder, Rn. 842; Trurnit, Rn. 544; Schenke, Polizei- und Ordnungsrecht, Rn. 545.

777　Würtenberger/Heckmann/Tanneberger, § 8 Rn. 26; Kingreen/Poscher, Polizei- und Ordnungsrecht, § 24 Rn. 24.

778　Ruder, Rn. 821; Stephan/Deger, § 52 PolG, Rn. 10; Trurnit, Rn. 544; Belz/Mussmann/Kahlert/Sander, § 52 PolG, Rn. 12.

779　VGH Mannheim, VBlBW 1991, 325 (326); Würtenberger/Heckmann/Tanneberger, § 8 Rn. 31; Kingreen/Poscher, Polizei- und Ordnungsrecht, § 24 Rn. 26; a.A. Ruder, Rn. 824, wonach auch die übrigen Zwangsmittel (ohne gesetzliche Normierung) aus Gründen der Verhältnismäßigkeit grds. festzusetzen sind.

> **hemmer-Methode:** Die Festsetzung des Zwangsgeldes ist eine erneute Verfügung seitens der Behörde und muss schriftlich erfolgen (sog. Leistungsbescheid). Auf diese Weise soll dem Pflichtigen gezeigt werden, dass die Behörde nunmehr das angedrohte Zwangsmittel anwenden wird. Hierzu bereits unter Rn. 462.

ee) Ordnungsgemäße Anwendung

Die Frage, ob der Verwaltungszwang ordnungsgemäß angewendet wurde, spielt allein beim unmittelbaren Zwang eine Rolle. Hier gilt es in der Klausur, gem. § 49 II PolG die §§ 50 - 54 PolG und über § 52 IV PolG bestimmte Normen des LVwVG zu berücksichtigen. Von besonderer Bedeutung ist hierbei § 52 PolG, der in seinen Absätzen 1 und 3 als besondere Ausprägung des Grundsatzes der Verhältnismäßigkeit Detailvorgaben für die Anwendung enthält.[780]

575

ff) Adressat

Adressat

Vollstreckungsschuldner ist derjenige, der zu der Handlung, Duldung oder Unterlassung verpflichtet ist, welche der Grund-VA anordnet. Insofern kann auf die Ausführungen unter Rn. 303 ff. verwiesen werden. Gegenüber einem Rechtsnachfolger (vgl. § 3 LVwVG) des Adressaten dürfen Zwangsmittel nur angewendet werden, wenn der Grund-VA nachfolgefähig ist und ein Nachfolgetatbestand erfüllt ist.[781]

576

gg) Kein Vorliegen von Vollstreckungshindernissen

vollstreckungshindernde Einwände

Ferner ist zu überdenken, ob irgendwelche vollstreckungshindernden Einwände nach Erlass des Grund-VA dessen zwangsweiser Durchsetzung entgegenstehen könnten, etwa die Erfüllung oder die rechtliche Unmöglichkeit der Befolgung.

Allerdings kann die subjektive rechtliche Unmöglichkeit und damit das Vollstreckungshindernis eventuell durch den Erlass einer Duldungsverfügung überwunden werden.[782]

577

c) Ermessen und Verhältnismäßigkeit

Handlungsgrundsätze

Auch Vollstreckungsmaßnahmen der Polizei müssen nach pflichtgemäßem Ermessen erfolgen und den Grundsatz der Verhältnismäßigkeit wahren. Bei der Ersatzvornahme sind über § 49 I PolG insbesondere die Vorgaben des § 19 LVwVG zu beachten.[783]

Nach § 19 I LVwVG steht die Auswahl unter mehreren in Betracht kommenden Zwangsmitteln im Ermessen der Polizei. § 19 II LVwVG hebt den Grundsatz der Erforderlichkeit besonders hervor: Sollten mehrere Zwangsmittel in Betracht kommen, ist dasjenige zu wählen, das den Pflichtigen und die Allgemeinheit am wenigsten beeinträchtigt. § 19 III LVwVG wiederholt für die Verwaltungsvollstreckung die Geltung des Grundsatzes der Verhältnismäßigkeit i.d.S. des § 5 II PolG (Angemessenheit).

578

---

780   Belz/Mussmann/Kahlert/Sander, § 52 PolG, Rn. 1; Ruder, Rn. 841; Trurnit, Rn. 538.

781   Ennuschat/Ibler/Remmert, § 2 Rn. 352; Belz/Mussmann/Kahlert/Sander, § 49 PolG, Rn. 17; Trurnit, Rn. 538. Ausführlich hierzu Ruder, Rn. 829; Kingreen/Poscher, Polizei- und Ordnungsrecht, § 9 Rn. 49 ff.; Kopp/Ramsauer, § 43 VwVfG, Rn. 13 ff.

782   Vgl. hierzu das Beispiel unter Rn. 341.

783   Belz/Mussmann/Kahlert/Sander, § 49 PolG, Rn. 23 ff.; Ruder, Rn. 833; Trurnit, Rn. 529.

Wenngleich § 19 LVwVG nicht von der Verweisungsnorm des § 52 IV PolG erfasst ist, gelten diese Vorgaben nach § 5 PolG auch bei der Anwendung von unmittelbarem Zwang. Einerseits darf die Tatsache, dass überhaupt unmittelbarer Zwang angewendet wird, nicht unverhältnismäßig sein. Zum anderen muss die Behörde unter den zur Verfügung stehenden Zwangsmitteln das relativ mildeste auswählen und darf dieses nur in dem erforderlichen Umfang anwenden.

579

IV. Polizeiliches Abschleppen von Kraftfahrzeugen

„Abschleppfälle" sind nicht nur sehr examensrelevant, sie können Ihnen auch jederzeit in der juristischen Praxis begegnen.

580

Grundlegendes

Nach überwiegender Meinung stellt der Abschleppvorgang regelmäßig keine Sicherstellung bzw. Beschlagnahme nach den §§ 32, 33 PolG dar, weil es am behördlichen Verwahrungswillen fehlt.[784] Dieser ist begriffsbildendes Merkmal dieser Maßnahmen. Die Absicht besteht primär darin, den verbotswidrigen Zustand zu beseitigen.

Auch § 44 II S. 2 StVO ist nicht einschlägig.[785] Diese Norm stellt keine taugliche Rechtsgrundlage für eine Abschleppmaßnahme durch die Polizei dar. Das Abschleppen ist keine vorläufige Maßnahme zur Gefahrenbeseitigung, sondern eine endgültige.

Betreffend das Abschleppen von Fahrzeugen zur Gefahrenabwehr[786] sind in Baden-Württemberg vier Konstellationen strikt zu trennen, wobei zwischen diversen Ermächtigungsgrundlagen abzugrenzen ist.

581

vier Konstellationen

⇨ Abschleppen ohne Verkehrszeichen

⇨ Abschleppen mit Verkehrszeichen

⇨ Abschleppen mit nachträglich aufgestelltem Verkehrszeichen

⇨ Abschleppen zum Schutz des Eigentümers

1. Abschleppen ohne Verkehrszeichen

Abschleppfallvariante

Bsp.: *Weil Nora (N) in großer Eile war, hatte sie ihren VW Golf auf einem Radweg geparkt. Eine vorbeifahrende Streife entdeckte den Wagen, der ein Hindernis für Radfahrer bildet. Die Beamten ließen den Wagen nach einer Wartezeit von zehn Minuten durch einen über Funk angeforderten privaten Abschleppdienst auf den nächstgelegenen öffentlichen Parkplatz abschleppen. N ist der Auffassung, dass niemand außer ihr selbst das Recht hat, ihren Golf von der Stelle zu bewegen.*

582

Ist das Abschleppen des Pkw rechtmäßigerweise erfolgt?

Lösung:

1. Rechtsgrundlage

Problem: Rechtsgrundlage

Problematisch ist, welche von mehreren möglichen Rechtsgrundlagen für die Maßnahme des Polizeivollzugsdienstes einschlägig ist. In Betracht kommt vorliegend eine unmittelbare Ausführung nach § 8 I PolG. Denkbare Rechtsgrundlage wäre auch § 33 Nr. 1 PolG, sofern hier eine Beschlagnahme durchgeführt wurde.

---

784   BGH, NVwZ 2014, 1184 = DVP 2015, 83; Ruder, Rn. 355 und 356; Belz/Mussmann/Kahlert/Sander, § 32 PolG, Rn. 2 und § 33 PolG, Rn. 2; Würtenberger/Heckmann/Tanneberger, § 8 Rn. 71.

785   VGH Mannheim, VBlBW 2004, 213; Schenke, Polizei- und Ordnungsrecht, Rn. 718.

786   Steht ein Abschleppvorgang im Zusammenhang mit Strafverfolgungsmaßnahmen (z.B. zur Beweissicherung), liegt eine Beschlagnahme nach § 98 StPO vor. Diese Konstellation wird nachfolgend ausgeklammert.

Beschlagnahme?

Zunächst sind die Voraussetzungen des § 33 PolG [~~§ 33 PolG~~ ₂₈ PolG] zu untersuchen. Beschlagnahme ist die Begründung eines öffentlich-rechtlichen Verwahrungsverhältnisses durch Sicherstellungsanordnung und deren Vollzug durch Realakt.

Für die Beantwortung der Frage, wann eine Beschlagnahme vorliegt, werden zwei Ansätze vertreten:

e.A.: Voraussetzung ist Wille der Polizei zur Gewahrsamsbegründung

Überwiegend wird auf den primären Willen der Polizei abgestellt.[787] Eine Beschlagnahme liege vor, wenn die Behörde das Fahrzeug in Besitz nehmen will.[788] Anders als z.B. in den Fällen, in denen ein Pkw von der Polizei benötigt wird, um mit dessen Hilfe eine Gefahr abzuwehren (z.B. Verfolgung eines Verdächtigen oder Transport eines Verletzten in ein Krankenhaus), kommt es der Polizei in den Abschleppfällen nicht darauf an, Besitz am Wagen zu begründen. Die primäre Absicht besteht vielmehr darin, den verbotswidrigen Zustand zu beseitigen. Die Inbesitznahme ist bloße Nebenfolge der Gefahrenabwehrmaßnahme.

a.A.: keine Sicherstellung bei bloßem „Versetzen"

Zur Feststellung, ob eine Beschlagnahme vorliegt oder nicht, unterscheidet hingegen eine a.A. danach, ob der Pkw auf einen Verwahrplatz der Polizei oder bloß auf einen anderen Parkplatz verbracht wurde. Auf den Willen der Behörde komme es dabei nicht an.[789] Wird das Fahrzeug bloß versetzt, liege eine atypische Maßnahme gem. § 8 I i.V.m. §§ 3, 1 I PolG vor und nicht eine Beschlagnahme. § 33 PolG ist hingegen einschlägig, wenn der Pkw auf einen Verwahrplatz verbracht wird.

Da im vorliegenden Fall das Fahrzeug nicht zu einem amtlich eingerichteten Verwahrplatz verbracht, sondern bloß versetzt wurde, liegt unter Zugrundelegung der zweiten Ansicht ebenfalls keine Beschlagnahme vor.

Zwischenergebnis: Rechtsgrundlage ist vorliegend § 8 I i.V.m. §§ 3, 1 I PolG.

2. Formelle Rechtmäßigkeit

Zuständigkeit

Das Abschleppen wurde durch die im Polizeivollzugsdienst tätigen Beamten veranlasst. Angesichts der Eilbedürftigkeit waren sie auch gem. § 60 II [~~§ 60 II~~ 105 II PolG] PolG für die präventiv-polizeiliche Tätigkeit zuständig. Der Schwerpunkt des polizeilichen Handelns lag nicht in der Verfolgung einer Ordnungswidrigkeit, sondern darin, die Feuerwehrzufahrt zu räumen und gefahrenabwehrend tätig zu werden.

Auch ist davon auszugehen, dass die Beamten das verfahrensrechtliche Erfordernis des § 8 I S. 2 PolG berücksichtigt haben, wonach die von der unmittelbaren Ausführung betroffene N nach der Maßnahme unverzüglich zu unterrichten war.

3. Materielle Rechtmäßigkeit

materielle Rechtmäßigkeit

Nach § 8 I PolG kann die Polizei eine Maßnahme selbst oder durch einen Beauftragten unmittelbar ausführen, wenn der Zweck der Maßnahme durch Inanspruchnahme der nach § 6 oder § 7 PolG Verantwortlichen nicht oder nicht rechtzeitig erreicht werden kann.

a) § 8 I PolG ersetzt aus Gründen der effektiven Gefahrenabwehr eine vorherige Anordnung, wenn die Voraussetzungen der Norm erfüllt sind. Aber auch dann, wenn diese Voraussetzungen vorliegen, ist eine unmittelbare Ausführung nur rechtmäßig, wenn eine entsprechende Anordnung an den Verantwortlichen rechtmäßig gewesen wäre.

Befugnis

Die Befugnis zum Abschleppen des Wagens ergibt sich, wie bereits oben erwähnt, aus §§ 3, 1 I PolG und nicht aus § 33 PolG. Das Abstellen eines Pkw auf einem Radweg erfüllt den Tatbestand einer straßenverkehrsrechtlichen Ordnungswidrigkeit, §§ 6 I, 24 I StVG i.V.m. § 49 I Nr. 1 i.V.m. § 1 II StVO.

787 Zeitler/Trurnit, Rn. 480; Ruder, Rn. 356 und 743; Kremer, LKRZ 2008, 156 (157).
788 Vgl. hierzu Rn. 431.
789 Vgl. Würtenberger/Heckmann/Tanneberger, § 8 Rn. 75; Kingreen/Poscher, Polizei- und Ordnungsrecht, § 18 Rn. 5.

Das Abschleppen des Wagens war notwendig, um die durch diese Ordnungswidrigkeit verursachten Zustände zu beseitigen. Eine Verletzung der polizeilichen Handlungsgrundsätze ist nicht ersichtlich. Insbesondere erweist sich die Maßnahme als verhältnismäßig.[790]

hemmer-Methode: Die Verhältnismäßigkeit des Abschleppens ist zu verneinen, wenn der Fahrer eintrifft, noch ehe das Fahrzeug abgeschleppt ist. Zur Not muss das Fahrzeug auch vom Abschleppwagen wieder heruntergelassen werden.[791] Fraglich ist allerdings, ob die Polizei vor dem Abschleppen versuchen muss, den Halter des Fahrzeugs telefonisch zu erreichen, um so die Gefahr für die öffentliche Sicherheit einfacher, oft schneller und für den Betroffenen jedenfalls auf eine mildere - weil billigere - Art und Weise zu beseitigen.[792]

Sondervoraussetzungen des § 8 I PolG

b) Darüber hinaus müssen noch die Voraussetzungen des § 8 I PolG vorliegen. Der Zweck der Maßnahme, die Beseitigung des durch die Ordnungswidrigkeit verursachten Zustandes, konnte durch die Inanspruchnahme der nach §§ 6, 7 PolG Verantwortlichen nicht rechtzeitig erreicht werden, da insbesondere Radfahrer konkret gefährdet wurden.

Eine Verletzung der polizeilichen Handlungsgrundsätze betreffend die Maßnahme nach § 8 I PolG ist nicht ersichtlich.

Ergebnis: Die Abschleppmaßnahme erweist sich als rechtmäßig.

2. Abschleppen mit Verkehrszeichen

Abwandlung: N hat nicht auf einem Radweg, sondern unberechtigt auf einem Behindertenparkplatz (Verkehrszeichen nach § 45 Ib S. 1 Nr. 2 StVO) geparkt. Der Wagen wurde auf Anweisung eines Mitarbeiters der Straßenverkehrsbehörde abgeschleppt. Sie macht gegen die Abschleppmaßnahme geltend, ihr könne niemand nachweisen, dass Behinderte ihren Pkw auf den Parkplatz hätten stellen wollen.

583

Ist die Abschleppmaßnahme rechtmäßig?

Zusatzfrage: Welche Rechtsgrundlage wäre einschlägig, wenn ein anwesender Polizeibeamter um 23.30 Uhr die Abschleppmaßnahme veranlasst hätte?

Abwandlung

Lösung der Abwandlung:

1. Rechtsgrundlage

Im Ausgangsfall schied die Vollstreckung eines VA gem. § 49 I PolG i.V.m. § 25 LVwVG aus, da die Polizei keine Möglichkeit hatte, gegen die N eine Wegfahranordnung zu erlassen und bekannt zu geben. In der Abwandlung liegen die Dinge jedoch anders, da N ein Behindertenparkschild (§ 45 I b S. 1 Nr. 2 StVO) missachtet hatte. Wenn dieses Schild ein Wegfahrgebot enthalten würde, so könnte die Straßenverkehrsbehörde (vgl. § 1 StVOZustG)[793] dieses vollstrecken.

Nach ganz h.M. stellen Verkehrszeichen keine Rechtsverordnungen dar, sondern Verwaltungsakte in Form der benutzungsregelnden Allgemeinverfügung (§ 35 S. 2 Fall 3 LVwVfG). Fraglich ist jedoch, ob das Behindertenparkschild auch ein Wegfahrgebot enthält.

790　Zur Verhältnismäßigkeit des Abschleppens vgl. OVG Münster, NJW 1998, 2465, das eine solche bereits dann bejaht, wenn das abgeschleppte Fahrzeug über ½ Stunde im eingeschränkten Halteverbot stand. Die Verhältnismäßigkeit wird nach VGH München, NJW 1999, 1130 = BayVBl. 1999, 662 auch nicht dadurch infrage gestellt, dass die Abschleppkosten die Parkgebühren oder die entsprechenden Bußgelder um ein Vielfaches überschreiten. Neuere Urteile (OVG Hamburg, NJW 2001, 169 und OVG Münster, NJW 2001, 172) bejahen die Verhältnismäßigkeit des Abschleppens beim Parken auf einem Radweg bzw. unter Verstoß gegen den Fünfmeterabstand vor Kreuzungen, wenn dadurch Radfahrer auf die Straße ausweichen müssen.

791　Es liegt dann eine versuchte Ersatzvornahme vor, für die der Verantwortliche die angefallenen Kosten zu tragen hat, vgl. OVG Münster, NJW 2001, 2035; Werner, JA 2000, 911.

792　Nach OVG Koblenz, NJW 1999, 3573, trifft die Polizei im Regelfall auch keine Pflicht, nach dem Halter oder Fahrer des Pkw zur forschen. Etwas anderes gilt allenfalls dann, wenn im Pkw ein deutlich sichtbarer Hinweiszettel o.Ä. zu finden ist, wobei das BVerwG auch hier eine Nachforschungspflicht ablehnt, BVerwG, NJW 2002, 2122 = DVBl. 2002, 1560 m. Anm. Schwabe; anders noch die Vorinstanz OVG Hamburg, NJW 2001, 3647 sowie OVG Hamburg, NJW 2005, 2247, das trotz der BVerwG-Entscheidung in besonders gelagerten Fällen einen Anrufversuch vor dem Abschleppen fordert. Etwas anderes gilt nach VGH Mannheim (NJW 2000, 2602) in Anwohnerparkzonen, da hier die Parkberechtigung durch einen Anruf bei der Stadtverwaltung festgestellt werden kann, wobei der VGH Mannheim diese Entscheidung selbst wieder relativiert hat, vgl. VGH Mannheim, NJW 2003, 3363.

793　Gesetz über Zuständigkeiten nach der Straßenverkehrs-Ordnung; Dürig, Nr. 147d; nicht im Dolde/Kirchhof/Stilz abgedruckt.

Zum einen besagt das Schild, dass dieser Parkplatz für Behinderte mit entsprechendem Berechtigungsschein zur Verfügung steht. Weiter enthält es ein Parkverbot für Autofahrer ohne diese Berechtigung. Begriffsnotwendig enthält das Schild jedoch auch die Anordnung, unberechtigt geparkte Fahrzeuge sofort wieder zu entfernen.[794] Ohne dieses Wegfahrgebot hätte das Parkverbot nämlich keinen Sinn. Folglich liegt eine Primärmaßnahme vor, die nach § 49 I PolG i.V.m. § 25 LVwVG im Wege der Ersatzvornahme vollstreckt werden kann.

2. Formelle Rechtmäßigkeit der Ersatzvornahme

Es ist davon auszugehen, dass das Behindertenparkschild von der zuständigen Straßenverkehrsbehörde aufgestellt wurde. Die Behörde war als Erlassbehörde i.S.v. § 4 I LVwVG auch zuständig, das Wegfahrgebot des Verkehrsschildes zu vollstrecken. Da es sich bei der Ersatzvornahme um einen Realakt handelt, stellen sich Verfahrens- und Formfragen nicht.

3. Materielle Rechtmäßigkeit der Ersatzvornahme

a) Allgemeine Vollstreckungsvoraussetzungen

In materieller Hinsicht erfordert § 49 I PolG i.V.m. § 25 LVwVG einen vollstreckbaren Grund-VA als Titel. Als Grund-VA kommt hier nur das in dem Verkehrsschild enthaltene Wegfahrgebot in Betracht.

aa) Hinsichtlich der Wirksamkeit des Verkehrszeichens bestehen keine Bedenken. Die Voraussetzungen des § 45 I StVO (Rechtsgrundlage für das Aufstellen) lagen vor.

bb) Widerspruch und Anfechtungsklage haben keine aufschiebende Wirkung i.S.v. § 2 Nr. 2 LVwVG. Dies ergibt sich aus § 80 II S. 1 Nr. 2 VwGO analog, da Verkehrsschilder polizeilichen Vollzugsanordnungen gleichgestellt werden.[795]

cc) Die Primärmaßnahme ist auf die Vornahme einer Handlung, nämlich das Wegfahren, gerichtet.

dd) Da N dem Wegfahrgebot nicht nachgekommen ist, lagen die allgemeinen Vollstreckungsvoraussetzungen vor.

b) Besondere Vollstreckungsvoraussetzungen

Gem. § 49 I PolG i.V.m. § 21 LVwVG konnte vorliegend von einer Androhung abgesehen werden. Ebenso liegen die Voraussetzungen der Ersatzvornahme vor: Das Entfernen des Pkw ist eine vertretbare Handlung und N ist ihrer durch das Verkehrsschild begründeten Verpflichtung nicht nachgekommen, sodass die Straßenverkehrsbehörde im Wege der Ersatzvornahme vorgehen durfte.

c) Übrige Voraussetzungen

N ist Verhaltensverantwortliche nach § 6 I PolG und damit taugliche Adressatin. Fraglich ist, ob hier die Anwendung von polizeibehördlichem Zwang verhältnismäßig war.

Die Ersatzvornahme könnte unverhältnismäßig sein, weil die Behörde nicht nachweisen kann, dass ein konkreter Parkplatzbedarf eines Behinderten bestanden hat. Die Rechtsprechung[796] hält diesen Einwand für unbeachtlich. Behindertenparkplätze seien nach der Intention des Gesetzgebers schlechthin - nicht nur vorrangig - für Behinderte reserviert (In der Praxis ließe sich ein derartiger Nachweis auch kaum führen und Falschparker hätten nichts mehr zu befürchten!). Die Zwangsmaßnahme ist also verhältnismäßig.

---

794 Sog. Doppelfunktion des Verkehrszeichens, vgl. BVerwG, NVwZ 2007, 340; VGH Mannheim, NJW 2003, 3363; Würtenberger/Heckmann/Tanneberger, § 8 Rn.79.

795 Kopp/Schenke, § 80 VwGO, Rn. 64 m.w.N; Brühl, JuS 1994, 56 (57); vgl. auch Hemmer/Wüst, Verwaltungsrecht III, Rn. 103.

796 VGH München, NJW 1996, 1979.

Ergebnis: Die Abschleppmaßnahme im Wege der Ersatzvornahme ist rechtmäßig.

Zusatzfrage

Lösung der Zusatzfrage: *584*

Das Abschleppen des verkehrswidrig geparkten Pkw bereitet hier besondere Probleme, da der in einem Verkehrszeichen bestehende Grund-VA nicht in die Zuständigkeit des Polizeivollzugsdienstes, sondern in den Kompetenzbereich der Straßenverkehrsbehörden fällt. Eine Ersatzvornahme nach § 49 I PolG i.V.m. § 25 LVwVG ist in diesen Fällen eigentlich nicht möglich, da gem. § 4 I LVwVG für die Anwendung von Zwangsmitteln die Behörde zuständig ist, die den Grund-Verwaltungsakt erlassen hat. Ein Abweichen von § 4 I LVwVG ist in Eilfällen nach § 21 LVwVG zudem nicht vorgesehen.

Ob eine sachliche Zuständigkeit des Polizeivollzugsdienstes für die Vollstreckung des im Verkehrszeichen enthaltenen Wegfahrgebotes zumindest in Eilfällen angenommen werden kann, hat der VGH Mannheim offen gelassen.[797] Nicht begründen lässt sich eine Kompetenz des Polizeivollzugsdienstes allerdings aus §§ 36, 44 II S. 1 StVO. Der bloße Umstand, dass der Polizeivollzugsdienst die Ziele der StVO zu verwirklichen habe, lässt keinen Rückschluss auf die Kompetenz zur Vollstreckung von Verkehrszeichen zu.[798]

In der Literatur wird in Fällen der Eilbedürftigkeit eine (entsprechende) Anwendung des § 60 II PolG zur effektiven Gefahrenabwehr befürwortet. Auch die Vollstreckung eines polizeilichen VA sei eine Aufgabe i.S.d. Norm, womit es keiner Regelung im LVwVG bedürfe.[799]

Ein Einschreiten des Polizeivollzugsdienstes sieht auch weitere Literaturansicht als zulässig an,[800] allerdings über einen anderen Begründungsansatz: Zumal es der Behörde in derartigen Konstellationen nicht um die Vollstreckung eines straßenverkehrsbehördlichen Verwaltungsakts geht, kommt nur eine unmittelbare Ausführung gem. § 8 I PolG in Betracht. Dem liegt ein auf die §§ 3, 1 I PolG gestützter hypothetischer Verwaltungsakt (die Zuständigkeit der Polizei folgt aus § 60 II PolG) mit dem Inhalt zugrunde, das Kfz zu entfernen. Die konkrete Gefahr für die öffentliche Sicherheit resultiert aus einem Verstoß gegen § 12 StVO. Dies stellt eine Ordnungswidrigkeit nach § 49 I Nr. 12 StVO und § 24 StVG dar.

3. Abschleppen mit nachträgl. aufgestelltem Verkehrszeichen

Bsp.: *Christoph (C) parkt seinen Audi A 4 am 20.05. in der Ludwigstraße in Stuttgart und begibt sich für drei Wochen zu einer Behandlung ins Krankenhaus. Wegen bevorstehender Straßenbauarbeiten werden im betreffenden Straßenabschnitt der Ludwigstraße am 23.05. mobile Halteverbotsschilder (§ 41 I StVO i.V.m. Anlage 1, Zeichen 283) aufgestellt, da ab 27.05. Straßenbauarbeiten stattfinden sollen. Ein Mitarbeiter der Straßenverkehrsbehörde veranlasst am 27.05. das Abschleppen des Pkw. C soll 150 € zahlen. Zu Recht?*   *585*

Dieses Beispiel beinhaltet zwei Problemkreise.

Problem 1: Bekanntgabe

a) Zunächst ist fraglich, ob durch das nachträgliche Aufstellen des Halteverbotsschildes ein wirksamer VA (Wegfahrgebot) entstanden ist. Ein Verwaltungsakt wird mit Bekanntgabe wirksam. Fraglich ist, ob eine solche Bekanntgabe hier vorliegt, zumal C wegen seines Krankenhausaufenthaltes das Verkehrsschild nie gesehen hat.

---

797   VGH Mannheim, VBlBW 2004, 213; Stephan/Deger, § 8 PolG, Rn. 10. Die Frage musste nicht entschieden werden, da im konkreten Fall keine Eilsituation gegeben war.
798   Remmert, VBlBW 2005, 41 (41); a.A. Würtenberger/Heckmann/Tanneberger, § 8 Rn. 85.
799   Belz/Mussmann/Kahlert/Sander, § 60 PolG, Rn. 6; Würtenberger/Heckmann/Tanneberger, § 8 Rn. 85.
800   Ruder, KommJur 2007, 7 (13); Remmert, VBlBW 2005, 41 (42).

Die Rechtsprechung bejaht hier eine Bekanntgabe.[801] Verkehrszeichen sind nach dem Sichtbarkeitsgrundsatz so aufzustellen oder anzubringen, dass sie ein durchschnittlicher Kraftfahrer bei Einhaltung der nach § 1 StVO erforderlichen Sorgfalt schon „mit einem raschen und beiläufigen Blick" erfassen kann. Unter dieser Voraussetzung äußern sie ihre Rechtswirkung gegenüber jedem von der Regelung betroffenen Verkehrsteilnehmer, gleichgültig, ob er das Verkehrszeichen wahrnimmt oder nicht.

hemmer-Methode: Prägen Sie sich hierzu folgende Formulierung des BVerwG[802] ein: „Sind Verkehrszeichen so aufgestellt oder angebracht, dass sie ein durchschnittlicher Kraftfahrer bei Einhaltung der nach § 1 II StVO erforderlichen Sorgfalt schon mit einem raschen und beiläufigen Blick erfassen kann, so äußern sie ihre Rechtswirkung gegenüber jedermann, gleichgültig, ob er das Verkehrszeichen tatsächlich wahrnimmt oder nicht."

BVerwG: abstrakte Kenntnisnahmemöglichkeit

Für die Bekanntgabe eines Verkehrszeichens reicht nach dem BVerwG die abstrakte Möglichkeit einer Kenntnisnahme aus. Auch geht die Rechtsprechung davon aus, dass das Straßenverkehrsrecht für die Bekanntgabe von Verwaltungsakten in der Gestalt von Ge- und Verbotszeichen besondere Vorschriften enthält, die die allgemeinen Bekanntgabebestimmungen (§§ 41, 43 I LVwVfG) verdrängen. Danach werden Ge- und Verbote grds. durch das Aufstellen von Verkehrszeichen bekannt gemacht (vgl. § 39 II, VI StVO und § 45 IV StVO).

Insofern lässt sich Folgendes festhalten: Durch das Abstellen des Fahrzeugs ist die Eigenschaft des C als Verkehrsteilnehmer nicht verloren gegangen. Unabhängig vom Krankenhausaufenthalt des C ist das Verkehrszeichen gegenüber ihm ordnungsgemäß bekannt gegeben worden.[803] Rechtfertigen lässt sich diese Rechtsprechung u.a. mit der notwendigen Effektivität einer solchen benutzungsregelnden Allgemeinverfügung.

hemmer-Methode: Damit ist nicht gesagt, dass auch die Rechtsbehelfsfristen gegenüber jedermann bereits mit dem Aufstellen des Verkehrszeichens in Gang gesetzt werden. Hier ist mit dem BVerwG vielmehr auf den Zeitpunkt abzustellen, in dem der Betroffene erstmalig mit dem Verkehrszeichen konfrontiert wird.[804] Nach § 58 II VwGO muss der Betroffene innerhalb eines Jahres einen Anfechtungswiderspruch einlegen.

Problem 2: Verhältnismäßigkeit der Kostentragungspflicht

b) Auch wenn der Abschleppvorgang rechtmäßig war, so stellt sich doch die Frage, ob C die Kosten tragen muss. Das Rechtsstaatsprinzip verbietet es, dem Handlungsverantwortlichen die Kosten aufzuerlegen, wenn dies unverhältnismäßig ist. Nach Ansicht der Rechtsprechung ist ein Kostenbescheid auf alle Fälle dann rechtswidrig, wenn das Fahrzeug unmittelbar im Anschluss an das nachträgliche Aufstellen des Schildes behördlich entfernt wird.[805]

Zwar müssen Verkehrsteilnehmer damit rechnen, dass auch kurzfristig die Verkehrssituation geändert wird. Deshalb ist innerhalb eines gewissen Zeitraums eine Kontrolle erforderlich, um die Verkehrssituation im Bereich des im öffentlichen Verkehrsraum geparkten Fahrzeugs zu überprüfen. Diskutiert wurde eine Zeitspanne von 48 Stunden,[806] drei Tagen[807] bis zu vier Tagen[808] zwischen Aufstellen und Abschleppen, um zur Verhältnismäßigkeit der Auferlegung der Abschleppkosten zu gelangen.

---

801 Grundlegend BVerwG, NJW 1997, 1021; aus neuerer Zeit: BVerwG, NJW 2016, 2353 (2354) und NJW 2008, 2867 (2868). Instruktiv hierzu Milkner, Jura 2017, 271 (274 ff.).

802 BVerwG, NJW 2016, 2353 (2354); NJW 1997, 1021 (1022).

803 BVerwG, NJW 2016, 2353 (2354); VGH Mannheim, NJW 2007, 2058 (2059); VGH Kassel, NJW 1999, 2057; Würtenberger/Heckmann/Tanneberger, § 8 Rn. 79.

804 BVerwG, NJW 2011, 246 = Life&Law 2011, 189; in diese Richtung schon BVerfG, NJW 2009, 3642.

805 OVG Bautzen NJW 2009, 2551, 2552: Die Dauer der Vorlauffrist zwischen der Errichtung der Halteverbotszone und der Durchführung der Ersatzvornahme hat allein Bedeutung für die Frage, ob dem Fahrer die Kosten der Ersatzvornahme auferlegt werden dürfen. Für die Verhältnismäßigkeit der Ersatzvornahmehandlung ist die Frist dagegen nicht von Bedeutung.

806 OVG Münster, NVwZ-RR 1996, 59.

807 VGH Kassel, NJW 1997, 1023; VGH München, BayVBl. 2009, 21 (22); OVG Bautzen, NJW 2009, 2551 (2552).

808 VGH Mannheim, NJW 2007, 2058 (2059); BVerwG, NJW 1997, 1021.

Nach der klarstellenden Rspr. des BVerwG aus dem Jahr 2018 muss der Verantwortliche die Kosten nur tragen, wenn das Verkehrszeichen mit einer Vorlaufzeit von mindestens drei vollen Tagen aufgestellt wurde.[809]

Hier lagen zwischen dem Aufstellen des Halteverbotsschildes und der tatsächlichen Entfernung fünf Tage, die die Behörde zugewartet hat. Diese Frist reicht aus, um Fahrzeughalter vor überraschenden Abschleppmaßnahmen mit dem Folgeaufwand von Zeit und Geld zu bewahren. Typische Abwesenheitszeiten (wie z.B. an Wochenenden) werden dadurch abgedeckt.

Ergebnis: Die Abschleppmaßnahme erweist sich als rechtmäßig.

4. Abschleppen zum Schutz des Eigentümers

Bsp.: *Alexandra stellt ihre C-Klasse im Parkhaus des Stuttgarter Flughafens ab und verreist für zwei Wochen. In der Zwischenzeit wird die Heckscheibe von randalierenden Jugendlichen eingeschlagen. Die Polizeibehörde veranlasst das Abschleppen des Pkw in die Polizeigarage.*

586

Alleine in dieser Fallkonstellation wird der Wagen gem. § 32 I PolG sichergestellt.

Der Eigentümer und rechtmäßige Inhaber der tatsächlichen Gewalt soll im Wege der Sicherstellung vor Verlust oder Beschädigung der Sache geschützt werden.[810] Nach der Rechtsprechung werden besondere Anforderungen hinsichtlich des Werts der Sache nicht gestellt. Entscheidend ist, ob die Maßnahme mit dem mutmaßlichen Willen des Berechtigten erfolgt, was dann der Fall ist, wenn sie dessen objektivem Interesse entspricht. Ob der Berechtigte die Abschleppmaßnahme später tatsächlich billigt, spielt keine Rolle.

V. Keine subjektive Rechtsverletzung erforderlich

Trotz Erörterung des § 42 II VwGO in der Zulässigkeit ist zum Abschluss der Begründetheit einer Feststellungsklage keine subjektive Rechtsverletzung zu prüfen.

587

---

809   BVerwG, NJW 2018, 2910 (2911).

810   Ruder, Rn. 355 und 733; Belz/Mussmann/Kahlert/Sander, § 32 PolG, Rn. 2 und § 33 PolG, Rn. 2; Würtenberger/Heckmann/Tanneberger, § 8 Rn. 72 und § 5 Rn. 216f.; Zeitler/Trurnit, Rn. 477.

§ 4 VERPFLICHTUNGSKLAGE[811]

*Fallgestaltungen der Verpflichtungs-
klage*

Die Verpflichtungsklage ist einschlägig, wenn sich das Klagebegehren auf den Erlass eines polizeilichen VA richtet. Klausurrelevant ist die Verpflichtungsklage insbesondere, wenn der Kläger ein polizeiliches Einschreiten gegen einen Dritten begehrt. Es handelt sich dann um die sog. Drittverpflichtungsklage.

588

> *Bsp.: Klage des Veranstalters einer angemeldeten Versammlung auf
> behördliches Einschreiten gegen einen Dritten, der Maßnahmen zur Störung bzw. Verhinderung der Versammlung angekündigt hat.*

Einen klausurrelevanten Sonderfall bildet dabei die Klage des Eigentümers auf Räumung der von der Behörde zur Unterbringung von Obdachlosen beschlagnahmten Wohnung.

589

Ein weiterer Anwendungsfall der Verpflichtungsklage ist das Begehren der Löschung von Daten, welche durch die Polizei erhoben und gespeichert wurden. Hauptanwendungsfall dürfte hier die Klage auf Löschung von Daten bzw. Vernichtung erkennungsdienstlicher Unterlagen nach § 36 III PolG sein. Daneben existiert ein allgemeiner Individualanspruch auf Löschung gespeicherter Daten nach § 46 I PolG, dem allerdings spezielle Löschungsansprüche vorgehen.[812]

590

hemmer-Methode: Spezielle (und damit ggü. § 46 I PolG vorrangige) Normierungen finden sich z.B. in § 21 V S. 2; § 22 VII; § 22a III, IV S. 4; § 23 V S. 3, VII S. 6; § 25 III; § 38 I S. 4, V S. 3, § 40 IV PolG). Auch in diesen Konstellationen ist bei Weigerung der Behörde mit der h.M. eine Verpflichtungsklage des Betroffenen statthaft. § 36 III PolG ist aber zweifellos die klausurrelevanteste Normierung.

Übersicht zur Verpflichtungsklage

A. Zulässigkeit

    I.   Eröffnung des Verwaltungsrechtswegs

    II.   Statthaftigkeit der Verpflichtungsklage

    III. Klagebefugnis

    IV. Vorverfahren

    V.   Klagefrist

    VI. Sonstige Sachurteilsvoraussetzungen

B. Begründetheit, § 113 V VwGO

A. Zulässigkeit der Verpflichtungsklage

I. Eröffnung des Verwaltungsrechtswegs

*Eröffnung des Verwaltungsrechts-
wegs*

Im Rahmen der Eröffnung des Verwaltungsrechtswegs nach § 40 I S. 1 VwGO ergeben sich auch bei der Verpflichtungsklage keine Abweichungen zu den bisherigen Ausführungen.

591

II. Statthaftigkeit der Verpflichtungsklage

*Statthaftigkeit der
Verpflichtungsklage*

Eine Verpflichtungsklage ist nach § 42 I Alt. 2 VwGO statthaft, wenn sich das Klagebegehren auf den Erlass eines polizeilichen VA richtet. Die begehrte Handlung muss somit VA-Qualität aufweisen.

592

---

811   Zur Verpflichtungsklage Hemmer/Wüst, Verwaltungsrecht II, Rn. 1 ff.

812   Belz/Mussmann/Kahlert/Sander, § 46 PolG, Rn. 1; Ruder, Rn. 603.

keine Erledigung des VA

Zudem darf sich, und dies ist gerade im Gefahrenabwehrrecht zu beachten, dieser VA noch nicht erledigt haben. Hierbei ist zu berücksichtigen, dass Gegenstand der Erledigung nicht ein bereits erlassener VA ist, sondern der Anspruch auf den Erlass des begehrten VA bzw. der Anspruch auf eine Neubescheidung im Falle einer Bescheidungsklage, § 113 V S. 2 VwGO.

Die Fragestellung lautet also: Hätte der begehrte VA, sofern er erlassen worden wäre, inzwischen seine Erledigung gefunden? Nur wenn dies nicht der Fall ist, kann die Statthaftigkeit einer Verpflichtungsklage bejaht werden. Ansonsten ist die Fortsetzungsfeststellungsklage nach § 113 I S. 4 VwGO analog zur Verpflichtungsklage die statthafte Klageart.[813]

1. Anspruch auf polizeiliches Einschreiten

Die Polizei entscheidet gem. § 5 I PolG nach pflichtgemäßem Ermessen, ob, gegen wen und wie sie eingreift. Allerdings verbürgen die Normen des Polizeirechts oft auch subjektive Rechte. Dies gilt für die Rechtsgrundlagen in Spezialgesetzen, die Standardermächtigungen und Eingriffe auf Grundlage der §§ 3, 1 I PolG (dazu ausführlich unter Rn. 611 ff.).

Handelt es sich bei der begehrten Maßnahme um einen VA i.S.d. § 35 S. 1 VwVfG, kommt eine Klage auf polizeiliches Einschreiten mittels der Verpflichtungsklage in Betracht.

> *Bspe.: Schiedsrichter S bangt nach einem verpfiffenen Fußballspiel um sein Leben und verlangt von der Polizei, zum eigenen Schutz in Gewahrsam genommen zu werden (§ 28 I Nr. 2a PolG). Die Bewohner eines Hauses begehren ein Einschreiten der Polizei gegen ein nächtliches Motorradtreffen der Hells Angels in ihrem Hinterhof (§ 27a I PolG). Der nach einem Steinschlag verletzte Bergsteiger M verlangt von der Polizei, zur Behandlung in ein Krankenhaus gebracht zu werden (§§ 3, 1 I PolG).*

2. Obdachlosenfälle

richtige Klageart zur Bewirkung des Endes einer Wiedereinweisung

Hat die Polizei die Einweisung eines Obdachlosen angeordnet, und begehrt der Eigentümer von der Behörde die Räumung der Wohnung, so stellt sich die Frage nach der statthaften Klageart.

In Betracht kommen:

allg. Leistungsklage

⇨ die allg. Leistungsklage auf Herausgabe der Wohnung oder

oder Verpflichtungsklage (h.M.)

⇨ die Verpflichtungsklage auf Erlass eines Ausweisungs-VA an den Bewohner.

Maßgeblich ist, ob die Betrachtung auf die Verpflichtung der Behörde gegenüber dem Wohnungseigentümer oder aber auf das behördliche Einschreiten gegenüber dem Bewohner gerichtet wird.

Eigentümer hat Vollzugs-FBA

Der Eigentümer begehrt die Erfüllung eines Vollzugs-FBA, denn die Einweisung stellt einen hoheitlichen Eingriff in das Eigentumsrecht nach Art. 14 I GG dar.

Teilweise wird aufgrund dieses Umstands die allgemeine Leistungsklage befürwortet. Dass die Behörde ihrer Verpflichtung in der Regel durch eine Räumungsverfügung an die Bewohner nachkommen wird, soll insoweit unbeachtlich sein. Der Erlass dieses VA stelle nur die Erfüllung des Vollzugs-FBA dar; die Behörde kommt also durch den VA nur ihrer Pflicht gegenüber dem Hauseigentümer nach.[814]

593

594

595

596

813   Vgl. Hemmer/Wüst, Verwaltungsrecht II, Rn. 126 ff.; außer dass es sich um eine analoge Anwendung auf die Verpflichtungsklage handelt, ergeben sich zu den obigen Ausführungen zur Zulässigkeit der FFK bei der Anfechtungsklage keine wesentlichen Unterschiede.

814   Schenke, Polizei- und Ordnungsrecht, Rn. 321 und 326; Maurer/Waldhoff, § 30 Rn. 21; vgl. auch Hemmer/Wüst, Verwaltungsrecht II, Rn. 20.

h.M.: Verpflichtungsklage

Wird dagegen mit dem VGH Mannheim[815] und der wohl h.M.[816] auf das Einschreiten der Behörde abgestellt, so ist eine Verpflichtungsklage zu befürworten.

597

Vollzugs-FBA ist keine Rechtsgrundlage

Für diese Auffassung spricht, dass der Eigentümer letztlich ein Einschreiten der Behörde gegen den Eingewiesenen begehrt. Für dieses ist jedoch eine Rechtsgrundlage erforderlich,[817] der Vollzugs-FBA ist aber keine solche. Eine solche stellt für diese Fälle die Generalklausel der §§ 3, 1 I PolG dar, auf dessen Grundlage die Behörde gegenüber dem Eingewiesenen anordnen kann, dass er die Wohnung zu räumen habe.

Die Situation stellt sich daher grds. nicht anders dar als in sonstigen Fällen, in denen ein behördliches Einschreiten gegen einen Dritten begehrt wird.

Besonderheit

Von dem Normalfall der Drittverpflichtungsklage unterscheidet sich der Obdachlosenfall lediglich dadurch, dass die Situation, gegen der der Betroffene sich wehren möchte, durch die Behörde (mit-)verursacht wurde, und aus diesem Grund ein Vollzugs-FBA besteht. Dieser berührt jedoch das (letztlich für das Einschreiten entscheidende) Rechtsverhältnis zwischen der Behörde und dem Eingewiesenen, der von der begehrten Maßnahme belastet werden soll, nicht.

598

hemmer-Methode: Der bestehende Vollzugs-FBA wirkt sich (nur) dahingehend aus, dass das Ermessen der Behörde nach § 5 I PolG auf Null reduziert ist. Die Behörde trifft eine sog. Folgenbeseitigungslast,[818] welche sie zum Einschreiten verpflichtet.[819]

3. Löschung von Daten, Vernichtung erkennungsdienstlicher Unterlagen und Auskunftsanspruch

Klage auf Vernichtung von ED-Unterlagen und Daten

Begehrt der Kläger die Löschung der durch eine erkennungsdienstliche Behandlung gewonnenen personenbezogenen Daten bzw. die Vernichtung derartiger Unterlagen (vgl. § 36 III PolG), so ist die Verpflichtungsklage statthaft. Gleiches gilt für den Auskunftsanspruch nach § 45 PolG und den Löschungsanspruch nach § 46 I PolG.

599

Zwar stellen diese behördlichen Maßnahmen rein tatsächliche Handlungen dar, die grds. mit einer allgemeinen Leistungsklage zu erstreiten wären.[820] Jedoch wird angenommen, dass die Behörde zuvor durch Regelung gegenüber dem Betroffenen über den Anspruch zu entscheiden hat, sodass das Begehren richtigerweise auf den Erlass eines Verwaltungsakts gerichtet ist.[821]

hemmer-Methode: Hier wäre natürlich auch eine allg. Leistungsklage gut vertretbar. Denn die Argumentation, vor der Vornahme des Realakts sei eine Entscheidung erforderlich, ist bei näherer Betrachtung wenig tragfähig. Denn damit könnte immer die Statthaftigkeit der allg. Leistungsklage bezweifelt werden, da die Behörden dazu aufgerufen sind, die rechtliche Zulässigkeit jeder beabsichtigten Handlung zu prüfen, und auch zu hoffen ist, dass der handelnde Bedienstete jeweils vor dem Handeln eine bewusste Entscheidung trifft. Eine Entscheidung an sich genügt aber nicht der Legaldefinition des § 35 S. 1 VwVfG.

---

815 St. Rspr. seit VGH Mannheim, VerwRspr 12 (1960), 1001 (1005).

816 Götz/Geis, § 10 Rn 18 m.w.N.; Ruder, Rn. 325; Würtenberger/Heckmann/Tanneberger, § 5 Rn. 336 m.w.N.

817 Voßkuhle/Kaiser, JuS 2012, 1079 (1081); VGH Mannheim, VBlBW 1987, 423 (424).

818 Belz/Mussmann/Kahlert/Sander, § 33 PolG, Rn. 19; Würtenberger/Heckmann/Tanneberger, § 5 Rn. 337.

819 Voßkuhle/Kaiser, JuS 2012, 1079 (1081); so auch VGH Mannheim, NJW 1990, 2770 (2771).

820 So Belz/Mussmann/Kahlert/Sander, § 36 PolG, Rn. 19; § 33 PolG, Rn. 19 und § 46 PolG, Rn. 41.

821 Zeitler/Trurnit, Rn. 1125; Ruder, Rn. 602; Würtenberger/Heckmann/Tanneberger, § 5 Rn. 251; BVerwGE 31, 301 ff.; VGH Mannheim, DÖV 1973, 464.

III. Klagebefugnis, § 42 II VwGO

1. Allgemeines

möglicher Anspruch

Erforderlich ist ein möglicher Anspruch des Klägers auf den Erlass des begehrten VA.

600

Dabei ist i.R.d. Klagebefugnis zu prüfen, ob die Norm, auf die sich der Kläger stützt, nicht nur im Allgemein-, sondern auch im Individualinteresse besteht. Zudem muss sie gerade auch dem Interesse des Klägers dienen.

Ermessensreduzierung auf Null

Der Behörde kommt gem. dem Opportunitätsprinzip u.a. Entschließungsermessen zu („Ob" des Einschreitens). Ein Anspruch auf Einschreiten besteht nur dann, wenn das Ermessen auf Null reduziert ist.

601

Anspruch auf fehlerfreie Ermessensausübung

Sollte das Ermessen nicht auf Null reduziert sein, so kommt zumindest ein Anspruch auf fehlerfreie Ermessensausübung in Betracht. Auch ein solcher genügt für die Begründung einer Klagebefugnis.

hemmer-Methode: Beachten Sie, dass es keinen allgemeinen Anspruch auf fehlerfreie Ermessensausübung gibt. Ein solcher besteht nur, wenn die Ermessensnorm nicht ausschließlich im Allgemeininteresse steht und auch dem Interesse des Klägers dient.
In der Klausur kann bei der Klagebefugnis letztlich die Prüfung einer Ermessensreduzierung auf Null dahingestellt bleiben, soweit ein Anspruch auf fehlerfreie Ermessensausübung nicht offensichtlich ausgeschlossen ist.

2. Möglicher Anspruch auf polizeiliches Handeln

Möglichkeit eines Anspruchs

Die entsprechende Norm des Polizeirechts, auf die die vom Kläger begehrte Maßnahme gestützt werden könnte, darf nicht nur dem Allgemeininteresse dienen, sondern muss auch im Individualinteresse bestehen. Zudem muss sie gerade auch dem Interesse des Klägers dienen (sog. Drittschutznorm).

602

hemmer-Methode heißt auch, unnötiges Lernen zu vermeiden und so den Kopf für das Wesentliche freizuhalten. Der Kläger hat einen Anspruch aus einer Vorschrift des Polizeirechts, wenn diese auch zum Schutz seiner Interessen bestimmt ist. Diese Formulierung sollte Ihnen aus den Fällen der Drittanfechtung im Baurecht bekannt sein. Übertragen Sie Ihr Wissen ins Polizeirecht und in die Drittverpflichtungsklage! Die Voraussetzungen an das subjektiv-öffentliche Recht und den Anspruch sind nach der sog. Schutznormtheorie grds. die Gleichen!

a) Individualinteresse

Befugnisnorm auch im Individualinteresse

Bei der jeweils in Betracht kommenden Befugnisnorm, auf die eine begehrte polizeiliche Handlung gestützt werden soll, ist schließlich zu prüfen, ob sie auch im Individualinteresse besteht.

603

aa) Generalklausel, §§ 3, 1 PolG

Generalklausel

Soweit keine spezielle Befugnisnorm eingreift, kann die Polizei nach den §§ 3, 1 I PolG die notwendigen Maßnahmen treffen, um eine im einzelnen Fall bestehende Gefahr für die öffentliche Sicherheit oder Ordnung abzuwehren.

604

Hier ist zur Feststellung, ob diese Norm und damit auch die aufgrund dieser Norm erfolgende polizeiliche Handlung im Individualinteresse liegt, wiederum der Begriff der öffentlichen Sicherheit heranzuziehen. Rechtsprechung und Literatur haben eine allgemein anerkannte Definition entwickelt, wonach der Begriff drei Teilbereiche umfasst:[822]

⇨ Die Unversehrtheit der geschriebenen Rechtsordnung,

⇨ die Unversehrtheit der Individualrechtsgüter sowie

⇨ der Bestand des Staates und seiner grundlegenden Einrichtungen.

grundlegende Einrichtungen des Staates

Soweit nun die angestrebte polizeiliche Maßnahme die grundlegenden Einrichtungen des Staates betrifft, ist ein Individualinteresse grds. abzulehnen, da deren Schutz ausschließlich im Allgemeininteresse erfolgt.

Individualrechtsgüter

Andererseits stehen die Individualrechtsgüter Gesundheit, Ehre etc. immer im Individualinteresse und sind nach § 1 I S. 1 PolG („... von dem einzelnen ... Gefahren abzuwehren") ebenso polizeiliches Schutzgut wie die Allgemeininteressen.

Rechtsordnung

Soll die angestrebte Handlung dem Schutz der Rechtsordnung dienen, so ist bei der jeweils betroffenen Norm im Einzelfall zu prüfen, ob diese im Individualinteresse besteht.

Bsp.: Drohende Körperverletzung, § 223 StGB. Das Schutzgut körperliche Unversehrtheit besteht im Individualinteresse.

bb) Spezial- und Standardbefugnisse

anderweitige Befugnisse

Soll eine angestrebte polizeiliche Handlung auf spezielle Befugnisnormen oder Standardbefugnisse gestützt werden, so ist jeweils im Einzelfall im Wege der Auslegung zu ermitteln, ob die Norm auch im Individualinteresse besteht.[823]

Bsp.: Begehren der Beschlagnahme des Gewehrs des Ehemanns, der seiner Frau deren nahes Ende angekündigt hat. § 33 I Nr. 1 PolG ist unter Beachtung des im konkreten Fall zu schützenden Rechtsguts auszulegen; das Leben eines Einzelnen wird selbstverständlich auch in dessen Individualinteresse geschützt.[824] immissionsschutzrechtliche Stilllegungsverfügung zum Schutze der „Nachbarschaft", §§ 20 II S. 2, 25 II BImSchG.

b) Ermessen

Ermessen

I.R.d. Klagebefugnis genügt ein möglicher Anspruch auf fehlerfreie Ermessensausübung, sodass eine Ermessensreduzierung auf Null hier nicht erforderlich ist und daher erst i.R.d. Begründetheit untersucht werden muss.

IV. Sonstige Sachurteilsvoraussetzungen

Sonstiges

Hinsichtlich der übrigen Sachurteilsvoraussetzungen (Vorverfahren, Klagefrist) ergeben sich im Polizeirecht grds. keine spezifischen Abweichungen vom Normalfall der Verpflichtungsklage.[825] Betreffend den Klagegegner wird auf die Ausführungen unter Rn. 120 verwiesen.

---

822 BVerwG, NJW 2012, 2676 (2677); VGH Mannheim, NVwZ 2001, 1299; Götz/Geis, § 4 Rn. 3; Zeitler/Trurnit, Rn. 170; Stephan/Deger, § 1 Rn. 41. Hierzu im Detail unter Rn. 161 ff.
823 Hemmer/Wüst, Verwaltungsrecht II, Rn. 36 ff., insbesondere Verwaltungsrecht I, Rn. 121, 122.
824 Beachten Sie, dass hier zwar ein Fall der Eilbedürftigkeit i.S.d. § 2 I PolG vorliegt; eine Verpflichtungsklage wird aber i.d.R. an der zeitlichen Erledigung des Geschehens scheitern.
825 Hemmer/Wüst, Verwaltungsrecht II, Rn. 43 ff.

B. Begründetheit der Verpflichtungsklage

Obersatzbildung;
Vornahmeurteil

Die Begründetheitsprüfung ist grds. mit nachfolgendem Obersatz einzuleiten: **609**

> Die Verpflichtungsklage ist begründet, wenn die Ablehnung oder Unterlassung des VA rechtswidrig, der Kläger dadurch in seinen Rechten verletzt und die Sache spruchreif ist, § 113 V S. 1 VwGO. Dies ist der Fall, wenn der Kläger einen Anspruch auf den angestrebten polizeilichen VA hat, § 113 V S. 1 VwGO.

Bescheidungsurteil

Ist nur die Spruchreife nicht gegeben, ist die Klage trotzdem begründet, wenn der Kläger zumindest einen Anspruch auf ermessensfehlerfreie Entscheidung hat, § 113 V S. 2 VwGO. **610**

Im ersteren Fall ergeht ein Vornahmeurteil, im zweiten Fall ein Bescheidungsurteil.[826]

I. Anspruch auf polizeiliches Einschreiten

Anspruchsaufbau

Dem Kläger steht ein Anspruch auf den VA zu, wenn **611**

⇨ die maßgebliche Rechtsgrundlage („Anspruchsgrundlage") auch den Interessen des Klägers zu dienen bestimmt ist (subjektiv-öffentliches Recht des Klägers),

⇨ die Behörde den begehrten Verwaltungsakt rechtmäßigerweise erlassen könnte (= Inzidentprüfung!)

⇨ und das Ermessen auf Null reduziert ist.

> *Bsp.: In einem besonders kalten Dezember wurde in der Stadt S eine leerstehende Wohnung des Vermieters V beschlagnahmt (§ 33 I Nr. 1 PolG) und der unfreiwillig Obdachlose O eingewiesen (§§ 3, 1 I PolG). Da O nach Ablauf der dreimonatigen Einweisungsfrist trotz Aufforderung des V die Wohnung nicht verlässt, wendet sich dieser an die Stadt und verlangt, seine Wohnung räumen zu lassen.*
>
> *Steht dem V der geltend gemachte Räumungsanspruch zu? Unterstellen Sie hierbei, dass die Beschlagnahme und die Einweisung rechtmäßig erfolgten.*
>
> Möglicherweise steht dem V ein Anspruch auf polizeiliches Einschreiten aus §§ 3, 1 I PolG betreffend die Räumung der Wohnung zu.

Drittschutznorm

a) Die Generalklausel des Polizeirechts beinhaltet ein subjektiv-öffentliches Recht des V. Nach der sog. Schutznormtheorie besteht ein solches Recht, wenn eine Norm nach dem erkennbaren Willen des Gesetzgebers nicht nur den öffentlichen Interessen, sondern bestimmten Interessen eines abgrenzbaren Personenkreises zu dienen bestimmt ist. Soweit polizeiliche Eingriffsbefugnisse Individualrechtsgüter schützen, bezwecken sie den Schutz der jeweiligen Inhaber dieser Rechte. Da hier das Eigentum gefährdet ist, beinhalten die §§ 3, 1 I PolG insoweit ein subjektiv-öffentliches Recht des V.

Rechtmäßigkeit des Einschreitens

b) Die auf die Generalklausel gestützte Räumungsverfügung könnte auch formell und materiell rechtmäßig erlassen werden. Die fortdauernde Anwesenheit des O in der Wohnung stellt eine andauernde Störung der öffentlichen Sicherheit dar, denn hierdurch wird das Rechtsgut des V auf Eigentum (Art. 14 I GG) beeinträchtigt. Nach Auffassung des VGH Mannheim liegt eine Störung der öffentlichen Sicherheit zudem darin, dass das Verweilen in der Wohnung der Folgenbeseitigungspflicht der Behörde widerspricht.[827]

---

826   Hemmer/Wüst, Verwaltungsrecht II, Rn. 57 ff.
827   VGH Mannheim, NJW 1990, 2770, 2771.

Ermessensreduktion auf Null wegen Vollzugs-FBA	c) Ein Einschreiten steht jedoch grundsätzlich im Ermessen der Polizeibehörde. V hat nur dann einen Anspruch auf die begehrte Ausweisungsanordnung gegen den O, wenn das Entschließungsermessen (nicht unbedingt auch das Auswahlermessen) auf Null reduziert ist. Dies könnte sich hier aufgrund eines Vollzugs-FBA ergeben, den V gegen die Behörde hat. Zu prüfen ist daher, ob V ein derartiger Anspruch auch tatsächlich zusteht.
Rechtsgrundlage	aa) Als Rechtsgrundlage für den Vollzugs-FBA wird teilweise das Rechtsstaatsprinzip aus Art. 20 III GG, teilweise die Abwehrfunktion der Grundrechte, überwiegend beide Argumente in Verbindung herangezogen. Jedenfalls ist das Institut des Folgenbeseitigungsanspruchs mittlerweile Gewohnheitsrecht.[828]
hoheitlicher Eingriff	bb) Ein hoheitlicher Eingriff in subjektives Recht liegt vor, durch die behördliche Beschlagnahme und Einweisung wurde in das Eigentumsrecht des V aus Art. 14 GG eingegriffen.
rechtswidriger Zustand	cc) Da die zeitliche Geltungsdauer des Einweisungsbescheides nach drei Monaten abgelaufen ist (§ 43 II LVwVfG) und somit keine Rechtfertigung mehr darstellt, ist danach der eingetretene Zustand rechtswidrig.
Wiederherstellung zulässig	dd) Die Wiederherstellung des ursprünglichen Zustandes ist der Behörde möglich, zumutbar und rechtlich zulässig: Insbesondere kann sie rechtmäßigerweise eine Räumungsanordnung aufgrund der §§ 3, 1 I PolG gegen O erlassen (s.o.).
	Da der Vollzugs-FBA besteht, ist das Ermessen der Behörde auf Null reduziert (sog. Folgenbeseitigungslast).
Ergebnis	Ergebnis: Dem V steht ein Anspruch gegen die Stadt zu, gegen O einzuschreiten und die Räumung der Wohnung anzuordnen.

> **hemmer-Methode: Aus Sicht des Wohnungseigentümers müssen zwei Konstellationen strikt auseinandergehalten werden:**
> **1. Es besteht ein wirksamer Einweisungsbescheid, dessen zeitliche Geltungsdauer noch nicht abgelaufen ist: Hier muss der Wohnungseigentümer Anfechtungsklage erheben, um die Aufhebung des Einweisungsbescheides zu erreichen. Diese kann er mit einem Annexantrag nach § 113 I S. 2 VwGO verbinden. Dieser Antrag ist auf Räumung gerichtet und nur dann erfolgreich, wenn materiell ein Folgenbeseitigungsanspruch besteht.**
> **2. Sollte der Einweisungsbescheid aufgrund des Ablaufs der zeitlichen Befristung keine Wirkung mehr entfalten, so muss dieser auch nicht mehr aufgehoben werden. Der VA hat sich dann durch Zeitablauf erledigt, § 43 II LVwVfG. Dann ist Verpflichtungsklage zu erheben.**

II. Löschung von Daten und Vernichtung erkennungsdienstlicher Unterlagen, § 36 III PolG

Anspruch auf Vernichtung von ED-Unterlagen	Bei der Durchführung erkennungsdienstlicher Maßnahmen wird eine Vielzahl personenbezogener Daten erhoben und gespeichert. Aus § 36 III PolG[829] folgt, dass die Speicherung der Daten und die Aufbewahrung der Unterlagen nur beschränkt zulässig ist.
	Einen Anspruch des Betroffenen sieht § 36 III PolG nicht ausdrücklich vor. Dennoch beinhaltet die Vorschrift nicht nur eine objektiv-rechtliche Verpflichtung der Polizei zur Löschung bzw. Vernichtung, sondern darüber hinaus ein subjektiv-öffentliches Recht des Einzelnen.[830]

612

---

828   Voßkuhle/Kaiser, JuS 2012, 1079 (1079). Zum Folgenbeseitigungsanspruch Hemmer/Wüst, Staatshaftungsrecht, Rn. 695 ff.

829   Diese Vorschrift entspricht im Wesentlichen § 163c III StPO.

830   Belz/Mussmann/Kahlert/Sander, § 36 PolG, Rn. 19; Zeitler/Trurnit, Rn. 1125; Ruder, Rn. 605; Würtenberger/Heckmann/Tanneberger, § 5 Rn. 251.

Grundrecht auf Datenschutz

Ein solches Verständnis ist insbesondere aufgrund des Grundrechts auf informationelle Selbstbestimmung geboten, welches ein Unterfall des allgemeinen Persönlichkeitsrechts gem. Art. 2 I i.V.m. 1 I GG ist. Die Anfertigung und Aufbewahrung erkennungsdienstlicher Unterlagen stellt einen Eingriff in dieses Grundrecht dar.

613

Die fortdauernde Aufbewahrung ohne andauerndes Vorliegen der gesetzlichen Voraussetzungen des § 36 I PolG oder anderer Vorschriften stellt eine gesetzlose und damit unzulässige Beeinträchtigung dieses Rechts dar. Grundrechtlich ist es daher geboten, dass der Einzelne gegen eine solche Beeinträchtigung gerichtlich vorgehen kann, und ihm eine klagefähige Rechtsposition zusteht.

hemmer-Methode: Dieses Verständnis des § 36 III PolG ist demnach aufgrund einer norminternen Wirkung der Grundrechte geboten: Das Grundrecht aus Art. 2 I i.V.m. 1 I GG fordert eine Auslegung des einfachgesetzlichen Rechts in einer bestimmten, grundrechtsfreundlichen Richtung. Gäbe es die Vorschrift des § 36 III PolG nicht, wäre an einen Anspruch direkt aus dem Grundrecht zu denken: normexterne Wirkung des Grundrechts.

Voraussetzungen der Löschung bzw. Vernichtung

Die Pflichten aus § 36 III PolG entstehen, sobald die Voraussetzungen des § 36 I Nr. 1 oder Nr. 2 PolG entfallen sind. Eine Löschung bzw. Vernichtung muss daher erfolgen, wenn die Identität festgestellt ist (Nr. 1), sich der Verdacht als unbegründet erweist oder die Wiederholungsgefahr entfällt (Nr. 2), also keine Anhaltspunkte mehr dafür bestehen, dass die erkennungsdienstlich behandelte Person zukünftig strafrechtlich in Erscheinung treten wird und die Daten bzw. Unterlagen hierbei die Ermittlungen der Polizei fördern können.[831]

614

III. Verletzung subjektiver Rechte

Hat der Kläger im Ergebnis einen Anspruch auf Erlass des VA oder zumindest einen Anspruch auf fehlerfreie Ermessensentscheidung, so wurde er durch die Ablehnung auch in seinen subjektiven Rechten verletzt. Die Verpflichtungsklage ist dann begründet.

614a

---

831   Belz/Mussmann/Kahlert/Sander, § 36 PolG, Rn. 18; Stephan/Deger, § 36 PolG, Rn. 15.

§ 5 ALLGEMEINE LEISTUNGSKLAGE[832]

Bedeutung der allgemeinen Leistungsklage

Die allgemeine Leistungsklage hat in Polizeirechtsklausuren einen geringen Anwendungsbereich. Da die überwiegende Zahl polizeilicher Handlungen von der h.M. als VAe qualifiziert werden, ist in den meisten Fällen die Verpflichtungsklage einschlägig, soweit eine polizeiliche Handlung vor dem Verwaltungsgericht eingeklagt werden soll.

615

Herausgabeanspruch

Von Bedeutung ist die allgemeine Leistungsklage aber, wenn der Einzelne die Herausgabe von der Polizei sichergestellter oder beschlagnahmter Sachen begehrt.

616

Vollzugs-FBA ist Anspruchsgrundlage

Anspruchsgrundlage ist der Vollzugs-FBA. Voraussetzung für das Bestehen des Anspruchs ist, dass der eingetretene Zustand rechtswidrig ist. Dies ist nur der Fall, wenn keine wirksame Sicherstellungs- oder Beschlagnahmeanordnung vorliegt. Hat die Polizei einen VA erlassen, mit dem die Sicherstellung oder Beschlagnahme angeordnet wurde, muss der Betroffene die Aufhebung des VA erreichen. Die allgemeine Leistungsklage auf Herausgabe der Sachen kann gem. § 113 I S. 2 VwGO mit der Anfechtungsklage verbunden werden (sog. Annexantrag).

hemmer-Methode: Die Hauptprobleme in einer solchen Konstellation liegen dann wiederum bei der Anfechtungsklage und der Frage, ob die Anordnung rechtmäßig ist, oder aber die Voraussetzungen einer Sicherstellung oder Beschlagnahme gem. §§ 32, 33 PolG nicht (mehr) vorliegen und der VA daher aufzuheben ist.

Anspruchsberechtigter ist der Besitzberechtigte nach bürgerlichem Recht. Dabei braucht es sich nicht um die Person zu handeln, bei der der Gegenstand sichergestellt worden ist.

Zurückbehaltungsrecht der Polizei, § 83a PolG

Gem. § 83a PolG kann die Polizei die Herausgabe von beschlagnahmten oder sichergestellten Sachen von der Zahlung der entstandenen Kosten abhängig machen (hierzu ausführlich unter Rn. 490 ff.). Sie hat damit bis zur Begleichung der entstandenen Kosten ein Zurückbehaltungsrecht an der beschlagnahmten bzw. sichergestellten Sache.

617

---

832   Zur allgemeinen Leistungsklage Hemmer/Wüst, Verwaltungsrecht II, Rn. 163 ff.

§ 6 WIDERSPRUCHSVERFAHREN

Relevanz des Widerspruchsverfahrens

Das Widerspruchsverfahren[833] kommt in Polizeirechtsklausuren als Verpflichtungswiderspruch oder Anfechtungswiderspruch in Betracht. Die größere Bedeutung hat der Anfechtungswiderspruch.

618

Prüfungsschema zum Widerspruchsverfahren

I. Zulässigkeit des Widerspruchs

1. Verwaltungsrechtsweg, § 40 I S. 1 VwGO analog

2. Statthaftigkeit, § 68 VwGO

    a) gerichtet auf Aufhebung eines VA oder auf Erlass eines VA

    b) kein Ausschluss, 68 I S. 2 VwGO

3. Widerspruchsbefugnis, § 42 II VwGO analog

4. Form, Frist, § 70 VwGO

II. Begründetheit des Widerspruchs

Obersatz: Der Widerspruch ist begründet, soweit der VA (bzw. dessen Ablehnung) rechtswidrig oder unzweckmäßig ist und den Widerspruchsführer in subjektiv-öffentlichen Rechten verletzt, § 68 I S. 1 VwGO (bzw. § 68 II, I S. 1 VwGO).

A. Anfechtungswiderspruch

Vorverfahren, §§ 68 ff. VwGO

In den Fällen, in denen die Anfechtungsklage gegen polizeiliche VAe die richtige Klageart ist, kommt auch immer ein Widerspruchsverfahren in Betracht. Ein Widerspruchsverfahren ist grds. Sachurteilsvoraussetzung für eine Anfechtungsklage.

619

Varianten

Im Polizeirecht sind hinsichtlich der Stellung des Anfechtungswiderspruchs im Gesamtsystem folgende Varianten möglich:

keine Erledigung bis zum Schluss der mündlichen Verhandlung

I. Der angegriffene polizeiliche VA erledigt sich bis zum Schluss der letzten mündlichen Verhandlung nicht. Hier ist, wie bei jeder Anfechtungsklage, im Zeitpunkt der letzten mündlichen Verhandlung das Vorliegen eines erfolglos durchgeführten Widerspruchsverfahrens als Sachurteilsvoraussetzung der Anfechtungsklage erforderlich. Im Polizeirecht gilt nichts Abweichendes.

620

Erledigung während der Rechtshängigkeit

II. Der angegriffene VA erledigt sich während der Rechtshängigkeit der Anfechtungsklage. Dies ist die Situation, in der auf eine FFK nach § 113 I S. 4 VwGO umgestellt werden muss (direkte Anwendung).

621

Soweit eine Erledigung des VA vor Ablauf der Widerspruchsfrist, aber nach Erhebung einer Anfechtungsklage eintritt,[834] ist nach h.M. die Durchführung eines Vorverfahrens auch für die FFK als quasi umgestellte Anfechtungsklage nicht erforderlich.

Wenn jedoch die Erledigung nach Ablauf der Widerspruchsfrist eingetreten ist, so ist für die Zulässigkeit einer FFK nach § 113 I S. 4 VwGO die Durchführung eines erfolglos gebliebenen Widerspruchsverfahrens erforderlich.[835]

---

833   Zum Widerspruchsverfahren vgl. Hemmer/Wüst, Verwaltungsrecht III, Rn. 1 ff.

834   Dies ist deshalb möglich, weil eine Klage zunächst ohne Durchführung des erforderlichen Vorverfahrens erhoben werden kann, weil dieses als Sachurteilsvoraussetzung erst zum Schluss der letzten mündlichen Verhandlung vorliegen muss.

835   Vgl. hierzu Rn. 101.

Erledigung vor Klageerhebung

III. Der angegriffene VA erledigt sich vor Erhebung der Anfechtungsklage. In dieser Konstellation ergeben sich keine Besonderheiten für das bereits abgeschlossene Widerspruchsverfahren. Es handelt sich um die Situation, in der dann eine FFK analog § 113 I S. 4 VwGO zu erheben ist.

622

Erledigung vor Abschluss des Widerspruchsverfahrens

IV. Problemfall: Der angegriffene VA erledigt sich während des Widerspruchsverfahrens. Das BVerwG erachtet ein Widerspruchsverfahren für unstatthaft, wenn sich der VA schon vor Erhebung des Widerspruchs erledigt hat. Erledigt sich somit der VA während des Widerspruchsverfahrens, muss demnach dasselbe eingestellt werden. Der Betroffene kann eine FFK analog § 113 I S. 4 VwGO erheben. Ein „Fortsetzungsfeststellungswiderspruch" wird demnach abgelehnt.

623

Gemäß der in der Literatur vertretenen Meinung, nach der ein Widerspruchsverfahren trotz vorangegangener Erledigung durchgeführt werden muss bzw. zumindest durchgeführt werden kann, ist eine Sachentscheidung der Behörde zulässig. Bei Erledigung während des Verfahrens kann der Widerspruchsführer demnach entweder das Verfahren für erledigt erklären oder den Widerspruch mit der Maßgabe umstellen, dass die Rechtswidrigkeit des VA festgestellt werde. Im ersteren Fall stellt die Behörde dann die Einstellung des Verfahrens fest, im zweiten Fall entscheidet sie über die Rechtswidrigkeit.

B. Verpflichtungswiderspruch

Verpflichtungswiderspruch

Weitaus weniger Bedeutung hat der Verpflichtungswiderspruch im Polizeirecht. Soweit er in Betracht kommt, gelten im Widerspruchsverfahren grds. keine Besonderheiten. Auch i.R.d. Verpflichtungswiderspruchs ist besonderes Augenmerk auf die mögliche Erledigung des begehrten VA zu legen. Im Falle der Erledigung gelten die obigen Ausführungen zum Anfechtungswiderspruch entsprechend.

624

§ 7 SCHADENSERSATZ- UND ENTSCHÄDIGUNGSANSPRÜCHE

Schadensersatz/Entschädigung

Unter besonderen Voraussetzungen stehen dem Einzelnen gegenüber der Polizei (bzw. deren Rechtsträger) Ansprüche auf Schadensersatz und/oder Entschädigung wegen des polizeilichen Handelns zu.

625

hemmer-Methode: Eine Fallfrage nach dem Bestehen von Schadensersatz- oder Entschädigungsansprüchen ist regelmäßig nicht prozessual eingekleidet. Dies folgt aus dem Umstand, dass gem. § 40 I S. 2 VwGO und § 58 PolG nicht die Verwaltungsgerichte, sondern die ordentlichen Gerichte zuständig sind. Für einen Anspruch aus Amtshaftung gilt gem. Art. 34 S. 3 GG, § 40 II S. 1 Alt. 3 VwGO (Verletzung öffentlich-rechtlicher Pflichten) das Gleiche.
Eine solche Frage wird meist als Annex zu dem zuvor zu erstellenden Gutachten über die Erfolgsaussichten der Klage in die Klausur eingebaut.

Regelungssystematik

Das PolG enthält in den §§ 55 - 59 PolG spezialgesetzliche Regelungen für das im „polizeilichen Notstand" erbrachte Sonderopfer. Wenngleich der Anwendungsbereich des § 55 I S. 1 PolG nach Rspr. und h.L. über diverse Erst-recht-Schlüsse und Analogien auf weitere Fälle ausgeweitet wird, erfasst die Norm nur einen Ausschnitt aus dem Recht der staatlichen Ersatzleistungen.[836] Insbesondere die Haftung für rechtswidrige Maßnahmen gegen nach § 6 und § 7 PolG Verantwortliche ist im PolG nicht normiert.[837] In diesen Fällen muss auf die allgemeinen Anspruchsgrundlagen des Staatshaftungsrechts zurückgegriffen werden (hierzu unter Rn. 642 ff.).

626

A. Anspruch aus § 55 I PolG

§ 55 I PolG regelt einen verschuldensunabhängigen Anspruch des durch Maßnahmen der Polizei geschädigten Nichtverantwortlichen. Nach § 55 II PolG ist allerdings der Vorrang spezieller Entschädigungsregelungen, welche die Ansprüche wegen Maßnahmen gegen Nichtverantwortliche i.S.d. § 9 I PolG statuieren, zu beachten. Hierzu gehören §§ 56, 60 IfSG, §§ 15 - 21 TierGesG, § 51 GewO, §§ 16, 32 V, 33 II FWG und § 32 LKatSchG.[838]

627

hemmer-Methode: Diese Normen werden allenfalls in Hausarbeiten eine Rolle spielen und wurden nur der Vollständigkeit halber hier kurz erörtert.

Anspruchsvoraussetzungen

Voraussetzungen des Anspruchs aus § 55 I PolG sind:

I. Inanspruchnahme aufgrund § 9 I PolG

II. Rechtmäßigkeit der Maßnahme

III. Schaden und Unmittelbarkeitszusammenhang („durch")

IV. Bemessung und Begrenzung des Anspruchs

628

836   Stephan/Deger, § 55 PolG; Rn. 3; Zeitler/Trurnit, Rn. 1073; Ruder, Rn. 880.

837   VGH Mannheim, ZfWG 2015, 141 = GewArch 2015, 191; Stephan/Deger, § 55 PolG; Rn. 3; Belz/Mussmann/Kahlert/Sander, § 55 PolG, Rn. 1; Zeitler/Trurnit, Rn. 1076.

838   Stephan/Deger, § 55 PolG, Rn. 23; Belz/Mussmann/Kahlert/Sander, § 55 PolG, Rn. 7; Zeitler/Trurnit, Rn. 1053; Ruder, Rn. 881.

I. Inanspruchnahme aufgrund § 9 I PolG

Nichtverantwortliche i.S.v. § 9 I PolG

Die Person muss von der Polizei aufgrund § 9 I PolG in Anspruch genommen worden sein. Erforderlich ist damit zunächst, dass der Anspruchsteller nicht nach § 6 oder § 7 PolG verantwortlich ist (diese werden sozusagen durch polizeiliche Maßnahmen nur in die „Schranken des Rechts" zurückgewiesen),[839] sondern als Nichtverantwortlicher in Anspruch genommen wurde.

629

> **Bsp.:** *Polizeibeamte ergreifen ein im Treppenhaus liegendes Stemmeisen des Handwerkers H, um die Tür einer Wohnung aufzubrechen, in dem sich eine suizidgefährdete Person aufhält. Das Brecheisen ist nach dem Einsatz nicht mehr auffindbar.*

Problem: unbeteiligte Dritte

Anspruchsberechtigt ist nach § 55 I S. 1 PolG grundsätzlich nur, wer von der Polizei gezielt in Anspruch genommen wurde. Ob auch der völlig unbeteiligte Dritte[840] von der Norm erfasst ist, wird uneinheitlich beantwortet.

630

> **Bsp.:**[841] *Polizeibeamte führen eine allgemeine Verkehrskontrolle durch. Der Fahrer (F) eines VW Touran missachtet das Haltegebot und entfernt sich von der Kontrollstelle. Die Polizeibeamten nehmen die Verfolgung auf und bringen den Wagen durch kontrolliertes Rammen zum Anhalten. Erst anschließend stellt sich heraus, dass es sich bei dem Fahrzeug um den VW Touran des E handelt, den der F tags zuvor gestohlen hatte. Der durch den rechtmäßigen Polizeieinsatz am Fahrzeug entstandene Schaden beläuft sich auf 12.800 €. Hat E einen Anspruch aus § 55 I S. 1 PolG?*

Ein spezieller Entschädigungtatbestand für derartige Fälle ist im PolG nicht enthalten. Nach der Rspr. und Teilen der Literatur[842] scheidet ein Anspruch aus § 55 I S. 1 PolG hier aus, da die Behörde den Geschädigten E nicht gezielt in Anspruch genommen hat. Der Schaden ist vielmehr als eine unbeabsichtigte Nebenfolge des polizeilichen Handelns eingetreten. Auch eine analoge Anwendung der Norm kommt nicht in Betracht, da ein grundlegender Unterschied in der Vorgehensweise der Polizei besteht, ob sie eine nicht verantwortliche Person zur Beseitigung einer Gefahr heranzieht oder ob jemand betroffen wird, der außerhalb dieser durch die Polizei wahrnehmbaren Zusammenhänge steht. Eine Entschädigung des E kommt damit allenfalls über einen Anspruch aus enteignendem Eingriff in Betracht.

In der Literatur wird überwiegend[843] in dieser Konstellation über einen Erst-recht-Schluss die analoge Anwendung des § 55 I S. 1 PolG befürwortet: Wenn schon dem rechtmäßig in Anspruch genommenen Nichtverantwortlichen ein Entschädigungsanspruch zusteht, müsse dies erst recht für einen unbeteiligten Dritten gelten. Dem zufällig und nicht gezielt Betroffenen wird ebenso ein Sonderopfer auferlegt wie dem von der Polizei absichtlich in Anspruch genommenen Nichtverantwortlichem.

Problem: Anscheins- und Verdachtsverantwortliche

Nicht normiert ist zudem der Entschädigungsanspruch des Anscheins- und Verdachtsverantwortlichen. Die h.M. wendet § 55 I S. 1 PolG auf diese analog an, sollte sich später herausstellen, dass tatsächlich keine Gefahr bestanden hat und der Betroffene den Anschein oder Verdacht einer Gefahr nicht zurechenbar verursacht hat.[844] Hintergrund dieser Analogie ist die Entkoppelung der Entschädigungsfrage von der Rechtmäßigkeit der Primärmaßnahme.[845]

631

---

839 Stephan/Deger, § 55 PolG; Rn. 10; Zeitler/Trunnit, Rn. 1044; Ruder, Rn. 881; Schenke, Polizei- und Ordnungsrecht, Rn. 679.

840 Klassischer Fall: Derjenige, der durch einen Querschläger aus der Dienstwaffe einen Schaden erleidet.

841 Fall nach BGH, NJW 2011, 3157.

842 OLG Frankfurt a.M., NVwZ-RR 2014, 142; BGH, NJW 2011, 3157; Schenke, Polizei- und Ordnungsrecht, Rn. 691; Will, VerwArch 106 (2015), 55 (65).

843 Stephan/Deger, § 55 PolG; Rn. 10; Belz/Mussmann/Kahlert/Sander, § 55 PolG, Rn. 2; Zeitler/Trunnit, Rn. 1066; Ruder, Rn. 891; Sydow, Jura 2007, 7 (9); Poscher/Rusteberg, JuS 2012, 26 (32).

844 VGH Mannheim, VBlBW 2011, 350 (352); ZfWG 2015, 141 = GewArch 2015, 191; OLG Karlsruhe, DVBl. 2013, 1206; BGHZ 117, 303 (308); Schenke, Polizei- und Ordnungsrecht, Rn. 685 ff.

845 Hierzu bereits unter Rn. 328; Ruder, Rn. 888; Stephan/Deger, § 55 PolG; Rn. 11; Würtenberger/Heckmann/Tanneberger, § 9 Rn. 33 f.

II. Rechtmäßigkeit der Maßnahme

Rechtswidrigkeit

Weitere Voraussetzung der Norm ist nach allgemeiner Meinung,[846] dass der Nichtverantwortliche rechtmäßig in Anspruch genommen wurde. Da der Anspruch aus § 55 I S. 1 PolG an eine Maßnahme anknüpft, können bloße Unterlassungen den Anspruch nicht begründen. Im Übrigen wird der Wortlaut weit interpretiert, sodass neben klassischen Verfügungen auch Realakte erfasst werden.

632

Erst-recht-Schluss bei Rechtswidrigkeit

Teilweise wird vertreten, dass über einen Erst-recht-Schluss die Ersatzpflicht auch bei rechtswidrigen Maßnahmen der Polizei eingreift.[847] Ein Anspruch besteht daher auch für diejenigen Personen, gegen die polizeiliche Maßnahmen gerichtet wurden, aber die Voraussetzungen des § 9 I PolG nicht vorlagen oder die Maßnahme aus anderen Gründen rechtswidrig war (sog. Putativverantwortlicher).

633

Nach anderer Ansicht ist eine Analogie abzulehnen, da es insbesondere an einer Regelungslücke fehlt. Für rechtswidriges Handeln bestünden mit der Amtshaftung nach Art. 34 GG i.V.m. § 839 BGB und den ungeschriebenen Ansprüchen aus enteignungsgleichem Eingriff bzw. Aufopferungsanspruch adäquate Haftungsgrundlagen.[848]

III. Schaden und Unmittelbarkeitszusammenhang

Sonderopfer

Erforderlich ist eine Beeinträchtigung, die eine gewisse Opfergrenze überschreitet. Es muss ein Sonderopfer vorliegen und nicht lediglich eine das allgemeine Lebensrisiko konkretisierende Beeinträchtigung.[849]

634

> **Bsp.:** *Bei einem Polizeieinsatz in einem Mehrfamilienhaus wird dem im Dachgeschoss wohnenden D für 20 Minuten untersagt, das Treppenhaus zu benutzen. Aus diesem Grund kann D erst später das Haus verlassen. D verpasst seinen Flug und muss ein neues Flugticket kaufen.*

> Je nach Höhe des Flugpreises ist hier zwar ein nicht unerheblicher Schaden für D entstanden. Dennoch kann er wegen einer 20 Minuten dauernden Maßnahme keine Entschädigung verlangen, denn eine solche Beeinträchtigung liegt i.R.d. allgemeinen Lebensrisikos.

Unmittelbarkeitszusammenhang

Der Schaden muss nach dem Wortlaut des § 55 I S. 1 PolG durch die Maßnahme entstanden sein. Eine Verursachung im Sinne der Adäquanz noch gar der Äquivalenz ist dagegen nicht ausreichend.[850]

635

Nötig ist ein innerer Zusammenhang mit dieser Maßnahme, d.h. es muss sich eine besondere Gefahr verwirklichen, die bereits in der hoheitlichen Maßnahme selbst angelegt ist. In diesem Sinne ist das Tatbestandsmerkmal der Unmittelbarkeit ein Kriterium für die wertende Zurechnung der Schadensfolge nach Verantwortlichkeiten und Risikosphären.

> Der Anspruch des D könnte auch aus diesem Grund bezweifelt werden. Denn Ursache für den Schaden ist weniger die polizeiliche Maßnahme als der Umstand, dass D ohnehin (nach allgemeinen Erfahrungsgrundsätzen) zu spät zum Flughafen aufgebrochen ist.

---

846   Stephan/Deger, § 55 PolG; Rn. 1; Belz/Mussmann/Kahlert/Sander, § 55 PolG, Rn. 2; Zeitler/Trurnit, Rn. 1073; Ruder, Rn. 882.

847   Wolf/Stephan/Deger, § 55 PolG, Rn. 1; Belz/Mussmann/Kahlert/Sander, § 55 PolG, Rn. 2; Ruder, Rn. 882; Götz/Geis, § 15 Rn. 4.

848   OLG Karlsruhe, VBlBW 2000, 329 (332); Zeitler/Trurnit, Rn. 1073; Würtenberger/Heckmann/Tanneberger, § 9 Rn. 27.

849   Zeitler/Trurnit, Rn. 1046; Ruder, Rn. 882; Stephan/Deger, § 55 PolG, Rn. 13; Belz/Mussmann/Kahlert/Sander, § 55 PolG, Rn. 3.

850   Stephan/Deger, § 55 PolG, Rn. 13; Ruder, Rn. 884; Zeitler/Trurnit, Rn. 1046; Würtenberger/Heckmann/Tanneberger, § 9 Rn. 11.

IV. Bemessung und Begrenzung des Anspruchs

Ausgleich des Sonderopfers

§ 55 PolG gewährt keinen vollständigen Schadensersatz (Differenz-hypothese), sondern nur einen angemessenen Ausgleich in Geld. Ersetzt wird grundsätzlich nur das Sonderopfer, das der Betroffene erlitten hat.

636

> *Bsp.:* Reparatur- und Wiederbeschaffungskosten, Verdienstausfall, Heilbehandlungskosten, merkantiler Minderwert; nicht aber Schmerzensgeld oder entgangener Gewinn

Bemessung des Anspruchs

Nach § 55 I S. 2 PolG sind bei der Ausgleichsbemessung die Umstände des Einzelfalles (z.B. Art und Vorhersehbarkeit des Schadens und Schutz der geschädigten Person) zu berücksichtigen. Zur Begrenzung der Haftung der öffentlichen Hand[851] hat mithin eine umfassende Interessenabwägung stattzufinden.

637

> *Bsp.:* Vermieter V meldet der Polizei einen vermeintlichen Suizid seines Mieters M, den er seit Wochen nicht erreichen kann. Die vor Ort eintreffenden Polizeibeamten gehen aufgrund weiterer Indizien unverschuldet von einem Suizid des M aus. Sie öffnen gewaltsam die Wohnungstür (Schaden 50 €), da ein Zweitschlüssel nicht vorhanden ist. Es stellt sich aber heraus, dass M spontan in Urlaub gefahren ist.

Dem M steht als Anscheinsverantwortlichem grds. ein Anspruch aus § 55 I S. 1 PolG analog zu (vgl. hierzu Rn. 631). Durch die getroffene polizeiliche Maßnahme ist ein unmittelbarer Schaden entstanden. Der Ersatzanspruch ist aber nach § 55 I S. 2 PolG eingeschränkt, zumal bei der Ausgleichsbemessung die Umstände des Einzelfalles zu berücksichtigen sind. Art und Umfang des zu erwartenden Schadens sprechen gegen eine umfassende Ersatzpflicht. Zudem ist in eine Abwägung einzustellen, dass das Aufbrechen der Tür zum Schutz des M erfolgte. Im Ergebnis dürfte der Ersatzanspruch des M um 50 % zu mindern sein.

Mitverschulden

Mitwirkendes Verschulden oder mitwirkende Verursachung haben nach § 55 I S. 3 PolG ebenfalls Auswirkungen auf den Umfang des Erstattungsanspruchs.

638

V. Entschädigungsverpflichteter und Verjährung

Entschädigungsverpflichteter

Entschädigungsverpflichtet ist gem. § 56 S. 1 PolG die Körperschaft, in deren Dienst der Beamte steht, welcher die in Rede stehende Maßnahme getroffen hat (sog. Anstellungskörperschaft). Auf den Beamtenstatus des Handelnden kommt es nicht an, erfasst sind vielmehr auch Angestellte, Arbeiter etc.[852] Anstellungskörperschaft der Polizeivollzugsbeamten ist das Land Baden-Württemberg, Anstellungskörperschaft der Bediensteten der kommunalen Polizeibehörde ist hingegen die jeweilige Gebietskörperschaft.[853]

639

Im Falle des Handelns auf Weisung (insbesondere Amts- und Vollzugshilfe) trifft die Ausgleichspflicht die ersuchende oder anweisende Körperschaft, § 56 S. 2 PolG.

Verjährung

Eine Verjährungsfrist ist im PolG nicht geregelt. Da in derartigen Fällen die Verjährungsvorschriften des BGB entsprechend anzuwenden sind,[854] beträgt diese grundsätzlich drei Jahre (§ 195 BGB). Nach § 199 BGB beginnt die Frist mit dem Schluss des Jahres, in welchem der Anspruch entstanden ist und der Gläubiger vom Anspruch Kenntnis erlangen musste.

640

---

851 Zeitler/Trurnit, Rn. 1050; Ruder, Rn. 883; Belz/Mussmann/Kahlert/Sander, § 55 PolG, Rn. 5; Stephan/Deger, § 55 PolG, Rn. 15.
852 Belz/Mussmann/Kahlert/Sander, § 56 PolG, Rn. 1; Stephan/Deger, § 56 PolG, Rn. 2; Will, VerwArch 106 (2015), 55 (72).
853 Zeitler/Trurnit, Rn. 1054; Ruder, Rn. 886; Stephan/Deger, § 56 PolG, Rn. 3 und 4; Belz/Mussmann/Kahlert/Sander, § 56 PolG, Rn. 1 und 2.
854 Belz/Mussmann/Kahlert/Sander, § 55 PolG, Rn. 6; Zeitler/Trurnit, Rn. 1056; Kopp/Ramsauer, § 53 VwVfG, Rn. 25; Sydow, Jura 2007, 7 (12).

Schadensersatzansprüche wegen Verletzung des Lebens, des Körpers, der Gesundheit oder der Freiheit verjähren nach § 199 II, III BGB ohne Rücksicht auf ihre Entstehung und die Kenntnis in 30 Jahren.[855]

VI. Rechtsweg

ordentlicher Rechtsweg

Nach § 58 PolG ist für Ansprüche aus § 55 PolG der Rechtsweg zu den ordentlichen Gerichten eröffnet. Dies ergibt sich aber schon aus der bundesrechtlichen Regelung des § 40 II S. 1 VwGO, sodass § 58 PolG insoweit nur deklaratorische Bedeutung zukommt.

641

Für diese Entschädigungsansprüche sind über § 71 III GVG (i.V.m. § 3 Nr. 1 AGGVG) in erster Instanz die Landgerichte ohne Rücksicht auf den Wert des Streitgegenstandes ausschließlich zuständig.[856]

B. Ansprüche des rechtswidrig in Anspruch genommenen Verantwortlichen

Bei rechtswidrigen Maßnahmen seitens der Polizei gegenüber einem nach § 6 oder § 7 PolG Verantwortlichen scheidet der Anspruch aus § 55 I PolG nach einhelliger Ansicht aus.[857] Insofern ist auf allgemeine Anspruchsgrundlagen des Staatshaftungsrechts zurückzugreifen.

642

I. Amtshaftung, Art. 34 GG i.V.m. § 839 BGB

Amtshaftungsanspruch

Ist das rechtswidrige polizeiliche Handeln schuldhaft, kommt unter den Voraussetzungen von Art. 34 GG i.V.m. § 839 BGB ein Anspruch auf Schadensersatz in Betracht.[858]

643

Voraussetzungen

Die Voraussetzungen dieses Anspruchs sind:[859]

---

1. Handeln eines Beamten: baden-württembergische Behördenmitarbeiter sind Beamte im haftungsrechtlichen Sinne, die bei der Erfüllung ihrer gesetzlichen Aufgaben ein öffentliches Amt ausüben

2. Verletzung einer Amtspflicht: hier insbesondere der Pflicht zu rechtmäßigem Handeln

3. Drittbezogenheit der Amtspflicht: Maßgebend ist, ob die Amtspflicht den Schutz der Interessen des Geschädigten bezweckt

4. Verschulden des Beamten, § 276 BGB

5. Schaden beim Adressaten der Maßnahme

6. Haftungsausfüllende Kausalität (d.h. zwischen Amtspflichtverletzung und Schaden)

7. Kein Eingreifen einer Haftungsbeschränkung, insbesondere § 839 I S. 2 und III BGB oder § 254 BGB

8. Der Anspruch richtet sich nach Art. 34 GG i.V.m. § 839 BGB gegen das Land Baden-Württemberg

---

855   Will, VerwArch 106 (2015), 55 (74).

856   Zeitler/Trurnit, Rn. 1057; Stephan/Deger, § 55 PolG, Rn. 3; Belz/Mussmann/Kahlert/Sander, § 58 PolG, Rn. 1.

857   VGH Mannheim, ZfWG 2015, 141 = GewArch 2015, 191; Zeitler/Trurnit, Rn. 1076; Stephan/Deger, § 55 PolG; Rn. 3; Belz/Mussmann/Kahlert/Sander, § 55 PolG, Rn. 1.

858   VGH Mannheim, ZfWG 2015, 141 = GewArch 2015, 191; Zeitler/Trurnit, Rn. 1076; Stephan/Deger, § 55 PolG; Rn. 3. I.R.d. Staatshaftung ist auch ein Anspruch auf Schmerzensgeld gem. §§ 253 II BGB möglich, vgl. Palandt, § 839 BGB, Rn. 79.

859   Ausführlich hierzu Hemmer/Wüst, Staatshaftungsrecht, Rn. 7 ff.; Zeitler/Trurnit, Rn. 1078 - 1093; Wittreck/Wagner, Jura 2013, 1213.

II. Anspruch aus enteignungsgleichem Eingriff[860] und Aufopferung[861]

vom Verschulden unabhängige Ansprüche

Sowohl bei schuldhaft als auch schuldlos rechtswidrigen Maßnahmen steht dem Geschädigten für Körperschäden ein Anspruch aus Aufopferung und für Vermögensschäden ein Anspruch aus enteignungsgleichem Eingriff zu.[862]

644

III. (Vollzugs-)Folgenbeseitigungsanspruch

Kann die rechtswidrige Maßnahme rückgängig gemacht werden, steht dem Betroffenen ein auf Wiederherstellung des status quo ante gerichteter (Vollzugs-)Folgenbeseitigungsanspruch zu.[863]

Die Voraussetzungen dieses Anspruchs sind:[864]

645

1. Hoheitlicher Eingriff

2. In eine geschützte Rechtsposition des Bürgers

3. Entstehen eines andauernden, rechtswidrigen Zustands

4. Haftungsausfüllende Kausalität

5. (Keine) Ausschlussgründe:

   ⇨ Unmöglichkeit der Wiederherstellung

   ⇨ Unzumutbarkeit der Wiederherstellung

   ⇨ Unzulässige Rechtsausübung

   ⇨ Überwiegende Mitverantwortlichkeit des Geschädigten

Besonderheit

Dieser Anspruch greift auch bei der rechtswidrigen Inanspruchnahme eines Nichtverantwortlichen i.S.d. § 9 I PolG, tritt somit grds. neben den Ersatzanspruch aus § 55 I PolG. Kann die rechtswidrige Maßnahme mit zumutbarem Aufwand rückgängig gemacht werden, so ist der (Vollzugs-)Folgenbeseitigungsanspruch vorrangig.[865]

646

> *Bsp.: Die Polizeibehörde beschlagnahmt die private Eigentumswohnung des E und weist den Obdachlosen O in diese ein. Nach Ablauf der Einweisungsfrist ist die Behörde gegenüber dem E zur Räumung der Wohnung verpflichtet. Kommt sie dem nicht nach, kann der E über den Vollzugs-Folgenbeseitigungsanspruch eine Räumung verlangen, der vor den Verwaltungsgerichten geltend zu machen ist.*

C. Sonderfälle

I. Ansprüche des Polizei- oder Nothelfers

Polizeihelfer

Nicht normiert ist im baden-württembergischen Polizeigesetz der Schadensausgleich des freiwilligen Helfers der Polizei (sog. Polizei- oder Nothelfer). Diese Konstellation zeichnet sich dadurch aus, dass eine Person mit Zustimmung der Polizei bei der Erfüllung konkreter polizeilicher Aufgaben (oftmals auf Ersuchen der Behörde) freiwillig mitwirkt.[866]

647

860 Ausführlich zum Anspruch aus enteignungsgleichem Eingriff Hemmer/Wüst, Staatshaftungsrecht, Rn. 242 ff.
861 Ausführlich zum Aufopferungsanspruch Hemmer/Wüst, Staatshaftungsrecht, Rn. 274 ff.
862 Stephan/Deger, § 55 PolG, Rn. 3; Belz/Mussmann/Kahlert/Sander, § 55 PolG, Rn. 1; Zeitler/Trurnit, Rn. 1073; Ruder, Rn. 893.
863 Stephan/Deger, § 55 PolG; Rn. 24; Ruder, Rn. 898; Würtenberger/Heckmann/Tanneberger, § 9 Rn. 22.
864 Ausführlich hierzu Hemmer/Wüst, Staatshaftungsrecht, Rn. 314 ff. Lesenswert zudem Voßkuhle/Kaiser, JuS 2012, 1079.
865 Stephan/Deger, § 55 PolG; Rn. 24; Ruder, Rn. 898; Würtenberger/Heckmann/Tanneberger, § 9 Rn. 22
866 Ruder, Rn. 892; Zeitler/Trurnit, Rn. 1070; Will, VerwArch 106 (2015), 55 (60).

> *Bsp.: Polizeibeamte bitten den Wohnungsnachbarn W um dessen Brecheisen, um die Tür der Nebenwohnung aufzubrechen, in der sich eine suizidgefährdete Person aufhält. Das Brecheisen ist nach dem Einsatz nicht mehr auffindbar.*

Zumal in diesen Konstellationen dem freiwilligen Helfer kein Sonderopfer auferlegt wird, ist eine analoge Anwendung des § 55 I PolG abzulehnen.[867] In Betracht kommen allerdings Ansprüche auf Heilbehandlung, Verletztengeld und Ersatz von Sachschäden i.R.d. gesetzlichen Unfallversicherung (§ 2 Nr. 11 - 13 SGB VII) gegen den Sozialversicherungsträger. Diese Regelungen gelten auch für Schäden, die bei einer Hilfeleistung nach § 323c StGB entstehen.

648

II. Regressanspruch nach § 57 PolG

§ 57 PolG statuiert eine Regressnorm für die einen Schadensausgleich zahlende Körperschaft. Der Anspruch richtet sich gegen Verhaltens- oder Zustandsverantwortliche, die wegen besonderer Umstände nicht unmittelbar zur Gefahrenabwehr herangezogen wurden.[868]

649

> *Bsp.: Polizeibeamte wurden von Bewohnern eines Mehrfamilienhauses über einen Fall der häuslichen Gewalt zwischen Eheleuten informiert. Vor Ort vernahmen die Beamten laute Hilfeschreie aus der Wohnung. Ihre Aufforderungen an den prügelnden Ehemann E, die Tür zu öffnen, blieben aber ungehört. Da die Beamten keine entsprechenden Werkzeuge zum Öffnen der Tür bei sich haben, ergreifen sie ein im Treppenhaus liegendes Stemmeisen des Handwerkers H, welches beim Einsatz beschädigt wird.*

Das Land Baden-Württemberg ist vorliegend dem Nichtverantwortlichen H gegenüber aus § 55 I PolG für das beschädigte Stemmeisen ersatzpflichtig. Diese Kosten verbleiben nicht bei der ausgleichspflichtigen Körperschaft, können vielmehr über den in § 57 I PolG normierten Rechtsfolgenverweis nach § 683 S. 1 i.V.m. § 670 BGB vom für den Polizeieinsatz verantwortlichen Ehemann E eingefordert werden.

prozessuale Geltendmachung

Über den Anspruch nach § 57 PolG entscheiden ebenfalls die ordentlichen Gerichte (vgl. hierzu Rn. 641). Daraus folgt, dass der Regressanspruch nicht durch Verwaltungsakt (sog. Leistungsbescheid) geltend gemacht werden kann.[869]

650

III. Öffentlich-rechtliche Verwahrung

öffentlich-rechtliches Verwahrungsverhältnis

Mit Sicherstellung oder Beschlagnahme erlangt die Polizei die tatsächliche Sachherrschaft über eine Sache. Gem. § 32 III PolG, der nach § 33 III S. 3 PolG bei der Beschlagnahme entsprechend gilt, hat die Polizei dabei den Belangen des Eigentümers oder des (vormaligen) Inhabers der tatsächlichen Gewalt Rechnung zu tragen.

651

§§ 688 ff. BGB sinngemäß anwendbar

Hier können zur Bestimmung der wechselseitigen Rechte, Pflichten und Ansprüche die §§ 688 ff. BGB (zivilrechtlicher Verwahrungsvertrag) sinngemäß herangezogen werden. Dies gilt jedoch nur, soweit die Normierungen des PolG hierfür entsprechenden Raum lassen.[870]

Ansprüche aus öffentlich-rechtlichem Verwahrungsverhältnis

> *Bsp.: Die Polizeibeamten A und B entdecken bei einer Routinekontrolle auf einem Großparkplatz den Porsche des L. Der Wagen war von seinem Eigentümer vor wenigen Tagen als gestohlen gemeldet worden. Sie lassen den Porsche auf einen amtlichen Verwahrparkplatz bringen.*

652

---

867   Stephan/Deger, § 55 PolG; Rn. 7 und § 9 PolG, Rn. 2; Ruder, Rn. 892; Zeitler/Trurnit, Rn. 1070.

868   Stephan/Deger, § 57 PolG; Rn. 1; Belz/Mussmann/Kahlert/Sander, § 57 PolG, Rn. 2; Zeitler/Trurnit, Rn. 1055.

869   Stephan/Deger, § 58 PolG; Rn. 2 und 5; Belz/Mussmann/Kahlert/Sander, § 58 PolG, Rn. 2.

870   Ruder, Rn. 736; Stephan/Deger, § 32 PolG; Rn. 12; Belz/Mussmann/Kahlert/Sander, § 32 PolG, Rn. 7; VGH Kassel, NVwZ 1988, 655; Palandt, vor § 688 BGB, Rn. 7.

Bevor der informierte Eigentümer sein Fahrzeug abholen kann, rammen A und B infolge leichter Unachtsamkeit den Porsche mit ihrem Dienstfahrzeug. Der Wagen wird dadurch stark beschädigt.

Hat L Schadensersatzansprüche gegen das Land?

I. Schadensersatzanspruch aus §§ 688, 280 I, 241 II BGB analog

§§ 688, 280 I, 241 II BGB analog

Zwischen L und dem Land Baden-Württemberg ist ein öffentlich-rechtliches Verwahrungsverhältnis zustande gekommen, indem der Porsche gem. § 32 I PolG sichergestellt und in Verwahrung genommen wurde. Für das öffentlich-rechtliche Verwahrungsverhältnis gelten die §§ 688 ff. BGB rechtsähnlich.

Die Polizeibeamten müssten nun eine sich aus diesem ergebende Schutzpflicht verletzt haben. I.R.d. Verwahrung hat die Behörde nach § 3 I S. 1 DVO PolG die Pflicht, nach Möglichkeit Wertminderungen vorzubeugen. Diese der Polizei obliegende Pflicht wurde durch die Beschädigung des Porsches verletzt.

Das Verschulden der Polizisten A und B wird dem Land als Dienstherrn nach § 278 BGB analog zugerechnet.[871]

hemmer-Methode: Beachten Sie, dass auch im öffentlichen Recht bei Ansprüchen aus § 280 BGB analog die Beweislastumkehr des § 280 I BGB analog gilt. Dies führt im Gegensatz zur Amtshaftung (§ 839 BGB) zu einer wesentlichen Vereinfachung für den Anspruchsführer. Dass in der Klausur nach diesem Problem gefragt ist, erkennt man z.B. an Formulierungen wie: „Ob der Untergang von der Behörde verschuldet wurde, lässt sich nicht mehr klären".

Möglicherweise könnte allerdings die Haftungsprivilegierung des § 690 BGB analog eingreifen. I.R.d. öffentlich-rechtlichen Verwahrungsverhältnisses ist jedoch fraglich, ob überhaupt Raum für eine Haftungsprivilegierung bleibt. Das Haftungsprivileg steht im Widerspruch zu § 32 III PolG. Er normiert, dass die Polizei nach Möglichkeit Wertminderungen vorzubeugen hat. Daraus folgt eine Sorgfaltspflicht, die über die eigenübliche Sorgfalt nach §§ 690, 277 BGB des „freiwilligen Verwahrers" hinausgeht.[872]

Darüber hinaus übernimmt die Polizei die Aufbewahrung nicht aus eigenem Antrieb, sondern kraft einer ihr auferlegten Amtspflicht. Der Maßstab des § 32 III PolG lässt folglich keinen Raum für eine analoge Anwendung des § 690 BGB.

Der durch die Pflichtverletzung entstandene Schaden ist daher zu ersetzen.

II. Anspruch aus Art. 34 GG i.V.m. § 839 BGB

Die Polizeibeamten A und B haben als Beamte im haftungsrechtlichen Sinn in Ausübung des ihnen zugewiesenen öffentlichen Amts ihre dem Eigentümer aus § 3 I S. 1 DVO PolG ggü. obliegende Pflicht verletzt, nach Möglichkeit Wertminderungen vorzubeugen.

Sie haben hierdurch schuldhaft einen Schaden verursacht. Eine anderweitige Ersatzmöglichkeit nach § 839 I S. 2 BGB sowie ein Ausschluss des Anspruches nach § 839 III BGB kommt nicht in Betracht.

Der Anspruch richtet sich gegen das Land Baden-Württemberg.

prozessuale Geltendmachung

Schadensersatzansprüche aufgrund der Verletzung eines öffentlich-rechtlichen Verwahrungsverhältnisses, die nicht auf einem öffentlich-rechtlichen Vertrag beruhen, sind nach § 40 II S. 1 Alt. 2 VwGO vor den ordentlichen Gerichten geltend zu machen.

653

---

871   Palandt, § 276 BGB, Rn. 130.
872   Stephan/Deger, § 32 PolG; Rn. 14.

§ 8 ANTRAG NACH § 47 I VWGO

Standardkonstellation des Examens

Die beantragte (richterliche) Überprüfung einer Polizeiverordnung stellt einen weiteren Standardfall einer Klausur aus dem Polizeirecht dar. Die Examensrelevanz ergibt sich insbesondere aus der praktischen Bedeutung dieser Verordnungen: Über eine administrative Rechtsetzung wird zum einen den Landesgesetzgeber entlastet. Zum anderen ermöglichen Verordnungen eine schnelle, flexible und ortsnahe Reaktion auf Gefährdungslagen.[873]

654

In Baden-Württemberg werden Polizeiverordnungen zur Abwehr abstrakter Gefahren zumeist in folgenden Bereichen erlassen:[874]

⇨ Vorgaben für die Haltung von Kampfhunden sowie Leinen- und Maulkorbzwang

⇨ Taubenfütterungsverbote

⇨ Sperrbezirksregelungen

⇨ Bettelverbote

⇨ örtliche Alkoholkonsumverbote

Wie bereits erwähnt,[875] können auch Verordnungen (nach § 10 I i.V.m. § 1 I PolG oder Spezialgesetzen) Befugnisnormen enthalten, auf deren Grundlage dann Verwaltungsakte ergehen können. Während es sich betreffend die Gültigkeit der Verordnung bei verwaltungsgerichtlichen Klagen jedoch nur um eine Vorfrage hinsichtlich der eigentlichen Entscheidung handelt (sog. Inzidentprüfung), ist i.R.d. § 47 I VwGO[876] die Gültigkeit der Rechtsnorm als solche Gegenstand des Verfahrens (prinzipale Normenkontrolle).

655

Wie stets in verwaltungsrechtlichen Klausuren gilt auch hier: Der Antrag ist erfolgreich, wenn er zulässig und begründet ist.

A. Zulässigkeit des Normenkontrollantrags

Wie die verwaltungsgerichtliche Klage unterliegt auch die Normenkontrolle vor dem VGH Mannheim bestimmten Zulässigkeitsvoraussetzungen.

656

Übersicht über die Zulässigkeitsvoraussetzungen der Normenkontrolle gem. § 47 I VwGO

I.   Entscheidung des VGH nur i.R.d. Gerichtsbarkeit

II.   Statthaftigkeit, § 47 I Nr. 2 VwGO i.V.m. § 4 AGVwGO[877]

III.   Antragsberechtigung und Antragsbefugnis, § 47 II S. 1 VwGO

IV.   Antragsfrist, § 47 II S. 1 VwGO

V.   Landesverfassungsrechtlicher Vorbehalt, § 47 III VwGO

VI.   Ordnungsgemäße Antragstellung

VII.   Allgemeines Rechtsschutzbedürfnis

VIII. Antragsgegner, § 47 II S. 2 VwGO

---

873   Würtenberger/Heckmann/Tanneberger, § 7 Rn. 1; VGH Mannheim, VBlBW 2002, 292. Wegen spezialgesetzlicher Regelungen der Gefahrenabwehr ist die Bedeutung der Polizeiverordnungen allerdings deutlich geringer geworden, vgl. Schenke, Polizei- und Ordnungsrecht, Rn. 610; Ruder, Rn. 360.

874   Instruktive Fallbearbeitungen bieten Böhm/Hagebölling, JA 2014, 759 (Taubenfütterungsverbot); Albers/Roetting, Jura 2007, 218 (Kampfhundeverordnung); Groh/Kaplonek, Jura 2006, 304 (Verbot von Tötungsspielen).

875   Hierzu bereits unter Rn. 163.

876   Zur Normenkontrollklage: Hemmer/Wüst, Verwaltungsrecht II, Rn. 350 ff.; instruktiv hierzu auch Ehlers, Jura 2005, 171 ff.

877   Dolde/Kirchhof/Stilz Nr. 70; Dürig Nr. 35.

I. Entscheidung des VGH nur i.R.d. Gerichtsbarkeit

§ 40 I S. 1 VwGO mittelbar über § 47 I VwGO anwendbar

Der Antrag auf Normenkontrolle ist nur „i.R.d. Gerichtsbarkeit" des VGH (also der Rechtswegzuständigkeit nach § 40 I S. 1 VwGO) zulässig.

657

Der Obersatz in der Klausur lautet in etwa:

> „Der Normenkontrollantrag ist zulässig hinsichtlich der Überprüfung von Rechtssätzen, zu deren Vollzug im Verwaltungsrechtsweg anfechtbare oder mit Verpflichtungsklagen erzwingbare Verwaltungsakte ergehen können oder aus deren Anwendung sonstige öffentlich-rechtliche Streitigkeiten entstehen können, für die der Verwaltungsrechtsweg eröffnet ist."[878]

hemmer-Methode: Im Prinzip läuft dies auf die Prüfung des § 40 I S. 1 VwGO hinaus. Zeigen Sie jedoch dem Korrektor, dass Sie die kleinen Unterschiede kennen. Halten Sie sich an den Wortlaut des Gesetzes. Der Prüfungspunkt lautet eben nicht „Eröffnung des Verwaltungsrechtswegs", sondern „i.R.d. Gerichtsbarkeit".

im Polizeirecht unproblematisch

Im Bereich des Polizeirechtrechts ist dies nie ein Problem. Es reicht daher folgender Satz:

658

> „Der Antrag ist insoweit zulässig, da mit der Polizeiverordnung ein Rechtssatz überprüft werden soll, zu dessen Vollzug im Verwaltungsrechtsweg anfechtbare oder mit der Verpflichtungsklage erzwingbare Verwaltungsakte ergehen können (sog. Vollzugsformel)."

Baden-Württemberg: VGH statt OVG

Zuständig ist gem. § 47 I VwGO das jeweilige Oberverwaltungsgericht (bzw. der Verwaltungsgerichtshof, vgl. § 184 VwGO) des entsprechenden Landes. In Baden-Württemberg ist dies gem. § 1 I AGVwGO der VGH Mannheim.

659

hemmer-Methode: Gegenstand können stets nur sog. untergesetzliche Normen sein. Diese sind die sog. Exekutivgesetze (= materielle Gesetze), d.h. Rechtsverordnungen und Satzungen.

II. Statthaftigkeit

§ 47 I Nr. 2 VwGO i.V.m. § 4 AGVwGO

Nach § 47 I Nr. 2 VwGO ist eine Normenkontrolle gegen unter dem Landesgesetz stehende Rechtsvorschriften statthaft, sofern das Landesrecht dies bestimmt. In Baden-Württemberg ist ein derartiges Normenkontrollverfahren durch § 4 HS 2 AGVwGO entsprechend vorgesehen und ausgestaltet.

660

Derartige („im Rang unter dem Landesrecht stehende") Rechtsvorschriften stellen auch die Polizeiverordnungen (auf Grundlage von spezialgesetzlichen Rechtsgrundlagen oder § 10 I i.V.m. § 1 I PolG) dar, die von den allgemeinen Polizeibehörden erlassen werden.

Erlass kontra Inkrafttreten

Eine zu überprüfende Verordnung muss bereits erlassen sein. Maßgebend ist insoweit, ob die Vorschrift nach außen hin die formellen Voraussetzungen für ihr (evtl. erst künftiges) Inkrafttreten erfüllt.[879] Der Erlass ist ausreichend, es ist nicht notwendig, dass die Vorschrift bereits in Kraft getreten ist.[880] Auch auf die Rechtmäßigkeit des Erlassverfahrens kommt es in diesem Stadium nicht an.

661

---

878   BVerwG, DVBl. 2013, 979; Kopp/Schenke, § 47 VwGO, Rn. 17.

879   Eine präventive prinzipale (= vorbeugende abstrakte) Normenkontrolle ist unstatthaft. Grundvoraussetzung für das Normenkontrollverfahren ist die Gültigkeit der jeweiligen Vorschrift.

880   Kopp/Schenke, § 47 VwGO, Rn. 26; VGH München, BayVBl. 1986, 497.

III. Antragsberechtigung und Antragsbefugnis

1. Antragsberechtigung

§ 47 II S. 1 VwGO: Antrags-berechtigung

Den Antrag stellen kann nach § 47 II S. 1 VwGO jede natürliche o-der juristische Person (auch des öffentlichen Rechts), jede Perso-nenmehrheit, die im Rechtsverkehr durch Gesetz oder gewohnheits-rechtlich hinsichtlich der Parteifähigkeit juristischen Personen gleich-gestellt ist (z.B. OHG) oder die gem. § 61 Nr. 2 VwGO beteiligungs-fähig ist, sowie jede Behörde (des Landes, des Bundes oder anderer Länder).

662

hemmer-Methode: Beachten Sie, dass in Baden-Württemberg Behör-den außerhalb des § 47 II VwGO grundsätzlich nicht beteiligungsfähig sind. Dies ergibt sich daraus, dass der Landesgesetzgeber von der Ermächtigung in § 78 I Nr. 2 VwGO im AGVwGO keinen Gebrauch ge-macht hat.

2. Antragsbefugnis

a) Natürliche und juristische Personen

Verletzung eigener Rechte

§ 47 II S. 1 VwGO fordert, dass der Antragsteller entsprechend § 42 II VwGO geltend machen kann, durch die Rechtsvorschrift oder deren Anwendung in seinen Rechten verletzt zu sein oder in abseh-barer Zeit verletzt zu werden.

663

hemmer-Methode: Der wesentliche Unterschied zwischen § 42 II VwGO und § 47 II VwGO ist, dass i.R.d. Normenkontrolle auch eine künftige Rechtsverletzung ausreicht.

b) Behörden

keine Rechtsverletzung nötig

Wird der Antrag von einer Behörde gestellt, so folgt die Antragsbe-fugnis bereits aus der Antragsberechtigung. Eine Rechtsverletzung muss die Behörde nicht geltend machen. Allerdings muss ein Kon-trollinteresse dieser Behörde bestehen (vgl. dazu Rn. 671).

664

IV. Antragsfrist

Jahresfrist des § 47 II S. 1 VwGO

Nach § 47 II S. 1 VwGO gilt eine Antragsfrist von einem Jahr nach Bekanntmachung (nicht nach Inkrafttreten!) der Rechtsvorschrift. Wichtig ist aber Folgendes: Die Frist beginnt im Falle der Neube-kanntmachung der Verordnung nicht hinsichtlich der unverändert gebliebenen Vorschriften erneut zu laufen.[881] Für die Berechnung der Ausschlussfrist[882] gelten keine Besonderheiten. Über § 57 II VwGO finden die einschlägigen Bestimmungen der ZPO und des BGB Anwendung.

665

Mit Fristablauf tritt dennoch keine Bestandskraft ein. § 47 II S. 1 VwGO bezieht sich nur auf die prinzipale Normenkontrolle und lässt die Möglichkeit der Inzidentkontrolle der betroffenen Norm, z.B. i.R.e. Anfechtungsklage gegen einen aufgrund dieser Vorschrift er-lassenen VA, auch nach Ablauf der Jahresfrist völlig offen.[883]

---

881   OVG Münster, NWVBl. 2007, 305; VGH München, NVwZ-RR 2006, 286.

882   VGH Mannheim, NVwZ-RR 2013, 440; OVG Berlin-Brandenburg, NVwZ-RR 2013, 294. Eine Wiedereinsetzung in den vorigen Stand nach § 60 VwGO kommt damit nicht in Betracht.

883   Kopp/Schenke, § 47 VwGO, Rn. 83; Schenke, NJW 1997, 81 (83).

Handelt es sich um sog. self-executing-Normen, die keiner Vollziehung durch die Verwaltung zugänglich sind, ist der Rechtsschutz über eine zeitlich unbefristete Feststellungsklage möglich.

666

hemmer-Methode: Die Fristregelung in § 47 II S. 1 VwGO ist daher weitgehend sinnlos, da die Befugnis der Verwaltungsgerichte, Normen inzident auf ihre Vereinbarkeit mit höherrangigem Recht zu prüfen, unberührt bleibt.

V. Vorbehalt zugunsten der Landesverfassungsgerichtsbarkeit

§ 47 III VwGO

Von der in § 47 III VwGO vorgesehenen Möglichkeit, durch Landesgesetz einen Vorbehalt zugunsten eines Entscheidungsmonopols des Staatsgerichtshofs vorzusehen, hat der baden-württembergische Landesgesetzgeber keinen Gebrauch gemacht.[884]

667

hemmer-Methode: Zeigen Sie in der Klausur kurz, dass Sie das Problem kennen, ohne dabei aber Zeit zu verlieren.

VI. Ordnungsgemäße Antragstellung

§§ 81, 82 VwGO analog

Der Antrag muss den Vorschriften zur Klageerhebung (§§ 81, 82 VwGO analog) entsprechen. Anwaltschaftliche Vertretung ist gem. § 67 IV S. 1 VwGO erforderlich.

668

VII. Allgemeines Rechtsschutzbedürfnis

1. Rechtsmissbrauch und Verwirkung

Im Einzelfall können hier der Rechtsmissbrauch und die Verwirkung eine Rolle spielen.

669

im Zusammenhang mit Rechtsverletzung

Grundsätzlich gilt: Eine zu erwartende Rechtsverletzung muss verhindert, eine bereits eingetretene in irgendeiner Form beseitigt oder zumindest gemindert werden können.

2. Verhältnis zu Anfechtungs- und Verpflichtungsklage

nebeneinander möglich

Die Möglichkeit einer Inzidentkontrolle schließt das Rechtsschutzbedürfnis für die Normenkontrollklage nicht aus: Der Antrag kann also auch neben einer (bereits anhängigen oder nur möglichen) Anfechtungs- oder Verpflichtungsklage gestellt werden.[885] Aus § 47 IV VwGO ergibt sich, dass dies auch für eine verfassungsgerichtliche Überprüfung gilt.

670

3. Objektives Kontrollinteresse der Behörde

mit Ausführung der Norm befasst

Ist der Antragsteller eine Behörde, so ist erforderlich, dass diese mit der Ausführung der Norm befasst sein muss. Das Behördenantragsrecht hat den Zweck, eine zur Normanwendung berufene Behörde von dem Zwang freizustellen, eine von ihr als unwirksam angesehene Norm vollziehen und damit eventuell rechtswidrig handeln zu müssen.[886]

671

---

884   Kopp/Schenke, § 47 VwGO, Rn. 103; Sodan/Ziekow, § 47 VwGO, Rn. 274.

885   Kopp/Schenke, § 47 VwGO, Rn. 91; VGH München, BayVBl. 1972, 444.

886   VGH Kassel, NVwZ-RR 2005, 307 (309). Nicht abschließend geklärt ist, ob die Behörde eine für unwirksam erachtete Verordnung ohne Weiteres außer Acht lassen darf (einschränkend OVG Münster, NuR 2006, 191).

Ist das der Fall, so ist der Antrag auch dann zulässig, wenn die Behörde nach Vorschriften über die Kommunalaufsicht einschreiten könnte.

VIII. Antragsgegner

Rechtsträgerprinzip

Bei der Frage nach dem richtigen Antragsgegner stellt § 47 II S. 2 VwGO die gegenüber § 78 VwGO speziellere Regelung dar. Antragsgegner ist der Rechtsträger, der die angegriffene Rechtsvorschrift erlassen hat.[887]

672

hemmer-Methode: Achten Sie auf die richtige Terminologie: In der Normenkontrollklage gibt es keinen Kläger und auch keinen Beklagten, sondern nur einen Antragsteller und einen Antragsgegner! Die Verwendung unzutreffender Fachbegriffe führt im Examen zu unnötigen Punktabzügen.

B. Begründetheit des Normenkontrollantrages

Obersatzbildung

Der Begründetheitsprüfung sollte folgender Obersatz vorangestellt werden:

673

„Die Normenkontrolle ist begründet, wenn die Verordnung unwirksam ist, § 47 V S. 2 VwGO. Dies ist der Fall, wenn sie an (vom VGH Mannheim zu prüfenden) formellen und/oder materiellen Fehlern leidet. Dabei ist das Gericht nicht auf die vom Antragsteller geltend gemachten Mängel beschränkt."

hemmer-Methode: Einer subjektiven Rechtsverletzung des Antragstellers bedarf es nicht, da es sich bei der Normenkontrolle um ein objektives Rechtsbeanstandungsverfahren mit Rechtskrafterstreckung erga omnes (= gegenüber der Allgemeinheit) nach § 47 V S. 1 HS 2 VwGO handelt.[888]

Aufbauschema

Die Prüfung einer Polizeiverordnung gestaltet sich ebenso wie die Rechtmäßigkeitsprüfung eines VA schematisch. Zunächst soll hier ein Überblick in Form eines allgemeinen Aufbauschemas gegeben werden.

674

Prüfungsschema zur Gültigkeit einer Verordnung:

I. Rechtsgrundlage

  1. Spezialgesetz oder

  2. § 10a PolG

  3. § 10 I i.V.m. § 1 I PolG

II. Formelle Voraussetzungen

  1. Zuständigkeit

  2. Verfahren

  3. Formerfordernisse

III. Materielle Voraussetzungen

  1. Gültigkeit der Rechtsgrundlage

  2. Subsumtion unter die Rechtsgrundlage

     ⇨ Subsumtion unter das Spezialgesetz **oder**

     ⇨ Subsumtion unter § 10a PolG **oder**

     ⇨ Subsumtion unter § 10 I i.V.m. § 1 I PolG

---

887 Kopp/Schenke, § 47 VwGO, Rn. 39.
888 Schenke, Verwaltungsprozessrecht, Rn. 914; Pietzner/Ronellenfitsch, Rn. 346; Kopp/Schenke, § 47 VwGO, Rn. 3.

> **a)** Handelt es sich um eine VO i.S.d. § 10 I PolG?
>
> **b)** Abwehr abstrakter Gefahren,
>
> **c)** Richtiger Adressat, §§ 6, 7 PolG
>
> **d)** Bestimmtheit
>
> **e)** Unmöglichkeitsverbot
>
> **f)** Ermessen und Verhältnismäßigkeit
>
> **3.** Vereinbarkeit der VO mit höherrangigem Recht

I. Rechtsgrundlage

Spezialität beachten

Neben den im PolG geregelten Rechtsgrundlagen gibt es auch Normierungen in Spezialgesetzen.[889]

⇨ Art. 297 EGStGB für Sperrbezirksverordnungen[890]

⇨ §§ 9, 11 GastVO[891] für Sperrzeitverordnungen

⇨ § 17 IV IfSG für Ge- und Verbote zur Verhütung übertragbarer Krankheiten

675

beachte: Verfahren richtet sich immer nach PolG

Besondere Vorkenntnisse bezüglich spezialgesetzlicher Rechtsgrundlagen sind in der Klausur nicht erforderlich. Auch bei Einschlägigkeit einer spezialgesetzlichen Rechtsgrundlage ist das PolG anzuwenden, vgl. § 10 II PolG.

Soweit keine spezialgesetzliche Rechtsgrundlage außerhalb des PolG existiert, ist entweder auf die spezielle Rechtsgrundlage des § 10a PolG (Alkoholkonsumverbote) oder der Generalermächtigung des § 10 I i.V.m. § 1 I PolG zurückzugreifen.

676

Alkoholkonsumverbote

Um es den Kommunen zu ermöglichen, gegen die Auswirkungen von Alkoholkonsum im öffentlichen Raum vorzugehen, wurde Ende 2017 in § 10a PolG eine Verordnungsermächtigung geschaffen. Mittels Polizeiverordnung können die Ortspolizeibehörden für bestimmte Tage und Zeitspannen und für bestimmte Örtlichkeiten (unter engen tatbestandlichen Voraussetzungen) innerhalb der Gemeinde Alkoholkonsumverbote zu erlassen.[892] Der Gesetzgeber hat damit eine Rechtsgrundlage geschaffen, um i.R.d. Gefahrenvorsorge alkoholbedingten Straftaten und Ordnungswidrigkeiten wirksam begegnen zu können.[893]

Nach der Generalermächtigung des § 10 I i.V.m. § 1 I PolG sind die allgemeinen Polizeibehörden befugt, zur Wahrnehmung ihrer Aufgaben nach dem PolG Polizeiverordnungen zu erlassen.

> *Bsp.:*[894] *Der Gemeinderat der Stadt G erlässt eine Polizeiverordnung, die das Taubenfüttern auf öffentlichen Straßen, Plätzen und Anlagen der Stadt verbietet. Taubenfreundin Alexandra stellt sich die Frage nach der einschlägigen Rechtsgrundlage.*

Die Polizeiverordnung darf nur auf die Generalermächtigung in § 10 I i.V.m. § 1 I PolG gestützt werden, wenn nicht der speziellere § 17 IV IfSG einschlägig ist. Nach dieser Rechtsgrundlage dürfen die Landesregierungen unter den in §§ 16, 17 I IfSG normierten Voraussetzungen Rechtsverordnungen für Ge- und Verbote zur Verhütung übertragbarer Krankheiten erlassen.

---

889   Zu weiteren Rechtsgrundlagen vgl. Stephan/Deger, § 10 PolG, Rn. 20 und 21; Ruder, Rn. 366.

890   VGH Mannheim, VBIBW 2009, 220.

891   Verordnung der Landesregierung zur Ausführung des Gaststättengesetzes (GastVO), Dolde/Kirchhof/Stilz Nr. 91; Dürig Nr. 195 f.

892   Instruktiv hierzu Pöltl, VBIBW 2018, 221 (227 ff.).

893   LT-Drs. 16/2741 v. 26.09.2017, S. 22 f.

894   VGH Kassel, NVwZ-RR 2008, 782 und LKRZ 2011, 457; VGH Mannheim, NVwZ-RR 2006, 389 (399). Eine instruktive Fallbearbeitung finden Sie bei Böhm/Hagebölling, JA 2014, 759.

Die Rspr. hat die Sperrwirkung des IfSG abgelehnt, da die behördlichen Taubenfütterungsverbote auch Gesundheitsgefahren begegnen wollen, die nicht von übertragbaren Krankheiten ausgehen. Zudem sollen durch das Verbot Baudenkmäler und Gebäude vor Beschädigungen durch Taubenkot geschützt werden.

II. Formelle Voraussetzungen

grundlegende Voraussetzungen

I.R.d. formellen Voraussetzungen polizeirechtlicher Verordnungen (geregelt in den §§ 12 - 17 PolG) stellen die Zuständigkeit der erlassenden Polizeibehörde sowie die Einhaltung des vorgeschriebenen Verfahrens die Hauptprüfungspunkte dar.

677

hemmer-Methode: Der Prüfung der formellen Voraussetzungen einer VO kommt eine weitaus größere Bedeutung zu als der Prüfung der formellen Rechtmäßigkeit eines VA. Insbesondere ist häufig eine Vielzahl einzelner Verfahrensvoraussetzungen abzuprüfen. Sprechen Sie aber auch hier immer nur die problematischen Punkte umfassender an!

1. Zuständigkeit

Im Rahmen der Zuständigkeitsprüfung ist zwischen der Verbandskompetenz und der Organkompetenz zu differenzieren.

678

a) Verbandszuständigkeit

Verbandszuständigkeit

Die Verbandskompetenz bestimmt den Verband, folglich die juristische Person, die zum Erlass der entsprechenden Polizeiverordnung ermächtigt ist. Sie ergibt sich grds. aus der jeweiligen der Verordnung zugrundeliegenden Rechtsgrundlage (d.h. dem Spezialgesetz oder § 13 S. 1 PolG).

679

Polizeiverordnungen können in Baden-Württemberg nicht von den besonderen Polizeibehörden (§ 61 II PolG) oder dem Polizeivollzugsdienst (§§ 70 ff. PolG) erlassen werden. Zuständig für Verordnungen auf Grundlage des § 10 I i.V.m. § 1 I PolG sind ausschließlich die allgemeinen Polizeibehörden. Diese sind gem. § 13 S. 1 i.V.m. §§ 61 I, 62 PolG (je nach ihrem Geltungsbereich) die jeweils fachlich zuständigen Ministerien, Regierungspräsidien, Kreis- oder Ortspolizeibehörden.

Besonderheit bei § 10a PolG

Von dieser Zuständigkeitssystematik ist der Gesetzgeber in § 10a PolG abgewichen. Zuständig zum Erlass von Polizeiverordnung nach § 10a PolG sind ausschließlich die Ortspolizeibehörden. § 13 PolG ist ausweislich seines Wortlauts unanwendbar.

„Vorrang der höheren Ebene"

Zu beachten ist der in § 11 PolG normierte „Vorrang der höheren Ebene" als spezielle Ausprägung des Subsidiaritätsgrundsatzes. Die Norm besagt, dass analog der konkurrierenden Gesetzgebungskompetenz die niedrigere Ebene (z.B. die Ortspolizeibehörde) nur dann eine Polizeiverordnung erlassen darf, wenn nicht schon eine höhere Ebene (z.B. das Regierungspräsidium) eine solche für dieselbe Materie erlassen hat.[895]

680

> **Bsp.:** *Die PolVOgH[896] des Landes Baden-Württemberg sperrt in ihrem Regelungsbereich die Normsetzung der nachgeordneten Behörden. Zulässig sind aber ergänzende Polizeiverordnungen (z.B. zum Leinenzwang), vgl. § 6 PolVOgH.*

---

895   Belz/Mussmann/Kahlert/Sander, § 11 PolG, Rn. 4; Stephan/Deger, § 11 PolG, Rn. 5.

896   Polizeiverordnung des Innenministeriums und des Ministeriums Ländlicher Raum über das Halten gefährlicher Hunde vom 03. August 2000, v. Dürig, Nr. 65b; nicht bei Dolde/Kirchhof/Stilz abgedruckt.

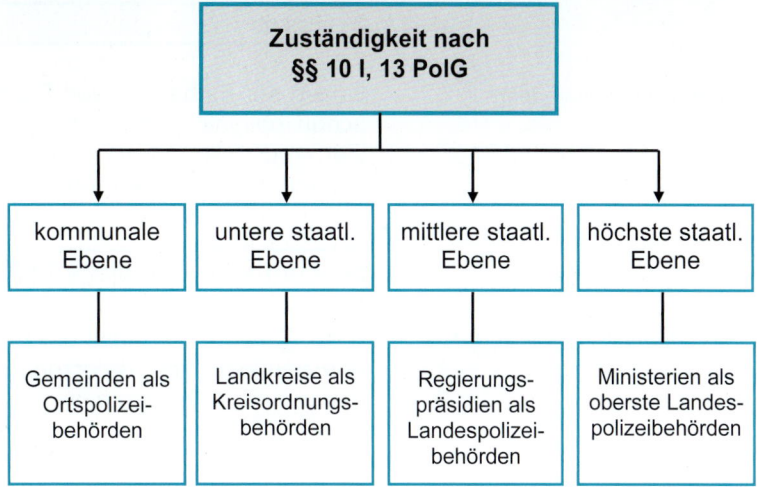

b) Organzuständigkeit

Organzuständigkeit

Die Organkompetenz bestimmt, welches Organ des entsprechenden zuständigen Verbandes zum Verordnungserlass zuständig ist. Diese liegt für Verordnungen der Gemeinden und Landkreise beim Landrat bzw. dem Bürgermeister, vgl. § 13 S. 2 PolG.

Organzuständig für den Erlass von Alkoholkonsumverbotsverordnungen auf Grundlage des § 10a PolG ist nach § 44 III S. 1 GemO allerdings der Gemeinderat.[897]

681

2. Verfahren

ggf. Beschlussfassung der Kollegialorgane

Polizeiverordnungen der Kreis- und Ortspolizeibehörden, die länger als einen Monat gelten sollen, bedürfen der Zustimmung des jeweiligen Kollegialorgans, § 15 I, II PolG (sog. Demokratisierung des Polizeirechts).[898] Die Beschlussfassung richtet sich nach der GemO bzw. der LKrO und bildet die einzige Form der Mitbestimmung der kommunalen Vertretungskörperschaften bei Erfüllung polizeilicher Aufgaben nach dem PolG.

682

hemmer-Methode: Die Beschlussfassung des jeweils zuständigen Kollegialorgans über eine Polizeiverordnung stellt in Polizeirechtsklausuren meist die Brücke in das Kommunalrecht dar. Examensklausuren prüfen i.d.R. nicht nur ein isoliertes Gebiet des Verwaltungsrechts ab, sondern kombinieren mehrere Gebiete des besonderen mit dem allgemeinen Verwaltungsrecht. Erarbeiten Sie sich daher parallel zur VO-Prüfung die Beschlussfassung kommunaler Kollegialorgane in Hemmer/Wüst, Kommunalrecht Baden-Württemberg, Rn. 156 ff.

§ 15 PolG kommt bei Verordnungen auf Grundlage des § 10a PolG nicht zur Anwendung, da die Zuständigkeit zum Erlass beim Gemeinderat liegt.

Vorlagepflicht

Gem. § 16 I PolG sind Polizeiverordnungen der Kreis- und der Ortspolizeibehörden der nächsthöheren zur Fachaufsicht zuständigen Behörde unverzüglich (i.S.v. § 121 BGB) vorzulegen. Die Vorlage ist eine Pflicht der Gemeinde bzw. des Landkreises, zu deren Beachtung eine Anordnung nach § 122 GemO (ggf. i.V.m. § 51 II S. 1 LKrO) ergehen kann.

683

Ein Verstoß gegen die Vorlagepflicht führt jedoch nicht zur Unwirksamkeit der Verordnung.[899]

---

897   Pöltl, VBIBW 2018, 221 (229); LT-Drs. 16/2741, S. 28.
898   Belz/Mussmann/Kahlert/Sander, § 15 PolG, Rn. 1; Würtenberger/Heckmann/Tanneberger, § 7 Rn. 10.
899   Würtenberger/Heckmann/Tanneberger, § 7 Rn. 11; Stephan/Deger, § 16 PolG, Rn. 5.

3. Form

Einhaltung von Formvorgaben

Neben der Einhaltung von Formvorgaben (wobei § 12 I, II PolG zwischen obligatorischen Anforderungen und Sollvorschriften differenziert) muss die Verordnung insbesondere ordnungsgemäß ausgefertigt und verkündet werden.

684

a) Formvorgaben des § 12 PolG

zwingende Formerfordernisse, § 12 I PolG

Gem. § 12 I PolG muss die Polizeiverordnung diversen Formvorgaben genügen. Die Verletzung nur einer der in § 12 I Nr. 1 - 3 PolG genannten Anforderungen führt zur Ungültigkeit der gesamten Verordnung.[900]

685

Nach dem Zitiergebot des § 12 I Nr. 1 PolG muss in der Polizeiverordnung die gesetzliche Rechtsgrundlage angegeben werden.[901] Beruht eine Polizeiverordnung auf mehreren Rechtsgrundlagen, so müssen sämtliche Normen angegeben werden. Zudem muss die Polizeiverordnung gem. § 12 I Nr. 2 PolG die erlassende Behörde (§§ 61 I, 62 PolG) bezeichnen und nach § 12 I Nr. 3 PolG auf die Zustimmung des Kollegialorgans hinweisen, soweit diese gem. § 15 PolG erforderlich ist.

Sollerfordernisse, § 12 II, III PolG

Ein Verstoß gegen die Sollerfordernisse des § 12 II, III PolG lässt die Wirksamkeit der Polizeiverordnung hingegen unberührt.

686

b) Ausfertigung und Verkündung

Ausfertigung und Verkündung

Polizeiverordnungen bedürfen als materielle Gesetze der Ausfertigung und Verkündung, Art. 63 II LV. Ausfertigung ist die Herstellung der Originalurkunde durch Unterzeichnung des Normtextes.[902] Damit wird bestätigt, dass die Verordnung im vorstehenden Wortlaut ordnungsgemäß zustande gekommen ist. Der späteren Bekanntmachung muss diese Originalurkunde zugrunde gelegt werden.

687

Weder die Ausfertigung noch die Verkündung sind spezialgesetzlich im PolG geregelt, die Verkündungsmodalitäten regelt allerdings das Verkündungsgesetz.[903] Hintergrund ist, den Betroffenen die Möglichkeit einzuräumen, sich verlässliche Kenntnis vom Inhalt der Polizeiverordnungen verschaffen zu können. Polizeiverordnungen der Ministerien und der Regierungspräsidien werden nach § 2 VerkG im Gesetzblatt für Baden-Württemberg verkündet. Polizeiverordnungen der Landkreise und Gemeinden werden hingegen wie Satzungen verkündet, §§ 5, 6 VerkG i.V.m. § 1 DVO GemO.[904]

c) Inkrafttreten

Inkrafttreten

Entsprechend Art. 63 IV S. 1 LV bzw. nach § 12 II Nr. 3 PolG sollen Polizeiverordnungen den Tag bestimmen, an dem sie in Kraft treten.[905] Fehlt eine Bestimmung hierüber, so richtet sich das Inkrafttreten nach § 12 III PolG; eine Rückwirkung ist nicht zulässig.[906]

688

---

900   Würtenberger/Heckmann/Tanneberger, § 7 Rn. 13; Ruder, Rn. 393; Stephan/Deger, § 12 PolG, Rn. 2; Schoch, Jura 2005, 600 (603).
901   VGH Mannheim, VBlBW 2009, 22; Belz/Mussmann/Kahlert/Sander, § 12 PolG, Rn. 2. Es handelt sich hierbei um keine Besonderheit der Polizeiverordnungen, sondern ein zwingendes Formerfordernis für Rechtsverordnungen des Bundes (Art. 80 I S. 3 GG) bzw. des Landes (Art. 61 I S. 3 LV).
902   VGH Mannheim, DÖV 2014, 129; Ruder, Rn. 397; Belz/Mussmann/Kahlert/Sander, § 12 PolG, Rn. 17; Jarass/Pieroth, Art. 82 Rn. 2.
903   Dolde/Kirchhof/Stilz, Nr. 13; Dürig, Nr. 16.
904   Dolde/Kirchhof/Stilz, Nr. 31; Dürig, Nr. 56a. Instruktiv zur Bekanntmachung kommunaler Satzungen Hemmer/Wüst, Kommunalrecht Baden-Württemberg, Rn. 476.
905   Ruder, Rn. 396 und 400; Schoch, Jura 2005, 600 (603).
906   BVerwGE 10, 282 (286); Stephan/Deger, § 12 PolG, Rn. 8; Ruder, Rn. 400.

III. Materielle Voraussetzungen

materielle Voraussetzungen

I.R.d. Prüfung der materiellen Voraussetzungen einer Polizeiverordnung ist zunächst die zu kontrollierende Verordnung unter ihre Rechtsgrundlage zu subsumieren. Nur in Ausnahmefällen ist auch die Gültigkeit der Rechtsgrundlage zu prüfen (= Inzidentprüfung der Vereinbarkeit mit höherrangigem Recht).

689

Über die Subsumtion der Polizeiverordnung unter die Rechtsgrundlage hinaus ist regelmäßig eingehend zu überprüfen, ob ggf. ein Verstoß der Verordnung gegen höherrangiges Recht in Betracht kommt.

Differenzierung: Spezialgesetz und PolG

Hier ist (wie unter Rn. 675 f. dargestellt) zu differenzieren: Rechtsgrundlagen finden sich entweder in Spezialgesetzen oder im PolG. Bzgl. spezialgesetzlicher Rechtsgrundlagen ist Folgendes zu beachten: Anders als die formelle Rechtmäßigkeit richtet sich die materielle Rechtmäßigkeit der Verordnung nicht nach dem PolG, sondern dem Spezialgesetz. Es kommt dann aber allein auf gekonnte (also genaue) Subsumtionsarbeit an, Spezialwissen wird nicht vorausgesetzt.

690

hemmer-Methode: Um in der Klausur eine über dem Durchschnitt liegende Leistung zu erzielen, ist es nicht erforderlich, sämtliche Rechtsgrundlagen mit den jeweiligen Einzelproblemen auswendig zu lernen. Diesen Wissensstand mit adäquatem Aufwand zu erreichen, wird für den „Normalsterblichen" sowieso außerhalb seiner menschlichen Fähigkeiten liegen.
Deshalb ist der beste Freund des/der Juristen/in das Gesetz. Wer effektiv arbeitet, sucht systematisch die entsprechende Rechtsgrundlage auf: In welchem Rechtsgebiet wurzelt die Klausur - spezielles oder allgemeines Ordnungsrecht? Welches Gesetz gilt für das Rechtsgebiet? Welche Systematik steckt hinter dem einschlägigen Gesetz? - Dies lässt sich oft durch einen Blick in die Inhaltsübersicht bzw. durch Nachlesen der einzelnen Abschnittsüberschriften ermitteln. In welchem Abschnitt könnte sich eine entsprechende Rechtsgrundlage systematisch befinden? Festlegung der in Betracht kommenden Norm.
Danach subsumiert man sie mit juristischem Verstand. Das Gehirn sollte nicht als Festplatte zweckentfremdet, sondern im jeweiligen konkreten Einzelfall zum Denken genutzt werden. „Speichern" Sie die juristische Systematik und häufig wiederkehrende, nicht aber unnütze Einzelheiten!

Rechtsgrundlage im PolG

Soweit keine spezialgesetzliche Rechtsgrundlage außerhalb des PolG existiert, ist auf die Generalermächtigung der § 10 I i.V.m. § 1 I PolG zurückzugreifen. Maßgeblich ist der unter Rn. 674 dargestellte Prüfungsaufbau.

691

1. Gültigkeit der Rechtsgrundlage

Gültigkeit der Rechtsgrundlage

Eine Verordnung kann nur auf eine gültige Rechtsgrundlage gestützt werden. Die Prüfung der Gültigkeit selbst spielt in rein polizeirechtlich orientierten Klausuren regelmäßig keine Rolle. Soweit an der Gültigkeit der Rechtsgrundlage keine Zweifel bestehen, ist dies mit einem Satz kurz festzustellen.[907]

692

Sollten jedoch im Sachverhalt Hinweise vorhanden sein, dass schon Zweifel an deren Gültigkeit bestehen (z.B. durch die im Sachverhalt geschilderten Rechtsauffassungen), so ist darauf näher einzugehen.

---

907 Insbesondere die Generalermächtigung des § 10 I i.V.m. § 1 I PolG begegnet keinen verfassungsrechtlichen Bedenken, vgl. Stephan/Deger, § 10 PolG, Rn. 2; Götz/Geis, § 22 Rn. 4; Schoch, Jura 2005, 600 (602).

> **hemmer-Methode:** In der Klausur ist die Überprüfung der Gültigkeit einer Rechtsgrundlage die Schnittstelle zum Staatsrecht. Hier fügt sich die Überprüfung der Gültigkeit eines formellen Gesetzes ein. Verordnungsklausuren lassen sich ideal mit Staatsrechtsklausuren kombinieren. In einer solchen Klausurkonstellation stellt sich dann die Frage nach der Verfassungsmäßigkeit der gesetzlichen Rechtsgrundlage.
> Ausführlich zur Überprüfung der Rechtmäßigkeit von Gesetzen Hemmer/Wüst, Staatsrecht II, Rn. 144.

Prüfungsreihenfolge

Für die Prüfung der Gültigkeit der Rechtsgrundlage empfiehlt sich folgende allgemeine Prüfungsreihenfolge:[908]

693

a) Formelle Voraussetzungen

formelle Voraussetzungen

aa) Hatte der die Rechtsgrundlage erlassende Gesetzgeber überhaupt die Gesetzgebungskompetenz, Art. 30, 70 ff. GG?

694

bb) Wurde das Gesetzgebungsverfahren korrekt durchgeführt (Art. 59 LV) sowie die Rechtsgrundlage ordnungsgemäß ausgefertigt und verkündet (Art. 63 I LV)?

b) Materielle Voraussetzungen

materielle Voraussetzungen

Hier ist die Vereinbarkeit der Rechtsgrundlage mit höherrangigem Recht zu untersuchen.

695

aa) Zunächst sind die allgemeinen Gültigkeitsanforderungen eines Gesetzes hinsichtlich der inhaltlichen Vereinbarkeit mit höherrangigem Recht zu prüfen:

(1) Vereinbarkeit mit dem Grundgesetz, insbesondere den Grundrechten.

(2) Landesgesetzliche Rechtsgrundlagen müssen zudem mit der Landesverfassung konform sein.

bb) Darüber hinaus müssen noch die speziellen Gültigkeitsanforderungen an eine Rechtsgrundlage geprüft werden.

696

(1) Durfte der Gesetzgeber überhaupt delegieren, oder besteht ein Totalvorbehalt zugunsten des Gesetzgebers (sog. Parlamentsvorbehalt nach den Grundsätzen der Wesentlichkeitstheorie)?[909]

Die wesentlichen Entscheidungen muss der Gesetzgeber selbst treffen. Kriterium für die Wesentlichkeit ist die Intensität des Grundrechtseingriffs.

(2) Bundesgesetzliche Verordnungsermächtigungen müssen gem. Art. 80 I GG nach Inhalt, Zweck und Ausmaß hinreichend bestimmt sein. Dies gilt gem. Art. 61 I LV auch für landesrechtliche Verordnungsermächtigungen.

> **hemmer-Methode: Hier zeigt sich einmal mehr: Öffentliches Recht funktioniert häufig nach dem „Baukastenprinzip". Ein gutes Systemverständnis ist daher in öffentlich-rechtlichen Klausuren äußerst hilfreich!**
> **Beachten Sie, dass die Unwirksamkeit der Rechtsgrundlage als formelles Bundesgesetz nach Art. 100 I GG nur durch das BVerfG, als formelles Landesgesetz nach Art. 68 I Nr. 2 LV nur durch den Staatsgerichtshof festgestellt werden darf.**

---

908   Dazu im Einzelnen Schwerdtfeger, Rn. 419 ff.
909   M.w.N. zu diesem Problemkreis BVerfG, NJW 1998, 669; BVerwG, BayVBl. 1999, 87.

Gerichte haben diesbezüglich eine Vorlagepflicht, Behörden hingegen müssen die Rechtsgrundlage, auch wenn sie diese für verfassungswidrig halten, anwenden. Eine behördliche Vorlageberechtigung vergleichbar § 47 II VwGO besteht bei formellen Gesetzen nicht.

2. Subsumtion unter die Rechtsgrundlage

Subsumtion

Die angegriffene Verordnung ist unter ihre Rechtsgrundlage zu subsumieren. Insofern ist im Bereich der Polizeiverordnung auf Grundlage der Generalklausel grundsätzlich das Vorliegen der folgenden Voraussetzungen zu prüfen:

697

a) Handelt es sich um eine Verordnung i.S.d. § 10 I i.V.m. § 1 I PolG?

Besonderheiten der Polizeiverordnung

Polizeiverordnung sind nach § 10 I i.V.m. § 1 I PolG zur Gefahrenabwehr dienende Ge- oder Verbote, die

698

⇨ für eine unbestimmte Anzahl von Fällen

⇨ an eine unbestimmte Anzahl von Personen gerichtet sind.

Abgrenzung zur Allgemeinverfügung

Durch die Polizeiverordnung auf Grundlage des § 10 I i.V.m. § 1 I PolG können Verhaltensanforderungen an die Allgemeinheit statuiert werden, um Gefahren für die öffentliche Sicherheit oder Ordnung entgegenzuwirken. An dieser Stelle muss somit die Abgrenzung zur Allgemeinverfügung i.S.d. § 35 S. 2 LVwVfG erfolgen, die sich im Gegensatz zur Verordnung an einen bestimmbaren Adressatenkreis richtet und zur Regelung eines Einzelfalls ergeht.[910]

699

> **Bspe.:** *(1) Das an alle potentiellen Veranstalter gerichtete Verbot, Versammlungen an einem bestimmten Tag an einer für den Castor-Transport genutzten Bahnstrecke abzuhalten, ist als Allgemeinverfügung einzuordnen.[911] Gleiches gilt (2) für das Verbot des Mitführens von Glasflaschen im Straßenkarneval. Als Verordnung hingegen wäre (3) ein ganzjähriges Verbot des Mitführens von Glasflaschen an einem Seeufer zum Schutz vor Verunreinigungen und den damit einhergehenden Gefahren[912] zu qualifizieren.*

Abgrenzung zur Satzung

Von Satzungen unterscheiden sich Polizeiverordnungen nicht in der Art der Regelung, sondern im Gegenstand:[913] Satzungen sind Regelungsinstrumente im Selbstverwaltungsbereich und damit Ausdruck einer dezentralisierten Verwaltungsorganisation. Verordnungen hingegen beruhen auf einer gesetzlichen Delegation von Rechtsetzungsbefugnissen von übertragenen Aufgaben der dekonzentriert organisierten Verwaltung.[914]

700

b) Abwehr abstrakter Gefahren, § 10 I i.V.m. § 1 I PolG

Abwehr abstrakter Gefahren

Die Verordnung muss gem. § 10 I i.V.m. § 1 I PolG der Abwehr von Gefahren für die öffentliche Sicherheit oder Ordnung dienen. Der Begriff und normative Gehalt der Schutzgüter ist mit der polizeilichen Generalklausel identisch,[915] allerdings meint § 10 I i.V.m. § 1 I PolG im Gegensatz zur Generalklausel der §§ 3, 1 I PolG keine konkrete (im Einzelfall bestehende) Gefahr, sondern eine abstrakte Gefahr. Dies ergibt sich aus der Formulierung, wonach die Verordnung eine unbestimmte Vielzahl von Fällen regeln soll.

701

---

910   Ruder, Rn. 361; Ennuschat/Ibler/Remmert, § 3 Rn. 364.

911   VGH Mannheim, DÖV 2014, 129 = Life&Law 2014, 590; ebenso OVG Lüneburg, NordÖR 2008, 441.

912   VGH Mannheim, DÖV 2012, 817.

913   VGH Mannheim, VBlBW 2013, 27 (28); Stephan/Deger, § 10 PolG, Rn. 5; Zeitler/Trurnit, Rn. 992; Ennuschat/Ibler/Remmert, § 3 Rn. 365.

914   Schoch, Jura 2005, 600 (601); Maurer/Waldhoff, § 4 Rn. 24.

915   Belz/Mussmann/Kahlert/Sander, § 10 PolG, Rn. 8 und 12. Zeitler/Trurnit, Rn. 1000. Insofern kann auf die Ausführungen unter Rn. 161 ff. verwiesen werden.

Eine abstrakte Gefahr besteht, wenn ein Lebenssachverhalt nach der allgemeinen Lebenserfahrung generell geeignet ist, mit hinreichender Wahrscheinlichkeit eine konkrete Gefahr herbeizuführen (sog. typisierende Gefahrenprognose).[916] Insofern dient eine Polizeiverordnung damit der Abwehr von Gefahren, die, wären sie nicht in einer Verordnung geregelt, träten aber im Einzelfall auf, zum Erlass von Einzelverfügungen berechtigen würden.

Einschätzungsspielraum

Diese generalisierende Betrachtungsweise gewährt dem Verordnungsgeber keinen Einschätzungsspielraum.[917] Allerdings ist nicht erforderlich, dass in jedem von der Verordnung erfassten Fall die Gefahr auch tatsächlich eintritt. Dieser Spielraum wird aber dann überschritten, wenn auch für den Normalfall des geregelten Sachverhalts eine ausreichende Schadensprognose nicht erstellt werden kann. Die Behörde muss das Bestehen der abstrakten Gefahr durch entsprechende Erfahrungstatsachen belegen.   **702**

> **Bspe.:** *Das Gefährdungspotential von Tauben für die Gesundheit und das Eigentum sieht die Rspr. insbesondere wegen der Größe der vorhandenen Population und der in Taubenkot nachgewiesenen Bakterien als belegt (i.S.e. abstrakten Gefahr) an.[918] Ein Verbot, „sich nach Art eines Land- oder Stadtstreichers herumzutreiben", ist hingegen nicht von der Rechtsgrundlage gedeckt.[919] Reine Belästigungen überschreiten die Gefahrenschwelle nicht.*

Alkoholverbote

Ein Gefahrenverdacht unterfällt nicht dem Begriff der abstrakten Gefahr. Vorsorgemaßnahmen zur Abwehr möglicher Beeinträchtigungen im Gefahrenvorfeld können nicht mittels Polizeiverordnung auf Grundlage des § 10 I i.V.m. § 1 I PolG geregelt werden. Dem VGH Mannheim[920] folgend hat die Rspr. auch in anderen Bundesländern[921] Alkoholverbote durch Polizeiverordnung regelmäßig für unwirksam erklärt.   **703**

> **Bsp.:** *Die Stadt Freiburg untersagt mittels einer auf § 10 I i.V.m. § 1 I PolG gestützten Polizeiverordnung den Konsum von Alkohol auf öffentlichen Straßen, Plätzen und in öffentlichen Anlagen der Stadt.*

> Verordnungen, die den Alkoholkonsum in der Öffentlichkeit verbieten, setzen voraus, dass ein Ursachenzusammenhang zwischen dem Genuss alkoholischer Getränke in der Öffentlichkeit und der Gefährdung der öffentlichen Sicherheit oder Ordnung besteht. Die Feststellung einer abstrakten Gefahr verlangt dabei eine in tatsächlicher Hinsicht abgesicherte Prognose. Wissenschaftliche Untersuchungen belegen, dass Rechtsverstöße häufig unter dem enthemmend wirkenden Genuss von Alkohol begangen werden, nicht aber gleichsam umgekehrt, dass der Genuss von Alkohol typischerweise diese Gefahr begründet.[922] Das Alkoholverbot stellt somit eine bloße Vorsorgemaßnahme dar, welche von der Rechtsgrundlage des § 10 I i.V.m. § 1 I PolG nicht gedeckt ist.

> Ein Eingreifen der Behörde ist über Einzelfallanordnungen (z.B. Platzverweis nach § 27a I PolG) zulässig, sollten weitere Begleitumstände wie z.B. Beleidigungen, Körperverletzungen, Sachbeschädigungen etc. hinzutreten. Anknüpfungspunkt für das behördliche Einschreiten sind dann diese Begleitumstände, nicht aber der Alkoholkonsum.

aber: spezielle Rechtsgrundlage des § 10a PolG beachten

Zumal Vorsorgemaßnahmen zur Abwehr von abstrakten Gefahren durch den Gesetzgeber angeordnet werden können, wurde mit § 10a PolG eine Rechtsgrundlage zum Erlass von Alkoholkonsumverbotsverordnungen erlassen (vgl. hierzu Rn. 676).

---

916   Vgl. hierzu bereits ausführlich unter Rn. 178.

917   VGH Mannheim, NVwZ-RR 2010, 55; BWGZ 2013, 77; BVerwG, NVwZ 2003, 96; Kingreen/Poscher, Polizei- und Ordnungsrecht, § 23 Rn. 15; a.A. OVG Lüneburg, KommJur 2017, 272 (276) und Schoch, Jura 2005, 600 (603).

918   VG Stuttgart, Urt. v. 27.05.2014 - 5 K 433/12; VGH Mannheim, NVwZ-RR 2006, 398 (399); VGH Kassel, NVwZ-RR 2008, 782 (783).

919   VGH Mannheim, NJW 1984, 507 (508).

920   VGH Mannheim, DVBl. 2009, 1396; instruktiv hierzu Wohlfarth, LKRZ 2009, 47.

921   OVG Schleswig, NordÖR 2013, 37 (38 f.); OVG Weimar, Urt. v. 21.06.2012 - 3 N 653/09; OLG Hamm, NVwZ 2010, 1319; a.A. OVG Lüneburg, NdsVBl. 2013, 68 (71 f.).

922   Instruktiv Trute, Die Verwaltung 2013, 537 (542); Schoch, Jura 2012, 858 (860).

c) Richtiger Adressat

Auch wenn dies nicht ausdrücklich normiert ist, müssen Polizeiverordnungen gegen die Verantwortlichen gerichtet sein. Diese Begrenzung des Personenkreises folgt aus der Aufgabenbestimmung für die Gefahrenabwehr.[923] Auch mittels einer Polizeiverordnung darf damit nur derjenige in Anspruch genommen werden, der als Verantwortlicher i.S.d. §§ 6, 7 PolG angesehen werden muss. Insofern gelten hier dieselben Grundsätze wie für Verfügungen der Polizeibehörden (vgl. Rn. 303 ff.).

Bsp.: Ein verordnungsrechtliches Anleingebot für Hunde richtet sich an alle Hundebesitzer innerhalb des Geltungsbereichs der Verordnung.

Nichtverantwortliche Personen gem. § 9 I PolG dürfen nicht herangezogen werden, zumal es bei Erlass der Polizeiverordnung i.d.R. an einer gegenwärtigen Gefahr fehlt und die Gefahrenabwehr auf andere Weise möglich sein wird.[924]

704

d) Bestimmtheit

Bestimmtheitsgebot

Das Erfordernis der inhaltlichen Bestimmtheit der Regelungen in einer Polizeiverordnung ist im PolG nicht spezialgesetzlich normiert, folgt aber bereits aus rechtsstaatlichen Vorgaben (Art. 20 III GG bzw. Art. 23 I LV).[925]

705

Bei einer polizeirechtlichen Verfügung, die dem Bürger die Beseitigung einer Störung aufgibt, müssen für ihn Verfügungscharakter, Ziel und Mittel der Störungsbeseitigung erkennbar sein.[926] Ein Gesetz dagegen betrifft eine Vielzahl von Adressaten und eine Vielzahl von Fällen. Bestimmtheitserfordernisse stellen sich hier ganz anders als bei der Einzelanordnung: Danach muss eine Norm in ihren Voraussetzungen und ihrer Rechtsfolge so formuliert sein, dass die von der Norm Betroffenen die Rechtslage erkennen und ihr Verhalten darauf einrichten können.[927] Mindestanforderung an die Bestimmtheit einer Polizeiverordnung ist dementsprechend, dass zwar nicht die konkrete Handlung in ihren Einzelheiten, aber jedenfalls Inhalt, Zweck und Ausmaß der möglichen Belastung für den Bürger voraussehbar sein müssen.[928]

Geltungsbereich

Insbesondere der räumliche Geltungsbereich der Verordnung muss exakt festgelegt werden und die polizeirechtlich untersagte Handlung präzise beschrieben werden. Dabei darf der Verordnungsgeber natürlich unbestimmte Rechtsbegriffe verwenden.

706

Bsp.: Einer Formulierung, wonach es untersagt ist, „in der Innenstadt von Stuttgart aggressiv zu betteln", dürfte es an der erforderlichen Bestimmtheit fehlen. Anders ist dies nur, wenn der Verordnung zudem eine klarstellende Karte etc. beigefügt ist und der Begriff „aggressives Betteln" näher erläutert wird.

---

923   Kingreen/Poscher, Polizei- und Ordnungsrecht, § 23 Rn. 18; Schenke, Polizei- und Ordnungsrecht, Rn. 627.

924   Belz/Mussmann/Kahlert/Sander, § 10 PolG, Rn. 19; Götz/Geis, § 22 Rn. 7; a.A. Würtenberger/Heckmann/Tanneberger, § 8 Rn. 25; Kingreen/Poscher, Polizei- und Ordnungsrecht, § 13 Rn. 18 und Schenke, Polizei- und Ordnungsrecht, Rn. 627.

925   Ruder, Rn. 383.

926   Vgl. hierzu bereits Rn. 337.

927   VGH Mannheim, VBlBW 2013, 27; grundlegend BVerfGE 21, 79; BVerwGE 96, 110 = NVwZ 1994, 1099. Schoch, Jura 2005, 600 (605).

928   Vgl. VGH Mannheim, VBlBW 1999, 101 (102) und VBlBW NVwZ 2001, 1299 (1300); VGH München, NJW 1999, 1021, wonach der Begriff „wichtiger Grund" sich dem Bürger hinreichend genau erschließt.

e) Unmöglichkeitsverbot

objektive und subjektive
Unmöglichkeit

Der in § 44 II Nr. 4 LVwVfG normierte Grundsatz, dass Verwaltungsakte nichts verlangen dürfen, was „aus tatsächlichen Gründen niemand ausführen kann", gilt sinngemäß auch für Polizeiverordnungen. Neben dieser objektiven führt aber auch die subjektive[929] tatsächliche Unmöglichkeit (mit Ausnahme des wirtschaftlichen Unvermögens) zur Unwirksamkeit. Gleiches gilt für die objektive und subjektive rechtliche Unmöglichkeit.

707

> *Bsp.: Die in einer Polizeiverordnung niedergelegte Pflicht, Hunde nur in Kellerräumen zu halten, verstößt gegen das TierSchG (objektive rechtliche Unmöglichkeit).*

f) Ermessen und Verhältnismäßigkeit

Ermessen

Der Erlass einer Polizeiverordnung steht nach § 10 I i.V.m. § 1 I PolG im behördlichen Ermessen, wobei die Behörde über Entschließungs- und Auswahlermessen verfügt. Das Ermessen wird bei Verordnungen grundsätzlich nach derselben Struktur überprüft wie bei Einzelfallanordnungen (vgl. Rn. 345 ff.).

708

Verhältnismäßigkeit

Darüber hinaus muss der Grundsatz der Verhältnismäßigkeit beachtet werden, d.h. die Ge- und Verbote der Verordnung müssen zur Gefahrenabwehr geeignet, erforderlich und angemessen sein, § 5 PolG. Maßstab ist dabei das jeweils beeinträchtigte Grundrecht des Adressaten, orientiert am jeweiligen Schutzzweck der Normierung.

709

Eine spezialgesetzliche Ausprägung dieses Grundsatzes findet sich in § 17 I PolG, wonach Verordnungen spätestens nach Ablauf von 20 Jahren außer Kraft treten.[930]

g) Vereinbarkeit der Verordnung mit höherrangigem Recht

Vereinbarkeit mit höherrangigem
Recht

Des Weiteren müssen Polizeiverordnungen mit sonstigem höherrangigen Recht (Unionsrecht, Verfassungsrecht, Gesetze, höherstufige Verordnungen) vereinbar sein. Diese Rechtsbindung ist in Baden-Württemberg in § 11 PolG ausdrücklich normiert, ergibt sich allerdings bereits aus Art. 20 III GG. Am wichtigsten ist dabei die Frage nach der Vereinbarkeit mit Grundrechten der Landesverfassung bzw. des Grundgesetzes.

710

> *Bspe.: Das in § 5 I PolVOgH enthaltene Zuchtverbot ist eine Berufsausübungsregelung, womit sich die Frage der Vereinbarkeit mit Art. 12 I GG stellt. Eine Hundeanleinverordnung muss mit Art. 20a GG und § 2 TierSchG vereinbar sein.*
>
> *Für den Bürger ist es von erheblicher Bedeutung, welche Hunderassen als „Kampfhunde" bzw. „gefährliche Hunde" eingestuft werden und welche nicht. Somit spielt der allgemeine Gleichheitssatz (Art. 3 I GG) nicht selten eine Rolle in der Klausurbearbeitung.*

hemmer-Methode: Betreffend diesen Prüfungspunkt finden sich aber immer Anhaltspunkte im Sachverhalt. Bei verordnungsrechtlichen Taubenfütterungsverboten wird seitens betroffener Tierfreunde regelmäßig vorgetragen, das Verbot verstoße gegen Art. 2 I GG und Art. 20a GG. Greifen Sie dann diesen Hinweis unbedingt in der Klausurbearbeitung auf!

---

929   Subjektiv = betreffend den Adressaten; objektiv = betreffend jedermann.
930   Belz/Mussmann/Kahlert/Sander, § 17 PolG, Rn. 2; Kingreen/Poscher, Polizei- und Ordnungsrecht, § 23 Rn. 22.

3. Keine subjektive Rechtsverletzung nötig

objektive Rechtsbeanstandung

Da es sich bei der Normenkontrollklage um ein objektives Bean- **711**
standungsverfahren handelt, ist eine Verletzung des Antragstellers
in eigenen Rechten nicht notwendig.

**hemmer-Methode: Dieser letzte Punkt kann in einer Klausur zwar klar-
stellend hinzugefügt werden, ist aber nicht notwendig. Er wird hier nur
aufgeführt, um nochmals die Unterschiede zwischen den einzelnen
Klagearten zu verdeutlichen.**

IV. Entscheidung

Verordnung unwirksam

Kommt das Gericht zu dem Ergebnis, dass eine überprüfte Polizei- **712**
verordnung gegen formelle und/oder materielle Rechtmäßigkeitsanforderungen verstößt, so erklärt es diese für unwirksam, § 47 V S. 2
VwGO. Die Entscheidung ist allgemeinverbindlich (erga omnes).

**hemmer-Methode: Die Erklärung der Unwirksamkeit hat nicht zur Fol-
ge, dass die bereits auf Grundlage der Polizeiverordnung ergangenen
Anordnungen unwirksam werden. Diese Ansicht wird bestätigt durch
den in §§ 47 V S. 3, 183 VwGO und § 79 II BVerfGG niedergelegten
Rechtsgedanken, wonach unanfechtbare Entscheidungen grundsätzlich von dem Ausgang eines Normenkontrollverfahrens unberührt bleiben.**

Ausnahme: teilweise Unwirksamkeit

Ausnahmsweise kommt eine teilweise Unwirksamkeit in Betracht, **713**
wenn:[931]

⇨ nur ein Teil der Norm formell und/oder materiell rechtswidrig ist,

⇨ der Rest der Norm bei objektiver Betrachtungsweise noch einen
selbstständigen Sinn hat,

⇨ dieser Rest nicht mit der rechtswidrigen Norm in untrennbarem
Zusammenhang steht,

⇨ die Norm durch die Streichung des rechtsunwirksamen Teils
nicht im Sinn verändert wird und

⇨ mit gebotener Sicherheit anzunehmen ist, dass der Normgeber
den gültigen Teil auch ohne den unwirksamen Teil erlassen hätte.

*Bsp.: In einer Polizeiverordnung wird ein Maulkorbzwang für bestimmte
Hunderassen statuiert. Die als Kampfhunde einzustufenden Hunderassen werden in einer Norm aufgezählt. Verstößt die Verordnung gegen
Art. 3 I GG, weil Hunde anderer Rassen ohne erkennbaren sachlichen
Grund trotz übereinstimmenden Aggressionsverhaltens nicht einbezogen wurden, so hat die Rechtswidrigkeit der Vorschrift die Unwirksamkeit der gesamten Polizeiverordnung („Totalnichtigkeit") zur Folge.[932]*

*Wirkung einer ablehnenden
Entscheidung*

Die ablehnende Entscheidung wirkt hingegen nur inter partes. Wir- **714**
kung inter partes bedeutet, dass diese Entscheidung die Beteiligten
(bei unveränderter Rechts- und Sachlage) nicht nur in einem etwai-
gen neuen Normenkontrollverfahren bindet, sondern auch in einem
anderen, von denselben Beteiligten betriebenen Verfahren, in dem
die Gültigkeit der Norm eine entscheidungserhebliche Vorfrage bildet.[933]

---

931   Instruktiv Kopp/Schenke, § 47 VwGO, Rn. 121.
932   BVerwGE 116, 347 = NVwZ 2003, 95; OVG Saarland, AS 24, 412.
933   Kopp/Schenke, § 47 VwGO, Rn. 146; OLG Hamm, NVwZ 1999, 804.

C. Vorläufiger Rechtsschutz i.R.d. § 47 VwGO

einstweilige Anordnung

Einem Normenkontrollantrag kommt keine aufschiebende Wirkung zu. Dies ergibt sich daraus, dass § 80 I S. 1 VwGO die aufschiebende Wirkung nur bei Anfechtungsklagen und Widersprüchen vorsieht.

715

Allerdings kann das Gericht auf Antrag eine einstweilige Anordnung erlassen (§ 47 VI VwGO), wenn dies zur Abwehr schwerer Nachteile oder aus anderen wichtigen Gründen dringend geboten ist.[934]

Obwohl § 47 VI VwGO nicht auf § 123 VwGO verweist und diese Vorschrift auch nicht ohne Weiteres entsprechend herangezogen werden kann, da § 47 VI VwGO die einstweilige Anordnung im Normenkontrollverfahren abschließend regelt, können zumindest für das Verfahren beim Erlass einer Anordnung § 123 II, III und IV VwGO entsprechend herangezogen werden.[935]

Abwägungsentscheidung

Eine Entscheidung trifft das Gericht aufgrund einer Abwägung zwischen den Folgen, die eintreten, wenn die Anordnung verweigert wird, die Vorschrift aber später für nichtig erklärt wird, einerseits und den Folgen, die eintreten, wenn die Anordnung erlassen, die Vorschrift jedoch später bestätigt wird, andererseits. Man spricht insoweit von einer anzustellenden Doppelhypothese.

716

hemmer-Methode: Ebenso geht im Grundsatz das BVerfG in den Fällen des § 32 I BVerfGG i.R.d. abstrakten Normenkontrolle gem. Art. 93 I Nr. 2 GG vor, wobei es die Erfolgsaussichten der Hauptsache (wie es immer wieder betont) außer Betracht lässt, vgl. Hemmer/Wüst, Staatsrecht II, Rn. 55.

D. Begründetheit einer Anfechtungsklage gegen einen VA auf Grundlage einer Polizeiverordnung

Inzidentkontrolle der VO

Dem Bürger steht auch die Möglichkeit offen, einen auf der Grundlage einer Polizeiverordnung erlassenen VA anzufechten. Das Gericht überprüft dann inzident die Rechtmäßigkeit der Verordnung.

717

> *Bsp.:* Vogelfreundin Alexandra (A) füttert entgegen dem Taubenfütterungsverbot in einer Polizeiverordnung Tauben im Stuttgarter Schlosspark. Die Verordnung enthält eine Eingriffsermächtigung für die Durchsetzung des Verbots.

Zulässigkeit

Richtet sich der Bürger im Wege der Anfechtungs- oder Fortsetzungsfeststellungsklage gegen einen Verwaltungsakt, der aufgrund einer Polizeiverordnung ergangen ist, so ergeben sich i.R.d. Zulässigkeit der Klage keine Besonderheiten.

Begründetheit

In der Begründetheit ist dann innerhalb der Überprüfung der Rechtmäßigkeit des VA unter dem Prüfungspunkt „materielle Rechtmäßigkeit - Wirksamkeit der Rechtsgrundlage" die Rechtmäßigkeit der Polizeiverordnung zu prüfen, es kommt also zu einer Schachtelprüfung:

Überprüfung eines VA auf Grundlage einer Polizeiverordnung:

I. Rechtsgrundlage für den VA: Norm der Polizeiverordnung

II. Formelle Rechtmäßigkeit des VA

III. Materielle Rechtmäßigkeit des VA

---

934 Instruktiv zur Prüfung des § 47 VI VwGO: Schenke, Verwaltungsprozessrecht, Rn. 1042 - 1050 und Schoch, Jura 2002, 318 (327 ff.).
935 Schenke, Verwaltungsprozessrecht, Rn. 1044.

> 1. Wirksamkeit der Rechtsgrundlage
>
>   a) Rechtsgrundlage für VO
>
>   b) Formelle Rechtmäßigkeit der VO
>
>   c) Materielle Rechtmäßigkeit der VO
>
> 2. Subsumtion des VA unter die VO
>
> 3. Adressat
>
> IV. Handlungsgrundsätze (Bestimmtheit, Verhältnismäßigkeit, Ermessen, etc.)

E. Begründetheit einer Anfechtungsklage bei sog. unselbstständigen Verfügungen

weitere Klausurvariante

Eine weitere Klausurvariante ist die Durchsetzung der Polizeiverordnung mittels sog. unselbstständiger Verfügungen, sofern die Verordnung ihrerseits keine Eingriffsermächtigung für den Fall der Zuwiderhandlung enthält.[936]

718

> **Bsp.:** *Vogelfreundin Alexandra missachtet das durch Polizeiverordnung statuierte Verbot der Taubenfütterung. Die Verordnung enthält allerdings keine Rechtsgrundlage für Einzelfallanordnungen.*
>
> Unproblematisch verstößt A gegen die Verordnung. Will die zuständige Behörde gegen A einen im Wege des Verwaltungszwangs durchsetzbaren Verwaltungsakt erlassen, kann sie dies nur über die Generalklausel der §§ 3, 1 I PolG oder die Eingriffsbefugnisse der §§ 19 ff. PolG. Die hierfür notwendige konkrete Gefahr liegt im Verstoß gegen die Verordnung und der darin liegenden Beeinträchtigung der objektiven Rechtsordnung als Element der öffentlichen Sicherheit.
>
> Voraussetzung für die Rechtmäßigkeit des Verwaltungsakts ist allerdings, dass es sich bei der Polizeiverordnung um eine wirksame Verordnung handelt, was wiederum nur dann der Fall ist, wenn diese formell und materiell rechtmäßig ist.

---

936   Belz/Mussmann/Kahlert/Sander, § 3 PolG, Rn. 4 und § 18 PolG, Rn. 14; Ennuschat/Ibler/Remmert, § 3 Rn. 361; hierzu bereits unter Rn. 163 ff.

§ 9 EINSTWEILIGER RECHTSSCHUTZ

In Klausuren mit der Frage nach den Erfolgsaussichten einstweiligen Rechtsschutzes lässt sich letztlich eine Vielzahl polizeirechtlicher Fragestellungen einbauen.

719

Hauptproblem im Bereich des einstweiligen Rechtsschutzes ist im Polizeirecht meist die Frage der Statthaftigkeit des jeweiligen Rechtsbehelfs, insbesondere die Abgrenzung zwischen einem Antrag nach § 80 V S. 1 VwGO auf Anordnung bzw. Wiederherstellung der aufschiebenden Wirkung und einem Antrag auf Erlass einer einstweiligen Anordnung nach § 123 I VwGO.[937]

Fallbeispiel

Zur Verdeutlichung der Problematik des einstweiligen Rechtsschutzes und zugleich als Abschluss des Polizeirechts folgendes Fallbeispiel:

720

Sachverhalt: In der kreisfreien Stadt Steintal herrscht seit Jahren Streit um den Abbruch eines zerfallenden, 5 m hohen Hinkelsteins auf dem örtlichen Marktplatz, der nach einer Sage ein 2.000 Jahre altes Geschenk einer Delegation gallischer Freunde gewesen sein soll.

Viele Bürger sind der Auffassung, dass der störende Steinhaufen beseitigt werden solle. Die von Fred (F) ins Leben gerufene Bürgerinitiative „PROSTEIN" hingegen ist der Ansicht, dass das „künstlerisch wertvolle" Objekt erhalten werden müsse.

Am Montag, dem 06.03., beschließt der Bauausschuss von Steintal den Abbruch des Hinkelsteins im Herbst desselben Jahres.

Als F hiervon am Dienstag, dem 07.03., erfährt, beschließt er im Laufe der Woche, gegen diese Entscheidung zusammen mit ca. 300 Mitgliedern der Bürgerinitiative am Samstag, dem 18.03., auf dem Marktplatz von Steintal zu protestieren.

Am Montag, dem 13.03., macht F sein Vorhaben bekannt. Mit Schreiben vom 15.03., eingegangen am 16.03., teilt er der Stadt Steintal die geplante Protestaktion mit. Er führt in dem Schreiben aus, dass der kommende Samstag besonders günstig für die geplante Aktion sei, da zur selben Zeit auf dem Marktplatz ein Frühjahrsfest mit Krämermarkt stattfinde. Deshalb könnten viele Menschen auf das Problem aufmerksam gemacht werden.

Bei der Stadt hingegen bestehen Bedenken. So müsste z.B. mit einer Störung der bereits angespannten Verkehrslage im Zentrum von Steintal gerechnet werden, da die Bürgerinitiative auch die stark befahrenen Straßen um den Marktplatz in Anspruch nehmen wolle. Außerdem sei zu befürchten, dass durch die Aktion die Geschäftstätigkeit der Händler und Schausteller beeinträchtigt werde.

Das Hauptproblem sieht man bei der Stadt allerdings darin, dass, wie aus einschlägigen Kreisen zuverlässig zu erfahren war, mit tätlichen Aktionen einiger militanter Befürworter des Abrisses zu rechnen ist. Seitens der am Ort befindlichen Polizeiinspektion wird der Stadt mitgeteilt, dass am Samstag aufgrund dienstlicher Überlastung („Anti-Hooligan-Bundesligaeinsatz") maximal zwei Polizeibeamte abgestellt werden könnten.

Seitens der Stadt wird deshalb der Versuch unternommen, dem F am Donnerstag, dem 16.03., telefonisch einen entsprechenden Kompromissvorschlag zu unterbreiten. Hierbei lässt dieser sich aber, für den anrufenden Beamten unüberhörbar, von seinem Sohn am Telefon verleugnen.

---

937   Zum einstweiligen Rechtsschutz Hemmer/Wüst, Verwaltungsrecht III, Rn. 73 ff.

Daraufhin erlässt die Stadt Steintal noch am selben Tag aus den oben angeführten Gründen einen formell ordnungsgemäßen Bescheid, in dem die Durchführung der angemeldeten Veranstaltung nach § 15 I VersG verboten wird.

Gleichzeitig wird in dem Bescheid die sofortige Vollziehung angeordnet. Letztere ist ordnungsgemäß begründet und stützt sich u.a. darauf, dass bei einem Abwarten einer Gerichtsentscheidung in der Hauptsache irreparable Schäden entstehen könnten. Der Bescheid wird noch am 16.03. zur Post gegeben und geht dem F am Morgen des 17.03. zu.

F legt daraufhin bei der Stadt sofort telefonisch Widerspruch ein.

Er will die geplante Aktion am morgigen Samstag unbedingt durchführen und bittet deshalb seinen Nachbarn, den Rechtsanwalt R, um Auskunft, ob noch heute, am 17.03., ein Antrag auf einstweiligen Rechtsschutz Aussicht auf Erfolg habe.

Hat der Antrag auf einstweiligen Rechtsschutz Erfolg? Von der Zuständigkeit der Stadt ist auszugehen.

Lösung: 721

A. Zulässigkeit des Antrags

1. Verwaltungsrechtsweg

Verwaltungsrechtsweg

Der Verwaltungsrechtsweg ist gemäß § 40 I S. 1 i.V.m. § 80 V S. 1 VwGO eröffnet. Es handelt sich um eine Streitigkeit auf dem Gebiet des Polizeirechts und damit um eine öffentlich-rechtliche Streitigkeit. Dieser Streit ist auch nichtverfassungsrechtlicher Art und keinem anderen Gericht zugewiesen. 722

2. Statthaftigkeit

statthafter Antrag: § 80 V VwGO oder § 123 I VwGO?

Die statthafte Antragsart richtet sich nach §§ 122 I, 88, 86 III VwGO. § 47 VI VwGO kommt evident nicht in Betracht. Die VwGO kennt zudem den einstweiligen Rechtsschutz nach § 80 V VwGO sowie die einstweilige Anordnung nach § 123 I VwGO. Beide Möglichkeiten schließen sich gem. § 123 V VwGO gegenseitig aus. 723

Maßgeblich für die Art des vorläufigen Rechtsschutzes ist die Rechtsschutzform in der Hauptsache. Nur im Fall einer Anfechtungssituation (= Anfechtungswiderspruch oder -klage) ist der Antrag nach § 80 V VwGO statthaft. Im Übrigen ist § 123 I VwGO einschlägig.

F will die Versammlung am 18.03. durchführen. Dies kann er nur dadurch erreichen, dass in der Hauptsache das Versammlungsverbot (VA) aufgehoben wird. Somit ist nach erfolglosem Anfechtungswiderspruch die Anfechtungsklage gegen das Versammlungsverbot statthaft.

Folglich ist der Antrag auf Wiederherstellung der aufschiebenden Wirkung gem. § 80 V S. 1 2. Fall VwGO statthaft, zumal die Behörde über § 80 II S. 1 Nr. 4 VwGO den Sofortvollzug angeordnet hat.

hemmer-Methode: Falsch wäre es hier, in der Hauptsache eine Verpflichtungssituation anzunehmen, denn eine Versammlung unter freiem Himmel ist lediglich anmelde-, nicht aber genehmigungspflichtig, vgl. § 14 I VersG. Das Klagebegehren richtet sich daher mangels Rechtsschutzinteresses nicht auf die Verpflichtung der Stadt zur Erteilung einer Genehmigung der Versammlung!

3. Antragsbefugnis

Antragsbefugnis

Der F muss gem. § 42 II VwGO analog geltend machen können, durch den belastenden Verwaltungsakt in seinen Rechten verletzt zu sein. Da er Adressat der Untersagungsverfügung ist, ergibt sich die Möglichkeit einer Rechtsverletzung aus Art. 8 I GG, zumindest aber aus Art. 2 I GG. 724

4. Allgemeines Rechtsschutzbedürfnis

Widerspruch erforderlich?

a) Für das Rechtsschutzbedürfnis ist fraglich, ob der Antragsteller zunächst einen Widerspruch einlegen muss, bevor er den Antrag gem. § 80 V VwGO stellen kann.

725

Zum Teil wird dies mit dem Argument bejaht, dass erst ein Widerspruch die aufschiebende Wirkung gem. § 80 I VwGO auslösen könne. Ein Widerspruch müsse vorher oder gleichzeitig eingelegt werden, da es ansonsten an einem Anordnungsgegenstand fehlte.[938] Außerdem wird angeführt, dass sonst die Frist des § 70 I S. 1 VwGO unterlaufen würde.

Nach anderer Ansicht ist der Antrag bereits vor Einlegung eines Widerspruchs zulässig, um einen möglichst umfassenden Rechtsschutz zu gewähren.[939]

Hier kann diese Streitfrage aber offenbleiben. Zwar ist der telefonisch eingelegte Widerspruch vom 17.03. mangels Schriftform gem. § 70 I VwGO unwirksam. Ein Widerspruch kann auch nicht telefonisch zur Niederschrift eingelegt werden, da bei einer Einlegung zur Niederschrift eine Unterzeichnung durch den Widerspruchsführer erfolgen muss.

F kann aber gleichzeitig mit dem Antrag nach § 80 V VwGO einen zulässigen Widerspruch einlegen, da die Widerspruchsfrist gem. § 70 I S. 1 VwGO noch nicht abgelaufen ist.

Antrag nach § 80 IV VwGO erforderlich?

b) Fraglich ist ferner, ob das Verfahren nach § 80 V VwGO voraussetzt, dass zuvor erfolglos ein Antrag gem. § 80 IV VwGO gestellt worden ist.

726

Dies ist mit der h.M. zu verneinen, da es sich bei dem Verfahren nach § 80 V VwGO um ein Eilverfahren handelt, welches eine möglichst unverzügliche Bearbeitung erfordert. Zudem ergibt sich im Umkehrschluss aus § 80 VI VwGO, dass ein vorheriger Antrag nur in den Fällen des § 80 II S. 1 Nr. 1 VwGO zwingend ist.[940]

5. Antragsgegner

Richtiger Antragsgegner ist nach § 78 I Nr. 1 VwGO analog der Rechtsträger der den Ausgangs-VA erlassenden Behörde. Dies ist vorliegend die Stadt Steintal.

728

6. Übrige Voraussetzungen

Hinsichtlich der Einhaltung der übrigen Zulässigkeitsvoraussetzungen bestehen keine Bedenken.

727

Zwischenergebnis:

Ein Antrag nach § 80 V VwGO auf Wiederherstellung der aufschiebenden Wirkung ist zulässig.

II. Begründetheit des Antrags

Der Antrag ist begründet, wenn entweder die Anordnung des Sofortvollzugs formell rechtswidrig war und/oder das Gericht in einer eigenen, originären Ermessenserwägung zum Ergebnis kommt, dass das Aussetzungsinteresse des F das Vollzugsinteresse der Allgemeinheit überwiegt.

729

1. Formelle Voraussetzungen der Anordnung des Sofortvollzugs

Zuständigkeit

a) Zuständige Behörde ist nach § 80 II S. 1 Nr. 4 VwGO sowohl die Ausgangs- als auch die Widerspruchsbehörde. Hier hat die Stadt Steintal als Ausgangsbehörde die Anordnung erlassen.

730

---

938   M.w.N. VGH München, BayVBl. 1997, 22.
939   Vgl. Kopp/Schenke, VwGO, § 80, Rn. 139.
940   Vgl. m.w.N. Kopp/Schenke, § 80 VwGO, Rn. 138; Schenke, Verwaltungsprozessrecht, Rn. 997.

Anhörung

b) Streitig ist, ob vor Anordnung des sofortigen Vollzugs nach § 80 II S. 1 Nr. 4 VwGO eine besondere Anhörung analog § 28 I LVwVfG erforderlich ist. Diese Streitfrage kann hier offenbleiben, da F mit dem Telefonat am 16.03. Gelegenheit zur Äußerung gegeben wurde. Dieser ließ sich aber am Telefon verleugnen. Die Berufung auf eine Nichtanhörung wäre daher rechtsmissbräuchlich.

Begründung

c) Laut Sachverhalt wurde die Anordnung schriftlich begründet, § 80 III S. 1 VwGO. An die Begründung werden strenge Anforderungen gestellt. Diese darf nicht lediglich formelhaft erfolgen, sondern muss sich auf den Einzelfall beziehen und das besondere Interesse an der sofortigen Vollziehung deutlich machen.[941] Die Behörde führt an, bei einem Abwarten der Entscheidung in der Hauptsache würden irreparable Schäden drohen. Diese Ausführungen der Behörde weisen einen hinreichenden Bezug zum belastenden VA auf und geben Auskunft darüber, weshalb die Behörde die Untersagungsverfügung für besonders dringlich erachtet.

2. Interessensabwägung des Gerichts

Interessenabwägung

Das Verwaltungsgericht trifft eine eigene originäre Ermessensentscheidung über die aufschiebende Wirkung auf der Basis der Abwägung der Interessen des Antragstellers (an der aufschiebenden Wirkung) und der Allgemeinheit (am Sofortvollzug). Hauptindiz für die Abwägung zwischen den widerstreitenden Interessen sind die Erfolgsaussichten in der Hauptsache, die summarisch zu prüfen sind.   *731*

Das Aussetzungsinteresse des Antragstellers überwiegt das öffentliche Vollzugsinteresse insbesondere dann, wenn der zu vollziehende Verwaltungsakt offensichtlich rechtswidrig ist. Es kann nämlich schon aus rechtsstaatlichen Gründen kein Interesse am Vollzug eines eindeutig rechtswidrigen Verwaltungsakts geben.

a) Rechtsgrundlage

Rechtsgrundlage für das Versammlungsverbot ist § 15 I VersG.   *732*

b) Formelle Rechtmäßigkeit

formelle Rechtmäßigkeit

(1) Die Stadt Steintal war laut Sachverhalt für den Erlass des Versammlungsverbots zuständig.[942]   *733*

(2) Zur Anhörung gilt das bereits oben Ausgeführte entsprechend. F hätte am Telefon Gelegenheit zur Äußerung gehabt. Da er sich aber verleugnen ließ, kann er sich nicht auf eine fehlende Anhörung berufen.

(3) Von einer ordnungsgemäßen Begründung des Versammlungsverbots nach § 39 I LVwVfG kann ausgegangen werden.

c) Materielle Rechtmäßigkeit

materielle Rechtmäßigkeit

Das Versammlungsverbot wäre rechtmäßig, wenn es nach § 15 I VersG ergehen durfte. § 15 VersG ist im Lichte des Art. 8 I GG zu sehen.[943]   *734*

§ 15 I VersG anwendbar

(1) § 15 I VersG ist anwendbar.

Es handelt sich bei der Protestaktion um eine bewusste und gewollte Zusammenkunft von mehr als zwei Personen in innerer Verbundenheit mit dem Ziel einer kollektiven Meinungsäußerung bzgl. einer öffentlichen Angelegenheit. Somit liegt eine Versammlung vor.[944]   *735*

Diese soll als öffentliche Versammlung unter freiem Himmel stattfinden, da grds. jeder teilnehmen kann, vgl. §§ 1 I, 15 I VersG.

---

941   OVG Berlin-Brandenburg, NVwZ-RR 2009, 98; VGH Mannheim, NVwZ 1996, 281 (282).

942   Die formelle Rechtmäßigkeit wird hier entgegen dem Hinweis im Sachverhalt der Vollständigkeit wegen geprüft!

943   „Brokdorf-Beschluss", BVerfGE 69, 315 ff. = NJW 1985, 2395 ff.

944   Vgl. zum Versammlungsbegriff Rn. 359.

Subsumtion

(2) Gem. § 15 I VersG kann die Versammlung verboten werden, wenn nach den zur Zeit des Erlasses der Verfügung erkennbaren Umständen die öffentliche Sicherheit oder Ordnung bei der Durchführung der Versammlung unmittelbar gefährdet ist.

Verstoß gegen § 14 VersG

(a) Hier könnte bei Durchführung der Versammlung eine unmittelbare Gefährdung der öffentlichen Sicherheit aufgrund einer Verletzung der Rechtsordnung vorliegen.   *736*

F hat nicht, wie in § 14 I VersG gefordert, die Versammlung 48 Stunden vor der Bekanntgabe angemeldet.

Allerdings würde ein Versammlungsverbot allein wegen eines Verstoßes gegen die Anmeldepflicht eine Verletzung des Grundsatzes der Verhältnismäßigkeit darstellen.

Ein Verstoß gegen die Anmeldepflicht darf aufgrund der Bedeutung des Grundrechts aus Art. 8 I GG nicht automatisch zum Verbot oder zur Auflösung einer Versammlung führen.[945] Es müssten also daneben weitere Gründe vorliegen.

Gefährdung der körperlichen Unversehrtheit

(b) Wegen der Gefährdung der körperlichen Unversehrtheit der Gruppe von F durch mögliche tätliche Angriffe der Hinkelsteingegner kann von einer Gefährdung der öffentlichen Sicherheit ausgegangen werden.   *737*

Hier geht die Gewalt jedoch nicht von den Versammlungsteilnehmern selbst aus, sodass diese als Nichtverantwortliche zu betrachten sind. Maßnahmen wären entsprechend § 6 I PolG grds. gegen die militanten Hinkelsteingegner als Verantwortliche zu richten.

Die Polizei ist grundsätzlich verpflichtet, eine Versammlung gegen Angriffe von außen zu schützen, um die Ausübung der Versammlungsfreiheit zu gewährleisten.[946]

„polizeilicher Notstand"

Anderes gilt dann, wenn die zu erwartenden Störungen durch die zur Verfügung stehenden Polizeibeamten nicht verhindert werden können (sog. „polizeilicher Notstand" als Unterfall anfänglicher Unmöglichkeit, § 9 I PolG).[947]

Die zwei abgestellten Polizeibeamten reichen im vorliegenden Fall nicht aus, um Ausschreitungen zu verhindern. Die Maßnahme zur Gefahrenabwehr kann daher gegen die Versammlungsteilnehmer als Nichtverantwortliche gerichtet werden.

Ein Versammlungsverbot als entsprechende Maßnahme ist auch verhältnismäßig, da eine Gefahrenabwehr durch Auflagen hier nicht möglich ist. Das Versammlungsverbot ist als ultima ratio gerechtfertigt.

mangelnde Kooperationsbereitschaft

Die Verhältnismäßigkeit des Versammlungsverbots resultiert letztlich auch daraus, dass F die Versammlung erst verspätet angemeldet und dadurch die Stadt Steintal unter Zeitdruck gesetzt hat. Ein kooperatives Handeln ist durch das Verleugnenlassen des F gescheitert.

Nach dem BVerfG führt eine mangelnde Kooperationsbereitschaft der Betroffenen zu einer Senkung der Eingriffsschwelle für die Behörde hinsichtlich der Eingriffe in Art. 8 I GG.[948]

Verkehrsstörungen

(c) Es ist ferner mit einer Gefahr für die öffentliche Sicherheit durch eine Störung der Verkehrslage im Zentrum von Steintal zu rechnen.

Bloße verkehrstechnische Gründe können aber ein Versammlungsverbot bei Berücksichtigung des Verhältnismäßigkeitsgrundsatzes grundsätzlich nicht rechtfertigen.

---

945 BVerfGE 69, 315.
946 Hierzu bereits unter Rn. 390.
947 BVerfGE 69, 315 (361).
948 BVerfGE 69, 315 (357).

Vielmehr müssen die Interessen der Verkehrsteilnehmer und deren Schutz aus Art. 2 I GG gegenüber dem Grundrecht der Demonstranten aus Art. 8 I GG zurücktreten.[949] Eine totale Blockierung des Straßenverkehrs ist hier nicht zu befürchten.

kollidierende Berufsinteressen

(d) Darüber hinaus könnte eine Gefahr für die öffentliche Sicherheit in der möglichen Verletzung der Berufsinteressen der Händler und Schausteller als geschütztes Individualrechtsgut (Art. 12 I GG) liegen. Diese könnten für ein Versammlungsverbot sprechen. Dann müsste zur Wahrung der Verhältnismäßigkeit eine Güterabwägung mit der Versammlungsfreiheit ergeben, dass diese zum Schutz anderer gleichartiger Rechtsgüter zurücktreten muss. Im vorliegenden Fall ist nicht ersichtlich, dass die Geschäftstätigkeit übermäßig beeinträchtigt würde. Durch die Demonstration ist eventuell auch mit einem größeren Kundenaufkommen zu rechnen. Somit ist durch entgegenstehende Interessen der Händler und Schausteller ein Versammlungsverbot nicht zu rechtfertigen.

Ergebnis

Ergebnis: Das Versammlungsverbot ist rechtmäßig ergangen.

738

In der Hauptsache würde F somit offensichtlich keinen Erfolg haben. Die Abwägung fällt damit zugunsten des öffentlichen Interesses am Sofortvollzug aus, sodass ein Antrag nach § 80 V VwGO als unbegründet abgewiesen werden wird.

---

949   BVerfGE 69, 315 (353).

§ 10 EXKURS: REPRESSIVES HANDELN DER POLIZEI

Repressivmaßnahmen

Soweit festgestellt wurde, dass die Polizei nicht im Präventiv-, sondern im Repressivbereich tätig geworden ist, scheidet eine Überprüfung des polizeilichen Handelns vor den Verwaltungsgerichten aufgrund der anderweitigen gesetzlichen Zuweisungsnormen des § 23 I S. 1 EGGVG, des § 98 II S. 2 StPO bzw. der §§ 62 II S. 1, 68 I OWiG (abdrängende Sonderzuweisungen) aus. Je nachdem, ob die Polizeibehörde straf- oder ordnungswidrigkeitenverfolgend tätig wurde, kommen unterschiedliche Rechtsbehelfe gegen polizeiliche Maßnahmen in Betracht. **739**

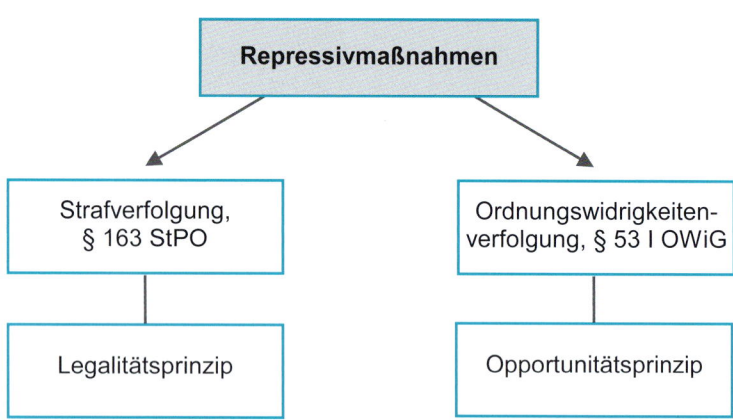

hemmer-Methode: Richtige Einordnung! Der Bereich des repressiven polizeilichen Handelns ist in der Regel nicht Gegenstand der Klausur. Dies gilt zumindest für den Bereich des gerichtlichen Vorgehens gegen Repressivmaßnahmen, da diese aufgrund der fehlenden Rechtswegeröffnung abzutrennen sind (vgl. § 23 EGGVG bzw. § 98 II S. 2 StPO).
Repressive Aufgaben und Befugnisse können aber auch in der „normalen" Polizeirechtsklausur eine Rolle spielen, z.B. dann, wenn in einem Gutachten allein oder in Form einer Zusatzaufgabe oder eines Hilfsgutachtens nach der Rechtmäßigkeit des polizeilichen Handelns gefragt ist: Hier müssen Sie normalerweise sowohl präventive als auch repressive Befugnisse prüfen. Die nachfolgenden Ausführungen dienen dem vertieften Verständnis. Sie sollten deshalb vom Fortgeschrittenen aufmerksam durchgearbeitet werden.

A. Straftatenverfolgung, § 163 StPO

Straftatenverfolgung

Neben einer Aufsichtsbeschwerde zur Staatsanwaltschaft gegen strafprozessuale Maßnahmen der Polizei, deren Ablehnung oder Unterlassung, besteht die Möglichkeit eines Antrags auf gerichtliche Entscheidung nach §§ 23 ff. EGGVG. **740**

I. Rechtsweg zu den ordentlichen Gerichten

Justizverwaltungsakt

§ 23 I S. 1 EGGVG eröffnet den Rechtsweg zu den ordentlichen Gerichten, soweit die Polizei einen Justizverwaltungsakt erlassen hat. **741**

Justizbehörde im funktionellen Sinn

Ein solcher liegt dann vor, wenn der Schwerpunkt des polizeilichen Handelns auf der Strafverfolgung liegt. Strafverfolgungsmaßnahmen der Polizei werden als Justizverwaltungsakte angesehen, da der Begriff der Justizbehörde im funktionellen Sinn zu verstehen ist.

Alle Strafverfolgungsmaßnahmen sind wegen des besonderen Verhältnisses zwischen Staatsanwaltschaft und Polizei nach der StPO dem Bereich der Justizbehörden zuzurechnen.[950]

Dabei ist gleichgültig, ob ein Polizeibeamter als Ermittlungsperson der Staatsanwaltschaft handelte oder nicht.

II. Zulässigkeit eines Antrags

1. Antragsarten

Antragsarten

Im Strafverfolgungsrecht gelten grds. die §§ 23 ff. EGGVG.   **742**

Subsidiarität der §§ 23 ff. EGGVG

Diese sind jedoch nach § 23 III EGGVG ausgeschlossen, soweit eine richterliche Kontrolle insbesondere nach § 98 II S. 2 StPO (richterliche Überprüfung von Beschlagnahmen) bzw. § 98 II S. 2 StPO analog oder § 128 StPO (Entscheidung des Amtsrichters über die vorläufige Festnahme) in Betracht kommt.[951]

§ 28 EGGVG enthält die möglichen Antragsarten:

a) Anfechtungsantrag, § 28 I S. 1 EGGVG

Anfechtungsantrag

§ 28 I S. 1 EGGVG beinhaltet die Regelung eines Anfechtungsantrags, der der Anfechtungsklage aus der VwGO ähnlich ist. Dieser ist statthaft, wenn sich das Antragsbegehren auf die Aufhebung eines Justizverwaltungsakts richtet, der sich noch nicht erledigt hat.   **743**

b) Folgenbeseitigungsantrag, § 28 I S. 2 EGGVG

Folgenbeseitigungsantrag

Auf Antrag kann das Gericht bei vollzogener Maßnahme auch aussprechen, dass und wie die Polizei die Vollziehung rückgängig zu machen hat (Parallele zu § 113 I S. 2 VwGO).   **744**

c) Fortsetzungsfeststellungsantrag, § 28 I S. 4 EGGVG

Fortsetzungsfeststellungsantrag

Der Fortsetzungsfeststellungsantrag aus § 28 I S. 4 EGGVG entspricht der verwaltungsgerichtlichen Fortsetzungsfeststellungsklage nach § 113 I S. 4 VwGO. Ihm kommt im Bereich der Überprüfung repressiver polizeilicher Maßnahmen die größte Bedeutung zu.   **745**

Die Regelung gilt sowohl bei Erledigung vor als auch nach Antragstellung.[952]

2. Beschwer, § 24 I EGGVG

Beschwer

Ein Antrag ist nur zulässig, wenn der Antragsteller gem. § 24 I EGGVG eine Rechtsverletzung als mögliche Beeinträchtigung behauptet. Dafür muss er Tatsachen vortragen, die, wenn sie zuträfen, die Rechtsverletzung ergäben (Parallele zu § 42 II VwGO).[953]   **746**

---

950   Schenke, Polizei- und Ordnungsrecht, Rn. 419; Kingreen/Poscher, Polizei- und Ordnungsrecht, § 2 Rn. 13.
951   Meyer-Goßner/Schmitt, § 23 EGGVG, Rn. 12; § 98 StPO, Rn. 19 und 23.
952   Meyer-Goßner/Schmitt, § 28 EGGVG, Rn. 5 - 7.
953   Meyer-Goßner/Schmitt, § 24 EGGVG, Rn. 1.

3. Feststellungsinteresse, § 28 I S. 4 EGGVG

berechtigtes Interesse

Im Falle des Fortsetzungsfeststellungsantrags gem. § 28 I S. 4 EGGVG ist ein berechtigtes Interesse erforderlich. Dieses entspricht weitestgehend dem berechtigten Interesse der verwaltungsgerichtlichen Fortsetzungsfeststellungsklage nach § 113 I S. 4 VwGO.[954]

747

hemmer-Methode: Beachten Sie, dass auch im Bereich des Antrags nach § 28 I S. 4 EGGVG die neuere Rechtsprechung des BVerfG zum Rechtsschutz gegen erledigte Maßnahmen zu Erweiterungen führen kann.

4. Beschwerdeverfahren, § 24 II EGGVG

Beschwerdeverfahren

Die Durchführung eines Beschwerdeverfahrens nach § 24 II EGGVG ist eine von Amts wegen zu prüfende Sachentscheidungsvoraussetzung. Im Falle des § 28 I S. 4 EGGVG gilt § 24 II EGGVG nicht, da hier eine Beschwerde rechtlich nicht mehr möglich ist.[955]

748

5. Antragsfrist

Frist

Die Antragstellung muss innerhalb der nach § 26 EGGVG vorgeschriebenen Fristen erfolgen.

749

6. Zuständigkeit

Zuständigkeit

Instanziell zuständig ist gem. § 25 I EGGVG ein Strafsenat des Oberlandesgerichts, in dessen Bezirk die jeweilige Justiz- oder Verwaltungsbehörde (Polizeibehörde) ihren Sitz hat.

750

III. Begründetheit des Antrags

Obersatz

Der Antrag ist begründet, wenn die Maßnahme rechtswidrig ist/war und der Antragsteller hierdurch in seinen Rechten verletzt ist/wurde, § 28 I S. 1 EGGVG/§ 28 I S. 4 EGGVG (Parallele zu § 113 I S. 1, 4 VwGO).

751

Aufgabe

1. Die Aufgabeneröffnung folgt bei strafverfolgender Tätigkeit der Polizei aus § 1 II PolG i.V.m. § 163 StPO.

Befugnis

2. Die Polizei nimmt i.R.d. Strafverfolgung eingreifende Maßnahmen aufgrund der Befugnisse der StPO wahr.[956]

Adressat und Handlungs-grundsätze

3. Der richtige Maßnahmeadressat ergibt sich aus der jeweiligen Befugnisnorm (Parallele der StPO-Maßnahmen zu den Standardmaßnahmen nach §§ 26 ff. PolG). Soweit er nicht in der einschlägigen Befugnisnorm besonders geregelt ist, gilt auch im Rahmen des Repressivhandelns grds. der in der Verfassung verankerte Grundsatz der Verhältnismäßigkeit.

752

Legalitätsprinzip

Im Gegensatz zum Handeln im Präventivbereich hat die Polizei bei der Strafverfolgung kein Entschließungsermessen hinsichtlich des „Ob" ihrer Tätigkeit.

---

954   Meyer-Goßner/Schmitt, § 28 EGGVG, Rn. 8.
955   Meyer-Goßner/Schmitt, § 24 EGGVG, Rn. 4.
956   Befugnisse für repressives Tätigwerden sind z.B. in §§ 81a, 81b Alt. 1, 98 I, 100c f., 110a ff., 111, 163b i.V.m.163c oder 164 StPO geregelt.

Aufgrund des Legalitätsprinzips, §§ 152 II, 163 StPO, ist sie im Falle eines Anfangsverdachts zum Einschreiten verpflichtet.

Zwang

4. Die Befugnis zur Anwendung unmittelbaren Zwangs ergibt sich regelmäßig bereits aus den StPO-Befugnissen für die Grundmaßnahmen. Hinsichtlich der Art und Weise der Anwendung unmittelbaren Zwangs gelten §§ 50 - 54 PolG.

753

B. Ordnungswidrigkeitenverfolgung, § 53 I OWiG

Ordnungswidrigkeitenrecht

Im Ordnungswidrigkeitenrecht sind zunächst folgende polizeiliche Aufgaben und Befugnisse zu unterscheiden:

754

I. Ordnungswidrigkeiten außerhalb des Straßenverkehrsrechts

1. Aufgabe

Ordnungswidrigkeiten außerhalb des Straßenverkehrsrechts

Nach § 35 OWiG obliegen die Verfolgung sowie die Ahndung von Ordnungswidrigkeiten grds. der nach §§ 36, 37 OWiG zuständigen Verwaltungsbehörde als Verfolgungsbehörde.

755

Aufgabe

Außerhalb des Straßenverkehrsrechts hat die Polizei grds. nur die Aufgabe der Ermittlung (Erforschung) von Ordnungswidrigkeiten als Ermittlungsorgan der zuständigen Verwaltungsbehörde, § 53 I O-WiG. Die Verfolgung i.e.S. sowie die Ahndung obliegen dagegen grds. der jeweiligen Verwaltungsbehörde.

2. Befugnisse

Befugnisse

Nach § 1 II PolG i.V.m. § 53 II OWiG können die Beamten des Polizeidienstes, die zu Ermittlungspersonen der Staatsanwaltschaft bestellt sind, Beschlagnahmen, Durchsuchungen, Untersuchungen und sonstige Maßnahmen nach den für sie geltenden Vorschriften der StPO anordnen. Andere Polizeibeamte können solche Maßnahmen, die die StPO den Ermittlungspersonen der Staatsanwaltschaft vorbehält, nur auf besondere Weisung der Verfolgungsbehörde durchführen. Ein Festnahmerecht steht der Polizei nach § 46 III S. 1 O-WiG bei der Verfolgung von Ordnungswidrigkeiten nicht zu. Zur Identitätsfeststellung sind alle Beamten des Polizeidienstes nach § 163b I S. 1 StPO befugt.

756

II. Ordnungswidrigkeiten nach dem Straßenverkehrsrecht

1. Aufgabe

Ordnungswidrigkeiten nach dem Straßenverkehrsrecht

Durch § 1 II PolG i.V.m. § 26 I StVG ist die Polizei in dem hier geregelten Bereich selbst Verwaltungsbehörde und nicht nur Ermittlungsorgan.

757

2. Befugnisse

Befugnisse

Die Befugnisse bei der Verfolgung von Ordnungswidrigkeiten nach §§ 24, 24a StVG richten sich nach § 46 II OWiG, da die Polizei insoweit nun selbst Verwaltungsbehörde ist. Danach hat sie, soweit das OWiG nichts anderes bestimmt (vgl. §§ 46 III - VI, 55 OWiG), dieselben Rechte und Pflichten wie die Staatsanwaltschaft bei der Verfolgung von Straftaten.

758

Eine Unterscheidung zwischen Ermittlungspersonen der Staatsanwaltschaft und anderen Polizeibeamten findet hier nicht statt.

III. Rechtsbehelfe

Rechtsbehelfe

Hinsichtlich der Rechtsbehelfe bei der Verfolgung von Ordnungswidrigkeiten gilt daher Folgendes: **759**

1. Ordnungswidrigkeiten außerhalb des Straßenverkehrsrechts

a) Maßnahmen der Polizei als Ermittlungsorgan

außerhalb des Straßenverkehrsrechts/Ermittlungsorgan

Gegen Maßnahmen der Polizei als Ermittlungsorgan bei der Erforschung von Ordnungswidrigkeiten besteht lediglich die Möglichkeit der Gegenvorstellung und der Aufsichtsbeschwerde. **760**

Gegenvorstellung

aa) Über die Gegenvorstellung entscheidet die Dienststelle, der der Beamte angehört, dessen Sachentscheidung beanstandet wird.

Aufsichtsbeschwerde

bb) Bei der Aufsichtsbeschwerde prüft zunächst der Dienstvorgesetzte, ob er der Beschwerde abhelfen will oder nicht. Hilft er nicht ab, so entscheidet die Verfolgungsbehörde (§§ 35 ff. OWiG). Erst deren Entscheidung unterliegt unter den Voraussetzungen des § 62 OWiG der gerichtlichen Kontrolle.[957]

b) Verwarnungen, §§ 56, 57 II, 58 OWiG

Verwarnungen

Verwarnungen außerhalb des Straßenverkehrsrechts werden von der Polizei als Ermittlungsorgan der Verwaltungsbehörden ausgesprochen. **761**

Anfechtung in beschränktem Umfang

Eine wirksame Verwarnung mit Verwarnungsgeld kann angefochten werden, soweit ein zulässiger Anfechtungsgrund vorliegt. Hier ist jedoch lediglich eine Anfechtung in beschränktem Umfang möglich. Das Einverständnis des Betroffenen mit der Verwarnung (§ 56 II OWiG) lässt nur noch folgende Rügen zu:[958]

aa) Fehlen der Belehrung über das Weigerungsrecht bzw. Fehlen des Einverständnisses.[959] **762**

bb) Abgabe des Einverständnisses infolge Täuschung, Drohung oder Zwangs.[960]

cc) Erteilung der Verwarnung durch eine absolut unzuständige Stelle, insbesondere durch einen Polizeibeamten, der zur Erteilung nicht wirksam ermächtigt wurde, vgl. § 58 OWiG.

dd) Die Höhe des Verwarnungsgeldes liegt über dem zulässigen Betrag.[961]

---

957 Der Antrag nach § 62 OWiG ist nach § 306 I StPO i.V.m. § 62 II S. 2 OWiG bei der jeweiligen Verwaltungsbehörde zu stellen; vgl. zu den Antragsvoraussetzungen Göhler, § 62 OWiG, Rn. 1 ff.
958 Göhler, § 56 OWiG, Rn. 33 - 35.
959 BVerwGE 24, 9 ff. (11).
960 OVG Koblenz, NJW 1965, 1781.
961 Göhler, § 56 OWiG, Rn. 33.

Die Anfechtung der Verwarnung ist zunächst bei der Polizeidienststelle anzubringen, der der handelnde Polizeibeamte angehört. Nimmt diese die Verwarnung nicht zurück, so entscheidet die zuständige Verwaltungsbehörde. Gegen deren ablehnende Entscheidung ist Antrag auf gerichtliche Entscheidung nach § 62 OWiG möglich.[962]

2. Ordnungswidrigkeiten nach dem Straßenverkehrsrecht

a) Anordnungen, Verfügungen und sonstige polizeiliche Maßnahmen

Anordnungen, Verfügungen etc.

Bei Anordnungen, Verfügungen und sonstigen polizeilichen Maßnahmen im Rahmen der Verfolgung von Ordnungswidrigkeiten nach §§ 24, 24a StVG ist als Rechtsbehelf der Antrag auf gerichtliche Entscheidung nach Maßgabe des § 62 OWiG gegeben, weil die Polizei hier selbst als Verfolgungsbehörde handelt.

763

b) Bußgeldbescheide

Bußgeldbescheide

Gegen Bußgeldbescheide ist der Einspruch nach §§ 67 ff. OWiG zu erheben.[963]

764

---

962 Göhler, § 56 OWiG, Rn. 36.
963 Zu den Voraussetzungen Göhler, § 67 OWiG, Rn. 1 ff.

[Handwritten annotations:]
Ja (bei 23.)
Zwangsgeld ⊕ Ersatzv. / *unm. Zw. ein Anordnungscharakter: Nein* (bei 24./25.)
→ 43 II Klagebeg. (bei 25.)
vor und nach (bei 27.)

Die Zahlen verweisen auf die Randnummern des Skripts.

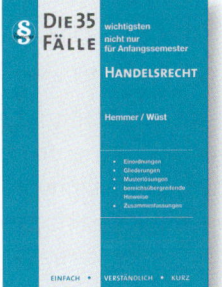

DIE KARTENSÄTZE

■ DIE ÜBERBLICKSKARTEIKARTEN - 7 SÄTZE (je 30,00/19

ÜBER PRÜFUNGSSCHEMATA ZUM WISSEN:

Ihr Begleiter vom 1. Semester bis zum 2. Staatsexamen! In den Überblickskarteikarten sind die wichtigsten Problemfelder im Zivil-, Straf- und Öffentlichen Recht knapp, präzise und übersichtlich dargestellt. Sie erfassen effektiv auf einen Blick das Wesentliche. Die grafische Aufbereitung der Prüfungsschemata auf der Vorderseite schafft Überblick über den Prüfungsaufbau. Die Kommentierung mit der hemmer-Methode auf der Rückseite vermittelt deshalb das nötige Einordnungswissen für die Klausur und erwähnt die wichtigsten Definitionen.

■ DIE BASICS KARTEIKARTEN - 3 SÄTZE (je 16,90 €)

DAS PENDANT ZU DEN BASICS SKRIPTEN:

Mit dem Frage- und Antwortsystem zum notwendigen Wissen. Die Vorderseite der Karteikarte ist unterteilt in Einordnung und Frage. Der Einordnungstext erklärt den Problemkreis und führt zur Frage hin. Die Frage trifft dann den Kern der prüfungsrelevanten Thematik. Auf der Rückseite schafft der Antworttext Wissen.

■ DIE HAUPTKARTEIKARTEN - 18 SÄTZE (je 16,90 €)

DAS PENDANT ZU DEN HAUPTSKRIPTEN:

Das Prüfungswissen in Karteikartenform für den, der es bevorzugt, mit Karteikarten zu lernen. Im Frage- und Antwortsystem zum Wissen. Auf der Vorderseite der Karteikarte führt ein Einordnungsteil zur Frage hin. Die Frage trifft die Kernproblematik des zu Erlernenden. Auf der Rückseite schafft der Antworttext Wissen.

■ DIE SHORTIES - IN 20 STUNDEN ZUM ERFOLG
IN DER HEMMER LERNBOX - 7 BOXEN (je 24,90 €)

Die kleinen Karteikarten in der hemmer Lernbox enthalten auf der Vorderseite jeweils eine Frage, welche auf der Rückseite grafisch aufbereitet beantwortet wird. Die bildhafte Darstellung ist lernpädagogisch sinnvoll. Die wichtigsten Begriffe und Themenkreise werden anwendungsspezifisch erklärt. Knapper geht es nicht - die Sounds der Juristerei! In Kürze verhelfen die Shorties so zum Erfolg.